禅解南华经

弘音 ⊙ 著

中央编译出版社
Central Compilation & Translation Press

图书在版编目 (CIP) 数据

禅解南华经 / 弘音著. —北京：中央编译出版社，2016.4
ISBN 978-7-5117-2968-2

Ⅰ.①禅… Ⅱ.①弘… Ⅲ.①道家 ②《庄子》–注释 Ⅳ.① B223.52

中国版本图书馆 CIP 数据核字 (2016) 第 045319 号

禅解南华经

出 版 人：	刘明清
出版统筹：	董 巍
责任编辑：	曲建文
责任印制：	尹 珺
出版发行：	中央编译出版社
地　　址：	北京西城区车公庄大街乙 5 号鸿儒大厦 B 座 (100044)
电　　话：	(010) 52612345（总编室）　(010) 52612370（编辑室）
	(010) 52612316（发行部）　(010) 52612317（网络销售）
	(010) 52612346（馆配部）　(010) 66509618（读者服务部）
传　　真：	(010) 66515838
经　　销：	全国新华书店
印　　刷：	北京中兴印刷有限公司
开　　本：	710 毫米 ×1000 毫米　1/16
字　　数：	376 千字
印　　张：	19.5
版　　次：	2016 年 4 月第 1 版第 1 次印刷
定　　价：	56.00 元
网　　址：	www.cctphome.com　　邮　箱：cctp@cctphome.com
新浪微博：	@ 中央编译出版社　　　　微　信：中央编译出版社 (ID: cctphome)
淘宝店铺：	中央编译出版社直销店 (http://shop108367160.taobao.com) (010)52612349

本社常年法律顾问：北京嘉润律师事务所律师　李敬伟　问小牛
凡有印装质量问题，本社负责调换，电话：010-55626985

自 序

拙作《禅解道德经》(中央编译出版社,2014,4)出版后,引起了广大读者的关注。有者来信来函交流探讨,其中不乏真知灼见;有读者询问是否还有其他著作出版之计划,其中大有鼓励之意。此两者均令人十分感动,亦是在下写作之动力源泉。

本书为《禅解南华经》,是禅解系列之二,是"中国生命智慧系列丛书"中的一本。

《南华真经》亦称《庄子》,是道教重要经典之一,是老子学说的继承与发展,它在"阳春白雪"的《老子》与"下里巴人"的众生之间架起了一道桥梁,使得更多人得以靠近老子、理解老子,因此我也把它叫作"通老津梁"。

自序着重讨论三个问题。

第一,《庄子》难懂吗?

《庄子》一书堪称奇书,通常形容为"恣肆汪洋、想象奇特、纵横捭阖、无出其右"。鲁迅说庄子文章"汪洋辟阖,仪态万方,晚周诸子之作,莫能先也"(《汉文学史纲要》)。加之其思想亦如老子一样深邃,使得读者对之感到甚难理解,无法把握。国学大师刘文典,这个堪称是"庄子通"的教授就曾说过:"《庄子》嘛,我是不懂的,也没有人懂!"又说:"从古至今,中国真正懂《庄子》之人只有两个,一个是庄子本人,另一个就是我刘文典了!"刘文典先生有"狂狷"之称,这样的说词也恰印证了刘先生之"狂",但也的确从另一个角度说明了《庄子》之难懂。

难懂的《庄子》难道只能被束之高阁吗?

否!

刘文典先生说《庄子》难懂,目的在于强调庄子的思想是博大精深的,从而引起学人的高度重视。刘先生从来就没有《庄子》难懂就不要学了的主张,他毕生以讲庄为己任,这也可从他的话中得到证明。在西南联合大学时,因日军经常空袭,人们不得不在警报响起时赶紧跑到防空洞中以躲避日军的炸弹,当时人们称之为"跑警报"。每次警报响起,联大的教授们也都要"跑警报"。一次警报响起,刘文典向防空洞跑去,忽然看见陈寅恪和沈从文也在人群中,他的狂狷脾气上来了,对同学们大声说:"陈寅恪跑警报是为了保存国粹,我刘某人跑是为了庄子,你们跑是为了未来,沈从文替谁跑啊?"说明刘文典先生从来没有因《庄子》难懂而要人们放弃学习《庄子》。

《庄子》难懂，但难懂不是不懂。

首先，读《庄子》要明白庄子的意思是什么，否则，你是怎么也读不懂的。解庄的人和书多了去了，都符合庄子的本意吗？未见得。那么，从哪个角度去读庄才是符合庄子本义的呢？庄子说自己的书是"言有宗，事有君"的，也就是说《庄子》一书是有明确的宗旨的，这个宗旨是什么？憨山大师说得好："《庄子》一书，乃老子之注疏。"也就是说，庄子同老子一样，也是讲大道及如何悟得大道的道理的。因此，憨山大师又说："直是见彻他立言主意，便不被他瞒矣。"

其次，古人云"读书千遍，其义自见"，只要我们多学习，多思考，多参悟，焉有不懂之理？

其三，除了努力学习，勤于思考之外，还要我们在生活中亲身去实践庄子的理论，会有助于我们准确理解和把握庄子的思想脉动。如何去实践？这就是庄子在书中反复强调的几种方法：隐几而坐，坐至坐忘；内养其德，外忘诸物；安时处顺，哀乐不生；少私寡欲，天人合一等。其中的坐忘养心尤为修道妙门，想要真正懂庄，就要坐到"身如槁木，心若死灰"，就要坐到"吾丧我"方可；否则，即使在语言文字上有很深刻的理解，也只是在理上通了，而在行上半点也无！即使口若悬河，也与道无干！

第二，《庄子》与传统文化。

祖国传统文化博大精深，包罗万象，主要都含在儒释道三家文化当中。有人说，佛教是由古印度传入的，算不得是我国的传统文化。其实这种论调是站不住脚的，因为佛教传入我国后，经过与汉文化的激烈碰撞，发生了根本性的改造，具有鲜明的中国特色，与原始佛教有极大的区别，因此，中国传统文化当中必然包含释家文化，这是毫无疑问的。

在这些优秀传统文化当中，庄子占据着极其重要的地位，无论是谈及古代哲学家、思想家、道学家，还是文学家，甚至在谈到隐士时都绕不过庄子。如果没有庄子，中国传统文化必然大大逊色许多。《庄子》以其独特的魅力影响着中华传统文化，就连佛教的禅学，这个产生在中国、成熟在中国、影响全世界的学派，也与《庄子》有着千丝万缕、不可分割的联系，这也是本书要着重阐述的内容。

庄子不但是伟大的哲学家，也是伟大的文学家。有人指出，中国两千多年以来的文学都是在庄子的影响下发展起来的，阮籍、陶渊明、李白、苏轼、辛弃疾、曹雪芹等都深受庄子的影响。中国散文的创造者首推屈平和庄子，没有这两位，中国的散文何时能产生还真未可知也。庄子还创造了很多词汇，有研究者统计了庄子创造的词汇，如在1979年上海辞书出版社出版的《辞海》中，就收入庄子创造的单音词118个，双音词169个。其中单音词如侗、佁、佷、偃、窅、窗、寥、枪、坑、垢、埒、壤、湮、怫、恟、悖、悄、茶、扐、蕉、挢、掊、呿、嗑等；双音词诸如尘埃、浑沌、精微、秕糠、桎梏、槁木；南冥、真人、厉风、全人、内视、小成、大言、役役、徐徐、淳淳、剪剪、俞俞、调调、值值、窃窃、数数、局局、挦挦、捲捲、嘑嘑、嗷嗷、苍苍、天道、天人、天机、天和、天真、天倪、天籁、大本、大方、大块、大冲、大一、太虚、坐忘、有待、心斋、心养、以明、荒唐、交通、事业等，都有自己的独特涵义。不唯如此，庄子还创造了诸多我们耳熟能详的成语，诸如鲲鹏展翅、鹏程万里、越俎代庖、大相径庭、凌云之志、逍遥自在、呆若木鸡、栩栩如生、知其然不知其所以然、薪尽火传、心服口服、莫逆之交、鹤发童颜、盗亦有道、临危不惧、螳臂挡车、相濡与沫等等。有人统计超过二百个成语和俗语都来源于庄子，真可谓是洋洋大观矣（此洋洋大观亦来源于庄子）。

庄子还创作了许多著名的故事，如鲲鹏变化、庄周梦蝶、相忘于江湖、沉鱼落雁、庖丁解牛等，甚至还创造了禅修的鸡！其中由"化蝶"产生了太多的故事、名著、戏剧、电影和歌曲，最著名者要算是梁山伯与祝英台了。所有这些故事都强烈地冲击着我们的灵魂，引发我们深入思考，这也正是庄子的目的所在。

第三，现代学习庄子的意义。

目前，社会上兴起了一股阅读经典的热潮，笔者随喜这种变化。

社会发展到今天，有一种现象特别令人忧虑，这就是在商品经济的冲击下形成的实用主义和拜金主义。物质发达了，但精神没有跟上来，使得人们丧失了信仰，丢失了道德，导致精神荒芜。君不见社会道德整体滑坡已经到了崩溃的边缘？乱象丛生，无以复加。问曰：如何挽救？答曰：唯有读经。古语道：

古镜照精，其精自形；古教照心，其心自明。

传统文化实是医治现代病之无上妙药，现代人的毛病皆能在传统文化中找到对治之方，无论是思想上的还是行为上的，都有妙方治之。尤为重要的是，传统文化触及灵魂，它能使一个人自觉地改变不良意识和行为，因此是治本之术。

但由于我们对传统文化教育和传承的忽视，使得我们的传统文化被人为割裂了，而且已经被割裂得相当长的时期了。这造成了几十年的断档期，导致现在相当多的年轻人在阅读经典时感到力不从心，无法深入经典，更别说有什么感悟了，此种现况着实令人痛心不已。传统文化的断裂其后果是相当可怕的，南怀瑾先生说：一个国家或民族的消亡的最大威胁不是外敌的入侵和瘟疫等灾害的爆发，而是自己的文化的断裂！这才是最可怕的！诚如斯言。

笔者生长在传统文化断代的时期，然幸遇几位老师（其中包括我的父亲），他们几乎都受过严格的私塾式的教育，对于国学有相当深的造诣，更有方外实修之士。这是当代人罕有的机缘，在他们的指导下，笔者亦得以一窥祖国优秀传统文化之一斑，实乃三生有幸也。

笔者在研究《道德经》的时候，常常需要翻阅《庄子》，作为自己的精神食粮，从庄子那里获得一些大智慧。刚开始，纯粹是"只可自愉悦，不堪持赠君"的，但几十年累积下来，多少也有些心得，故斗胆付诸剞劂，作为禅解系列之一，奉献给诸君，期望不至出现"都说郭象注庄子，原来庄子注郭象"的状况，也希望能对爱庄之士有所帮助。借用成玄英的话说："随复词情疏拙，亦颇有心迹指归。不敢贻厥后人，聊自记其遗忘耳。"

另外需要说明的一个问题是，自拙作《禅解道德经》出版以后，很多人问我：你是佛教徒吗？你信佛吗？有这么多人有此疑问，所以，这个问题必须回答。

我问自己：你是佛教徒吗？你有资格被称为佛教徒吗？仔细思考了良久后，我的回答是：否。

作为佛的弟子，应该按照佛陀的教导去做，否则就没资格说自己是佛教徒。我做到了哪一条呢？佛说应该做的，我却没有一条做到；佛说不应该做的，我却一条没落都做了。从这两点来说，我就根本不够资格成为佛的弟子。在《禅解道德经》中笔者就已经阐明："虽然鄙人灵性不灭，生而为人，还记得以古来大德为榜样，装模作样地念佛打坐或读诵经典，却是口念心不能行，人坐心却如猴，口里心里空说放下，实际上却是名利上过不去金锁关，毁誉上过不去山海关，嗔恨上过不了火焰山"，实乃是一个十足的凡夫俗子。所以我只能说，尽管从内心来讲，我很想成为真正的佛弟子，但我早已失去了入门的资格了，徒有其表，貌似佛徒而已矣。

另外，我不单单喜欢读佛经，儒家和道家的经典我一样爱读，在下的"中国生命智慧系列丛书"之《禅解道德经》和本书均为道家的经典。我认为文中子、王重阳、张紫阳、张三丰、憨山大师和莲池大师等人的"三教合一"说是有道理的，因为三教都从大道而生，其根本为一家。陆象山说："东海有圣人出，此心同也，此理同也；西海有圣人出，此心同也，此理同也；……千百世之上以至千百世之下，有圣人出焉，此心此理，亦莫不同也。"但三教合一并不是要建立一个新教，也不是要排出一二三的次序后达到一个新的平衡，从而不再争论。三教合一是指教义之间的相互借鉴和相互补充。如儒家偏重世间的学问，就可以为佛家和道家所吸收；佛家的缘起、性空等理论非常完美，可以补儒家和道家之偏；道家的太极功夫可以和静坐完美地结合起来，等等，这才是真正的三教合一。这样的三教合一对于健全完善社会规范、提升道德修养、涵养我们的灵性都将是大有裨益的，是构建幸福快乐、和谐美好的新社会所必须的。

或曰："宗教没有你说的那么完美吧？历史上不是有很多纷争甚至战争不是因教派冲突所引起的吗？比如'十字军东征'，这场战争持续了将近200年，造成了天主教与穆斯林之间的世仇；再比如发生在1572年的一场战争，持续了100年左右，死亡人数达几十万，这在当时的欧洲可是不小的数字。这次战争的起因就是天主教与新教徒对基督的'爱'的理解不同而导致的；日本是以佛教为主要信仰的国家，但它给全世界人民造成的创伤永远都无法弥补。"是的，历史上的确有此类事件发生，而且还不是很少！这一点任谁也不可否认。但，笔者要说的是，教派之争，甚至是流血战争，起因是人而不是宗教，宗教明显是替人背了黑锅！纷争是因人对宗教教义的不同理解而导致的，宗教本身从来不是这样要求我们的，这个责任不可以让宗教来承担。基督的爱是一个，没有不同，是人们的理解有不同；佛陀从来都是反对战争的，何时要你去残杀无辜了？所以说，需要改造的恰恰是我们自己（注意：笔者如此观点并非是要全盘接受宗教！有的宗教的思想理论或观点是需要扬弃的，例如道家的炼外丹、服食外丹的做法就应该被抛弃）。

综上，充其量我只是一个传统文化（包括佛教文化）的学习者、爱好者、研究者和传播者，根本不是一个认真的实践者，故而不是佛教徒。我只愿我的研究没有违背佛陀的根本教义，不要误导读者，这样我就已经很高兴了。

恳请不吝赐教，在下感激涕零！不知所云，聊作序言耳。

弘音谨识于泰山坐忘斋
2015 年 8 月

目 录

绪论　　　　　　　　　　001
逍遥游第一　　　　原文　024
　　　　　　　　　白话　025
　　　　　　　　　题解　028
　　　　　　　　要点禅解　029
　　　　　　　　　逍遥　029
　　　　　　　　　鲲鹏　035
　　　　　　　大小与无用　039
　　　　　　　有待与无待　045
　　　　　无己、无功、无名　046
　　　　鹪鹩一枝，偃鼠饮河　055
　　　　　　　姑射与神人　056
　　　　　　　　蓬心之夫　058

齐物论第二　　　　原文　061
　　　　　　　　　白话　064
　　　　　　　　　题解　070
　　　　　　　　要点禅解　070

吾丧我	070
真君存焉	073
不亡以待尽	077
彼出于是，是亦因彼	081
天地一指，万物一马	082
莫若以明	084
朝三暮四	086
存而不论	088
辩也者有不见也	090
葆光	094
恶乎知之	095
死生无变于己	104
梦醒大觉	117
和之以天倪	120
罔两问景	121
化蝶	122

养生主第三	原文	125
	白话	126
	题解	127
	要点禅解	127
	有涯无涯	127
	善恶不思	130
	庖丁解牛	137
	不蕲樊中	145
	安时处顺	145
	薪尽火传	154
人间世第四	原文	157
	白话	160
	题解	166
	要点禅解	166
	先存诸己	166
	心斋	170
	虚室生白，吉祥止止	175
	安之若命，正女身	177

随顺众生　182
螳臂当车　183
朽木之材，无用大用　184

德充符第五　　原文　189
　　　　　　　白话　191
　　　　　　　题解　194
　　　　　　　要点禅解　195
兀者王骀，外忘其形　195
不与物迁　198
唯止能止众止　199
子齐执政乎　204
生死一条，解其桎梏　205
非爱其形　212
才全德不形　213
轻用其身　215
诚忘　216
不以好恶内伤其身　218

大宗师第六	原文	224
	白话	227
	题解	233
	要点禅解	234
	真人	234
	其嗜欲深者，其天机浅	245
	相忘于江湖	248
	藏于天下	250
	道可传可得	251
	女偊闻道	258
	坐忘	263
应帝王第七	原文	267
	白话	268
	题解	271
	要点禅解	271
	不知为上	271
	为牛为马，顺物自然	274

神巫相面	281
至心若镜	284
混沌之死	286
跋	292
参考文献	294

绪　论

一、庄子其犹

庄子，姓庄，名周（有人说庄子有字，其字"子休"，但在相当多的文献中并没有提到庄子的字，如《史记》中就没有庄子的字的记载，直到唐朝时才有"字子休"字样出现，还真不知其出处以及考据是否可信）。战国时期人，有人考证庄子的生活年代大约为公元前369年到公元前286年，大约活了80多岁，与梁惠王、齐宣王和孟子大致生活在同一个时期。庄子是我国先秦哲学家中的代表人物，其思想、其文风对后世的影响巨大，甚至有人说没有庄子也就没有中国哲学和文学。

但庄子的生平资料却少得十分可怜，使得后世对庄子的身世不了解，一如我们对庄子的老师——老子的了解那样。据载，当年孔子曾经见过老子，向老子讨教，也不知老子到底给孔子说了什么，反正孔子见过老子之后对学生们发出了"鸟，吾知其能飞；鱼，吾知其能游；兽，吾知其能走。走者可以为罔，游者可以为纶，飞者可以为矰。至于龙，吾不能知其乘风云而上天。吾今日见老子，其犹龙邪"的感叹。

老子其犹龙也！庄子亦犹龙也！谁知道庄子的父母是谁？老师是谁？是否有同门？有哪些徒弟？都在哪里生活过？和谁打过交道？死后葬在什么地方？等等，统统不知。不唯老子和庄子，好像道家著名人物大抵都是如此地神龙见首不见尾，大抵都是神秘莫测的，如陈抟，如张三丰等。

虽然庄子犹龙，但我们毕竟还要想对庄子有一些了解，那么，了解庄子的途径有哪些呢？答曰：只有两个途径，一是《庄子》本身对庄子言行的记录，一是《史记》的记录。因为在庄子活着的时候，除了荀子说过一句"庄子蔽于天而不知人"的批评外，就再也没有关于他的任何评论了，所以我们只有依赖《史记》，同时参考《庄子》来认识庄子，别无他途。

但本人认为《庄子》一书中对庄子的记载最好仅作为佐证，用作参考而不能用作证据。因为《庄子》写作方式是"三言"（寓言，重言，卮言），庄子也爱开玩笑，有时甚至是讽刺挖苦的戏谑之词，所以《庄子》书中关于庄子的记载也可能有寓言或想象的成分在内。在无法确定哪些是事实、哪些是庄子写作上的方便法之前，还是仅仅作为参考为好。

因此，我们要想了解庄子就只有通过《史记》这一途了，因为这是最早记载庄子的文字，也是最可信的文字。

但《史记》的记载却十分的简单，仅仅234字，可谓寥寥数语，而这寥寥数语中竟然还包含了庄子自己所说的77字！但这却是我们了解庄子的唯一可靠的资料！《史记·老子韩非列传》记载全文如下：

> 庄子者，蒙人也。名周。周尝为蒙漆园吏。与梁惠王、齐宣王同时。其学无所不窥。然其要本归于老子之言。故其著书十余万言，大抵率寓言也。作《渔父》、《盗跖》、《胠箧》，以诋訿孔子之徒，以明老子之术。畏累虚、亢桑子之属，皆空语无事实。然善属书离辞，指事类情，用剽剥儒墨。虽当世宿学，不能自解免也。其言洸洋自恣以适己。自王公大人不能器之。
>
> 楚威王闻庄周贤，使使厚币迎之，许以为相。庄周笑谓楚使者曰："千金，重利；卿相，尊位也。子独不见郊祭之牺牛乎。养食之数岁，衣以文绣，以入太庙。当是之时，虽欲为孤豚，岂可得乎？子亟去，无污我。我宁游戏污渎之中自快，无为有国者所羁，终身不仕，以快吾志焉。"

从这段文字我们可以了解到庄子的一些资料和性格特征：
1. 蒙人，有人考证为现今的河南商丘附近或安徽蒙城附近；
2. 当过小官"漆园吏"，或许相当于现在的农场主。但不知庄子在此位子上干了多长时间。联系下文，估计不会很久；
3. 生卒年代大约为公元前369—公元前286年，与孟子同时；
4. 庄子学问很大，"无所不窥"；
5. 其思想基本属于老子，故后世将之与老子并称为"老庄之学"；
6. 著述十万余言，多为寓言，"空语无事实"；
7. 攻击孔氏、墨氏等之学，一个不落而且不留情面，言语犀利，剥皮入骨；
8. 不受权贵待见；
9. 视权贵、金钱为粪土；
10. 终身不仕。

二、《庄子》其书

庄子在世的时候，并不受上层社会的待见，可能除了庄子的学生外，也没有多少人知道庄子的大名。这么说不是凭空捏造，因为与庄子同时期的人物都没有提到过庄子这个人，所以可以推测，那时的庄子影响还不是很大。

庄子开始受到重视，大约已是庄子死后100多年的事了。有人研究最早的《庄子》大概在汉初时期形成（《汉书·艺文志》），经由《淮南鸿烈》的作者们整理后定型。当时的《庄子》有五十二篇之多，亦分为内、外、杂三篇，文字有10多万字，但这个版本的《庄子》已经失传，无法再见到了。据考证失传的篇目有《阏奕》、《意修》、《卮言》、《游凫》、《子胥》、《马捶》等。

西汉以后，庄子一下子热起来，至魏晋南北朝时达到鼎盛。其背景是玄学大兴，因而庄学也开始受到重视。当时之人，稍有点学问的，开口闭口必谈庄子，否则就会被人笑话，例如竹林七贤就经常进行这种玄谈。

在此背景下，注庄也就形成了时尚，司马彪、崔譔、向秀、郭象、李颐等都给《庄子》作过注，但其中除了郭象的以外，已经全部失传了。

现在我们见到的《庄子》就是经郭象删改后的版本，虽然保留了内、外、杂三篇的形式，但十去其三，只剩65000字了。尽管没有了《庄子》最初的原貌，却减少了很多后世学者们的争论，而不像《老子》那样，由于版本很多，至专家学者们各抒己见，争论不已。因此，关于郭象删改《庄子》的行为应该辨证地去看待。

嗣后，到了隋唐时期，给《庄子》作注的人明显减少了，庄学热也降温了。其背景是隋唐时期建立了科举制度，世人开始重视博取功名，而《庄子》主张的是逍遥避世，故而不受重视。这一时期注庄的有孙思邈、李含光等，但他们的注疏也已失传，留传下来的只有著名道士成玄英的注本。

及至宋代，由于理学兴起，庄子再次受到重视，注庄再次风行，注疏众多，如陈景元、褚伯秀、朱熹、林希逸、焦竑、方以智等都曾注释过《南华经》，且这些注本大都保持完好，留存至今。

到了清代，较为著名的注庄大家有王夫之、王先谦、郭庆藩等。

近代注庄的著名学者有刘文典、王叔岷、闻一多等，虽都各有立意，然总括起来没有超越前人的论述。叔雅先生虽号称中国懂庄第一人，但笔者斗胆直言：叔雅先生在点校《庄子》方面确为第一人，不做第二人想，陈寅恪说他对《庄子》的点校做到了"可谓天下之至慎矣。其著书之例，虽能确认其有所脱，然无书本可依者，则不之补；虽能确证其有所误，然不详其所以致误之由者，亦不之正"。这个评价是符合实事的，没有夸张之语。但在解庄方面，刘文典先生并没有超越前人。反过来说，千百年来，后来者超越前贤的能有几人？不唯如此，现在解庄的"著作"多如牛毛，也烂臭如腐水，笔者就曾读过一本当代人的解庄"著作"把"是为两行"解释成了"用两个轮子走路"。对此，我们除了一笑，还能做什么呢？笔者亦不敢做超越古人之想，只是把自己的感悟记录下来博人一笑而已。前面已经说过，是"不敢贻厥后人，聊自记其遗忘耳"。

《庄子》一书为何叫《南华真经》呢？

庄子又被人称作南华真人，因而其书也就被人叫作《南华真经》了。但因何而被称为南华真人？何时被称为南华真人呢？这是个问题。

有研究称，南华真人之称始于唐玄宗时，理由是唐玄宗明令昭告天下追封四个道教真人，分别是"南华真人庄子"、"冲虚真人列子"、"通玄真人文子"和"洞灵真人亢桑子"，四大真人所著的书也分别叫作《南华真经》、《冲虚真经》、《通玄真经》和《洞灵真经》。

但近来有学者提出，南华称号其实早于唐玄宗时期。杨思范就对这个问题进行了考证，提出了令人信服的证据，证明庄子被称为南华真人要早于唐玄宗的追封，唐玄宗的追封只能算是正式的官方认可的标志，而不是南华真人称呼的肇始。

为何被称为南华？多数学者认可是因庄子曾隐居于南华山之故，当然也有不同的意见。笔者认为因隐居南华山而被称为南华真人的考证是可信的，因古人有因地、因山为名、为号的习惯，这个在《庄子》中也有很多例证，如南郭子綦，就因为住在城南而姓南郭。

三、《庄子》风格

《庄子》的写作风格极其独特，刘熙载说："意出尘外，怪生笔端。"庄子自己说是采用"三言"的形式写就，三言是指寓言、重言和卮言。概括起来，《庄子》的风格有以下几个特点。

第一，想象丰富，超然物外。

庄子的想象力异乎寻常，犹如天马行空，无拘无束，读之令人目不暇接，思想总是赶不上庄子的步伐。开篇的大鱼大鸟，振翅高飞的形象，吸风饮露的仙人，外形丑陋内德充盈的怪客，乃至从容出游的鱼儿，东西跳梁死于网罟的野猫和黄鼠狼，朝三暮四的猴子，蝉、螳螂和黄雀的食物链等，给人极强烈的视觉冲击和心灵震撼，读之感到大气磅礴，血脉贲张，激荡心灵。

第二，文字优美，描写细腻。

庄子的写作在大气磅礴之下，又不失优美细腻，做到了二者的的完美结合。

如真人什么样子？这个描写起来很不容易，但庄子从正反两个方面为我们描写得相当细致："古之真人，不知说生，不知恶死；其出不䜣，其入不距；翛然而往，翛然而来而已矣。不忘其所始，不求其所终；受而喜之，忘而复之，是之谓不以心捐道，不以人助天。是之谓真人。若然者，其心志，其容寂，其颡頯凄然似秋，暖然似春，喜怒通四时，与物有宜而莫知其极。故圣人之用兵也，亡国而不失人心；利泽施乎万世，不为爱人。故乐通物，非圣人也；有亲，非仁也；天时，非贤也；利害不通，非君子也；行名失己，非士也；亡身不真，非役人也……古之真人，其状义而不朋，若不足而不承；与乎其觚而不坚也，张乎其虚而不华也；邴邴乎其似喜乎！崔乎其不得已乎！滀乎进我色也，与乎止我德也；厉乎其似世乎！謷乎其未可制也；连乎其似好闭也，悗乎忘其言也。以刑为体，以礼为翼，以知为时，以德为循。以刑为体者，绰乎其杀也；以礼为翼者，所以行于世也；以知为时者，不得已于事也；以德为循者，言其与有足者至于丘也；而人真以为勤行者也。故其好之也一，其弗好之也一。其一也一，其不一也一。其一与天为徒，其不一与人为徒。天与人不相胜也，是之谓真人。"

又如为了说明养生的道理，庄子不惜大量笔墨为我们描述了一个宰牛的故事，这在用刀子刻竹著书的年代可是相当不易。

又如在写地籁时，描写得十分传神："夫大块噫气，其名为风。是唯无作，作则万窍怒呺，而独不闻之翏翏乎？山林之畏佳，大木百围之窍穴，似鼻，似口，似耳，似枅，似圈，似臼，似洼者，似污者；激者，謞者，叱者，吸者，叫者，譹者，宎者，咬者，前者唱于而随者唱喁，泠风则小和，飘风则大和，厉风济则众窍为虚。而独不见之调调、之刁刁乎？"一连用了十六个形容词，描写风和风吹的声音竟然这样细致，一幅天地之间的大风歌生动地呈现在了读者面前。竹溪先生特别推崇这一段文字，他说："此一段，又妙中之妙者，一部书中，此为第一文字。非特《庄子》一部书中，合古今作者求之，亦无此一段文字！""非南华老仙，安得这般文字！"当然，这仅是从文学艺术性方面进行的评价，其实《庄子》的奇文多的是，而且在讲述什么是大道、如何悟道等方面的奇文更是随处可见，而且庄子本身并不是想写什么流传千古的文学作品，庄子的目的是要告诉人们什么是大道以及如何悟道这个人生最重要的事情。所以读者诸君千万不要仅仅把《庄子》当作奇文来欣赏，那样的话就是拣了芝麻丢了西瓜，也就枉费了庄子的一番苦心了。

甚至在挖苦别人的时候，庄子的描述也是极其细腻的。如在描写曹商的时候，可谓入木三分，不给一点面子，这个读者自可仔细体会，不必在下多费口舌。

第三，以寓言道，说理透彻。

庄子写书的目的是要人们认识大道，他不是在写奇诡谲怪的小说。怎么讲解大道呢？以前的圣人都是直接告诉人们，什么是，什么不是。但大道无相无形，语言文字也显得干瘪无力，枯燥干巴的讲道会令人丧失兴趣。

庄子一改这种做法，展开了前无古人后无来者的奇异想象，用生动活泼的寓言和故事，为我们指示了大道，使人读后回味无穷，意犹未尽，极具吸引力和感染力。也正因为如此，千百年来有很多人终其一生都在读《庄子》、学《庄子》、用《庄子》。

这一点也与佛陀的说法相似,佛陀说:

> 吾自成佛以来,种种因缘,种种譬喻,广演言教,无数方便,引导众生,令离诸著。(《妙法莲华经·方便品第二》)

> 诸有智者,要以譬喻,而得开悟。(《大佛顶首楞严经·卷第一》)

第四,圣者重言,令人生信。

众生愚痴,难入道海。如何能令众生生信?庄子也借用圣者之口来传达他的思想,这就是重言。庄子描述了很多老子、关尹、许由、王倪等悟道者的形象,也创造了许多神人的形象,这些可能都是属于"空语无事实"的,却起到了巧妙宣道的作用,从而易于被受众所接受。

第五,卮言日出,以和天倪。

关于卮言,历来有很多争论。卮是盛酒的容器,满则倾。庄子借用卮的这个特征,来说明书中有部分内容是属于随性发挥的,只要想到了,随时写就。所以有时看《庄子》,好像有很多议论十分突兀,前后不搭界,就是这个原因造成的。尽管好像不是一个整体,但其内在思想却是浑然一体的。

四、庄子逍遥

对于庄子的性格特点,后世多有人研究分析,但观点却分为针锋相对的两派。有些人认为庄子是一个真正逍遥的人,有些人则认为庄子其实并不逍遥,而是恰恰相反,是一个相当愤世嫉俗的人。

如清代胡文英在《庄子独见》中就认为庄子是十分哀怨的。他说:"人只知三闾之哀怨,而不知漆园之哀怨有甚于三闾也。盖三闾之哀怨在一国,而漆园之哀在天下;三闾之哀怨在一时,而漆园之哀怨在万世。"三闾者,屈平是也。

晚近也有人这样认为,如颜世安认为:"庄子的痛苦感受并没有真的被毫无心肠地遗忘,他这样用力劝说人们(也劝说自己)淡忘一切,逍遥游世,不是为了与现实和解,乃是为了故意做出的玩世不恭来表达内心的深处不可消除的恨意。"(《庄子评传》)甚至有人认为庄子是阿Q的祖师爷。

那么事实上庄子到底是一个什么样的人呢?庄子真的是一个庸俗的快乐主义者吗?

笔者认为,这样去认识庄子实在是冤枉了庄子,也辜负了庄子的一片苦心。

笔者认为庄子是一个开悟了的大禅师,一个真正开悟了的觉者,一个真正逍遥的人。庄子并没有故意装出冷漠和孤傲,更没有哀怨和愤世嫉俗。他是真正的不被世俗名利缠身的人,一个真正看破通身放下的人。郭象说:"夫庄子者,可谓知本矣,故未始藏其狂言。"说得十分正确。成玄英也说庄子"其言大而博,其旨深而远,非下士之所闻,岂浅识之能究"!即是说,我们不能以凡夫俗子的眼光来看待庄子,否则你是不能理解庄子的。

五、《庄子》的结构

隋唐以后,《庄子》"皆依郭本"而分为内、外、杂篇。那么,这三篇有何联系与区别?最早对这一问题做出回答的是成玄英,他在《庄子注疏·序》中写道:"内则谈于理本,外则语其事迹。事虽彰著,非理不通;理既幽微,非事莫显;欲先明妙理,故前标内篇。内篇理深,故每于文外别立篇目,郭象仍于题下即注解之,'逍遥'、'齐物'之类是也。自外篇以去,则取篇首二字为其题目,'骈拇'、'马蹄'之类是也。"宋代罗勉道说:"内篇皆先立篇名,而篇中意不出此,外篇与杂篇惟摘篇首字以名之。盖内篇命意已足,外篇、杂篇不过敷演其说尔。"(《南华真经循本·逍遥游》)明代陆长庚说:"内篇七篇,庄子有题目之文也,其言性命道德、内圣外王备矣;外篇则标取篇首两字而次第缩之,盖所以羽翼内篇而尽其未尽之蕴者。"(《南华真经副墨·骈拇》)当代哲学家冯友兰则认为内篇是"有标题者"而外篇和杂篇是"无标题者"。

但这种划分只注重了区别,却忽视了联系。其实成玄英早就注意到了这个问题,不能重差别而轻联系,他在序中说:"内篇明于理本,外篇语其事迹,杂篇杂明于理事。内篇虽明理本,不无事迹;外篇虽明事迹,甚有妙理。"宋代林希逸:《庚桑楚》"文字何异于内篇?或曰外篇文粗,内篇文精,误矣"!(《南华真经口义·庚桑楚》)清初大儒王夫之亦认为"杂篇多微至之语"(《庄子解·杂篇》)。可见不能仅仅以说理之深浅为标准来划分内、外、杂篇。其实,外篇与杂篇中也不乏极其精到的论述,如《知北游》、《秋水》、《骈拇》、《列御寇》等,不但义理精深,而且文字优美,毫不逊色于内篇。

有人从考证哪些篇目是庄子本人所作,哪些是伪篇来论证内、外、杂篇的区别和联系。一般地说,多数人认为内篇为庄子所著,外篇有的是庄子所写,有的是其弟子所写,而杂篇最为复杂,可能为庄子的徒孙所写,甚至有伪篇存在。王船山说:"外篇非庄子之书,盖为庄子之学者,欲引而伸之,而见之弗逮,求肖不能也。"(《庄子解·外篇》)

笔者认为,内篇肯定为庄子所著,内篇自成体系,逻辑严密,文风一致。焦竑持此观点,他说:"内篇断非庄生不能作,外篇、杂篇则后人窜入者多。"(《焦氏笔乘》)

关于《庄子》内是否有伪篇的争论肇始于苏东坡。苏东坡站在儒家的立场,认为庄子不是反对孔子的,一些针对孔子的言论明显是庄子故意为之。东坡先生说:"庄子盖助孔者","阳挤而阴助之"。意思是说，庄子表面上看来是与孔子作对的，但其骨子里却是孔子的坚定支持者。东坡先生站在这个立场去读庄，自然也就努力地调和庄孔之间的矛盾，遇到无法调和的情形，就直接把有关篇章贴上了"伪篇"的标签，认为《庄子》杂篇中的《盗跖》、《渔父》、《让王》、《说剑》等四篇是"伪作"。这样一来对于苏轼来说简单多了，不需要劳心费神地去调和了。可是这个简单的真伪判定原则却引起后世的争论，而且一直争论了一千年！

众多学者前赴后继，对这个问题进行了多方研究和考证，例如有的从内容和义理深浅方面考证，有的从词句方面考证，有的从行文风格方面考证等，成果颇丰。概括起来，众多学者研究成果可以归纳为：内篇为庄子所作，外篇为庄子或庄子的弟子所作，而杂篇的情形要复杂得多，或为庄子徒子徒孙所作，或为伪作，这是基本的结论。

本书不是考证篇目真伪的问题，故此不能在这方面著更多的笔墨。但笔者认为《庄子》中确有伪篇存在，有的根本就不合庄子的思想，有的也与大道和悟道没有半点关系。比如《说剑》篇就看不出有关大道和悟道的东西来，假设庄子要写剑说剑，也不能说"庶人剑、诸侯剑和天子剑"。表面上看是庄子"小大之辩"思想的延续，尽管"天子剑，以燕谿石城为锋，齐岱为锷，晋魏为脊，周宋为镡，韩魏为夹；包以四夷，裹以四时；绕以渤海，带以常山；制以五行，论以刑德；开以阴阳，持以春夏，行以秋冬。此剑，直之无前，举之无上，案之无下，运之无旁，上决浮雲，下绝地纪。此剑一用，匡诸侯，天下服矣"，这剑宏大的了不得，想象力不可谓不奇特，但再大也属有为！庄子贵虚无，提倡无为，岂能如此说理？即使庄子要说剑，笔者觉得也应该类似于武侠小说"第一层功夫是手中有剑，心中无剑；第二层功夫是手中无剑，心中有剑；第三层则是心中也无剑"那样去写，起码思想上是符合无为的。

鬼谷子也有"三剑"之说，比这一篇"庶人剑、诸侯剑和天子剑"都要高明许多："天下有三剑。圣剑又名天道之剑，以道为背，以德为锋，以阴阳为气，以五行为柄，上可断天光，下可绝地维。贤剑又叫天子之剑，以万民为背，以贤臣为锋，上应天道，下顺地理，中和民意。俗剑又叫人剑，以精钢为锋，以合金为背，以冷森为气，上可斩头颅，下可剁双足，中可破腑脏。"

关于内篇的结构和七篇之间的逻辑关系，成玄英说得是比较深刻的：

> 所以逍遥建初者，言达道之士，智德明敏，所造皆适，遇物逍遥，故以逍遥命物；夫无待圣人，照机若镜，既明权实之二智，故能大齐于万境，故以齐物次之；既指马天地，混同庶物，心灵凝淡，可以摄卫养生，故以养生主次之；既善恶两忘，境智俱妙，随变任化，可以处涉人间，故以人间世次之；内德圆满，故能支离其德，外以接物，既而随物升降，内外冥契，故以德充符次之；止水流鉴，接物无心，忘德忘形，契外会内之极，可以匠成庶品，故以大宗师次之；古之真

圣，知天知人，与造化同功，即寂即应，既而驱驭群品，故以应帝王次之。(《庄子注疏·序》)

对此，明憨山大师是这样说的：

> 其篇分内外者，以其所学，乃内圣外王之道。谓得此大道于心，则内为圣人；迫不得已而应世，则外为帝王。乃有体有用之学，非空言也。且内七篇，乃相因之次第。其逍遥游，乃明全体之圣人，所谓大而化之之谓圣，乃一书之宗本，立言之主意也；次齐物论，盖言举世古今之人，未明大道之原，各以己见为是，故互相是非。首以儒墨相排，皆未悟大道，特以所师一偏之曲学，以为必是，固执而不化，皆迷其真宰，而妄执我见为是。故古今举世，未有大觉之人，卒莫能正之。此悲世之迷而不解，皆执我见之过也；次养生主，谓世人迷却真宰，妄执血肉之躯为我。人人只知为一己之谋，所求功名利禄，以养其形，戕贼其真宰而不悟。此举世古今之迷，皆不知所养耳。若能养其生之主，则超然脱其物欲之害，乃可不虚生矣。果能知养生之主，则天真可复，道体可全，此得圣人之体也；次人间世，乃涉世之学问。谓世事不可以有心要为，不是轻易可涉。若有心要名干誉、恃才妄作，未有不伤生戕性者。若颜子、叶公，皆不安命、不自知而强行者也。比若圣人，忘己虚心以游世，迫不得已而应，乃免患耳。其涉世之难，委曲毕见。能涉世无患，乃圣人之大用也；次德充符，以明忘形释智、体用两全，无心于世而与道游，乃德充之符也；其大宗师，总上六义，道全德备，浑然大化，忘己、忘功、忘名。其所以称至人、神人、圣人者，必若此，乃可为万世之所宗而师之者，故称之曰大宗师。是为全体之大圣，意谓内圣之学，必至此为极，则所谓得其体也。若迫不得已而应世，则可为圣帝明王矣，故次以应帝王，以终内篇之意。至若外篇，皆蔓衍发挥内篇之意耳。(《庄子内篇注》)

可见憨山大师与成玄英稍有不同，主要区别在于对《养生主》一篇的看法上。笔者认为，成玄英与憨山大师的观点各有侧重，都不全面。笔者认为，既要维护肉身必要的健康，又不能过分看重这个肉身，妄执肉身为真我，掌握好这个平衡，也就是度，才是正确的"养生"的观点。也就是说，既要有"养生"，也要有"养主"，详细的内容请看相关章节。

六、佛法西来

学佛的人都知道"如何是西来意"这样的公案，但本节不打机锋，想探讨的是"如何是西来意"这个问题的后面的两个问题，这就是：佛法是什么时候西来的？是如何西来的？

为什么插入这一节呢？想要说明中国特色禅宗的产生与发展，这个问题实在是绕不过去的，必须说明佛法传入的时期，而后方能明了佛法与老庄之间的关系，以及佛法是在什么样的情形下，经历了什么样的历史时期，成功中国化并创立了影响世界的、独具中国特色的禅宗的。

佛法创立在古印度，传入我国后，很快与我国本土文化融合，发展为独具中国特色的佛教，成为中华传统文化中不可分割的重要组成部分。在我国历史上，佛法西来是第一次大规模外来文化的传入，也是最成功的文化融合，对于整个中华民族的历史影响是极其深远的。随着佛法在我国大兴，佛法又由中国向东南亚传播。这两个时期大约以隋唐时期为分界线，隋唐以前为佛法西来时期，以后则为佛法东渐时期。通过这个两时期的传播，佛教遂成为世界性的宗教。

那么，佛法是什么时间传入我国的？

关于佛法西来的时间问题，通常有以下五种说法。

1. 在孔子时代传入（公元前551年—公元前479年）：认为佛教在这一时期传入的根据是《列子》上的一句话："丘闻西方有圣者焉，不治而不乱，不言而自信，不化而自行，荡荡乎人无能名焉。"

2. 在公元前243年传入：根据是秦王政时期"西域沙门室利房（一作释利房）等十八人，始赍佛经来华，王怪其状，捕之系狱，旋放逐国外"（《经录》）。

3. 汉哀帝时传入（公元2年）：根据是"昔哀帝元寿元年，博士弟子景庐受大月氏使伊存口授《浮屠经》"（《魏书·释老志》）。

4. 汉明帝时传入（公元76年）：根据是汉明帝"夜梦见神人，身有金色，项有光，飞在殿前"。第二天晨起上朝，问遍诸大臣，莫有知者，后傅毅说"天竺有得道者，号曰佛，轻举能飞，殆将其神也"。遂派使者西行求法，使者遇摄摩腾，请来传法，于永平十年归国。（汉译《四十二章经》序言）

5. 在公元147—149年间传入：根据是这一时期有安息国的安世高来华，《梁高僧传》曰安世高于"汉桓之初，始到中夏"。

这些说法前后相差500多年，这个范围未免有些太大了些。那么，到底哪一个更令人信服呢？抑或这五种说法都不符合史实？对这个问题众多佛教史学者均有各自的看法，可谓仁者见仁，智者见智。比如杨曾文先生认为佛教是在公元前2年传入的，认为汉明帝遣使西行求法不是佛教来华之始，而应视为佛教在中国的进一步传播；蒋维乔先生则认为前面四个说法都不正确，佛教的真正传入应该始自安世高来华，认为摄摩腾来华只能视为天竺人来华之始，而不是佛教来华之始。

笔者认为上述五种说法都有待商榷，佛教真正来华时间应该为汉武帝时期，具体地说应该是公元前126年—119年，也就是在汉武帝元狩中期这个大致的时间段内。

为阐明这个问题，有必要简单回顾一下佛教的创立及其传播历史。

释迦牟尼何时创立的佛教呢？据记载，佛大约在公元前566年降生于蓝毗尼花园，19岁出家，苦行6年后悟道，悟道后在鹿野苑初转法轮。此时佛、法、僧三宝才俱足了，三宝齐聚宣告佛教正式创立，这时大约是公元前530年左右。佛灭度后，印度孔雀王朝时期的阿育王通过武力统一了印度，在经过血腥的杀戮之后，阿育王幡然悔悟并把佛教奉为国教，亲自主持进行了第三次结集。这次结集后，阿育王选派九名高僧，分别率领若干僧人前往印度周边乃至更远的国家和地区去传法。据阿育王摩崖石刻敕文记载，传法僧团到达了距印度六百由旬之远的希腊、叙利亚、埃及和马其顿等国，这样就使佛教成为世界性的宗教。这一时期是在阿育王执政的中后期，即约为公元前260年—236年。

这样，我们就可以排除前面的两种说法了，因为孔子出生的年代仅比佛陀稍晚，而此时佛教刚刚创立不久，还未形成世界性的宗教，不可能这么快就传入中国。《列子》之说应为臆想之词，何况孔老夫子的这句话也未见于其他典籍的记载。更有甚者，把《列子》认定为伪书，一棍子打死了，自然也就没有必要争论它说的是否正确了。

那么，第二种说法是否可信呢？笔者认为这一时期中国有僧人来是可信的，但佛教却没有因此而传入汉地，原因如下。

据南传佛教记载，在公元前247年，阿育王的一个儿子率领五位比丘、一名沙弥、一名居士抵达斯里兰卡传法，这可以视为阿育王派人海外传法的佐证。同一时期阿育王的女儿也率僧团来到现今的缅甸传法，所以说有传法僧团于这一时期来到中原是可能的，但这并不能代表佛教的传入，因为此时正是我国战乱频仍的时期，没有一个稳定地社会环境，传法也就成为不可能。这些装束奇特的僧人没有被嗜杀成性的始皇帝杀头，而是驱逐出境已经是他们的大造化了（史载始皇帝没有将其杀头的原因是：夜有丈六金神破户出之，帝惊稽首称谢，以厚礼遣出境）。所以说，秦始皇时期有传法僧人来华是可信的，但没有真正传法，《史记》中记载的"禁不得祠"可作为秦始皇不许佛教传播的佐证（不得乃是梵语佛的音译），所以这一时期也就不可能是佛教传入的时期。

来中原的印度僧人有可能是经缅甸至现今我国的云南而进入的，有人说中原地区通云南及西部地区张骞乃是第一人，因此而否定这种可能性。这是站不住脚的理论。缅甸与云南接壤，人员往来自古有之，应该是有可能的，近代著名的虚云老和尚只身一人徒步二万多里到了印度就是一个证明。而最后一种说法就更加不对了，蒋维乔先生的说法是前后矛盾的，摄摩腾本身是一高僧，他来华不是广宣佛法是为了什么呢？怎么可能仅仅简单地视作天竺人来华呢？

至于其他两种说法，我认为杨曾文先生的观点是对的，但还不彻底，彻底的观点应当是这两种说法都不是佛教传入，而是佛教在中国的进一步传播。道理很简单，国人其时已经知有佛教：明帝梦金人，博士释梦为佛。如不知有佛，焉能做出这般解释？遣使取经也不是佛法初入中国的证据，你能说玄奘西天取经是佛教传入我国的开端吗？实际情况是佛经太少，而且是刻竹简而行，困难极大，因而多数人只知道有佛法，而极难得到佛经，甚或佛经中谬误颇多，故而才有西行取经之举。另外，明帝明确支持佛教，史载楚王刘英信佛，获罪怕死，派人献黄缣白纨赎罪，明帝诏曰："楚王诵黄老之微言，尚浮屠之仁祠，洁斋三月，与神为誓，何嫌何疑，当有毁吝？其还赎，以助伊蒲塞、桑门之盛馔。"这说明当时佛教信仰至少在王公贵族中已经相当普遍，甚至还定期举行法会，参加法会的不但有桑门（现译为沙门），还有在家信众伊蒲塞（现译为优婆塞），这些都证明国人其时已知有佛教了。

那么，认为佛教是在汉武帝时期传入有什么根据吗？有如下几个理由。

首先，有典籍的记载。

《魏书·释老志》记载："武帝元狩中，霍去病获昆邪王（一作浑邪）及金人，率长丈余，列于甘泉宫，烧香礼拜，此则佛道流通之渐也。"

《史记》记载，霍去病在抗击匈奴过程中，"得休屠王祭天金人"。

《史记》还记载，公元前139年，武帝为联合大月氏（一为"大月支"）共同抗击匈奴，派遣张骞出使西域，第一次出使13年后才归国。此次出使，使得西域开通，于是汉朝始知西域有"大宛、康居、大夏、安息等国"。后来武帝又令张骞第二次出使，这次出使到了身毒国，而身毒国即现今的印度，并且明确指出"身毒国有浮屠之教"。两次出使西域，使得丝绸之路得以建立，有力促进了汉朝与西方政治、经济文化的交流，佛教也就随之传入了。

其次，大月氏国已有佛教。

大月氏的来历是这样的：汉朝本来不知道有这样一个国家，随着与匈奴的连年开战，信息也就随之多了起来。一次，汉朝军队俘虏了一个匈奴人，这个人说匈奴王冒顿单于在公元前174年大破月氏，月氏逃到伊犁上游立国，叫大月氏，而留在原地未走的月氏人被称作小月氏。过了13年，冒顿单于又一次进攻大月氏，杀了月氏王，并把他的头骨当做喝酒的容器，月氏无奈又一次遁逃。这使得月氏人十分愤恨匈奴人，想报仇又苦于没有力量，也没有人协助复仇。武帝得到这个信息十分高兴，设想如果能与大月氏联合，必能战胜匈奴。这就是汉武帝派遣张骞西行的缘由。

张骞第一次西行一共用了13年，其间的曲折不是本文叙述的要点，本文要说的是这次西行的结局令张骞十分失望：大月氏人灭了大夏，在那里安居乐业了，当地"土地肥饶，无盗贼"，月氏王已经"殊无报复之心"矣。为什么没有了报复之心呢？史载大月氏逃到当地后，当地已经有佛教信仰，月氏人入乡随俗也信仰了佛教，加之当地生活非常安逸，不似游牧生活那样辛苦，所以已经全然没有了报仇之心。张骞在大月氏住了一年有余，想不接触佛教都是不可能的。

第三，武帝时期文化复兴为佛教大行提供了良好的社会环境和文化基础。

秦始皇时期实行暴政统治，不允许有不同的思想和议论，所以"邪说之书皆焚之，儒士皆坑之"，史称"焚书坑儒"。这些书不但要烧掉，而且不允许私藏，一旦发现就是死罪。中国传统文化遭到了严重破坏（传统文化在这一次遭到的打击算是最轻的，其后的三武一宗毁佛以及后来的晚清以降的各种运动，导致中华优秀传统文化的人为断裂，应该说一次甚于一次）。

汉文帝和汉景帝均发现了这一做法的弊端，故而"除挟书律"，"改秦之败，大收篇籍，广开献书之路"，藏于墙壁之中的书不断出现，"天下书往往颇出，皆诸子传说"。不能不说这是汉朝出现封建王朝时期的"文景之治"的重要原因之一。在这一背景下，张骞出使西域，非常重视那里的生产生活和文化习俗，从西域归来的时候，不可能不带回大量的信息，甚或可能还有书籍。可供佐证的有，张骞在引进葡萄、苜蓿、石榴等蔬果的同时，还把西域的音乐带回了中原，致使当时"摩诃"、"兜勒"等曲目成了时尚，而"摩诃"正是梵语"大"的意思。

除此而外，对于学术争论也采取了非常开明的政策，允许不同的思想存在，如辕固与黄生的争论就是一个鲜明的例子。有一次，辕固与黄生在皇帝面前争论汤武革命孰对孰错，是否大逆不道，辕固认为汤武革命是正当行为，黄生则认为是犯上作乱，是弑君。辕固说，如果按这样的道理来看，那么汉朝取代秦朝不也是犯上作乱吗？两个人为此辩论不已，而且还上纲上线，假设这是在始皇帝时期，毫无疑问是要杀头的。而汉景帝呢？既不打棍子，也不扣帽子，这样开明的氛围在古代是十分难得的。汉武帝继承了文景之治的文化政策，虽然后来他"罢黜百家，独尊儒术"，但宽松的文化环境为佛教大行提供了必要的客观条件，使得佛教在汉地广泛传播开来。

综上，笔者认为，佛教真正传入我国的时期应该为汉武帝元狩年间，即公元前126—公元前119年之间，传入的路线即是古丝绸之路。而汉哀帝元寿元年之口授《浮屠经》和汉明帝遣使西行求法并建白马寺等史实，只是佛法在中原传播过程的初始阶段而已，是序曲。这一时期比较长，原因是外来文化被接纳是需要一个过程的，对于一个有完整文化体系的民族尤其如此。至于安世高时期实应视为我国主动翻译佛经的肇始。秦始皇时期则由于禁佛，故只有极少数人知道有佛教，在中国大地上并没有传播开来，充其量只是"知道"而已。

就在本节刚刚写就的时候，香港特区的凤凰台报告了一则新闻：在我国湖北咸宁市通城县的黄袍山发现了一座2100年前的古寺！约建于公元前118—公元前105年间，早于"公认的最早佛寺——白马寺"，而且奇妙的是，它的名字就叫"来佛寺"！这恰好印证了笔者关于佛法西来时间的结论。

七、庄禅相通

佛教传入是在庄子后 200 年左右的时期，而中国禅学的真正建立则是在庄子之后千年的事情了。尽管相距时间较久，但庄学确与禅学有着千丝万缕的联系，不可分割。因为中国禅学也必须在一定思想基础上才能产生，不可能凭空出现，这个基础即是老庄思想。换句话说，老庄思想为中国特色的禅宗的产生做好了准备工作，这也正是释迦牟尼佛所说的"震旦有大乘气象"的含义。

禅宗（特指中国特色的禅，以区别于印度佛教的禅法）的产生与发展大致上可分为四个时期：萌芽期、成长期、成熟期和衰退期。萌芽期即老庄思想到魏晋玄学产生这段时间，这些思想是禅宗产生的基础。这一时期佛教内部的禅法以安世高（大约在公元 100 年—180 年间）为代表，主张要累世修行，积累功德，才能成佛。成长期则从魏晋玄学的后期到五祖弘忍这个大致的时期，这段时间是禅学发展壮大乃至建立的时期。这段时间佛教内部的禅法以支道林（公元 314 年—366 年）和释道安（公元 314 年—385 年）为代表，主要思想有了一些变化，主张在修行的过程中有质的飞跃。也就是说，整个修行过程是渐修的，但在渐修过程中有阶段性的跨越，最后可以成佛。这时我国的禅学逐步发展并形成自己的一些特质，为最终由六祖慧能建立有中国特色的禅宗做好了思想上的充分准备。成熟期则大致上是从五祖弘忍（公元 601 年—675 年）开始直到宋朝中期，这段时间出现了禅宗的极大繁荣，达到了顶点，产生了许多分支流派，影响远播海外，代表人物众多，但以六祖惠能大师（公元 638 年—713 年）最为著名，形成了世界禅学中心，当然也是佛学中心。这一时期禅法最大的特点是顿悟成佛说，也就是说成佛只在刹那之间，只在于迷悟的差别，本无奇特，转身即是。第四期则是宋朝后期到现在，禅宗逐渐式微，在元、明间或有小的兴起，如高峰原妙（公元 1238 年—1295 年）、中峰明本（公元 1263 年—1323 年）禅师的努力，曾使禅宗中兴，但相对于整个禅宗的发展史而言，只是小波澜而已，改变不了禅宗衰微的趋势。明清以降，禅宗更是式微，虽然在清末禅法开始向全球传播，但禅的灵魂已经没有了，只剩下了一张华丽的外表，似则似矣，实则不是（其间也曾有像虚云老和尚（公元 1840 年—1959 年）那样的高僧大德，努力复兴过禅宗，尽管其个人修为层次很高，但整个禅宗走向衰微是不争的事实）。

尽管禅宗从整体上来说是式微了，但禅宗确是我国佛教宗派当中生命力最强、延续一千多年而没有断绝的唯一宗派，尤其是在历次毁佛的运动中，损失最小的宗派也是禅宗，这不能不说是一个历史奇迹。

有人说禅宗东土初祖不是菩提达摩（公元？—532年，梁武帝时期）吗？也就是说禅宗应该在达摩时代就已经建立起来了，你怎么说是在五祖弘忍大师时才算真正建立呢？是的，禅宗初祖的确是达摩大师，但禅法四祖之前，几乎是只在少数的师徒之间传授传承，而且没有固定的居所，禅僧们都是"行脚僧"，也就是到处参访学习、居住山林、不入世间的。因此，这一时期的禅法影响还不大，受众也极有限。直到四祖道信大师（公元580年—651年）才开始建立道场，禅僧们居所固定，提倡与印度截然不同的农禅并重的禅法才使得禅门发扬光大起来。到五祖弘忍大师时，大开东山法门，而且改"以《楞伽经》印心"为"以《金刚经》印心"，最后至六祖时期达到顶峰。所以也有人说，在五祖之前，我国只有禅学，而没有禅宗。尽管这个说法有些生硬，但却清楚地表达了这一阶段禅宗发展的情形。

上面简单说了佛法从传入到改造，再到创立中国特色的禅宗的过程。那么，禅到底与《庄子》有什么关系呢？

佛教在汉朝初期传入我国，当时传入的是原始佛教，小乘佛教的禅法如安那般那也一并传入，但佛祖的"正法眼藏，涅盘妙心，实相无相，微妙法门，不立文字，教外别传"的禅法却没有同时传入，直到智者大师（公元538年—597年）创立了止观法门，中国才有了具有自己特色的大乘禅法。在此之前，虽有大乘佛法的经典翻译，但大乘佛法远未普及。无上顿悟禅法则是通过达摩大师直到六祖的传承过程中才真正建立起来的。在此过程中，老庄思想与佛学思想不断碰撞、融合，被禅学吸纳、改造是不争的事实。

最早在老庄和佛学之间架起桥梁的人应该是支遁，也叫支道林（公元314年—366年），他是最早用佛学的思想来注解庄子《逍遥游》的人；反过来，他也用老庄的思想和词句来解释佛法，如他写道："端坐邻孤影，眇罔玄思劬。偃蹇收神辔，领略综名书。涉老咍双玄，披庄玩太初。咏发清风集，触思皆怡愉。俯欣质文蔚，仰悲二匠徂。萧萧柱下迥，寂寂蒙邑虚。廓矣千载事，消液归空无。无矣复何伤，万殊归一涂。道会贵冥想，罔象掇玄珠。怅怏浊水际，几忘映清渠。反鉴归澄漠，容与含道符。心与理理密，形与物物疏。萧索人事去，独与神明居。"这里的独坐、冥想、罔象、玄珠、神明等，都是老庄用语。随后，僧肇（公元384年—414年）将支道林未完成的事业大大向前推进了一步。僧肇之所以能游刃有余地用佛学思想来解老庄，与他早年的学习经历是分不开的。史载僧肇早年"志好玄微，每以庄老为心要"，但后来见到《维摩诘所说经》即决意出家，后来写了《肇论》四篇，在佛学与老庄之间架起了桥梁。

用佛学思想来解庄并达到又一高峰的人是宋朝的林希逸先生。林希逸（公元1193年—1271年），字肃翁，号鬳斋，又号竹溪。他的思想集中体现在《庄子鬳斋口义》里，这部著作的影响之大，从日本对它的重视可见一斑：在很长一段时间内，日本人只读《庄子鬳斋口义》，对其他解庄著作一概不看！

再到后来就是憨山德清大师的《庄子内七篇注》了，憨山大师的注解在佛理上优于竹溪先生，这是毋庸置疑的。

那么，笔者说庄老之学为禅宗的建立奠定了思想基础还有没有别的证据呢？

有。

首先，笔者说过，庄子本身就是一个"大禅师"。在后世禅师们的身上，你没看见庄子的言行吗？庄子的逍遥自在，无拘无束，喜怒笑骂，都是率性而为，都是从自性中流出，后世的禅师们的扬眉瞬目、呵佛骂祖等行为与其何其相似乃尔？

其次，《庄子》中满是机锋之语，这正是禅宗公案的源头之所在。比如，何为"吾丧我"？何为"道在屎溺"？何为"坐忘"？至于那些异想天开的故事，哪个不是机锋凛冽？再比如，齧缺问道于被衣，被衣的回答还没有完，齧缺就睡着了。按理这个叫齧缺的人真是太没礼貌了，这在非常强调"礼"的古代是罕见的，被衣应该生气才对，但是，被衣一见齧缺睡着了却"大说，行歌而去之"。这与德山宣鉴禅师见沩山和尚如出一辙：德山禅师开悟后，辞别师父龙潭崇信禅师，前往沩山拜见灵祐禅师，上堂从东走到西，再从西走到东，然后直视灵祐禅师，大叫："有吗？有吗？"灵祐禅师坐在那里，睬也不睬他一眼。德山又叫道："无。无。"出门便行，刚走两步，自语道："虽然如此，也不得草草。"便回过头来，展具拟拜，沩山和尚伸手去取拂子，德山大喝一声，头也不回地出门而去。你看两者像也不像？再比如丹霞天然禅师在石头希迁禅师座下修行，一日，石头禅师说明日除佛殿前草，到了第二日，大众都准备了锄头等工具，独有丹霞禅师端了一盆水，拿到殿前，跪在那里请师父剃度。希迁和尚大喜，剃度后，欲给丹霞讲法，丹霞禅师双手捂住耳朵立刻跑出去了。这个又与齧缺有何差异？甚至禅宗的"道是什么干屎橛"就直接来源于"道在屎溺"一语！在《庚桑楚》一章记载了这么一段故事：南荣趎带足了粮食，一个人走了七日七夜去见老子。刚见到老子，老子问："你是从我的徒弟哪儿来的吧？"南荣趎恭恭敬敬地回答："是的。"突然，老子在南荣趎猝不及防之下，冷不防地高声说道："你怎么带来这么多人呢？"南荣趎大吃一惊，瞻前顾后，竟然一个人也没见着！老子说："你不明白我的意思吗？"诸位，这与下面的故事何其相似：一个外道两手拿着鲜花，去见佛祖请求开示，佛祖见他后，说："放下吧！"他把右手的鲜花放下供养佛陀。佛祖又说："放下吧！"他把左手的鲜花也放下供养佛陀。佛祖看看他，还是说："放下吧！"这个外道大惑不解："世尊，我两手已经空空了呀，还放什么呢？"佛祖笑了笑："我让你放下的是你心里的东西，不放下，你就永远不能开悟。"老子可能比佛陀大几十岁的样子，远隔千山万水，两位大哲根本没有任何信息沟通交流，可是两位大哲教导学生的方式却十分相似。而且，我认为禅宗后来当头棒喝式的教育方式的源头也可能是在这里。

第三，禅宗的参话头修法，也是直接来源于庄子。比如"百骸、九窍、六藏，赅而存焉，吾谁与为亲？汝皆说之乎？其有私焉？如是皆有为臣妾乎？其臣妾不足以相治乎？其递相为君臣乎？其有真君存焉""其有真君存焉"、"汝身非汝有也，汝何得有夫道"、"子知道乎"与"我是谁"、"念佛者谁"是不是一样的？再比如"出游从容的儵鱼"乐不乐？这与"狗子有佛性也无"是不是一样的？这里哪个不是话头？只要你思之，都是极好的话头。

第四，庄子提出的隐几而坐，坐至坐忘，形若槁骸，心若死灰，与佛教的禅坐功夫如出一辙，有着异曲同工之妙，是最上乘的修行法门，是大圆满法。庄子的心斋、心养的概念与六祖提出的"外离相为坐，内不乱为禅"又有何区别？

最后，有很多佛教里面的日常用语也是直接从《庄子》中借用而来，只是我们用得太久太久了，就把它当成佛教里特有的东西了，却忘了它的来源。比如，"善哉"一语，就是翻译家们直接从《庄子》中拿来的。另外，佛教刚刚传入中国时，为了更易被国人接受，佛教也主动与汉文化靠近，借用汉文化中的有关词语，使佛教更加易于传播理解和立足，因此，老庄中的一些专门词语也被拿来为佛所用，这一段时期史学家称为"格义佛教"时期。例如"道"这个词就直接来源于老庄，用来比附梵语的"菩提"。其他玄学的词语、概念被佛教借用的也很多，比如用"有无"来比附"色空"，用"真人"来比附"浮屠"等。这不是本书的重点，就不过多涉猎了。从这一点也可看出佛教具有与时俱进的自我改造能力，也正因为如此，佛教才很快在中国扎下了根，并长成一棵参天大树。

八、得大自在

庄子洋洋洒洒写了十多万字，这在先秦时期可以说是一个大部头的著作了，那么，庄子究竟要说什么？或者说庄子的目的何在？

说来简单得很，庄子只有一个目的，就是要我们都能够真正逍遥，用佛教的话来说就是获大解脱，得大自在，也就是认识生命的真相，宇宙的真相，不被世间万象所迷惑，没有烦恼，从而做到真正的无牵无挂，真正的自在，叫作大解脱、大自在！舍此无它。

什么是真正的逍遥？难道逍遥还有等级之分吗？是的。逍遥也有大有小，小逍遥无法理解大逍遥，这些思想集中体现在《逍遥游》当中。

《逍遥游》是《庄子》开篇。这一篇如何写？庄子显然是经过深思熟虑的，所以其用词和结构都不是随随便便的，列位看官仔细认真思量才是。

《逍遥游》中描写的动物有鲲，鹏，蜩，学鸠，朝菌，蟪蛄，斥鴳；涉及的人物有汤，棘，宋荣子，列子，尧，许由，肩吾，连叔，惠子和庄子等。用想象奇特的故事把这些穿插在一起，其目的只有一个，即是告诉人们什么是真正的逍遥。

第一层次的逍遥即是小逍遥，也就是蜩、学鸠和斥鴳的逍遥观。它们认为能飞树梢那么高也就可以了，干嘛费劲巴力地飞往南冥那么远呢？你飞得再远、再高，不也就是个飞吗？何苦呢？

第二层次的逍遥是大逍遥，也就是鲲鹏和宋荣子、列子的逍遥观。鲲一翻身，大海就海啸。化而为鹏，鹏一起飞，其翼就若垂天之云，而且一飞就九万里之遥，背负青天，绝云气，视野何其宽广！比蜩、学鸠和斥鴳的逍遥强多了吧？不知大了多少倍哦，此为大逍遥。

但，读者诸君切莫以为就此就是真正的逍遥了，不是的，这不是庄子要告诉我们的真正的逍遥！真正的逍遥是"无待"的逍遥！

第三层次的逍遥是真正的逍遥，也就是无待的逍遥观。这个逍遥谁能做到？庄子说只有真人、至人可以做到！

真正的逍遥是相对于大逍遥而言的，庄子举了鲲鹏的逍遥后有举了宋荣子和列子两个人物。列位看官切莫颟顸看过，宋荣子这个人物的修养真的够可以了，他可以做到不受喜怒哀乐的丝毫影响，对毁誉都无所谓，不动于心，可以唾面自干。与俗人相比，这已经很难得了，试想，一个对毁誉不动心的人，你还能拿什么影响到他呢？他不就是快乐的吗？他不就比别人逍遥吗？列子呢，就更逍遥了，他可以乘风而行，在天上飞，半个月都不下来回家一次，比之宋荣子还要逍遥得多！但，庄子郑重地告诉我们：这些都不是真正的逍遥！因为，宋荣子虽然能够做到毁誉不动于心，列子虽然能够御风而行，但宋荣子没有见到真正的大道，不知道自己的本性。列子的飞也需要依赖有风才行，没有风，列子也飞不起来，所以他们都不是真正的逍遥！真正的逍遥是什么也不依赖的，也就是"无待"。怎么才能真正逍遥？庄子给了我们答案：无己、无功、无名。

什么都无，你才能真正逍遥。什么都无，你是不是想起了什么？对！这就是《般若波罗密多心经》！《心经》破除你的一切执著，就是要你认识自己的本来面目，从而达到真正的解脱，真正的自在，即大解脱、大自在。这才是真正的逍遥，才是庄子所说的"逍遥乎尘垢之外"、"乘天地之正，而御六气之辩，以游无穷"、"独与天地精神相往来而不敖倪于万物"、"澹然独与神明居"的状态。

关于逍遥历来都颇受学者的重视，研究也颇多，但观点不尽相同。如向秀和郭象就认为"大小虽差，各任其性，苟当其分，逍遥一也"。意思是虽然蜩、学鸠和斥鴳又小又飞不高，但它们在自己的能力范围内也是可以逍遥的，尽管不如大鹏鸟那样逍遥。也就是说，不论大小，各有各的逍遥。笔者不敢苟同这样的逍遥观，我提出这样三个层次的逍遥观也不见得就一定符合庄子的意思，愿与读者诸君就此深入交流，如蒙赐教，不胜感激。

九、本书构架

前面说过，本书的主要内容为以禅理来解庄，不涉及《庄子》中篇目真伪的讨论。但本书也有选择性，也有取舍，即对那些明显与修道、悟道关系不大的篇目略过不谈。除此而外，笔者认为内七篇为《庄子》的核心思想所在，禅解应以内七篇为中心展开。但并不是说这些思想仅仅存在于内篇，在外篇和杂篇中也有相当精彩的论述，所以在禅解过程中，我把外篇和杂篇中有关内容也一并移入内容相近的内篇中来讨论。这样既保持了内篇的完整性，也不会丢失外篇和杂篇中的闪光之处，这是本书的基本构架。

那么，《庄子》的核心构架是什么样子的呢？内七篇的关系就只如成玄英说的那样是递进关系吗？笔者认为这样看内七篇的结构和逻辑关系没有错，但并不全面。笔者认为内七篇至少还存在以下的结构和逻辑关系，这个关系就是以修道的过程为中心，以修道的八个阶段为框架（加上最后一个涅槃寂静），向人们展示了何如修道，直至最后大彻大悟，获大解脱，得大自在，彻底逍遥。以一个图来说明这种关系可能更为简单直接，利于理解。

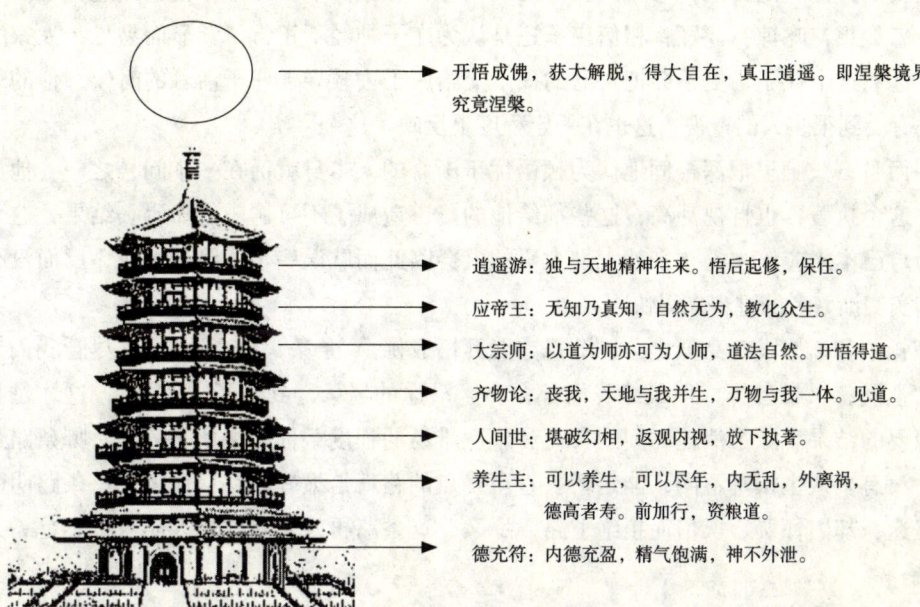

此图一出，立刻会有读者说："你这一个层次一个层次地修上去，不是在说庄子

太笨了吗?这样一来岂不是'渐修'了吗?比起六祖的'顿悟'的禅法来不是差远了吗?"是的,这的确是渐修,不是顿悟。

但是我反问一句,庄子著书是在什么年代?读者是处在什么样的状态下?他们的接受能力如何?机缘成熟否?

本来,一提起修行就已经落了小根小慧,我们自无始以来就是天真佛,本性无得无缺,何用修行啊?根本用不着!但我们就是离不开修行,因为我们一念妄动,无明炽盛,忘却了真我,追逐着假相,早已经不见了自己的本性,那就需要我们返璞归真,就需要消除我们的无明,消除无明的过程就是修行。

一个故事可以给我们现成答案:当年佛祖开悟后,第一次讲法讲的就是无上妙法,结果呢?听众们没有智慧,根本没有办法接受佛祖的讲法,他们认为佛祖发疯了,在胡说八道,然后就一个个地离开了佛祖。佛祖不得已才从小乘法一点点讲起,待弟子们智慧到了某个层次,佛祖就把相应层次的真理讲给弟子们听。就这样,才一步一步地诱导弟子们走入终极的真理。佛祖讲法的善巧高明无人能及,但在初转法轮时,佛祖也不得不用渐进的方便法。所以佛说他的讲法没有大中小三乘,只有一乘法,这就是佛乘,这是"开佛知见,示佛知见",目的是让我们"悟佛知见,入佛知见"。

庄子遇到的也正是这样的问题,如果庄子一上来就说什么"悟道嘛,没有难处,痛苦即是快乐,烦恼即是幸福",或说"转身即是道"、"平常心是道","道没有一刻离开过我们,你就是真人,与真人无二无别"等,想象一下,那个年代听到这种说法的人会怎么想?吃惊?怀疑?相信庄子还是认为庄子神经不正常了?显而易见,大家一定会远离这个疯子,更不会把自己的孩子交给庄子去教导。庄子活着的时候,他的著作没有受到很多人的重视,这也在一定程度上反映了这个事实。

而且,头脑里根深蒂固地认为顿悟优于渐修的人本身就活在一个问号之中,他放不下这个执著,也自视甚高,这些都给他的修道造成了不可逾越的障碍。结果,这个认为自己本来应该一觉醒来就大彻大悟的人会因此而耽误一生,终身无成,反而没有踏踏实实渐修者的进步来得快。

顿悟和渐修没有高低之分,渐修亦能开悟成佛。"条条大路通罗马",尽管我们走的路不同,风景各异,但最终我们都舍弃了沿途的风景,到达了"罗马",这才是我们想要的结果。除了消耗时间的长短和旅途难易的程度,你说哪条路最好?哪条路最差?没有。众生根基不同,能走下去直至终点的路就是最好的路!反之,一条路明明是坦途,却因怀疑、惧怕而拒绝上路,那么,这条路再好,对这个人而言也不是一条好路。

而且,即使你是大根之人,能闻一言而心开慧解,也还是需要渐修的,这就叫"悟后起修"。其实,真正的修就是指的这一阶段的修,也叫"保任"的功夫。佛说:

理则顿悟，乘悟并销；

事非顿除，因次第尽。（《大佛顶首楞严经·卷十》）

庄子是一个大彻大悟的人，但如何对愚痴众生说明大道的真相也是一个难题。可能庄子脑袋也憋了好大，最后精心设计了这样一个结构和文风的著作，既把大道的真相和盘托出了，也没有把众生给全部吓跑，这真是一个极其高明的设计！庄子的这个工作直接给我国特色的禅法的建立奠定了坚实的基础，其功德何其大也！

或问，你还有没有其他证据来证明你的这个修道过程呢？有。《大方广佛华严经》是一部大乘佛教经典，八十华严有差不多一百万字，读一遍也需要很长时间，仔细用心研读那就更是一生的事业了。因为华严经太庞大了，国人又好简略，故此绝大多数人只挑重要的章节读。但即使是这样，我们也没有仔细领会经文的内容，等于入宝山空手而出，毫无收获。老和尚说："不读华严经，不知佛富贵。"即是说华严经里面的智慧大了去了！比如在《夜摩天宫偈赞品》中，有十位菩萨以偈赞佛，多数人都只顾去精读偈子的文句了，你可曾仔细想过这十位菩萨出场的顺序有什么秘密？

这十位菩萨出场的顺序是"功德林菩萨，慧林菩萨，胜林菩萨，无畏林菩萨，惭愧林菩萨，精进林菩萨，力林菩萨，行林菩萨，觉林菩萨和智林菩萨"，其意义是：如想修道，见自本性，那你首先要积累资粮，这就是"功德林"的含义，这与"德充符"相若；接下来你要用正确的正知正见，指导自己上路，并且修养自己的心性，战胜自己的欲望，这就是"慧林和胜林"的含义，这与"养生主"相若；而后你要有坚定的信念、大无畏的精神，持之以恒在红尘中反复捶打历练，要逐步培养自己的觉知，要做到知错即改、觉非即离，要仔细认真地看顾自己的自心，这个过程不会一帆风顺，要的是你的坚持，这就是"无畏林和惭愧林"的含义，这与"人间世"相若；再往下，你要精进不止，更上一层楼，要放下执着，看破幻相，看破颠倒，消除二元对立，破除法我二执、事理二障，这是见道阶段，就是"精进林、力林和行林"的含义，这与"齐物论"相若；然后就是自己的开悟见性，这是真正的修道阶段，就是"觉林"的含义，这与"大宗师"、"应帝王"相若；最后，你达到了大彻大悟、十方世界现全身的境界，你拥有了般若之智，可以应物随形而不离本心，了知实相，不动不摇，自在解脱，这就是"智林"的含义，这与"逍遥游"相若。

还有例子吗？有。《圆觉经》是典型的大乘佛典，其讲法因缘是十二位菩萨为末世众生能入如来清净觉海而祈请佛陀开示。那么，十二位菩萨替我们问了什么问题呢？主要问了如下的问题：我们该如何发起菩提心、发起清净心，才能远离诸病？求大乘者，如何才能不堕邪见？我们该如何借假修真、永离诸幻？众生本来是佛，无明是如何生起的呢？如何才能永断轮回？如何才能成佛道？有几种成佛的方法？修行渐次是如何的呢？等等。整个《圆觉经》讲的就是从发心到成佛的完整的修行过程，与《庄子》所讲异曲同工。

　　故而，庄子内七篇自成一个完整的体系，外杂篇则是内七篇的必要补充。其思想脉络十分清晰，这就是：我们要想获得彻底的逍遥，即佛说的大解脱、大自在，那么必须得"齐物"，也就是彻底消除二元对立，除掉法我二执，只有这样才能解脱生死，包括分段生死和变易生死；要做到齐物，我们就得知道自己的"内在主人"是谁，要自信我们有个不生不灭、不垢不净、不增不减的佛性；要找到自己本来不曾缺失的佛性，就必须看破世间的幻象，不能随境所转；要看破世间幻象，则须涵养自己的"德"，即返观内视，忘掉自己的外在形体；然后才能与道合一；最后返入红尘，无为无不为，度化众生。

　　本书的构架即是围绕上面这个结构而展开，在内七篇中分为原文、白话直译、要点禅解和链接四个部分，其中链接是把外篇和杂篇的相关内容分别融入这个结构之内。禅解部分把重点内容单独拈出，列为禅解要点，目的是引起读者的注意和思考。但本书不是辨别外篇和杂篇真伪的专著，因此不做这方面的论述，但在链接时会把一些与修道无甚关联或关系不大的内容剔除（因为庄子讲述的寓言故事有的很长，有些部分只是铺垫而已，所以可以剔除）。剔除的依据当然是鄙人的理解，而链接的部分也可能与该段内容并不十分吻合，因为庄子的文风是恣肆汪洋的，有时一个寓言里包含几层意思是常有的事。所以，本人链接的过程一定会存在许多谬误，有的则显得很牵强，祈请读者指正。

　　本书也链接了《列子》的部分内容，因为列子其人与其书是连接老庄之间的桥梁，老子《道德经》、列子《冲虚经》和庄子《南华经》是道教最重要的经典。俗话说"老子贵无，列子贵虚，庄子贵逍遥"，列子处在其中，起到了承上启下的巨大作用。而庄子的思想与之是一脉相承的，甚至有很多故事还真的很难判断是庄子借用了列子的，还是列子后人借用了庄子的，故笔者选录了列子的有关章节（本书不讨论列子是否实有其人，也不讨论《列子》一书的真伪）。

　　本书包含十分之八的《庄子》和十分之三的《列子》。

十、犹有存疑

本书中亦有存疑，就是不知道庄子在说什么。

仅举一例说明之。

在《人间世》中，庄子描写了一个相貌奇特的人，叫支离疏，其人"颐隐于脐，肩高于顶，会撮指天，五管在上，两髀为胁"。相貌果真十分奇特，简直惨不忍睹。但这里有两句历来众说纷纭：一句是"会撮"，一句是"五管"，指的是什么？各说各话，可谓公说公有理，婆说婆有理。比如有的解释"会撮"为"发髻"，有的解释为"脊椎骨"；有的解释"五管"为"五个脉管"，有的解释为"五官"，还有的解释为"腧穴"或"腧穴的开口"。不一而足，到底哪个正确？谁也说服不了谁。

我认为，尽管这样的问题不会影响对《庄子》的整体理解，但似乎有争论的必要。

"会撮"，多数人认为是"发髻"，我也赞同这个观点，说的是一个佝偻的人，弯弯的脊背向天，他的发髻也就指天了，这个很好理解，就不过多讨论了。

争论比较多的是"五管"。什么是五管？为什么朝上？这个人的相貌如此奇特，会是什么人呢？

有一天，我忽然想到了《山海经》。《山海经》是一部奇书，里面的山水、动物、人物都十分奇特。比如，书里描述了一个"贯胸国"，这个国里的人，甚是奇怪：每个人胸前都有一个大洞，贯穿前后，可以插一根木棒让别人抬着走。你说奇怪不奇怪呢？还描述了一个叫作"嘘"的人，没有胳膊，两只脚反转，大腿与头部相连。也就是说，这个"嘘"的样子是两条大腿支在地上，头部就在大腿的上方，夹在中间。这是一个什么奇特的形象？你能想象吗？另有一个叫作"刑天"的家伙，有四肢，但没有头，他的眼睛和嘴巴都长在肚子上，还长着络腮胡子，胡子长的位置刚好像一个短裤一样遮住了下体。这也是一个非常奇怪的样子。至于什么长三个脑袋的、多个肢体的人就更多了。

所以我想，庄子描写的这个支离疏很可能也是受到了《山海经》的启发，描写了一个我们根本不知道，也无法了解的一个怪人。

另外，从名字上我们似乎也能得到某种信息，这个人叫"支离疏"，很可能姓"支"，而支姓据季羡林先生考证，来自于大月支国。一如康姓来自于康居国，安姓来自于安息国一样。也就是说，庄子描述的这个人很可能是个胡人。外国人长的当然与我们汉人不同了，就是现在，有的地方来了一个老外，还会有很多人好奇地围观呢。

所以，我们只要知道这是一个残疾的人就行了，而且其残疾程度很严重，整个人都变了形，你就叫他怪物好了，这样子就会很好地理解庄子的意思了。

像这样的存疑情形还有很多，这里就不过多讨论了，只要不使我们对庄子的整体理解发生偏差，存疑也未尝不可。

颂曰：

息辩无争立石桥，苦乐生死直一条。

隐几而坐丧其耦，敢笑鲲鹏不逍遥。

逍遥游第一

原　文

北冥有鱼，其名为鲲。鲲之大，不知其几千里也。化而为鸟，其名为鹏。鹏之背，不知其几千里也。怒而飞，其翼若垂天之云。是鸟也，海运则将徙于南冥。南冥者，天池也。

齐谐者，志怪者也。谐之言曰：鹏之徙于南冥也，水击三千里，抟扶摇而上者九万里，去以六月息者也。野马也，尘埃也，生物之以息相吹也。天之苍苍，其正色邪？其远而无所至极邪？其视下也，亦若是则已矣。

且夫水之积也不厚，则其负大舟也无力。覆杯水于坳堂之上，则芥为之舟；置杯焉则胶，水浅而舟大也。风之积也不厚，则其负大翼也无力。故九万里则风斯在下矣。而后乃今培风，背负青天而莫之夭阏者，而后乃今将图南。

蜩与学鸠笑之曰：我决起而飞，抢榆枋（而止），时则不至，而控于地而已矣，奚以之九万里而南为？适莽苍者，三飡而反，腹犹果然；适百里者，宿舂粮；适千里者，三月聚粮。之二虫又何知？

小知不及大知，小年不及大年。奚以知其然也？朝菌不知晦朔，蟪蛄不知春秋，此小年也。楚之南有冥灵者，以五百岁为春，五百岁为秋；上古有大椿者，以八千岁为春，八千岁为秋。而彭祖乃今以久特闻，众人匹之，不亦悲乎？

汤之问棘也是已：穷发之北，有冥海者，天池也。有鱼焉，其广数千里，未有知其修者，其名为鲲。有鸟焉，其名为鹏，背若太山，翼若垂天之云，抟扶摇羊角而上者九万里。绝云气，负青天，然后图南，且适南冥也。斥鴳笑之曰：彼且奚适也？我腾跃而上，不过数仞而下，翱翔蓬蒿之间，此亦飞之至也。而彼且奚适也？此小大之辩也。

故夫知效一官、行比一乡、德合一君、而徵一国者，其自视也亦若此矣。而宋荣子犹然笑之。且举世而誉之而不加劝，举世而非之而不加沮，定乎内外之分，辩乎荣辱之境，斯已矣。彼其于世，未数数然也。虽然，犹有未树也。夫列子御风而行，泠然善也，旬有五日而后反。彼于致福者，未数数然也。此虽免乎行，犹有所待者也。若夫乘天地之正，而御六气之辩，以游无穷者，彼且恶乎待哉？故曰：至人无己，神人无功，圣人无名。

尧让天下于许由，曰：日月出矣，而爝火不息；其于光也，不亦难乎？时雨降矣，而犹浸灌,其于泽也,不亦劳乎?夫子立而天下治,而我犹尸之。吾自视缺然,请致天下。许由曰:子治天下,天下既已治也,而我犹代子,吾将为名乎?名者,实之宾也;吾将为宾乎?鹪鹩巢于深林,不过一枝;偃鼠饮河,不过满腹。归休乎君,予无所用天下为!庖人虽不治庖,尸祝不越樽俎而代之矣!

肩吾问于连叔曰:吾闻言于接舆,大而无当,往而不反。吾惊怖其言。犹河汉而无极也,大有迳庭,不近人情焉。连叔曰:其言谓何哉?曰:藐姑射之山,有神人居焉。肌肤若冰雪,淖约若处子,不食五谷,吸风饮露,乘云气,御飞龙,而游乎四海之外;其神凝,使物不疵疠而年谷熟。吾以是狂而不信也。连叔曰:然。瞽者无以与乎文章之观,聋者无以与乎钟鼓之声。岂唯形骸有聋盲哉?夫知亦有之!是其言也,犹时女也。之人也,之德也,将旁礴万物以为一,世蕲乎乱,孰弊弊焉以天下为事!之人也,物莫之伤:大浸稽天而不溺,大旱金石流,土山焦而不热。是其尘垢秕糠将犹陶铸尧舜者也,孰肯以物为事?

宋人资章甫而适诸越,越人断发文身,无所用之。尧治天下之民,平海内之政,往见四子藐姑射之山,汾水之阳,窅然丧其天下焉。

惠子谓庄子曰:魏王贻我大瓠之种,我树之成,而实五石。以盛水浆,其坚不能自举也。剖之以为瓢,则瓠落无所容。非不呺然大也,吾为其无用而掊之。庄子曰:夫子固拙于用大矣!宋人有善为不龟手之药者,世世以洴澼絖为事。客闻之,请买其方百金。聚族而谋曰:我世世为洴澼絖,不过数金;今一朝而鬻技百金,请与之。客得之,以说吴王。越有难,吴王使之将,冬与越人水战,大败越人,裂地而封之。能不龟手一也,或以封,或不免于洴澼絖,则所用之异也。今子有五石之瓠,何不虑以为大樽,而浮乎江湖,而忧其瓠落无所容?则夫子犹有蓬之心也夫!

惠子谓庄子曰:吾有大树,人谓之樗。其大本拥肿而不中绳墨,其小枝卷曲而不中规矩,立之塗,匠人不顾。今子之言大而无用,众所同去也。庄子曰:子独不见狸狌乎?卑身而伏,以候敖者;东西跳梁,不辟高下;中于机辟,死于罔罟。今夫斄牛,其大若垂天之云。此能为大矣,而不能执鼠。今子有大树,患其无用,何不树之于无何有之乡,广莫之野,彷徨乎无为其侧,逍遥乎寝卧其下。不夭斤斧,物无害者,无所可用,安所困苦哉!

白　话

北方的大海里有一条鱼,它的名字叫作鲲。鲲的体积,真不知道要大到几千里;变化而成为鸟,它的名字就叫作鹏。鹏的脊背,也不知道有几千里那么长;当它奋起而飞的时候,那展开的双翅就像天边的云彩。这只鹏鸟呀,随着海上汹涌的波涛涌起的时候,迁徙到南方的大海,那是一个无比巨大的天然的大池。

《齐谐》是一部专门记载怪异事情的书。这本书上记载说:"鹏鸟往南方的大海迁徙时,其翅膀拍击水面,能激起三千里的巨大波涛,随着海面上急骤的狂风盘旋而上,直冲九万里的高空,这一飞需要六个月的时间。"(天上的浮云变换着形象)一会像奔腾的野马,一会像搅动不已的尘埃风暴,这些都是大自然中各种生物的气息吹拂所致。天空是那么湛蓝湛蓝的,难道这就是它真正的颜色吗?还是由于太过高旷辽远而没法看到它的尽头所致呢?鹏鸟在高空往下看,不过也就像这个样子罢了。

如果水汇积不深,它浮载大船就没有力量。倒杯水在庭堂的低洼处,那么小小的芥草也可以给它当作船;而搁置杯子就会被粘住动不了了,是因为水太浅而船太大了的缘故。同样的道理,如果风聚积的不雄厚,它托负巨大的翅膀的力量就不够。所以,鹏鸟高飞九万里,必须有巨风在它的身下,只有这样,它才能凭借风力飞行,背负青天而再没有什么能够阻遏它了,就这样一直飞到南方去。

寒蝉与斑鸠鸟讥笑它说:"我从地面急速起飞,碰着榆树和檀树的树枝就停止,有时候飞不上去,那干脆落在地上就好了。为什么要飞那么高,要到九万里的高空而飞向南海呢?"如果要去郊外,带上三餐的粮食当天就可以返回,而且肚子还是饱饱的;如果要到百里之外去,那就要在前一天准备干粮;如果要到千里之外的地方去,要用三个月的时间准备粮食。寒蝉和斑鸠这两个小东西懂得什么!

小聪明比不上大智慧,寿命短者无法了解寿命长者(思想和经历)。怎么知道是这样的呢?只能活一个早晨的菌类不会懂得什么是一个月的时间,只有一个夏天寿命的蝉也不会懂得什么是春秋,这就是短寿。楚国南边有灵龟,它把五百年当作春,把五百年当作秋;上古有椿树,它把八千年当作春,把八千年当作秋,这就是长寿。彭祖到如今还是以年寿长久而闻名于世,人们与他攀比,岂不是很可悲可叹的吗?

商汤对大夫棘也是这样说的:"在遥远的北方,那里草木不生,却有一个很深的大海,这就是'天池'。海里有一种鱼,它的脊背有好几千里,没有人能够知道它有多长,它的名字叫作鲲;海边有一种鸟,它的名字叫鹏,它的脊背像一座大山,展开双翅就像天边的云。鹏鸟奋起而飞,翅膀拍击,形成急速旋转向上的气流,直冲九万里高空,穿过云气,背负青天,这才向南飞去,打算飞到南方的大海。斥鴳讥笑它说:'它打算飞到哪儿去?我奋力跳起来往上飞,不过几丈高就落了下来,盘旋于蓬蒿丛中,这样的飞翔已经相当美妙了,已经可以说是飞这个动作的极致了。而它费那么大劲,这是打算飞到什么地方去呢?'"这就是小与大的不同了。

所以,那些才智足以胜任一个官职、品行能够受到一乡人的夸赞、道德能让国君感到满意、能力足以使一国之人相信的人,他们看待自己、评价自己也像寒蝉、斑鸠和斥鴳一样啊。宋荣子讥笑这些人。因为即使世上的人们都赞誉他,他也不会因此而越发努力;世上的人们都非难他,他也不会因此而变得更加沮丧;他清楚自身与外物的区别,能辨别荣誉与耻辱的界限。但不过如此而已呀!宋荣子对于世俗名利,从来不急急忙忙地去追求什么(尽管这样的人已经很不容易了)。虽然如此,他还是未能达到最高的境界啊。列子能驾风行走，姿态实在轻盈美好极了，而且他能够在天上飞十五天再返回地面。列子对于寻求生活的快乐和幸福，也从来都没有多么迫切的愿望和追求。他能飞行，虽然免除了行走的劳苦，但还是要借助风的帮助才行呀。如果一个人能够遵循宇宙万物的规律，把握"六气"的变化，遨游于无穷无尽的天地之间，他还需要借助什么吗？因此说，至人无我，神人无功，圣人无名。

尧打算把天下让给许由，说："太阳和月亮都已升起来了，可是小小的炬火还在燃烧不熄，它要跟太阳和月亮的光亮相比，不是很难吗？及时雨下了，可是还在不停地浇水灌地，如此费力的人工灌溉对于整个大地的润泽，不显得徒劳吗？先生如能居于国君之位天下一定会获得大治，可是我还空居其位。我自己越看越觉得能力不够，请允许我把天下交给你吧。"许由回答说："你治理天下，天下已经获得了大治，而我却还要去替代你，我将为了名声吗？'名'是'实'所派生出来的次要东西，我将去追求这次要的东西吗？鹪鹩在森林中筑巢，只能占用一根树枝而已；鼹鼠到大河边饮水，也只不过喝饱肚子而已。你还是打消念头回去吧，天下对于我来说没有什么用处啊！厨师即使不下厨，主持祭祀的人也不能越位代替他来工作啊！"

肩吾向连叔求教："我从接舆先生那里听到这样的话，他说的都是大话，而且不着边际，一说下去就回不到原来的话题上。我十分惊恐他的言谈，就好像天上的银河没有边际，跟一般人的言谈差异甚远，确实是太不近情理了。"连叔问："他都说了些什么？"

肩吾转述道："'在遥远的地方有一座山名叫姑射山，山里住着一位神人，皮肤润白像冰雪，体态柔美如处女，不食五谷，吸清风，饮甘露，乘云气，驾飞龙，遨游于四海之外。他的神情那么专注，使得世间万物不受病害，年年五谷丰登。'我认为这全是虚妄之言，一点也不可信。"

连叔听后说："是呀！对于瞎子没法同他们欣赏花纹和色彩，对于聋子没法同他们聆听钟鼓的乐声。聋与瞎难道只是形骸上有吗？智慧上也可以有聋和瞎啊！这话似乎就是说你肩吾的呀。那位神人，他的德行，与宇宙万物混合在一起（以此求得整个天下的治理），世上的人都在争名夺利，这位神人才不会像天下的人一样呢！这样的人呀，还能有什么能伤害他呢？滔天的大水也不能淹没他，即使天下大旱，能使金石熔化、土山焦裂，他也不感到灼热。他身上所留下的尘垢糟粕杂物之类的东西，都能塑造出尧舜那样的圣贤人君来，他怎么会如世人一样追求什么名利享乐等外物的享受呢？"

北方的宋国有一个人是贩卖帽子的，他来到南方的越国卖帽子，可是越国人的风俗是不蓄头发，而且满身刺着花纹，根本用不着帽子。尧治理好天下的百姓，安定了海内的政局，来到姑射山上、汾水北面，拜见了四位得道的高士，他一定会怅然若失，甚至连自己的天下都会忘记了。

惠子对庄子说:"魏王送我大葫芦种子,我将它培植起来后,结出的果实有五石容积。如果用大葫芦去盛水,可是它不够坚固,承受不了那么多的水。把它剖开做瓢也太大了,没有什么地方可以放得下。这个葫芦不是不大呀,但正因为其大,而无所用处,所以我砸烂了它。"庄子说:"先生实在是不善于使用大东西啊!宋国有一善于调制不皲手药物的人家,世世代代、祖祖辈辈都是以漂洗丝絮为业。有个游客听说了这件事,愿意用百金的高价收买他的药方。于是全家人聚集在一起商量:'我们世世代代在河水里漂洗丝絮,所得不过数金,如今一下子就可得百金,还是把药方卖给他吧。'游客得到药方,来游说吴王。正巧越国发难来攻打吴国,吴王派这个人统率部队,冬天跟越军在水上交战,大败越军。吴王划割土地封赏了这个人。(这个药方)有人用来保护手不皲裂,有人用来获得封赏,有人用来漂洗丝絮。药方是同样的,但是用途却大不相同啊。如今你有五石容积的大葫芦,怎么不考虑用它来制成大舟,而浮游于江湖之上呢?用的着担忧葫芦太大而毫无用处吗?看来先生你还是心窍不通啊!"

惠子又对庄子说:"我有棵大树,人们把它叫作'樗'。它的树干疙里疙瘩,无法满足用绳墨划线的要求;它的树枝弯弯扭扭,也不适应圆规和角尺取材的需要。虽然生长在道路旁,木匠连看也不看。现今你的言谈,大而无用,大家都会像看这颗树一样来看待你的言论的。"

庄子说:"先生你没见过野猫和黄鼠狼吗?低着身子匍伏于地,等待那些出洞觅食或游乐的小动物。一会儿东,一会儿西,跳来跳去,一会儿高,一会儿低,上下蹦跶,何曾想到落入猎人设下的机关或死于猎网之中呢?再比如牦牛,庞大的身体就像天边的云,它的本事可大了,不过它不能捕捉老鼠。如今你有这么大一棵树,却担忧它没有什么用处,为什么不把它栽种在什么也没有的地方,生长在无边无际的旷野里,然后悠然自得地徘徊于树旁,优哉游哉地躺卧于树下。这颗大树不会遭到刀斧砍伐,也没有什么东西会去伤害它。虽然没有派上什么用场,可是哪里又会有什么困苦呢?"

题 解

逍遥游:本章中庄子主要是讲逍遥以及逍遥的层次。究竟逍遥才是我们人生追求的最终目标,究竟逍遥即是佛家的"大解脱、大自在",也就是经"有余涅槃,无余涅槃",最后达到"究竟涅槃"的境界,两者是一致的。

要点禅解

逍 遥

前面已经解释,逍遥可分世间逍遥和究竟逍遥两种,世间逍遥又有大小之分,层次之别。

世间的逍遥,无论大小都脱离不了"物"的羁绊。比如,跳跃在榆枋之间的蜩与学鸠,翱翔在蓬蒿之间的斥鴳,都是在寻找果腹的食物,囿于果壳的诱惑,它们不能飞高,也不想飞高。气吞万里的鲲鹏,气势何其大也,但也必须有厚积的风。鲲鹏自由吗?比起蜩与学鸠和斥鴳自然是逍遥得多了,但远未达到彻底的自由,它还必须等待"海运",必须有厚积的风,否则它也不能展翅高飞,鹏程万里。

这小大的逍遥恰是我们人类自身的写照。比如,平日里,我们为了口腹之欲,寻求各种美味珍馐,得到了就高兴一会儿,得不到就烦恼。那个高兴一小会儿,相对于没得到的烦恼来说,就是一个小小的逍遥。但是享受过后呢?烦恼依然故我,我们还想要更好的美味,如此反复不已,根本就脱离不了物质的束缚。还有甚者,甚至为了满足自己的欲求而作奸犯科、杀人越货,自此整天里惴惴然不得终日,哪里还谈得上什么逍遥?!

美味只是我们追求的目标之一,我们所欲求的东西何其多也!衣食住行、灯红酒绿,官位美女,金钱名望等等,哪个不是我们梦寐以求的?我们天天在其中打滚,这些欲望像鞭子一样赶着我们越陷越深。这样的人是海量的,不用一一例举,我们身边多的是,可能你我都是其中一员。

这样的人为什么会产生着许多的执著呢?因为他们错认了这个肉身为"我",佛教把这个叫作"我执"。而这个我执是产生烦恼的根源。佛说:

愚痴无闻凡夫无慧无明,于五受阴生我见系著,使心系著而生贪欲。愚痴无闻凡夫无慧无明,见色是我,异我,相在。如是受、想、行、识,是我,异我,相在。

圣弟子不见是我,异我,相在,如是受、想、行、识,不见是我,异我,相在,如是多闻圣弟子有慧有明,于五受阴不见我系著,使结缚心而生贪欲。(《杂阿含经·五阴诵第一》)

好在并不是每个人都糊涂,我们凡夫也有意识清醒的。他们认识到了欲望的危害,知道这些东西是生不带来死不带去的,他们想摆脱这些欲求的左右和束缚,想从中解脱出来。于是,这些人便努力地寻找解脱的办法。通过各种办法的训练,这些人可以加强自身修养,提升自己的道德水准和思想境界,也可以提升自己的灵性,在某种程度上是可以达到看淡、放下这些欲望的境界的。这相对于束缚在物质欲望之中的人来说已经逍遥了不知多少倍了。但这也仅仅是比普通人逍遥了一些而已,这样的人是淡泊名利的人,是修身养性的人。

更有一些人不满足于做一个淡泊的人,他要更上一层楼,自然就寻找能使自己彻底解脱的法门。使末法时代的众生感到庆幸的是,现在的我们竟然还能接触到佛法!真乃何其幸也!佛法是使我们获得最终解脱的根本智,是无上妙法。只有佛法能使我们超越世出世间,了脱生死,由生死此岸到达涅槃彼岸。此时才是庄子所说的真正的逍遥。

笔者如此推重佛教,可能有的读者会不以为然,会责问:"我们的儒教呢?道教呢?其内涵也是博大精深的,怎么能独推佛教呢?有失公允吧?"

其实,三教本是一体,本不该分什么你我他的,是因为我们众生的缘故而被分成了三教而已。的确,儒教和道教也可以指导我们的修行,他们也有其长处和优点。但恰恰是因为各有其长处,也就显示出了各自的短处。在解决生死这个人生根本问题上,唯有佛教提供了完备的理论和修行方法,这是儒教和道教所不及的。但在修行的过程中,儒道两家的思想和方法也是有很大帮助的,也是可以借鉴的,如儒家的伦理道德和道家的打坐静修等。

【本节链接】

【本经原文】庄子钓于濮水。楚王使大夫二人往先焉,曰:"愿以境内累矣!"庄子持竿不顾,曰:"吾闻楚有神龟,死已三千岁矣。王巾笥而藏之庙堂之上。此龟者,宁其死为留骨而贵乎?宁其生而曳尾于涂中乎?"二大夫曰:"宁生而曳尾涂中。"庄子曰:"往矣!吾将曳尾于涂中。"

惠子相梁,庄子往见之,或谓惠子曰:"庄子来,欲代子相。"于是惠子恐,搜于国中,三日三夜。庄子往见之,曰:"南方有鸟,其名为鹓鶵,子知之乎?夫鹓鶵,发于南海而飞于北海,非梧桐不止,非练实不食,非醴泉不饮。于是鸱得腐鼠,鹓鶵过之,仰而视之曰:'吓!'今子欲以子之梁国而吓我邪?"

庄子与惠子游于濠梁之上。庄子曰:"鯈鱼出游从容,是鱼之乐也。"惠子曰:"子非鱼,安知鱼之乐?"庄子曰:"子非我,安知我不知鱼之乐?"惠子曰:"我非子,固不知子矣;子固非鱼也,子之不知鱼之乐,全矣!"庄子曰:"请循其本。子曰'汝安知鱼乐'云者,既已知吾知之而问我。我知之濠上也(《秋水》)。"

【大意】这是三个小故事,前两个讲述了不为名所累的逍遥愿望,后一个则是合心于万物的快乐的状态。

第一个故事是庄子穿着破衣,在一条大河边钓鱼。楚王派来了两个大臣当说客,想请庄子出山，给楚王当宰相，说得很客气："请您受点累吧，为国家做点工作。"庄子并不直接拒绝，却说了一个故事：咱楚国呀，有一个神龟，太神奇了，可以进行准确的占卜，正因为这个功能，给它招来了杀身之祸。你说它是愿意活在泥水中呢，还是愿意被杀而把灵骨留在宫中以供达官贵人占卜呢？

第二个故事是发生在庄子和他的朋友惠施之间的。惠施是名家，知识渊博，善于辩论，很有才干，在梁国当宰相。有一次，作为朋友，庄子要去看望他，通报的人事先告诉惠施：庄子的学问比你大多了，他来了，你的地位就危险了，宰相肯定是庄子的了。惠施于是害怕起来，立马召集手下，在城中大肆搜捕庄子，唯恐庄子见到君上。庄子主动前去见惠施，讲了一个故事：你知道南方有一种鸟吗？名字好奇怪啊，庄子给人起的名字都好奇怪，何况是鸟呢，你就想是一只高贵的凤凰吧。庄子说，这鸟啊，太高贵了，它是"席不正不坐，割不方不食"的，一个猫头鹰抓到一只老鼠，却十分担心凤凰抢了去，多么可笑啊！凤凰怎么会抢一只腐败了的臭老鼠呢？你的梁相位子对我来说仅仅是个死老鼠罢了，我可是个高贵的凤凰啊，怎么会贪图你那点东西？哎呀，庄子骂人可真不客气，言语犀利，不吐脏字。

第三个故事还是发生于庄子和惠施之间的。惠施是名家，最大的本事就是辩论，但我们看此段即可知道，庄子比他还会辩论。何止辩论，一个开悟的人，其本事之大，非是凡夫可以想象的。庄子说鱼是快乐的，惠施不信。其实，惠施自己都不快乐，看什么能快乐？庄子本身是快乐的，看什么能不快乐？

发生在佛印禅师和苏东坡居士之间的一段公案也可以为此做一注脚：东坡居士和佛印禅师是老朋友了，而且东坡居士自诩懂禅，他经常与禅师斗嘴、打机锋。一次，东坡居士去看望禅师，正巧禅师在打坐，东坡居士也拿过一个蒲团，像模像样地坐在禅师的对面。过了一会儿，禅师出定，看了东坡居士一眼，苏东坡立刻问道："禅师看我像什么？"佛印禅师答曰："居士像一尊佛！"紧接着，禅师问居士："那你看我像什么？"东坡居士朗声道："我看禅师像一坨狗屎！"佛印禅师听了微微一笑，并未作答。东坡居士得意洋洋，大笑而归。

到家后，东坡居士依然趾高气扬，因为他和禅师打机锋许多次了，从没有赢过，这次算是大胜而归啊，怎能不高兴呢？苏小妹大感不解，不晓得哥哥今天为何这般高兴，于是问道："哥哥为何这般高兴？有何喜事？"东坡居士把与禅师斗嘴的过程学了一遍，苏小妹听后半响没言语，东坡居士大感奇怪，问道："有什么不对吗？"小妹说道："哥哥你输了，而且输得很惨。"东坡更不解了："何以见得是为兄输了？"小妹答道："禅师心地光明，他本身是佛，故看别人也是佛；你心里装的是狗屎，所以看别人也如狗屎！"

【本节链接】

【本经原文】天下有至乐无有哉？有可以活身者无有哉？今奚为奚据？奚避奚处？奚就奚去？奚乐奚恶？夫天下之所尊者，富贵寿善也；所乐者，身安厚味美服好色音声也；所下者，贫贱夭恶也；所苦者，身不得安逸，口不得厚味，形不得美服，目不得好色，耳不得音声。若不得者，则大忧以惧，其为形也亦愚哉！

夫富者，苦身疾作，多积财而不得尽用，其为形也亦外矣！夫贵者，夜以继日，思虑善否，其为形也亦疏矣！人之生也，与忧俱生。寿者惛惛，久忧不死，何苦也！其为形也亦远矣！烈士为天下见善矣，未足以活身；吾未知善之诚善邪？诚不善邪？若以为善矣，不足活身；以为不善矣，足以活人。故曰："忠谏不听，蹲循勿争。"故夫子胥争之，以残其形；不争，名亦不成。诚有善无有哉？

今俗之所为与其所乐，吾又未知乐之果乐邪？果不乐邪？吾观夫俗之所乐，举群趣者，誙誙然如将不得已，而皆曰乐者，吾未之乐也，亦未之不乐也。果有乐无有哉？吾以无为诚乐矣，又俗之所大苦也。故曰："至乐无乐，至誉无誉。"天下是非果未可定也。虽然，无为可以定是非。至乐活身，唯无为几存。请尝试言之：天无为以之清，地无为以之宁。故两无为相合，万物皆化。芒乎芴乎，而无从出乎！芴乎芒乎，而无有象乎！万物职职，皆从无为殖。故曰："天地无为也而无不为也。"人也孰能得无为哉！（《至乐》）

【大意】本段有以下三层意思。第一层意思是说人们所追求的全部是外在的物质享受，例如服饰、音乐、食品等享受，也有对自己名声的追求，追求不到就产生大大的苦恼和忧虑。这实在是一种愚蠢的做法啊（若不得者，则大忧以惧，其为形也亦愚哉）！

第二层意思是，庄子要我们真正认识自己，不要随波逐流，要保全自身，这是修道的资粮。如何保全自身呢？庄子说要做到"不外，不疏，不远"，什么是"外"？就是追求财富，忘了自身（其为形也亦外矣）。财富多了有什么用？生不带来死不带去，追求财富，就忽略了自己，财富只要够生存就足矣；什么是"疏"？就是疏远了自己的内心（其为形也亦疏矣）。富贵者总是担心自己的高贵身份会失去，却从未真正为自己的本性担心过；什么是"远"？就是我们从未快乐过（其为形也亦远矣），总是生活在忧愁痛苦之中，远离了本真的我，当然就没有了快乐。庄子要我们时时刻刻反省自己，否则活的再长寿也是痛苦的、忧愁的。这里庄子提出了一个问题：那些爱国者为了大义而牺牲了自己，对这种行为到底该如何评价？是好还是坏？说是好吧，却不足以让他活下来；说不好吧，却可以使别人活下来。你以为呢？

第三层意思是，世人所追逐的那些俗事，费心劳神，自以为快乐，其实那是最不快乐的，他们那里能懂得无为的快乐呢（人也孰能得无为哉）？换句话说，没有快乐是最大的快乐！这是佛说的涅槃的境界呀。只有真正懂得无为才是逍遥快乐。《淮南鸿烈》也说：

> 所谓乐者，岂必处京台章华，游云梦沙丘，耳听《九韶》、《六莹》，口味煎熬芬芳，驰骋夷道，钓射鹔鹴之谓乐乎？吾所谓乐者，人得其得者也。夫得其得者，不以奢为乐，不以廉为悲，与阴俱闭，与阳俱开。故子夏心战而臞，得道而肥，圣人不以身役物，不以欲滑和。是故其为欢不欣欣，其为悲不慑慑。万方百变，消摇而无所定，吾独慷慨遗物而与道同出，是故有以自得之也。乔本之下，空穴之中，足以适情，无以自得也。虽以天下为家，万民为臣妾，不足以养生也。能至于无乐者，则无不乐，无不乐则至极乐矣。（《淮南鸿烈·原道训》）

【本节链接】
【本经原文】为外刑者，金与木也；为内刑者，动与过也。宵人之离外刑者，金木讯之；离内刑者，阴阳食之。夫免乎外内之刑者，唯真人能之。（《列御寇》）
【大意】施加皮肉之刑的，不外乎金属或木质的刑具；给内心世界带来惩罚的，则是自身的烦乱和行动的过失。小人受到皮肉之刑，是用刑具加以拷问；小人内心受到惩罚，则是阴气阳气失调、郁积所造成的侵害。能够免于内外刑辱的，只有真人才可做到。这里解释了上面"为国牺牲"的问题，内无忧，则外无害。内外都无忧患，你不逍遥谁逍遥？

【本节链接】
【本经原文】孔子见老聃，老聃新沐，方将被发而干，慹然似非人。孔子便而待之，少焉见，曰："丘也眩与？其信然与？向者先生形体掘若槁木，似遗物离人而立于独也。"老聃曰："吾游心于物之初。"

孔子曰："何谓邪？"曰："心困焉而不能知，口辟焉而不能言。尝为汝议乎其将：至阴肃肃，至阳赫赫；肃肃出乎天，赫赫发乎地；两者交通成和而物生焉，或为之纪而莫见其形。消息满虚，一晦一明，日改月化，日有所为，而莫见其功。生有所乎萌，死有所乎归，始终相反乎无端，而莫知其所穷。非是也，且孰为之宗！"

孔子曰："请问游是。"老聃曰："夫得是，至美至乐也。得至美而游乎至乐，谓之至人。"孔子曰："愿闻其方。"曰："草食之兽不疾易薮，水生之虫不疾易水，行小（少）变而不失其大常也，喜怒哀乐不入于胸次。夫天下也者，万物之所一也。得其所一而同焉，则四支百体将为尘垢，而死生终始将为昼夜，而莫之能滑，而况得丧祸福之所介乎！弃隶者若弃泥涂，知身贵于隶也，贵在于我而不失于变。且万化而未始有极也，夫孰足以患心！已为道者解乎此。"

孔子曰："夫子德配天地，而犹假至言以修心，古之君子，孰能脱（说）焉？"老聃曰："不然。夫水之于汋也，无为而才自然矣。至人之于德也，不修而物不能离焉，若天之自高，地之自厚，日月之自明，夫何修焉！"

孔子出，以告颜回曰："丘之于道也，其犹醯鸡与！微夫子之发吾覆也，吾不知天地之大全也。"（《田子方》）

【大意】本节以孔子拜见老聃、向老子求教为内容，主要有三个层次：第一层次是孔子见老子像个木头人的样子吓了一大跳。庄子设计的情景是老聃刚洗了头，正披散着头发等待吹干，那凝神寂志、一动不动的样子好像木头人一样。孔子在门下屏蔽之处等候，不一会儿见到老聃，于是问道："您刚才的身形体态一动不动地真像是枯槁的树桩，好像遗忘了外物、脱离于人世而独立自存一样，这是怎么回事啊？"老聃说："我是处心遨游于浑沌鸿濛宇宙初始的境域。"

第二层次是孔子求教"游心于物之初"是什么意思以及如何才能做到这一点。老子告诉他说："这个东西用语言很难描述，说了可能你也不太懂，但还是让我为你说个大概吧。最冷的阴气是那么肃肃寒冷，最热的阳气是那么赫赫炎热，肃肃的阴气出自苍天，赫赫的阳气发自大地；阴阳二气相互交通融合因而产生万物，有时候还会成为万物的纲纪却不会显现出具体的形体。消逝、生长、满盈、虚空、时而晦暗时而显明，一天天地改变一月月地演化，每天都有所作为，却不能看到它造就万物、推演变化的功绩。生长有它萌发的初始阶段，死亡也有它消退败亡的归向，但是开始和终了相互循环没有开端也没有谁能够知道它们变化的穷尽。倘若不是这样，那么谁又能是万物的本源！"孔子再次请求说："那是什么情形呢？"老聃回答："这就是'至美'、'至乐'呀。体察到'至美'也就是遨游于'至乐'，这就叫作'至人'"。

孔子说："怎么才能学到这样的方法呢？"老聃说："要认识你自己呀，要知道自己的生命是珍贵的，不要执著自己的肉体，不要被外物和欲望牵着鼻子跑，那些东西犹如泥土一般，舍弃得失祸福之类附属于己的东西就应该像丢弃泥土一样才行。要懂得自身远比这些附属于自己的东西更为珍贵，不要因外在的变化而丧失自身。况且宇宙间的千变万化从来就没有过终极，怎么值得使内心忧患！已经体察大道的人便能通晓这个道理。"

孔子还是不明白，接着问："像您这样的高人能做到，其他人怎么行呢？"老聃说："不是这样子的，谁都可以啊，水静自清，无为则明。只要你自然无为，那么就像天自然高、地自然厚、日月自然有光一样，不用刻意去修即可达成啊。"

第三层次是孔子感叹大道真是玄妙啊，与得道之人相比，自己就像醋坛子里生出的小飞虫一样渺小。其实，这里的孔夫子就是我们自己。

【本节链接】

【本经原文】古之至人,假道于仁,讬宿于义,以游逍遥之虚,食于苟简之田,立于不贷之圃。逍遥,无为也;苟简,易养也;不贷,无出也。古者谓是采真之游。(《天运》)

【大意】古代的至人、仁义只是假借而已,他们游心于自由自在、无拘无束的境域,生活简单,立身无华。自由自在、无拘无束,便是无为;简单就易于生存;无华就不会使自己精神外驰。古代称这种情况为神采真实的遨游。这就是认识了自己的本性,获得大解脱大自在的逍遥啊。

鲲 鹏

庄子的想象真是很奇特,他构思了这样一只大鸟,大得无边无际。历来鲲鹏的形象就使无数的文学家们惊叹,这天马行空、纵横捭阖的想象力真的令我们赞叹。

但赞叹之余,深思一下,究竟什么是鲲鹏?它怎么那么大?为何要飞那么远的地方去?鲲鹏难道仅仅是庄子虚构出来的吗?虚构这么一个形象有什么作用呢?

其实,鲲鹏这个形象大有深意,庄子不会写一个没有意义的东西来哄我们玩。

大凡修行的人,即使是一个刚刚起步的人,都会体会到我们身体里存在一种东西,它无形无相,没有颜色,没有大小,但你能清清楚楚感觉到它的存在,它的流动,这个是什么?没有一个合适的名字来称呼这个东西,最贴近的名词是"能量(梵文叫作Kundalini,藏密也把它叫做拙火)"。

能量,对,我们就这么称呼它吧,是人人都有的东西。但我们凡夫的能量是散乱的,外向的,它随着我们的欲望而向外流失。

然而一个修行人,当他在静坐时,随着他的思虑逐渐减弱,能量也就越来越集中,不再流失。《淮南鸿烈》说:

夫精神气志者,静而日充以壮,躁而日耗以老。(《淮南鸿烈·原道训》)

到了一定的修持阶段,能量会越来越多,首先集中在我们的会阴部位,继而大动,然后沿着我们的中脉(Sushumna Nadi)一路向上,逐步打通中脉,最后到达头顶。当头顶的穴位被打开以后,我们就能接收到宇宙中更高级的能量了,这时的修行人才真正进入了"禅定"之中。

中脉是身体里最重要的一条脉,它决定我们的身体健康,也决定我们的生死、能否解脱。

中脉是一条从会阴部直达头顶的一条能量通道,在其左右各有一个分支,所以合起来叫"三脉"。在这条通道上有七个能量集中的区域,叫七轮(Chakra)。七轮的名称从下往上依次是:第一为海底轮(Mooladahra),位置在会阴处,为四瓣红色莲花;第二为生殖轮（Svadhisthana），也叫水轮或密轮，位于小腹部，肚脐以下、会阴以上，为六瓣橘色莲花；第三为太阳轮（Manipura），也叫胃轮，位于肚脐的位置，为十瓣黄色莲花；第四为心轮（Anahata），也叫火轮，位于胸部中央檀中穴的位置，为十二瓣绿色莲花；第五为喉轮（Vishuddha），也叫风轮，位于喉部，为十六瓣蓝色莲花；第六为眉轮（Ajina），也叫月轮，位于印堂穴位置，为二瓣紫色莲花；最后一个叫顶轮（Shasrara），也叫梵天轮，位于头顶部位。你切莫以为就在头顶上，这个轮的位置是在头顶上方的空间里。打个比方，它好像是你头上凌空顶着的一朵莲花一样，为千瓣七彩莲花（道教把这个境界称为"三花聚顶"）。

当你静坐禅修的时候，能量便在海底轮聚集起来，然后沿中脉一路上行，逐个激活这七个脉轮。每一个脉轮被激活后，都会产生一定的特征和感受。比如腹轮不激活，就不会超越男女性欲的控制；心轮不激活，就不会有真正的慈悲和爱；眉轮不激活，就不会有自性光明；顶轮不激活，就不会获得真正的般若，就不会真正进入宇宙实相、认识自己。

中脉的存在在多部经典中都有论述，如八思巴国师所著的《大乘要道密集》一书中说：

> 言三道脉者：一中央阿斡帝脉，二右畔辣啰捺脉，三左畔辣麻捺脉，是名三道脉。

宗喀巴大师在《密宗道次第广论》中说：

> 身脉总有七万二千，其中主要有百二十，其尤要者有二十四，最切要者则有三脉。

藏密著作《协巴多杰根本续》中更是明确地说：

> 气不入中脉，妄想证菩提，如若手捻沙，欲得酥油者。

陈健民瑜伽士说：

> 中者，中脉，无为法，表法身。依菩提心、中观见，修二无我空性，及密宗果位方便所开发。由此脉开发，显现法身空性；与大乐相合，则证报身；与大悲相合，则证化身。惟佛家密宗独有。（《佛教禅定》）

所以中脉的存在是毋庸置疑的。

可能有读者问了，说了半天，你还没涉及什么是鲲鹏啊。是的，简单交待这个修行过程，就是为了揭示鲲鹏这个形象的。

"能量"如何描绘？它什么样子？有多大多小？有颜色吗？当你开始修行了，能量开始在海底轮处聚集，逐渐增强，它无形无相，大而无外，小而无内，庄子给它起了一个名字叫作"鲲"，而把鲲待的地方叫作"北冥"。鲲在海底，即北冥是待不住的，增强到一定程度时，它就大动，修行者能够明确感知，有时是非常明显的"震动"，庄子把这个状态叫作"海运",然后这个"鲲"就沿着中脉一路上行,破关斩将,直达顶轮!顶轮则庄子称为"南冥"。中脉开通以后,你会体会到什么叫作"拔地通天",庄子形容为"抟扶摇而上者九万里"。你也能体会到古人所说的"黄中通理,正位居体,美在其中而畅于四支"的美妙感觉。

《五十奥义书·商枳略奥义书》说:

> 此中"苏寿门那(中脉)"谓为宇宙持载者,解脱之路,在诀之后,循背脊骨而上至头顶大梵窍而止。

又说:

> 初期身出汗,中期体震动,
> 末期止气时,升空莲花坐。

在向上运动的过程中,这股能量逐渐发生着变化,越来越强,到了"南冥"的"鲲"性质更是发生了根本变化,它已不单纯是一团能量了,它已经与宇宙的整体能量合二为一,可以接收海量的宇宙信息,具有大智慧,佛叫作"般若",可以认识宇宙万有的实相,这时还能叫作"鲲"吗?显然已经不是了,所以,庄子奇特的想象能力又一次让我们吃惊,他改称"鲲"为"鹏"了!佩服啊,南华老仙!

这一过程有多远?从海底到顶轮有九万里?其实庄子是在告诉我们修行的路上不是一帆风顺的,也不是一蹴而就的,别想期待静坐一次就会发生海运,更别想偶而一坐就立刻化"鲲"为"鹏"。你可能会问,得多长时间才能有"海运"啊?答案是每个人都不一样。我们都不是上上根人,都是凡夫俗子,不会闻一语就豁然贯通的,但只要你持戒清净,只要你有信心,只要你能勤修六度万行,诸恶不作,众善奉行,呵五欲,弃五盖(五欲、五盖请参考《六妙法门》、《小止观》等有关书籍),持之以恒地打坐,早晚有一天,"鲲"就在你的体内蠢蠢欲动了,接下来就是展翅九万里的高飞。

修道刚开始的时候,能量还不够大,需要一点点积累,越来越强,就会一路上冲,冲开梵穴。在这个过程中,你既不可以操之过急,也不可以阻碍它的发展,而是要顺其势而为之:该文火的时候用文火,该武火的时候用武火,犹如大河之水时而缓缓静流,时而奔腾咆哮一样,蓄积的能量足够了,就会冲开一个脉轮,如此下去,最后才能冲开整个中脉和全部脉轮。朱熹的一首诗可以形象地表示这个过程:

> 昨夜前江春水生,艨艟巨舰一叶样轻。
> 曾经枉费推移力,而今中流自在行。

中脉通了,你的能量才与宇宙能量合一了。因此,中脉不开,你不会产生禅定,中脉一打开,你就与宇宙的"能量"连接成了一个整体,你会感到巨大的能量和信息源源不断地进入你的身体,这时你才能真正地入定,这才是禅。在中脉打开以前,你的所有的打坐、呼吸、导引等等,都是"前加行"而已,只是为修道做着必要的准备,还算不上真正的修道。

完成了鲲鹏的转化，你开悟了吗？没有，还差得远呢。尽管鲲鹏已经够大了，但它仍然不是"道"，与"道"相比依然很小很小。仅仅从这一点来看，庄子也没有把展翅九万里的鲲鹏看作最彻底的逍遥。

"鲲"如何变为"鹏"的呢？庄子用了一个"化"字。诸位，切莫小看了这一个字，内涵意义极深！后面庄子还有几处用了"化"字，一样含义深刻。庄子没有用"变"，而用的是"化"，其意在于，鹏没有变成另外一个东西，只是转化了。这与佛说的我们众生都是佛、都具有与佛一样的本性、都可以成佛是一样的意思。但我们可都是尚未开悟的"佛"，也就是因地佛，仅仅具有成佛的潜质而已，离成佛还远着呢。那么，如何开悟成佛呢？也在于这一个"化"字！化什么？化迷为觉，一转身，我们就成佛了，仅此而已。

笔者感到非常奇怪的是，为什么印度《吠陀经》和庄子不约而同地都把最底下的一个轮叫作"海底"？看来开悟之人所见相同。

但在这里，笔者要罗嗦几句，以免读者误会而断送慧命。诸君切莫以为上面所说的中脉七轮就是修道本身了，中脉通了就是见性成佛了，如果这样认为那就大错特错了。要知道，中脉七轮的打开只是修道过程中的现象而已，这只是个过程，是路上的风景，甚至仅仅是开始上路的风景，根本不是究竟，切莫耽于此，此语至要，切记切记。中脉即使通了，你仍然在五阴区域之内，不可作"圣解"，一旦作圣解，轻者走火入魔，重者丧失身命，可不慎哉？！

【本节链接】

【本经原文】任公子为大钩巨缁，五十犗以为饵，蹲乎会稽，投竿东海，旦旦而钓，期年不得鱼。已而大鱼食之，牵巨钩，錎没而下，骛扬而奋鬐，白波如山，海水震荡，声侔鬼神，惮赫千里。任公子得若鱼，离而腊之，自制河以东，苍梧已北，莫不厌若鱼者。已而后世辁才讽说之徒，皆惊而相告也。夫揭竿累，趣灌渎，守鲵鲋，其于得大鱼难矣。饰小说以干县令，其于大达亦远矣，是以未尝闻任氏之风俗，其不可与经于世亦远矣。（《外物》）

【译文】任国公子真是个奇特的人，他做了个大鱼钩系上粗大的黑绳，用五十头牛牲做钓饵，蹲在会稽山上，把钓竿投向东海，每天都这样钓鱼，整整一年一条鱼也没钓到。不久大鱼食吞鱼饵，牵着巨大的钓钩，急速沉没海底，又迅急地扬起脊背腾身而起，掀起如山的白浪，海水剧烈震荡，吼声犹如鬼神，震惊千里之外（此段描述十分传神，庄子是个善于讲故事的高手，其文字功底也令人钦佩不已）。任公子钓得这样一条大鱼，将它剖开制成鱼干，从浙江以东，到苍梧以北，没有谁不饱饱地吃上这条鱼的。这以后那些浅薄之人和喜好品评议论之士，都大为吃惊奔走相告。他们举着钓竿丝绳，奔跑在山沟小渠旁，守候小鱼上钩，至于想得到大鱼那就很难很难了。修饰浅薄的言辞以求得高高的美名，对于达到通晓大道的境界来说距离也就很远很远了，因此说不曾了解过任公子有所大成的志趣，恐怕也不可以说是善于治理天下，而且其间的差距也是很远很远了。

本节告诉我们，修道不是一蹴而就的事，要耐得住性子，像任公子那样，十年磨一剑，终于等到了大鱼（鲲），而鲲最后一定会转化为鹏。他一旦得道，就可以教化众生了（自制河以东，苍梧已北，莫不厌若鱼者）。那些目光短浅的家伙怎么能懂得这个道理呢？

小大与无用

物有功用，有的无用，有的有小用，有的有大用。我们凡夫都一个劲地追求大用，放弃小用，鄙视无用。

人也有大小之别，不是身材的大小，而是智慧的差别。

庄子用蜩与学鸠来比喻小根之人。什么是小根之人？傻子是吗？愚痴是吗？未见得。很多小根人以世俗观点来衡量还是蛮聪明的。所谓小根是指一个人不相信有大道，不相信人可以与道合一，不相信人能悟道。一旦听到有人讲道，他会大笑，斥之为迷信。对于这样的人，老子说："弗大笑，不足以为道矣。"

小根人拒绝大道，那么上根人虽相信大道，但他能顺利悟道吗？否。在修道的路上，我们放不下的东西太多了，世人太过执著，比如庄子说的执著于大用。我们执著于追求物的功用，比较、评论其好坏，从而心生喜爱或厌恶，深陷其中而不能自拔。庄子批评惠子说："固拙于用大矣！""犹有蓬之心！"并举了"大瓠"、"不龟手之药"等例子，就是告诉我们也不能执著于大。庄子骂这样的人是心里塞了一个大草包，就是心里有"蓬"！看看，这作风像不像极了后世的禅师，或说是后世的禅师学了庄子？

在修道的问题上，存在着几个不可忽视的大小的问题。如果你开始觉醒了，你想修道了，那么，这几个问题就是至关重要的了：你的心量有多大？你的愿力有多大？如果你是一只茶杯，那么怎么能装得下大海之水？所以笔者把这几个问题列在下面：

首先是要有大志，即要有大丈夫的冲天之志。这是指我们学佛首要相信自己的本性与诸佛毫无二致，我们肯定能够成佛，要有这个坚定的信念。要以佛陀为慈父，要有"如不成正觉，宁碎此身，不起此坐"的豪情；

其次是要有大愿，即要发真实大愿。这是指我们修佛要明确目标，我们要彻底觉悟，进入寂静的涅槃境界，而不是为了什么追求人天果报；

第三是要有大智，即要选择适合自己的法门。这是指我们要会正确择法，佛法八万四千法门，门门都可成正果，千万不要这个也想学，那个也想会，都头来弄得成了"油子"，那你永远也不会进步；

第四是要有大行，即要持之以恒，难忍能忍，难行能行。这是指修道不可以一曝十寒，要有吃苦耐劳的精神，要学习祖师的头陀行，以此来激励自己的修行；

第五是要有大悲，即要具备菩萨的胸怀，要立志普渡众生，不作自了汉。要以地藏菩萨为榜样，要有"地狱不空，誓不成佛"的气概。

那么无用呢？是不是就该执著呢？无用是更大的用，但也不可执著。庄子用了一个"无何有之乡，广莫之野"来描述逍遥的情形，什么是无何有？就是什么都没有，连无用也不存在，那才是真正的逍遥。

大小之辩，有用无用，都是为了说明无待的道理的。

【本节链接】

【本经原文】秋水时至，百川灌河；泾流之大，两涘渚崖之间不辨牛马。于是焉河伯欣然自喜，以天下之美为尽在己。顺流而东行，至于北海，东面而视，不见水端。于是焉河伯始旋其面目，望洋向若而叹曰："野语有之曰：'闻道百，以为莫己若者'，我之谓也。且夫我尝闻少仲尼之闻而轻伯夷之义者，始吾弗信；今我睹子之难穷也，吾非至于子之门则殆矣，吾长见笑于大方之家。"

北海若曰："井蛙不可以语于海者，拘于虚也；夏虫不可以语于冰者，笃于时也；曲士不可以语于道者，束于教也。今尔出于崖涘，观于大海，乃知尔丑，尔将可与语大理矣。天下之水，莫大于海，万川归之，不知何时止而不盈；尾闾泄之，不知何时已而不虚；春秋不变，水旱不知。此其过江河之流，不可为量数。而吾未尝以此自多者，自以比形于天地，而受气于阴阳，吾在于天地之间，犹小石小木之在大山也。方存乎见少，又奚以自多！计四海之在天地之间也，不似礨空之在大泽乎？计中国之在海内，不似稊米之在大仓乎？号物之数谓之万，人处一焉；人卒九州，谷食之所生，舟车之所通，人处一焉；此其比万物也，不似豪末之在于马体乎？五帝之所连，三王之所争，仁人之所忧，任士之所劳，尽此矣！伯夷辞之以为名，仲尼语之以为博，此其自多也；不似尔向之自多于水乎？"

河伯曰："然则吾大天地而小豪末，可乎？"

北海若曰："否。夫物，量无穷，时无止，分无常，终始无故。是故大知观于远近，故小而不寡，大而不多，知量无穷，证曏今故。故遥而不闷，掇而不跂，知时无止；察乎盈虚，故得而不喜，失而不忧，知分之无常也；明乎坦涂，故生而不说，死而不祸，知终始之不可故也。计人之所知，不若其所不知；其生之时，不若未生之时；以其至小，求穷其至大之域，是故迷乱而不能自得也。由此观之，又何以知豪末之足以定至细之倪！又何以知天地之足以穷至大之域！"

河伯曰："世之议者皆曰：'至精无形，至大不可围。'是信情乎？"

北海若曰："夫自细视大者不尽，自大视细者不明。夫精，小之微也；垺，大之殷也；故异便。此势之有也。夫精粗者，期于有形者也；无形者，数之所不能分也；不可围者，数之所不能穷也。可以言论者，物之粗也；可以致意者，物之精也。言之所不能论，意之所不能察致者，不期精粗焉。是故大人之行，不出乎害人，不多仁恩；动不为利，不贱门隶；货财弗争，不多辞让；事焉不借人，不多食乎力，不贱贪污；行殊乎俗，不多辟异；为在从众，不贱佞谄。世之爵禄不足以为劝，戮耻不足以为辱；知是非之不可为分，细大之不可为倪。闻曰：'道人不闻，至德不得，大人无己'。约分之至也。"

河伯曰："若物之外，若物之内，恶至而倪贵贱？恶至而倪小大？"

北海若曰："以道观之，物无贵贱；以物观之，自贵而相贱；以俗观之，贵贱不在己。以差观之，因其所大而大之，则万物莫不大；因其所小而小之，则万物莫不小。知天地之为稊米也，知豪末之为丘山也，则差数睹矣。以功观之，因其所有而有之，则万物莫不有；因其所无而无之，则万物莫不无。知东西之相反而不可以相无，则功分定矣。以趣观之，因其所然而然之，则万物莫不然；因其所非而非之，则万物莫不非。知尧、桀之自然而相非，则趣操睹矣。昔者尧、舜让而帝，之、哙让而绝，汤、武争而王，白公争而灭。由此观之，争让之礼，尧、桀之行，贵贱有时，未可以为常也。梁丽可以冲城，而不可以窒穴，言殊器也；骐骥、骅骝一日而驰千里，捕鼠不如狸狌，言殊技也；鸱鸺夜撮蚤，察豪末，昼出瞋目而不见丘山，言殊性也。故曰，盖师是而无非，师治而无乱乎？是未明天地之理、万物之情者也。是犹师天而无地，师阴而无阳，其不可行明矣。然且语而不舍，非愚则诬也！帝王殊禅，三代殊继。差其时，逆其俗者，谓之篡夫；当其时，顺其俗者，谓之义之徒。默默乎河伯！女恶知贵贱之门、小大之家！"

河伯曰："然则我何为乎？何不为乎？吾辞受趣舍，吾终奈何？"

北海若曰："以道观之，何贵何贱，是谓反衍；无拘而志，与道大蹇。何少何多，是谓谢施；无一而行，与道参差。严乎若国之有君，其无私德；繇繇乎若祭之有社，其无私福；泛泛乎其若四方之无穷，其无所畛域。兼怀万物，其孰承翼？是谓无方。万物一齐，孰短孰长？道无终始，物有死生，不恃其成；一虚一满，不位乎其形。年不可举，时不可止；消息盈虚，终则有始。是所以语大义之方，论万物之理也。物之生也，若骤若驰，无动而不变，无时而不移。何为乎？何不为乎？夫固将自化"。

河伯曰："然则何贵于道邪？"

北海若曰："知道者必达于理，达于理者必明于权，明于权者不以物害己。至德者，火弗能热,水弗能溺,寒暑弗能害,禽兽弗能贼。非谓其薄之也,言察乎安危,宁于祸福,谨于去就,莫之能害也。故曰:'天在内,人在外,德在乎天。'知天人之行,本乎天,位乎得;蹢躅而屈伸,反要而语极。"(《秋水》)

【大意】秋天里山洪按照时令汹涌而至,众多大川的水流汇入大河,河面宽阔波涛汹涌,两岸和水中沙洲之间连吃草的牛马都不能分辨。这么大的场面啊,河神从来没有见过,当然他就有点飘飘然了。

只有水大了,河神才能到达大海。到了大海,河神一望,根本看不见尽头。河神吓坏了,方才改变先前洋洋自得的面孔,对海神慨叹道:我真是个自大的人啊,让您见笑了。

海神"若"说:"井里的青蛙,不可能跟它们谈论大海,是因为受到生活空间的限制;夏天的虫子,不可能跟它们谈论冰冻,是因为受到生活时间的限制;乡曲之士,不可能跟他们谈论大道,是因为教养的限制。如今你从河岸边出来,看到了大海,方才知道自己的鄙陋,你将可以参与谈论大道了。天下的水面,没有什么比海更大的,千万条河川流归大海,不知道什么时候才会停歇而大海却从不会满溢;海底的尾闾泄漏海水,不知道什么时候才会停止而海水却从不曾减少;无论春天还是秋天不见有变化,无论水涝还是干旱不会有知觉。这说明大海远远超过了江河的水流,不能够用数量来计算。可是我从不曾因此而自满,自认为从天地那里承受到形体并且从阴和阳那里禀承到元气,我存在于天地之间,就好像一小块石子、一小块木屑存在于大山之中。我认为自身的存在实在渺小,又哪里会自以为满足而自负呢?想一想,四海存在于天地之间,不就像小小的石间孔隙存在于大泽之中吗?再想一想,中原大地存在于四海之内,不就像细碎的米粒存在于大粮仓里吗?形容事物种类繁多的数字叫作万,而人类只是万物中的一种;人们聚集于九州,粮食在这里生长,舟车在这里通行,而每个人只是众多人群中的一员;一个人比起万物,不就像是毫毛之末存在于整个马体吗?五帝所续连的,三王所争夺的,仁人所忧患的,贤才所操劳的,全在于这毫末般的天下呢!伯夷辞让它而博取名声,孔丘谈论它而显示渊博,这大概就是他们的自满与自傲;不就像你先前在河水暴涨时的洋洋自得的样子吗?"

河神说:"是这样,那么我把天地看作最大把毫毛之末看作最小,可以吗?"

海神回答:"不可以。万物的量是不可穷尽的,时间的推移是没有止境的,得与失的禀分没有不变的常规,事物的终结和起始也没有定因。所以具有大智的人观察事物从不局限于一隅,因而体积小却不认为就是少,体积大却不认为就是多,这是因为知道事物的量是不可穷尽的;证验并明察古往今来的各种情况,对久远前的事不感到迷惑,对眼前发生的事也不苟求,这是因为知道时间的推移是没有止境的;洞悉事物有盈有虚的规律,因而有所得也不欢欣喜悦,有所失也不悔恨忧愁,这是因为知道得与失的禀分是变化无常的；明了生与死之间犹如一条没有阻隔的平坦大道，因而生于世间不会倍加欢喜，死离人世不觉祸患加身，这是因为知道终了和起始是不会一成不变的。算算人所懂得的知识，远远不如他所不知道的东西多，他生存的时间，也远远不如他不在人世的时间长；用极为有限的智慧去探究没有穷尽的境域，所以内心必然迷乱而不能有所得。由此看来，又怎么知道毫毛的末端就可以判定是最为细小的限度呢？又怎么知道天与地就是最大的境域呢？"

河神说："世间议论的人们总是说：'最细小的东西没有形体可寻，最巨大的东西不可限定范围。'这样的话是真实可信的吗？"

海神回答："从细小的角度看庞大的东西不可能全面，从巨大的角度看细小的东西不可能真切。精细，是小中之小；庞大，是大中之大；不过大小虽有不同却各有各的合宜之处。这就是事物固有的态势。所谓精细与粗大，仅限于有形的东西，至于没有形体的事物，是不能用计算数量的办法来加以剖解的；而不可限定范围的东西，更不是用数量能够精确计算的。可以用言语来谈论的东西，是事物粗浅的外在表象；可以用心意来传告的东西，则是事物精细的内在实质。言语所不能谈论的，心所不能传告的，也就不限于精细和粗浅的范围了。所以修养高尚者的行动，不会对人产生伤害，也不会给人以特别的仁慈和恩惠；无论干什么都不是为了私利，也不会轻视低贱的人。无论什么财物都不去争夺，也不特别推重谦和与辞让；凡事从不借助他人的力气，但也不提倡自食其力，同时也不鄙夷贪婪与污秽；行动与世俗不同，但不主张邪僻乖异；行为随顺众生，却不奉承和谄媚；人世间的所谓高官厚禄不足以让他追求，刑戮和侮辱不足以令他感到羞耻；知道是与非的界线不能清楚地划分，也懂得细小和巨大不可能确定清晰的界限。听人说：'能体察大道的人不求闻达于世，修养高尚的人不会计较得失，清虚宁寂的人能够忘却自己。'这就是分别和对立都泯灭达到适得其分的境界。"

河神说："如此事物的外表，如此事物的内在，从何处来区分它们的贵贱？又怎么来区别它们的大小？"

海神回答："以道的观点来看，万物本没有贵贱的区别。从万物自身来看，各自以己为贵而又以他物为贱。拿世俗的观点来看，贵贱不在于事物自身。按照物与物之间的差别来看，顺着各种物体大的一面去观察便会认为物体是大的，那么万物就没有什么不是大的；顺着各种物体小的一面去观察便会认为物体是小的，那么万物没有什么不是小的；知晓天地虽大，但比起更大的东西来也如小小的米粒，知晓毫毛之末虽小，但比起更小的东西来也如高大的山丘，因而万物的差别和数量也就看得很清楚了。依照事物的功用来看，顺着物体所具有的一面去观察便会认为具有了这样的功能，那么万物就没有什么不具有这样的功能；顺着物体所不具有的一面去观察便会认为不具有这样的功能，那么万物就没有什么具有了这样的功能；可知东与西的方向对立却又不可以相互缺少，而事物的功用与本分便得以确定。从人们对事物的趋向来看，顺着各种事物肯定的一面去观察便会认为是对的，那么万物没有什么不是对的；顺着各种事物否定的一面去观察便会认为是不对的，那么万物没有什么不是错的；知晓唐尧和夏桀都自以为正确又相互否定对方，因而人们的趋向与操守也就看得很清楚了。当年唐尧、虞舜禅让而称帝，宰相子之与燕王哙禅让而燕国几乎灭亡；商汤、周武王都争夺天下而成为帝王，白公胜争夺王位却遭致杀身。由此看来，争斗与禅让的礼制，唐尧与夏桀的做法都会因时而异，不可以把它们看作是不变的规律。栋梁之材可以用来冲击敌城，却不可以用来堵塞洞穴，说的是器物的用处不一样。骏马良驹一天奔驰上千里，捕捉老鼠却不如野猫与黄鼠狼，说的是技能不一样。猫头鹰夜里能抓取小小的跳蚤，细察毫毛之末，可是大白天睁大眼睛也看不见高大的山丘，说的是禀性不一样。所以说：怎么只看重对的一面而忽略不对的一面、看重治而忽略乱呢？这是因为不明了自然存在的道理和万物自身的实情而导致的。这就像是只重视天而轻视地、只重视阴而轻视阳一样，很显然是行不通的。然而还是要谈论不休，不是愚昧便是欺骗！远古帝王的禅让各不相同，夏、商、周三代的继承也各不一样。不合时代、背逆世俗的人，称他篡逆之徒；合于时代、顺应世俗的人，称他高义之士。沉默下来吧，河神！你怎么会懂得万物间贵贱的门径和大小的区别！"

河神说："既然这样，那么我应该做些什么呢？又应该不做什么呢？我将怎样推辞或接纳、趋就或舍弃，我终究将怎么办？"

海神回答："用道的观点来观察，什么是贵什么是贱，因为两者是可以相互转化的；不必束缚你的心志，而跟大道相违碍。什么是少什么是多，两者同样也是可以相互转化的；不要偏执于事物的某一方面行事，而跟大道不相一致。端庄、威严的样子像是一国的国君，确实没有一点儿偏私的恩惠；优游自得的样子像是祭祀中的土地神，确实没有任何偏私的赐福；浩瀚周遍的样子像是通达四方而又旷远无穷，确实没有什么区分界限；兼蓄并且包藏万物，难道谁专门有所承受或者有所庇护？这就称作不偏执于事物的任何一个方面。宇宙万物本是浑同齐一的，谁优谁劣呢？大道没有终结和起始，万物却都有死有生，因而一时的成功也不足依凭。时而空虚时而充实，万物从不固守于某一不变的形态。岁月不可以挽留，时间从不会停息，消退、生长、充实、空虚，宇宙万物终结便又有了开始。这样也就可以谈论大道的准则、评说万物的道理了。万物的生长，像是马儿飞奔像是马车疾行，没有什么举动不在变化，没有什么时刻不在迁移。应该做些什么呢？又应该不做什么呢？一切必定都将自然地变化。"

河神说："既然如此，那么为什么还要那么看重大道呢？"

海神回答："懂得大道的人必定通达事理，通达事理的人必定明白应变，明白应变的人定然不会因为外物而损伤自己。道德修养高尚的人烈焰不能烧灼他们，洪水不能沉溺他们,严寒酷暑不能侵扰他们,飞禽走兽不能伤害他们。不是说他们逼近水火、寒暑的侵扰和禽兽的伤害而能幸免,而是说他们明察安危,安于祸福,能谨慎地对待进退和去留,因而没有什么东西能够伤害他们。所以说"天然蕴含于内里,人为显露于外在,高尚的修养则顺应自然。懂得人的行止,立足于自然的规律,居处于自得的环境,或进或退,或屈或伸,返归大道的要冲而可谈论至极的道理。"

本节很长,《秋水》是《庄子》里的一篇长文,说明这篇文字很重要,要仔细认真领会方可。

本节大致有以下几层意思。

第一,不知大道的人犹如河伯,根本不知道大海有多大;只有到了大海,才知道自己原来多么渺小。河伯是谁?其实就是你我。海神北海若又是谁?还是你我!你糊涂了吗?河水流入大海之后,你还能把河水和海水分开吗?不能了!二者合二为一了。河神与海神也一样,其实是一个:未见大道时是自以为是的"河神",见了大道后就变成了有自知之明的"海神"了。注意,这里有"知尔丑,尔将可与语大理矣"这样一句话,不可疏忽看过,什么时候才能和你谈大道啊?那得看你是否是真的认识到了自己的不足,认识到了自己的渺小和无知,才可以和你谈大道。否则,你连听大道的资格都没有。

第二,后面的一大段全部都是用来说明大道对万事万物都是一视同仁的,没有什么高低贵贱之分。以道观之,物无贵贱;以道观之,大小各有其用(千里马可以一日千里,但抓耗子就比不上黄鼠狼)。我们习惯于给所有的事物都贴上各种标签,如大小、高低、贵贱、生死、有用无用等,其实这正是我们的分别心在作怪。一有分别,大道就隐匿不见了。

本段中有很多名言警句值得我们仔细研读,比如"得而不喜,失而不忧",比如"生而不说,死而不祸",比如"无形者,数之所能分也","世之爵禄不足以为劝,戮耻不足以为辱","以道观之,物无贵贱"等。

第三,第二段把河伯给说糊涂了,他不知道该怎么办了,所以北海若又告诉他为什么要修道,为什么要见自本性的道理。

有待与无待

如何才能彻底逍遥?庄子告诉我们要"无待"才行。逍遥游一篇,其实就是要告诉我们这个道理。

我们日常生活中处处都是有待的。比如,我们要买一件物品,没有钱是不行的;我们要取得更大的权势,没有别人的支持是不行的;我们要去看更好的风景,没有时间、金钱和交通工具是不行的;等等。这些都是需要依凭某种条件的,所以,当这些条件达不到，我们的目的不能实现时，我们就产生痛苦，就产生烦恼，自然也就逍遥不了了。

大鹏要待风才能起飞，大船要待大水才能启航，列子要待风才能在空中飞行，这些虽然已经很逍遥了，但依然不能摆脱对物的依凭。

尽管宋荣子可以毁誉不动心，可以唾面自干，可他也就仅此而已。好像他什么都看得开、放得下，做到了"无名"，但他根本就不认识自己的本性是什么，也就是没有做到"无己"，他只不过是比凡夫平淡而已，他所待的是"淡泊"。所以庄子说他"犹有未树也"。

所有这些，都是有待。有待就不会彻底逍遥。彻底的逍遥是什么都不依凭的。什么都不依凭，怎么能不逍遥？因此庄子反问一句："彼且恶乎待哉？"那才是真正的逍遥自在。

禅师说的"百尺竿头更进步"也是这个道理，你想你已经爬到了"竿头"了，还怎么更进步呢？更进步是什么？什么也没有啊，十方全是虚空啊，其实连这个虚空也要放下才行，这才是真正的彻悟。

【本节链接】

【列子原文】子列子曰：神遇为梦，形接为事。故昼想夜梦，神形所遇。故神凝者想梦自消。信觉不语，信梦不达，物化之往来者也。古之真人，其觉自忘，其寝不梦，几虚语哉？（《列子·周穆王》）

【大意】列子说：人的意识与外界接触就产生了梦境；人的形体与外界接触就产生了行为。只要你有思虑，夜晚就会做梦，这就是因为你的意识和形体与外界接触的缘故啊。因此说，意识如果做到灵明凝寂，那么他就能白日无胡思乱想，夜晚无乱七八糟的梦。最彻底的觉醒无法言说，最大的梦境（指开悟）也无法言说，人们是可以达到这个境界的。真正的圣人，醒时没有自己，睡时没有梦魇，这不是假的啊。

做到了无待，你就无思无虑了，无思无虑怎么还会有梦呢？至人是无梦的。

无己，无功，无名

己、功、名三者不破，我们想逍遥就是异想天开。这三者是什么东西？很多解庄的著作都简单解释成：无我，不求功利，不求名。如此解释当然不算错，但不完整。实际上，这三个字中的每一个字都含有两层意思。

无己：的确含有无我的意思在内，但不仅仅是无我，还要更深一步，也就是庄子在《齐物论》中说的"丧我"。这包含两个层面：一就是前面说过的修行者要放弃"我执"；还有一个层面就是要放弃"法执"。我执也叫"事障"、"烦恼障"，法执也叫"理障"、"所知障"。

我执是因为误认这个肉身为真我引起的。老子说过:"吾所以有大患者,为吾有身,及吾无身,或何患?"说的也是要破除"我执"这个道理。我执有粗或细的差别,也可叫作分别或俱生的差别。粗者,谓意识强作分别所起的烦恼,如执著山珍海味,执著绫罗绸缎,执著香车宝马,执著高广居舍等等皆是;细者乃细微的贪嗔痴等引起的烦恼,这些烦恼已经在无始劫以来深深埋在我们的"潜意识"之中了,它遇境即起,我们都已经习惯了,根本感觉不到它的危害,整日被它牵着鼻子走而不自知,从此身陷轮回。

相传,孔子在拜会老子后,在离开时老子告诉他几句话,是这么说的:

> 吾闻富贵者送人以财,仁人者送人以言。吾不能富贵,窃仁人之号,送子以言。曰:"聪明深察而近于死者,好议人者也。博辩广大危其身者,发人之恶者也。为人子者毋以有己,为人臣者毋以有己。"(《史记·世家·孔子》)

什么意思呢?老子说你要走了,按理我该送点路费给你,但我没钱啊,我一无所有,只能冒充个仁者送你几句话了:太过于聪明的人,明察秋毫,所以好议论人,离死也就不远了;太能辩论的人,一下子就能抓住别人的把柄或短处,所以自身也就危险了。作为人子和人臣都不要太过于自我啊。

孔子是个身份特殊的人物,孔子是谁呀?博学多识,敏而好学,是智者,是导师,才高志大,这就避免不了到处指手画脚。所以老子告诫他不要自恃聪明和辩才无碍,而要韬光,不要过于突出,更直接告诉他要放弃自我。孔子学会了吗?笔者认为孔子是学到家了,孔老夫子后来就教导学生要"毋意,毋必,毋固,毋我(《论语·子罕》)",这正是老子的话的另一种表达啊。

我们通常在"我"的后面可以加上很多不同的字,组成诸如"我想"、"我要"、"我希望"、"我能"、"我会"、"我讨厌"、"我喜欢"、"我认为"等等词汇,这些字与"我"组在一起就形成了执著,不拿掉前面的"我",这些执著也就不能去除。佛说:

> 一切行无常,以慧观照时,得厌离于苦,此乃清净道。
>
> 一切行是苦,以慧观照时,得厌离于苦,此乃清净道。
>
> 一切法无我,以慧观照时,得厌离于苦,此乃清净道。(《南传法句经·道品》)

这三句话很多学佛人都知道,但往往一读而过,并没有深入思考。这里佛说得非常明白:一切法无我,注意是一切法,统统无我,没有人执著,没有人放下,没有人持戒,没有人禅修,也没有人轮回,没有人开悟,没有人解脱,也没有人涅槃。无人解脱和开悟,才是真正的解脱和开悟。佛说:

> 当念身中四大,各自有名,都无我者。我既都无,其如幻耳。(《四十二章

经》）

《五十奥义书》说：

　　唯合智功能，非是常属实。

　　是故因幻想，束缚与解脱，

　　在于自我中，二者俱无有。（《五十奥义书·商枳略奥义书》）

法执也有粗细之别，也可以叫作分别或俱生的差别。粗者认为心外有法，执著希取；细者乃自心生起法爱，不能达到修证性空的层次，从而不能舍离。

我们的心跳动不安，想东想西，一刻不停，而所有这些，全部都是妄想，或属我执，或属法执，都是修道的障碍，所以也叫作"事障"或"理障"。佛祖在《金刚经》里说"所有众生，若干种心，如来悉知悉见"。在《大方广佛华严经》中，佛亦说：

　　菩萨摩诃萨以他心智通，知一三千大千世界众生心差别，所谓：善心、不善心、广心、狭心、大心、小心、顺生死心、背生死心、声闻心、独觉心、菩萨心、声闻行心、独觉行心、菩萨行心、天心、龙心、夜叉心、乾闼婆心、阿修罗心、迦楼罗心、紧那罗心、摩睺罗伽心、人心、非人心、地狱心、畜生心、阎魔王处心、饿鬼心、诸难处众生心，如是等无量差别种种众生心悉分别知。如一世界，如是百世界、千世界、百千世界、百千亿那由他世界，乃至不可说不可说佛刹微尘数世界中所有众生心悉分别知。是名菩萨摩诃萨第一善知他心智神通。（《大方广佛华严经·十通品第二十八》）

所有众生啊，不只是70亿人而已，多如恒河沙一样，是不可想象得多。这么多的众生的心如来都清清楚楚！你是不是奇怪如来怎么有这么大神通？告诉你，如来神通的确广大，但要想知道所有众生的心还是不难的，因为什么？答案还是在《金刚经》中："何以故？如来说诸心皆为非心，是名为心。"不论有多少众生，也不论有多少种心，都不过是"非心"而已！

真正去掉这两执，才是无己的含义，才能达到空色圆融的境地。

无功：两层含义分别是指修行者要无福德和功德之心。

什么是福德？即在因果律原则下的善有善报。什么是功德？即自己在自性上用功，逐步达到能够不起妄念，外离诸相、灵台明净的过程。

这两者都不能执著，很多人都明白，但又太多太多的人的确是放不下的，像梁武帝这样虔诚的佛教徒也没能放下对福德的执著。梁武帝问达摩大师："朕即位以来，造寺、写经、度僧不可胜数，有何功德？"大师答道："并无功德。"武帝惊问道："何以并无功德？"达摩答："这只是人天小果有漏之因，如影随形，虽有非实。"武帝又问："如何是真实功德？"大师道："净智妙圆，体自空寂，如是功德，不于世求。"看，梁武帝认为自己以一皇帝之尊，不但给足了佛教政策和支持，还度了无数僧人，盖了无数寺庙，应该有功德的吧？岂料达摩给了他当头一棒：并无功德。是的，梁武帝的确无功德，这仅仅是福德，而且达摩大师并没有否定梁武帝的福德，只是说这仅仅可以享受人天福报，是有漏之因。福报再大，也有享受完了的时候，所以大师说："虽有非实。"

其实，到了我们现在的末法时代，执著福德的人也算是不错的好人了。现今社会已经有太多的人是恶贯满盈了，君不见有多少人坏事做绝还恬不知耻吗？君不见有多少人图财害命吗？君不见有多少人为了升官而捏造事实整垮对手吗？他们已经无所畏惧，连福德也不追求了。

很多修行人都知道"诸恶莫作，众善奉行"的道理。但对于一个有志于在自己心性上下功夫的人来说，执著福德显然是不行的。我们要行阴德，即做好事不要让人知道，自己也不执著。开始时会有点放不下，想自己做了好事，想听到赞扬，但不要紧，慢慢的你就会做好事自然而然了，慢慢的在你的心里就会没有痕迹了。你白做了吗？放心，没有白做，阴德一样是有阳报的。只是，这是对于一个没有解脱的人而言的，而对于一个开悟了的人，早已经脱离了轮回，哪里还有什么报不报的问题存在！

要在自性上下功夫才是功德，有了"外离相，内不乱"的功德，而不执著于它，这才是真正的功德。

无名：两层含义则是无名利心和无分别心。

名利是悬在我们头上的两把利剑。多少人死在其下？又有多少人为其前赴后继？活在世上的我们，不是在追求名，就是在追求利。古人说："名利杀人甚于刀剑，刀剑杀人，皆知回避，名利杀人，死而不悔。"佛说：

> 财色于人，人之不舍，譬如刀刃有蜜，不足一餐之美，小儿舔之，则有割舌之患。（《四十二章经》）

> 人随情欲，求于声名，声名显著，身已故矣。贪世常名，而不学道，枉功劳形。譬如烧香，虽人闻香，香之尽矣。危身之火，而在其后。（《四十二章经》）

你追求名声，当有了名声，你已经快死了，名声还有什么用呢？这就跟烧香一样，虽然闻到了香味（比喻名声），但产生香味的香（生命）已经烧没了呀。

其实，影响我们内心的不光是名利二字，还有很多世俗的追求都可障碍我们修道，佛教总结为"利、衰、毁、誉、苦、乐、称、讥"八个方面，也叫作"八风"。这些东西都能影响你左右你，你连个修道者都算不上，还侈谈什么开悟？

第二层意思是指无分别心，即老子所说的"名，可名也，非恒名也"的意思。

这就更深一步了，指的是修道者要放弃二元对立的状态。

名，指的是我们对事物形成的概念，一旦概念形成，我们就不知道事物的本质了，我们就被概念给迷惑了，再也看不到事情的实相。

比方说，你问一个人，什么是"苹果"？他立刻会在头脑中出现苹果的形象、颜色，甚至还有甜或酸的感觉。进一步，他会立刻把苹果与其他水果区别开来。可问题是，这是苹果吗？你对一个接触过苹果的人来说，他肯定立刻产生这样的概念，自然而然的，他也会认为他认识到了苹果。然而，苹果的本质是这样的吗？不是的，你被自己后天形成的苹果概念，也就是苹果的"名"给限制住了。我们最会玩概念游戏了，我们创造概念的能力极强，甚至我们经常不自觉地就创造了一个新的概念。比如，现代科学给我们创造了更多更复杂的概念，还拿这个苹果来说事，现代科学更是创造了数不清的概念：水分、纤维素、维生素、糖分、无机盐、果胶等等，这还不算，还要给你再弄出什么百分比的概念，可是你无论怎么把这一堆数据放在一起组合，你也不能知道什么是苹果。而这就是所谓"科学"告诉我们的"关于苹果"的实相！其实真正的苹果远不是一堆数据的集合。你若不信，做个试验，你如何向一个从来没接触过苹果的人说明什么是苹果？纵然你浑身是嘴，说上一年，相信你也说不清楚。要想知道什么是苹果，只有亲口尝一尝，尝过之后，哪怕是聋哑兼具的人，也会知道什么是苹果了。甚至你可以不叫它"苹果"，叫什么都可以，都不影响它的内涵。"苹果"只是人们约定俗成的"名"而已。

读到这里，你上当没有？你还是上当了。其实你即使亲口尝了，你仍然在玩概念，只是更进一步，更细微了而已，你还是没有脱离概念的束缚。你还要再进一步，你体会一下与"苹果"合二为一的状态，那时你就是苹果，苹果就是你。消除了对立，你怎么还能被迷惑呢？你本身就深入事物的"实相"之内，再进一步，你就会明白"缘起性空"的道理，你就知道所谓的苹果，只是各种"缘"聚合在一起才产生的。它本身是空的，比如得有个"苹果"在，你得能尝，牙口得好，你的味觉正常，你的佛性还得是活的，等等，没有了这些"缘"，也就没有了苹果。所以，本质上这个苹果是空的。这样，你就从名相中解脱出来了。

我们自己创造出了各种各样的"名"，反过来我们又被它欺骗了，而且被骗得好惨，惨到我们一点都没有察觉的地步！

再举一个例子。把你的眼睛蒙住，另一个人用手握住你的手，然后问你什么感觉？大多数人的回答是："我感觉到你的手握住我的手。"然而这是你的感觉吗？不是，这不是你的感觉。你没有看见那个人是用手在握着你的手，你是推论出来的这个结论。你的感觉是什么？你应该感觉到的是温度和压力，那只手是你的推论，是你的头脑的判断，这就是你的头脑中形成的概念。再进一步，温度和压力也是你的概念，它也不是实相。

从上面的例子我们可以明白，我们每时每刻都在接触事物的实相，只是我们每时每刻都在产生无数的念头，产生无数的推理和想象，从而把握不住事物的实相，离实相越来越远。

笔者第一次到宝岛台湾，见到了一种从未见过的水果，也不知道名字。当我在吃这个水果时，立刻就把这个水果与我熟知的各种水果进行了一番比较，突然，我意识到，我又一次陷入了推理的习惯！我是在拿我熟知的"概念"创造着新的"概念"，我没有真正体验这个水果的本质，没能做到无念地品尝这个水果的原汁原味。我们的习惯力量就是如此强大，以至于你总是不自觉地陷入其中。这些习性，深埋于我们的心灵之内，即使在开悟的人那里也存在，一旦遇境就会活跃起来，禅宗叫作翻种子。所以开悟的人也需要修行，一点一点地去掉这些细微的念头，这叫"悟后起修"。

放下"名"的分别，放下对立，与宇宙合一，这才是修道。

这些世俗"名"对于我们的社会秩序和正常生活是必要的，没有它们，我们的生活必定是混乱的。那怎么还说要放下"名"的分别和对立呢？其实，没有分别和对立不是要我们变成傻子、呆子，而是要我们放下我们知道"苹果"以后产生的欲望和执着。是什么？我们凡夫在知道"苹果"后，不是心地清净了，反而胡思乱想起来，比如，这个苹果好看吗？好吃吗？产地是哪儿的？有什么特点？多少钱买的？还是谁送的礼？为什么给我送礼？他想干什么？这个人很讨厌，有一天他见了我没和我打招呼，等等，浮想联翩，联想丰富，你的意识一刻也停不下来了。这时，你的佛性就消失得无影无踪了。一个修道的人，只要知道是"苹果"就行了，不要在欲望的道路上愈走愈远，这才是放下分别与对立的含义。

我们平时打妄想都习惯了，想要停止可不是那么容易的事。佛说，我们凡夫在一刹那的时间里有无数个妄想。你可能说，没有啊，就只有几个而已。其实，你说的几个，仅仅是你能明确感知的几个粗的妄想，稍微细微一些的，我们就感知不到了，更别提更细微的妄想了。欲界的妄想粗一些，色界就细微得多，无色界更加细微。这还不算，超出三界仍然有妄念，只是越发细微了，更难被觉察到了而已。

无己、无功和无名，每项下面都有两个层面的内涵，每项的第二层面又都比第一层面细微，这正好反映了修道者的进步层次，一步一步地修上去，一点点地放下，最终才能达到庄子所说的"逍遥"状态。你会说：这不又是渐修吗？是的。是渐修啊，是有进步的阶位的。你可能会拿黄檗禅师的话来责问我：禅师不是说自古以来无次第佛吗？你怎么还说渐修呢？是的，禅师的话没错。自古以来是没有次第佛的，但这是成佛以后的事了，既然成了佛，还有什么次第？但在成佛之前的我们，怎么能没有次第呢？所以这实际上是两个问题。

尧让天下与许由一节，也必须从"无己、无功、无名"这个角度去理解，否则你就只读了一个故事而已。简单提示一下：尧坐拥天下，见许由前，他是"己、功、名"都没有忘记，见了许由之后，他感到许由真是修士，道德高尚，修为极好，由他治理天下应该能带给老百姓更多福祉，于是就想把天下让给许由。这时的尧能做到忘功，但还是没能忘名。许由呢？直接拒绝了：我要你的天下干什么？为名吗？这只是皮毛之物，于我何用？由此看，许由做到了忘功、忘名，但可能还没有忘己。

【本节链接】

【本经原文】列御寇为伯昏无人射，引之盈贯，措杯水其肘上，发之，适矢复沓，方矢复寓。当是时，犹象人也。伯昏无人曰：是射之射，非不射之射也。尝与汝登高山，履危石，临百仞之渊，若能射乎？于是无人遂登高山，履危石，临百仞之渊，背逡巡，足二分垂在外，揖御寇而进之。御寇伏地，汗流至踵。伯昏无人曰：夫至人者，上窥青天，下潜黄泉，挥斥八极，神气不变。今汝怵然有恂目之志，尔于中也殆矣夫！（《田子方》）

【大意】列御寇为一个叫伯昏无人的人表演箭术，只见他拉满弓弦，又放置一杯水在手肘上，发出第一支箭，箭还在飞行的过程中，紧接着又发一箭，就这样一支接着一支地射出箭，众箭鱼贯直奔靶心。即射之时，列御寇的神情像是一个木偶。伯昏无人曰：你这算什么？这只是有心射箭而已，不是无心射箭。我想跟你登上高山，脚踏危石，面对百丈的深渊，那时你还能这样射箭吗？于是伯昏无人便登上高山，脚踏危石，身临百丈深渊，然后再背转身往悬崖退步，直到有二分脚掌悬空，然后拱手恭请列御寇上来射箭。列御寇一看，吓得趴在地上，汗水直流到脚后跟。伯昏无人说：至人，上能窥测青天，下能潜入黄泉，奔走于宇宙八方的任何地方，神气不变。现今你呢？心惊胆战了吧？头昏眼花了吧？有恐惧了吧？你还能射中靶的吗？不行了吧。

射箭的本领如列御寇，可以说是出神入化、登峰造极了，但依然有个"列御寇"在射箭，没能人箭合一，人就是箭，箭就是人，没有一点区别，这样才是真正的"无我"地射箭。

禅宗也说，真正无我的人，也即见性之人，任何时候都不会丧失自性，叫作"抡刀上阵，亦得见之"。

【本节链接】

【本经原文】以富为是者，不能让禄；以显为是者，不能让名；亲权者，不能与人柄。操之则慄，舍之则悲，而一无所（私）鉴，以窥其所不休者，是天之戮民也。怨、恩、取、与、谏、教、生、杀八者，正之器也，唯循大变无所湮者为能用之。故曰：正者，正也。其心以为不然者，天门弗开矣。（《天运》）

【大意】看重财富的人不会让人以利益；看重社会影响的人不会让人以名声；看重权力的人不会给人以权柄；拥有了上述这些东西的人会担心失去，让他们放下又会痛苦不堪，他们没有一点智慧，只知道追求这些的东西，所以他们是天罚之人啊。怨、恩、取、与、谏、教、生、杀这八种方法都可以用来矫正人的过失，但只有真正的悟道者才能应用它。所谓正，就是使人放弃颠倒，恢复人的本来面目。如果说教后还不醒悟的人，他的天门是封闭的，连和大道沟通都做不到了，更何况开悟了。

心中有名利权柄的概念，你就是有己，那你就是天罚之人。怎么打开自己的"天门"？放下所有的爱欲，连打开天门的想法也放下，天门自开矣。《淮南鸿烈·原道训》说：

以恬养性，以漠处神，则入于天门。

【本节链接】

【本经原文】啮缺问道乎被衣，被衣曰："若正汝形，一汝视，天和将至；摄汝居，一汝度，神将来舍。德将为汝美，道将为汝居。汝瞳焉如新生之犊，而无求其故。"言未卒，啮缺睡寐。被衣大说，行歌而去之。曰："形若槁骸，心若死灰，真其实知，不以故自持。媒媒晦晦，无心而不可与谋。彼何人哉！"

舜问乎丞曰："道可得而有乎？"曰："汝身非汝有也，汝何得有夫道！"舜曰："吾身非吾有也，孰有之哉？"曰："是天地之委形也；生非汝有，是天地之委和也；性命非汝有，是天地之委顺也；孙子非汝有，是天地之委蜕也。故行不知所往，处不知所持，食不知所味。天地之强阳气也，又胡可得而有邪！"（《知北游》）

【大意】第一段是说修道要"形若槁骸，心若死灰"，要做到内心无喘，外离诱惑，"正汝形，一汝视，摄汝居，一汝度"，那么，天和将至，神将来舍，大道归矣。但大道不在于语言，言语道断。啮缺睡着了，意思就是说，你呀，被衣，再说都是多余的了。在《知北游》中，庄子说"道不可闻，闻不若塞，此之谓大得"。听来的不是大道，听还不如不听，这才是真正的大道。

第二段则告诉我们要去掉"我"的概念，尤其是这个肉身并不是"我"，不去掉"我"，道不来居。道有得可得乎？有得即不能得道，得道什么也得不到，这才是真的得道。是谁想得？还是"我"呀！

【本节链接】

【列子原文】赵襄子率徒十万，狩于中山，藉艿燔林，扇赫百里，有一人从石壁中出，随烟烬上下，众谓鬼物。火过，徐行而出，若无所经涉者，襄子怪而留之，徐而察之：形色七窍，人也；气息音声，人也。问奚道而处石？奚道而入火？其人曰："奚物而谓石？奚物而谓火？"襄子曰："而向之所出者，石也；而向之所涉者，火也。"其人曰："不知也。"魏文侯闻之，问子夏曰："彼何人哉？"子夏曰："以商所闻夫子之言，和者大同于物，物无得伤阂者，游金石，蹈水火，皆可也。"文侯曰："吾子奚不为之？"子夏曰："刳心去智，商未之能。虽然，试语之有暇矣。"文侯曰："夫子奚不为之？"子夏曰："夫子能之而能不为者也。"文侯大说。(《列子·黄帝》)

【大意】赵襄子率大队人马去山中狩猎，放火烧山，大火腾空盘旋。忽然见一人从石壁中钻出来，在大火上上下下腾飞，大家以为见到了鬼怪。等大火熄了，这个人走出山来，赵襄子留住他，问道：你怎么能够出入石壁、不怕水火呢？

这个人问道：什么是石壁啊？什么是水火啊？

这个问话让赵襄子一愣一愣的。赵襄子只好说，你钻出来的就是石壁啊，你跳舞的下方就是大火啊。这个人说：我不知道啊。

子夏说：剔出私欲，摒除智慧，让元气和合，就能与外物同为一体，我都没了，那里还有什么石壁、水火的概念呢？

这里有一段可以为笔者写书做一个注脚：魏文侯问子夏，你能够做到出入石壁如无物吗？入水火而不伤吗？子夏答：我不能啊。魏文侯说：那你怎么能谈论这个呢？子夏答道：我还做不到剔除私欲、忘记名利、忘记智慧，但谈谈道理还是可以的。笔者也一样，尽管是凡夫，但可以谈谈自己的体会和理解。

【本节链接】

【本经原文】百年之木，破为牺尊，青黄而文之，其断在沟中，比牺尊于沟中之断，则美恶有间矣，其于失性，一也；跖与曾、史，行义有间矣，然其失性，均也。且夫失性有五：一曰五色乱目，使目不明；二曰五声乱耳，使耳不聪；三曰五臭熏鼻，困惾中颡；四曰五味浊口，使口厉爽；五曰趣舍滑心，使性飞扬。此五者，皆生之害也。而杨、墨乃始离跂自以为得，非吾所谓得也。夫得者困，可以为得乎？则鸠鸮之在于笼也，亦可以为得矣。且夫趣舍声色，以柴其内；皮弁鹬冠，搢笏绅修，以约其外。内支盈于柴栅，外重缴缴，睆睆然在缴缴之中，而自以为得，则是罪人交臂历指，而虎豹在于囊槛，亦可以为得矣！(《天地》)

【大意】百年的大树，伐倒剖开后雕刻成精美的酒器，再用青、黄二色彩绘出美丽的花纹，而余下的断木则弃置在山沟里。雕刻成精美酒器的一段木料比起弃置在山沟里的剩余木料，美好的命运和悲惨的遭遇之间就有了差别，不过对于失去了原有的本性来说却是一样的。盗跖与曾参、史鳅，行为和道义上存在着差别，然而他们都失去了人所固有的本性也是一样的。使人丧失本性的情况有五种：一是五种颜色扰乱视觉，使得眼睛不明；二是五种声音扰乱听力，使得耳朵不聪；三是五种气味薰扰嗅觉，困扰壅塞鼻腔并且直达脑门（使得嗅觉不灵）；四是五种滋味秽浊味觉，使得口舌受到严重伤害（使得味觉丧失）；五是取舍的欲念迷乱心神，使得心性躁动。这五种情况，皆可以祸害本性。可是，杨朱、墨翟竟不停地奋力追求而自以为有所得，不过这不是我所说的优游自得。得到什么反而为其所困，也可以说是有所得吗？那么，斑鸠鹦鸟关于笼中，也可以算是优游自得了。况且取舍于声色的欲念像柴草一样堆满内心，皮帽羽冠、朝板、宽带和长裙捆束于外，内心里充满柴草栅栏，外表上被绳索捆了一层又一层，却瞪着大眼在绳索束缚中自以为有所得，那么罪犯反绑着双手或者受到挤压五指的酷刑，以及虎豹被关在圈栅、牢笼中，也可以算是优游自得了。

【本节链接】

【本经原文】南伯子綦隐几而坐，仰天而嘘。颜成子入见曰："夫子，物之尤也。形固可使若槁骸，心固可使若死灰乎？"曰："吾尝居山穴之中矣。当是时也，田禾一睹我，而齐国之众三贺之。我必先之，彼故知之；我必卖之，彼故鬻之。若我而不有之，彼恶得而知之？若我而不卖之，彼恶得而鬻之？嗟乎！我悲人之自丧者，吾又悲夫悲人者，吾又悲夫悲人之悲者，其后而日远矣。"（《徐无鬼》）

【大意】南伯子綦靠着几案静静地坐着，然后又仰着头缓缓地吐气。颜成子进屋来看见后说："先生，你真是了不起的人物！人的形体固然可以使它像枯槁的骸骨，心灵难道也可以像死灰一样吗？"南伯子綦说："我曾在山林洞穴里居住。正当这个时候，齐太公田禾曾来看望我，因而齐国的民众再三向他表示祝贺。我必定是名声在先，他所以能够知道我；我必定是名声张扬，他所以能利用我的名声。假如我不具有名声，他怎么能够知道我呢？假如我不是名声张扬于外，他又怎么能够利用我的名声呢？唉，我悲悯自我迷乱失却真性的人，我又悲悯那些悲悯别人的人，我还悲悯那些悲悯人们的悲悯者，从那以后我便一天天远离人世沉浮而达到心如死灰的境界。"

鹪鹩一枝，偃鼠饮河

庄子用语真是犀利，他骂人都不说脏话。这一段，庄子深刻指出了我们的两个毛病：为名利争夺，欲而不知止。《大乘理趣六波罗密多经》说：

贪欲深广，过于巨海；五欲粗重，如妙高山；

如紧波果，端正可观，若人执之，触便丧命；

如屠羊柱，愚者必亡；如热金冠，戴之烧死。

树林再大，鹪鹩也只占一个树枝而已；河水再宽，偃鼠喝饱了肚子也不能再喝了。我们也是一样，活着需要一定的物质基础，但这个物质基础能满足我们生存也就是了，没有必要搞得金玉满堂，要知道适可而止。否则，我们被名利所累，死到临头悔之晚矣。

【本节链接】

【列子原文】杨朱曰:"生民之不得休息,为四事故:一为寿,二为名,三为位,四为货。有此四者,畏鬼,畏人,畏威,畏刑,此谓之遁民也。可杀可活,制命在外。不逆命,何羡寿?不矜贵,何羡名?不要势,何羡位?不贪富,何羡货?此之谓顺民也。天下无对,制命在内。(《列子·杨朱》)

【大意】我们活得很累不得休息的原因有四:一是为长寿,二是为名声,三是为地位,四是为财物。有了这四种欲望,人就会怕这怕那,怕鬼,怕权势,怕刑法,等等,这样的人就是违反自然的人,所以他们的死活由外物来确定;不违背命运,何必羡慕长寿?不看重显贵,何必羡慕名声?不追求权势,何必羡慕地位?不贪图富贵,何必羡慕财物?这样的人才是顺于自然的人,所以他们的生死全是自己掌控,不由外物控制。

姑射与神人

姑射,庄子为我们描述的一座仙山,里面住着一位不食五谷的仙人。这个又是什么意思?其实这座神山远在天边近在眼前,它就是我们的身体。你可能会说:"好吧,就算姑射山是我们的身体。那么,仙人是谁呀?"其实,说到这里,你应该已经猜到了,这个仙人不是别人,他就是你自己呀!

你就是那个仙人!是的,没错,那个仙人就是你。

我们每个人都有另外一个"自己",这个自己从来没有离开过你,与你共吃共住,只是你早已把他给忘了而已,而这才是真正的你。

这就是我们的佛性。

不相信自己有佛性,就如同瞎子不能看见色彩和聋子不能听见声音一样,这就是心瞎了、聋了。也就是连叔说的"岂唯形骸有聋盲哉?夫知亦有之"的意思。真是骂得痛快,你的心灵瞎了,你的智慧聋了,骂醒你没有?真正的聋子瞎子,仅仅是看不到东西、听不到声音而已,而心灵智慧要是聋了、瞎了,那可就惨啦,你将变成一个真正的傻子:看不到真理,无法获得解脱和快乐。可怜啊,这些心灵聋了和瞎了的人们,还不自知,还认为自己是个聪明人,这是多么可悲的事啊。

我们学佛学道是为了什么?就是为了开智慧啊,打开我们原本就具有的本来面目,真正认识自己,认识生命,把自己从滚滚红尘中,从无穷无尽的烦恼中,从颠倒的人生中解脱出来,这才是我们人生的最终目的啊。佛说:

使人愚蔽者,爱与欲也。

断欲去爱,识自心源,达佛深理,悟无为法。内无所得,外无所求。心不系道,亦不结业。无念无作,非修非证。不历诸位,而自崇最,名之为道。

（《四十二章经》）

黄龙死心禅师说：

> 你诸人要参禅么？须是放下着。放下个甚么？放下个四大五蕴，放下无量劫来许多业识，向自己脚跟下，推穷看，是什么道理？推来推去，忽然心华发明，照十方刹，可谓得之于心，应之于手，便能变大地作黄金，搅长河为酥酪，岂不畅快平生！

可是我们就是很难相信自己有佛性，所以佛说给人们开示佛性是最难的一件事。为了使我们相信自己有与佛一样的佛性，佛陀真是煞费苦心，举了各种例子，如在《大般涅槃经·如来性品第四之五》中，佛陀就举了乳、酪、酥和醍醐的例子来说明我们是有佛性的。这段文字很长，大意如下。

牛吃草产乳，这谁都知道，但乳酪、酥油和醍醐是怎么来的可能就有人不清楚了，简单说来，由乳中提炼出乳酪，由乳酪中提炼出生酥，由生酥中提炼出熟酥，最后由熟酥中才能提炼出醍醐，故醍醐实乃乳中最精华者。

这和佛性有什么关系？注意了，佛接着告诉我们：你不能把乳叫作酪吧？酪与乳存在着巨大的差异吧？可你也不能说乳中没有酪吧？酪是来自乳吧？余此类推，我们就可以说醍醐是来自于草，但已经不同于草。我们的佛性与此相同：我们具有佛性，但显然还没有经过提炼和加工，虽然有佛性，但还没成佛，一旦成佛，就与原来的我天地悬隔了。

庄子指出，我们俗人啊，整天追求名利物质等享受，这些东西就把我们死死地给束缚住了。神人才不这么干呢，神人们逍遥自在，无所事事，却德合万物，"将磅礴万物以为一"，使万物自然生发，根本不会去追求什么名利物质等享受，怎么会肯以物为事呢？这样的人没有什么能伤害得了他，甚至连尧舜这样的圣人与他相比都不如尘垢秕糠。

什么都不能伤害到自己？真的吗？禅宗有一则公案，可以给我们有益的提示。这则公案如下：

> 有僧问洞山："寒暑到来如何回避？"
> 洞山说："到那没有寒暑的地方去。"
> 僧又问："哪里是没有寒暑的地方呢？"
> 洞山说："冷时冷死你，热时热死你的地方。"僧惘措。
> 有僧就这则公案问黄龙死心新和尚："到底应该怎么办呢？"良久，黄龙死心禅师才说："安禅不必须山水，灭却心头火自凉。"

哪里没有寒暑啊？如果你的心头不静，在哪里都不会舒服。只要你的心静了，寒暑能影响到你吗？推而广之，还有什么能影响到你呢？什么都不能影响到你，当下就是解脱。

这位神人,我们的佛性在哪里啊?处处不在处处在。禅师说:我们的佛性成天在我们的面门上放光,只是我们日用而不知。

临济禅师接引学人时常说:"赤肉团上,有一无位真人,常从汝等诸人面门出入。未证据者看,看!"如果有僧站出来,问禅师如何是无位真人的话,禅师会立刻跳下禅床,一把抓住这个僧人,大声说,快说!快说!基本上所有提问的僧人都会一脸茫然,于是临济禅师会一把把他推开,说一句:"无位真人是什么干屎橛!"然后头也不回地回方丈室去。

什么是赤肉团?就是你我的肉身啊,庄子把它叫作"姑射之山"。什么是真人,就是你我的佛性啊,就是真我啊!庄子把它叫作"神人"。什么又是无位呢?我们的佛性在哪儿啊?是无处不在处处在的啊,所以叫作无位真人。为什么还出入呢?那是因为我们的佛性不是死的,它时时在起用,只是我们凡夫不知而已。

修道修什么?就是要自己作主啊,就是要知道自己的这个真人啊,就是要我们做什么都了了明明、清清楚楚,任外界如何风云变幻,我们的灵台不会受到干扰,不会随着境界到处乱跑,就是修的这个。就是要把我们忘记了的东西找回来,如此而已,岂有他哉。

【本节链接】

【列子原文】列姑射山在海河洲中,山上有神人焉。吸风饮露,不食五谷;心如渊泉,形如处女;不偎不爱,仙圣为之臣;不畏不怒,愿悫为之使;不施不惠,而物自足;不聚不敛,而己无愆,阴阳常调,日月常明,四时常若,风雨常均,字育常时,年谷常丰;而土无札伤,人无夭恶,物无疵厉,鬼无灵响焉。(《列子·黄帝》)

【大意】在大河入海口有一个洲岛,上有一山,叫列姑射山,有一个神人居住在那里。他不食五谷杂粮,呼吸的是新鲜空气,喝的是山中的仙露;他的身体看起来就如处子一般。他对万事万物都是一样的,没有偏私,所以他那里物产丰足,人们安居乐业。风调雨顺,日月山川,四时运行都符合规律,所以呀,他那里没有瘟疫,人们都能尽享天年,万物没有灾害,连鬼神也不灵验了。

蓬心之夫

什么是有蓬之心?就是心窍不通,就是没有智慧,这就是有蓬之心。

同样的不皲手的药方,用处却不一样,效果也大不相同,就看你怎么用了,有没有智慧区别可大了去了。

世间的道理如此，出世间的道理也是如此。在修行的道路上，我们必须时时刻刻注意开发自己的智慧。心智不开，就犹如用一捆杂草堵住了我们的心窍一般，修行如何能够上路呢？注意，本节中所说的智慧，不是指世间的聪明和知识，智慧与聪明和知识是两码子事。

黄龙死心禅师说："莫只管册子上念言念语，讨禅讨道，禅道不在册子上。纵饶念得一大藏教诸子百家，也只是闲言语。临死之时，总用不着。"就是告诫我们，修行要重在实践，重在开智慧，能不能解脱，要看真实功夫，不是你有多牛的世智聪辩就能保证得了的。

在网上看到一个段子，很能说明这个问题。故事是这样的：

一个著名的医学教授被请去精神病院给患者作报告，教授口若悬河地讲了一个下午，天快黑了，他结束了演讲。可是等他看到自己的车子的时候，他傻眼了，可能是因为他讲课时间太久了，不知道哪个精神病人把车子的一个轮子给卸了下来，要命的是还把螺帽给丢掉了。教授急得满头大汗，不知道该怎么办了。这时，一个精神病人走出来，告诉教授说："你可以把另外三个轮子上的螺帽各卸下一个来，然后把这个轮子上上就可以回家了。"教授非常吃惊地说："你怎么会想到这个办法呢？"精神病人意味深长地回答道："我是疯子，但我却不是傻子。"

你我是不是有蓬之夫呢？自己去参。

【本节链接】

【列子原文】龙叔谓文挚曰："子之术微矣。吾有疾，子能已乎？"文挚曰："唯命所听。然先言子所病之证。"龙叔曰："吾乡誉不以为荣，国毁不以为辱；得而不喜，失而弗忧；视生如死；视富如贫；视人如豕；视吾如人。处吾之家，如逆旅之舍；观吾之乡，如戎蛮之国。凡此众疾，爵赏不能劝，刑罚不能威，盛衰、利害不能易，哀乐不能移。固不可事国君，交亲友，御妻子，制仆隶。此奚疾哉？奚方能已之乎？"文挚乃命龙叔背明而立，文挚自后向明而望之。既而曰："嘻！吾见子之心矣，方寸之地虚矣。几圣人也！子心六孔流通，一孔不达。今以圣智为疾者，或由此乎！非吾浅术所能已也。"（《列子·仲尼》）

【大意】龙叔对文挚说："你的道术很精明啊，我有病，你能给我看看吗？"文挚说："谨遵圣命，你先说说你的症状吧。"龙叔接着说了自己的症状：全国人都忽悠我，我也感觉不到荣耀；全国人都诋毁我，我也感觉不到羞辱；得到了财物也不高兴；失去了财宝也不忧虑；生死没有什么区别；贫富没有什么区别；我看人和猪也没有什么差别；在家里和在旅途也没有差别……这么多毛病集于我身，所以我呀，既不能给国君做事，也不能交朋友、管束妻子和管理家仆，这是什么毛病啊？怎么才能治好呢？文挚让龙叔背着光站立，然后逆光望去，文挚大吃一惊地说："哎呀，我看见你的心了，那里已经是一片虚无的景象了，你几乎是个圣人了！因为你的心窍有六个已经通彻了，只有一个还没完全通彻。你所说的症状可能就是来源于此。我道行浅薄，怎么能看好你的病呢？"

齐物论第二

原　文

　　南郭子綦隐机而坐，仰天而嘘，苔焉似丧其耦。颜成子游立侍乎前，曰：何居乎？形固可使如槁木，而心固可使如死灰乎？今之隐机者，非昔之隐机者也。子綦曰：偃，不亦善乎，而问之也！今者吾丧我，汝知之乎？女闻人籁，而未闻地籁，女闻地籁而未闻天籁夫！子游曰：敢问其方。子綦曰：夫大块噫气，其名为风，是唯无作，作则万窍怒呺，而独不闻之翏翏乎？山林之畏佳，大木百围之窍穴，似鼻，似口，似耳，似枅，似圈，似臼，似洼者，似污者。激者，謞者，叱者，吸者，叫者，譹者，宎者，咬者，前者唱于而随者唱喁。泠风则小和，飘风则大和，厉风济则众窍为虚。而独不见之调调之刁刁乎？子游曰：地籁则众窍是已，人籁则比竹是已，敢问天籁。子綦曰：夫吹万不同，而使其自己也，咸其自取，怒者其谁邪？

　　大知闲闲，小知间间；大言炎炎，小言詹詹。其寐也魂交，其觉也形开；与接为构，日以心斗：缦者，窖者，密者。小恐惴惴，大恐缦缦。其发若机栝，其司是非之谓也；其留如诅盟，其守胜之谓也。其杀若秋冬，以言其日消也；其溺之所为之，不可使复之也；其厌也如缄，以言其老洫也；近死之心，莫使复阳也。喜怒哀乐，虑叹变慹，姚佚启态。乐出虚，蒸成菌。日夜相代乎前，而莫知其所萌。已乎，已乎！旦暮得此，其所由以生乎！

　　非彼无我，非我无所取。是亦近矣，而不知其所为使。若有真宰，而特不得其眹，可行已信，而不见其形，有情而无形。百骸、九窍、六藏，赅而存焉，吾谁与为亲？汝皆说之乎？其有私焉？如是皆有为臣妾乎？其臣妾不足以相治乎？其递相为君臣乎？其有真君存焉？如求得其情与不得，无益损乎其真。一受其成形，不亡以待尽。与物相刃相靡，其行尽如驰，而莫之能止，不亦悲乎！终身役役而不见其成功，苶然疲役而不知其所归，可不哀邪！人谓之不死，奚益！其形化，其心与之然，可不谓大哀乎？人之生也，固若是芒乎？其我独芒，而人亦有不芒者乎？

　　夫随其成心而师之，谁独且无师乎？奚必知代而心自取者有之？愚者与有焉。未成乎心而有是非，是今日适越而昔至也。是以无有为有。无有为有，虽有神禹且不能知，吾独且奈何哉！

　　夫言非吹也。言者有言，其所言者特未定也。果有言邪？其未尝有言邪？其以为异于彀音，亦有辩乎？其无辩乎？

　　道恶乎隐而有真伪？言恶乎隐而有是非？道恶乎往而不存？言恶乎存而不可？道隐于小成，

言隐于荣华。故有儒墨之是非，以是其所非而非其所是。欲是其所非而非其所是，则莫若以明。

物无非彼，物无非是。自彼则不见，自知则知之。故曰：彼出于是，是亦因彼。彼是方生之说也。虽然，方生方死，方死方生；方可方不可，方不可方可；因是因非，因非因是。是以圣人不由而照之于天，亦因是也。是亦彼也，彼亦是也。彼亦一是非，此亦一是非。果且有彼是乎哉？果且无彼是乎哉？彼是莫得其偶，谓之道枢。枢始得其环中，以应无穷。是亦一无穷，非亦一无穷也。故曰莫若以明。

以指喻指之非指，不若以非指喻指之非指也；以马喻马之非马，不若以非马喻马之非马也。天地一指也，万物一马也。

可乎可，不可乎不可。道行之而成，物谓之而然。恶乎然？然于然。恶乎不然？不然于不然。恶乎可？可于可。恶乎不可？不可于不可。物固有所然，物固有所可；无物不然，无物不可。故为是举莛与楹、厉与西施、恢恑憰怪，道通为一。其分也，成也；其成也，毁也。凡物无成与毁，复通为一。唯达者知通为一，为是不用而寓诸庸。庸也者，用也；用也者，通也；通也者，得也；适得而几矣。因是已，已而不知其然，谓之道。劳神明为一而不知其同也，谓之朝三。何谓朝三？狙公赋茅，曰：朝三而暮四。众狙皆怒。曰：然则朝四而暮三。众狙皆悦。名实未亏而喜怒为用，亦因是也。是以圣人和之以是非而休乎天钧，是之谓两行。

古之人，其知有所至矣。恶乎至？有以为未始有物者，至矣，尽矣，不可以加矣。其次以为有物矣，而未始有封也。其次以为有封焉，而未始有是非也。是非之彰也，道之所以亏也。道之所以亏，爱之所以成。果且有成与亏乎哉？果且无成与亏乎哉？有成与亏，故昭氏之鼓琴也。无成与亏，故昭氏之不鼓琴也。昭文之鼓琴也，师旷之枝策也，惠子之据梧也，三子之知几乎！皆其盛者也，故载之末年。唯其好之也，以异于彼；其好之也，欲以明之。彼非所明而明之，故以坚白之昧终。而其子又以文之纶终，终身无成。若是而可谓成乎？虽我亦成也。若是而不可谓成乎？物与我无成也。是故滑疑之耀，圣人之所图也。为是不用而寓诸庸，此之谓以明。

今且有言于此，不知其与是类乎？其与是不类乎？类与不类，相与为类，则与彼无以异矣。虽然，请尝言之。有始也者，有未始有始也者，有未始有夫未始有始也者。有有也者，有无也者，有未始有无也者，有未始有夫未始有无也者。俄而有无矣，而未知有无之果孰有孰无也。今我则已有谓矣，而未知吾所谓之其果有谓乎，其果无谓乎？天下莫大于秋豪之末，而大山为小；莫寿于殇子，而彭祖为夭。天地与我并生，而万物与我为一。既已为一矣，且得有言乎？既已谓之一矣，且得无言乎？一与言为二，二与一为三。自此以往，巧历不能得，而况其凡乎！故自无适有以至于三，而况自有适有乎！无适焉，因是已。

夫道未始有封，言未始有常，为是而有畛也。请言其畛：有左有右，有伦有义，有分有辩，有竞有争，此之谓八德，六合之外，圣人存而不论；六合之内，圣人论而不议。春秋经世先王之志，圣人议而不辩。故分也者，有不分也；辩也者，有不辩也。曰：何也？圣人怀之，众人辩之以相示也。故曰辩也者有不见也。

夫大道不称，大辩不言，大仁不仁，大廉不嗛，大勇不忮。道昭而不道，言辩而不及，仁常而不成，廉清而不信，勇忮而不成。五者圆而几向方矣。故知止其所不知，至矣。孰知不言之辩、不道之道？若有能知，此之谓天府。注焉而不满，酌焉而不竭，而不知其所由来，此之谓葆光。

故昔者尧问于舜曰：我欲伐宗、脍、胥敖，南面而不释然，其故何也？舜曰：夫三子者，犹存乎蓬艾之间。若不释然，何哉？昔者十日并出，万物皆照，而况德之进乎日者乎！

啮缺问乎王倪曰：子知物之所同是乎？曰：吾恶乎知之！子知子之所不知邪？曰：吾恶乎知之！然则物无知邪？曰：吾恶乎知之！虽然，尝试言之。庸讵知吾所谓知之非不知邪？庸讵知吾所谓不知之非知邪？且吾尝试问乎女：民湿寝则腰疾偏死，鳅然乎哉？木处则惴慄恂惧，猨猴然乎哉？三者孰知正处？民食刍豢，麋鹿食荐，蝍蛆甘带，鸱鸦耆鼠，四者孰知正味？猨猵狙以为雌，麋与鹿交，鳅与鱼游。毛嫱丽姬，人之所美也，鱼见之深入，鸟见之高飞，麋鹿见之决骤。四者孰知天下之正色哉？自我观之，仁义之端，是非之涂，樊然殽乱，吾恶能知其辩！

啮缺曰：子不知利害，则至人固不知利害乎？王倪曰：至人神矣！大泽焚而不能热，河汉冱而不能寒，疾雷破山飘风振海而不能惊。若然者，乘云气，骑日月，而游乎四海之外。死生无变于己，而况利害之端乎！

瞿鹊子问乎长梧子曰：吾闻诸夫子，圣人不从事于务，不就利；不违害，不喜求，不缘道；无谓有谓，有谓无谓，而游乎尘垢之外。夫子以为孟浪之言，而我以为妙道之行也。吾子以为奚若？

长梧子曰：是黄帝之所听荧也，而丘也何足以知之！且女亦大早计，见卵而求时夜，见弹而求鸮炙。予尝为女妄言之，女以妄听之。奚旁日月，挟宇宙？为其脗合，置其滑涽，以隶相尊。众人役役，圣人愚芚，参万岁而一成纯。万物尽然，而以是相蕴。

予恶乎知说生之非惑邪！予恶乎知恶死之非弱丧而不知归者邪！丽之姬，艾封人之子也。晋国之始得之也，涕泣沾襟，及其至于王所，与王同筐床，食刍豢，而后悔其泣也。予恶乎知夫死者不悔其始之蕲生乎！梦饮酒者，旦而哭泣；梦哭泣者，旦而田猎。方其梦也，不知其梦也。梦之中又占其梦焉，觉而后知其梦也。且有大觉而后知此其大梦也，而愚者自以为觉，窃窃然知之。君乎、牧乎，固哉！丘也与女，皆梦也；予谓女梦，亦梦也。是其言也，其名为吊诡。万世之后而一遇大圣，知其解者，是旦暮遇之也！

既使我与若辩矣，若胜我，我不若胜，若果是也，我果非也邪？我胜若，若不吾胜，我果是也，而果非也邪？其或是也，其或非也邪？其俱是也，其俱非也邪？我与若不能相知也，则人固受其黮暗，吾谁使正之？使同乎若者正之？既与若同矣，恶能正之！使同乎我者正之？既同乎我矣，恶能正之！使异乎我与若者正之？既异乎我与若矣，恶能正之！使同乎我与若者正之？既同乎我与若矣，恶能正之！然则我与若与人，俱不能相知也，而待彼也邪？

何谓和之以天倪？曰：是不是，然不然。是若果是也，则是之异乎不是也亦无辩；然若果然也,则然之异乎不然也亦无辩。化声之相待,若其不相待,和之以天倪,因之以曼衍,所以穷年也。忘年忘义,振于无竟,故寓诸无竟。

罔两问景曰:曩子行,今子止;曩子坐,今子起。何其无特操与?景曰:吾有待而然者邪?吾所待又有待而然者邪?吾待蛇蚹蜩翼邪?恶识所以然?恶识所以不然?

昔者庄周梦为胡蝶,栩栩然胡蝶也,自喻适志与!不知周也。俄然觉,则蘧蘧然周也。不知周之梦为胡蝶与,胡蝶之梦为周与?周与胡蝶,则必有分矣。此之谓物化。

白 话

南郭子綦靠着几案而坐,仰首向天缓缓地吐着气,那离神去智的样子真好像精神脱出了躯体。他的学生颜成子游陪伺在侧,不禁问道:"老师啊,您这是怎么啦?形体诚然可以像干枯的树木,精神和思想难道也可以像死灰一样吗?您今天凭几而坐,跟往昔凭几而坐的情景大不一样啊。"

子綦回答说:"颜偃啊,你这个问题问得很好啊!今天我忘掉了自己,你知道吗?你听见过'人籁'却没有听见过'地籁',你即使听见过'地籁',但一定没有听过'天籁'啊!"

子游吃惊地问:"我冒昧地请教它们的真实含意,您能给我讲讲吗?"

子綦说:"大地吐出的气,名字叫风。风不发作则已,一旦发作整个大地上数不清的窍孔都怒吼起来。难道你没有听过那呼呼的风声吗?山林参差不齐,百围大树上有无数的窍孔,有的像鼻子,有的像嘴巴,有的像耳朵眼,有的像圆柱上插着横木的方孔,有的像圈围的栅栏,有的像舂米的臼,有的像深池,有的像浅池。(大风吹)它们发出的声音,像湍急的流水声,像迅疾的箭镞声,像大声的呵叱,像细细的呼吸,像放声叫喊,像嚎啕大哭,像在山谷里深沉回荡,像鸟儿鸣叫叽喳。真好像前面的声音在唱导,后面的声音在随和。清风徐来就有小和声,长风呼啸便有大反响。一旦暴风突然停歇,所有的窍穴也就寂然无声。你难道不曾看见大风过处,万物随风摇曳晃动的情景吗?"

子游说:"地籁是从万种窍穴里发出的风声,人籁是从各种排列组合的竹管里发出的声音。那么,我再冒昧地请教您什么是天籁呢?"

子綦说:"大风吹拂万般孔窍,使它们发出声音,不吹时就停止了没有了声音,这是一种自然而然的状态呀,那么,使这一切产生的发动者是谁呢?"

大智慧的人广博豁达,小聪明的人则斤斤计较。高谈阔论的言论像烈焰一样盛气凌人,浅薄的言论则琐细无方、没完没了。他们睡眠时心神不定,醒来后身体不宁;跟外界环境一交接,立刻陷入明争暗斗之中。有的疏急迟缓,有的高深莫测,有的言辞谨慎;小小的恐惧能使他们惴惴不安,大一些的惊恐能让他们失魂落魄。他们有时说话就好像利箭发自弩机快疾而又尖刻,就是为了争辩是与非;他们有时又将心思存留心底就好像发过誓一样坚守不渝,就是为了坐待时机以便稳操胜券。衰败时他们则犹如秋冬的草木,这说明他们一日不如一日;他们沉缅于自己所做的事情,想让他们复原到无忧无虑的情形已经不可能了;他们心灵闭塞好像用绳索缚住一样,这说明他们已经衰老颓败;他们的心已经快要死了,已经没有办法使他们恢复生气了。(这一切行为)令他们忽而欣喜、愤怒、悲哀、欢乐,忽而忧思、叹息、反复多变、恐惧,忽而躁动轻浮、奢华放纵、情张欲狂、造姿作态。好像乐声从中空的乐管中发出,又像菌类由地气蒸腾而成。这种种情态日夜不停地相互更换与替代,循环往复不已,他们却不知道其产生的原因。算了吧,算了吧!(其实)一旦懂得这一切产生的缘由,就清楚地明白了这种种情态发生、形成的原因了。

没有对立面就没有我,没有我也就没有了对立面。这样的认识接近了事物的本质,然而却不知道这一切受什么所驱使。仿佛有个"真宰"主持,但寻找它的踪迹却又好像找不到任何端倪。可以从它的功用上得到它存在的信息,但你却找不见它的形体,它真实地存在但没有具体的形态。人有百骨、九窍和六脏,全都存在我的身体内,我跟它们哪一个最亲呢?你对它们都同样喜欢吗?还是对其中某一个格外偏爱呢?每一个都是你的臣妾仆属吗?这些臣妾仆属之间相互支配吗?还是轮流做君臣呢?难道果真有什么"真君"存在其间?无论能否寻求到它,都不会对它的真实存在有任何影响。

人一旦禀承天地之气而形成形体,就每天都在消耗而等待最后的死亡。他们跟外界环境或相互对立、或相互顺应,他们的行动全都像快马奔驰,却不能停止,这不是很可悲吗!他们终身忙碌却看不到成功,一辈子困顿疲惫却不知道自己的归宿,这能不悲哀吗!人们说这种人生才叫奋斗,可这究竟有什么益处!人的形骸逐渐衰败,人的精神和感情也跟着一块儿衰败,这还不是最大的悲哀吗?人生在世,本来就这样迷昧无知吗?抑或只有我是迷昧无知的,而世人当中却有清醒的呢?

如果根据业已形成的偏执并把它当作判断标准,那么谁都会有一个判断标准,不必非得是一个懂得事物更替并且有自己见地的人才有标准吧?愚昧的人也会有自己的标准!如果在思想上还未形成定见就有是与非的观念,那就像今天到越国去而昨天就已经到达一样,这就是把没有当作有。没有就是有,即使圣明的大禹尚且不可能通晓其中的奥妙,我又能怎么办呢?

说话辩论并不像是吹风或奏乐。善辩的人喋喋不休,但他们所说的话也不曾有过定论。果真说了些什么吗?还是不曾说过些什么呢?他们都认为自己的言谈不同于雏鸟的鸣叫,真有区别,还是没有什么区别呢?

大道是被什么隐匿起来而有了真假?言论是被什么隐匿起来而有了是非?大道怎

么会出现而又找不到？言论又怎么存在而又不合时宜？小小的成功遮蔽了大道，浮华美丽的词藻掩盖了真理，所以就有了儒家和墨家的是非之辩，他们肯定对方所否定的，否定对方所肯定的。想要肯定对方所否定的东西而非难对方所肯定的东西，（那么用辩的办法肯定是不行的）就要观察事物的本来实相才行啊。

万物都有对立面，也都有自身的立场。如果站在事物对立的那一面去看，便看不见自己，如果去了解事物的实相，那一切就全部清楚了然了。所以说：事物的对立面产生于事物本身的存在，也因为有对立面的存在才能彰显事物本身的存在（两者相互依存，相互对立）。事物与其对立面一刻也不能分开。为什么这样说呢？刚刚产生即是死亡，刚刚死亡即是发生；刚刚肯定即是否定，刚刚否定即是肯定；遵循正确的同时也就遵循了谬误，遵循谬误的同时也就遵循了正确。因此圣人不去划分正误是非，而是直接观察事物的实相、本来，就是遵循的这个道理啊。事物的这一面也就是事物的那一面，事物的那一面也就是事物的这一面。事物的那一面存在是与非，事物的这一面也同样存在正与误。事物果真存在彼此两个方面吗？事物果真不存在彼此两个方面吗？消融彼此，不再对立，这就是大道的枢纽。抓住了大道的枢纽也就抓住了事物的要害，从而能够顺应事物无穷无尽的变化。"是"是无穷的，"非"也是无穷的。所以说要观察和认识事物本来的实相才可以呀。

用一个手指来说明某个手指不是另一个手指，不如用不是手指的事物来说明此指不是另一个手指；用一匹马来说明某匹马不是另一匹马，不如用不是马的事物来说明此马不是另一匹马。（其实）天地间的万物都不过是一个手指或一匹马罢了（都是概念而已，本质上有区别吗）。

认可某一事物，要有可以肯定的东西方才可以认可；不认可某一事物，也要有可以否定的东西方才可以不认可。道路是走出来的，事物的概念是人们称谓强加的。什么是正确呢？正确在于其本身就是正确的。什么是错误呢？错误的在于其本身就是错误的。怎样才能认可呢？认可在于其本身就是可以被认可。怎样才不能认可呢？不认可在于其本身就不能被认可。事物本身就包含有正确的一面，也包含有可以被认可的一面，没有什么事物不存在正确的一面，也没有什么事物不存在能被认可的一面。所以可以列举细小的草茎和高大的庭柱，小丑和西施，奇变、诡诈、怪异等千奇百怪的各种事物，从"道"的观点看它们都是一样的。

一物的分解，即另一物的生成，一物的生成，即另一物的毁灭。所以，所有的事物并无形成与毁灭的区别，还是一样的。只有通达大道的人才能知晓这一道理，他不固执，不偏颇，不抓住事物的某一点不放，他把这样的观点应用于平常的事理之中。庸就是用；能用就是通达；通达才是真正了解了事物的实相；能够了解这一点也就非常接近于大道了，能够顺应事物相通而浑一的状态，不必去追究为什么是这样，（自然而然）这就叫作"道"。耗费心思方才能认识事物浑然为一，而不知事物本来就具有同一的性状和特点，这就叫"朝三"。什么叫做"朝三"呢？养猴人给猴子分橡子，说："早上三份，晚上四份。"猴子们听了非常愤怒。养猴人便改口说："那么就早上四份，晚上三份吧。"猴子们听了都高兴起来。表面和实质都没有任何变化，却导致了忽喜忽怒的反应变化，也就是因为这样的道理啊。因此，圣人不偏执是与非，所以他们才能逍遥自得地生活在自然大道之中，圣人行事和我们行事是完全不同的两码事啊，这就叫作"两行"。

　　古时候的人，他们的智慧达到了最高的境界。怎么样才能达到最高的境界呢？古人认为，宇宙开始就不存在什么具体的事物，这样的认识是最了不起、最尽善尽美，而无以复加了；其次，认为宇宙之始是存在事物的，可是万事万物从不曾有过区分和界线（浑然一体）；再其次，认为万事万物虽有这样那样的区别，但是却从不曾有过是与非的不同。是与非的出现，对于宇宙万物的理解也就因此出现亏损和缺陷，理解上出现亏损与缺陷，偏私的观念也就因此而形成。事物果真有形成与亏缺吗？果真没有形成与亏缺吗？事物有了形成与亏缺，所以昭文才能够弹琴奏乐。没有形成和亏缺，昭文就不再能够弹琴奏乐。昭文善于弹琴，师旷精于乐律，惠施乐于靠着梧桐树高谈阔论，这三位先生的才智可说是登峰造极了！他们都享有盛誉，所以他们的事迹得到记载并流传下来。他们都有自己的爱好、学问与技艺，因而跟别人大不一样；正因为他们的爱好、学问和技艺，所以总希望能够表现出来。而他们实际上根本未真正明了，却想要表达出来，所以最终只能是越说越糊涂；昭文的儿子继承了父亲的事业，所以终生不可能有什么作为。像这样就可以称作成功吗？如果算是成功的话，那我也可以说是成功了。像这样可以称作不成功吗？外界事物和我本身就都没有变化啊（怎么叫成功呢）。因此，各种迷乱人心的巧说辩言的炫耀，都是圣哲之人所鄙夷、摒弃的。所以说，（圣人）不偏执地生活在看似平常的事物之中，这才是真正地明了了事物的实相啊，这才叫作"明"。

　　我的话暂且放在这里，不知道这些话跟其他人的谈论是相同的呢，还是不相同的呢？不管相同与不相同，既然都是言论，那么不管其内容如何也就是相同了。虽然这样，还是让我把这一问题再说一说吧：宇宙有它的开始，同样有它未曾开始的开始，还有它未曾开始的未曾开始的开始。宇宙之初有过这样那样的"有"，但也有个"无"，还有个未曾有过的"无"，同样也有个未曾有过的未曾有无的"无"。突然间生出了"有"和"无"，却不知道"有"与"无"是真的有还是真的没有。现在我已经说了这些言论和看法，却不知道我所说的是说过呢，还是没有说过？

　　天下没有什么比秋毫的末端更大的了，那么泰山就是小；夭折的孩子是长寿的话，那么传说中年寿最长的彭祖就是短命的。天地与我共生，万物与我为一体。既然已经浑然为一体，还需要说什么吗？既然已经是一体，不需要说什么吗？客观存在的一体加上我的议论和看法就成了"二"。"二"如果再加上一个"一"就成了"三"，以此类推，最精明的计算也不可能求得最后的数字，何况大家都是凡夫俗子！所以，从无到有，乃至推到"三"，又何况从"有"到"有"呢？怎么能适应这种状况呢？只有顺应事物的本来才可以啊。

真理从不曾有过界线，言论也不曾有过标准，只因为固持己见，才有了这样那样的界线和区别。请让我谈谈那些界线和区别：有左有右，有伦有义，有分有辩，有竞有争，这就是所谓八类界限。天地四方宇宙之外的事，圣人总是存而不论；宇宙之内的事，圣人虽然细加研究，却不随意评说。至于古代历史上善于治理社会的前代君王们的记载，圣人虽然有所评说却不争辩。可知有分别就因为存在不能分别，有争辩也就因为存在不能辩驳。有人会说，这是为什么呢？圣人把事物都囊括于胸、容藏于己，而一般人则争辩不休夸耀于外，所以说，大凡争辩，总有自己所看不见的一面。

至高的真理无需称扬，最高的辩论不必言说，最大的仁爱不必向人示爱，最廉洁方正的人不必谦让，最勇敢的人不伤害他人。表面的真理不是真理，逞言肆辩总有表达不到的地方，仁爱之心经常流露反而成就不了仁爱，廉洁清白至极反而不太真实，勇敢到随处伤人也就不是真正勇敢的人。这五种情况就好像着意求圆却几近方一样。因此懂得停止于自己所不知晓的境域，那就是绝顶的明智。谁能真正通晓不用言语的辩驳、不用称说的大道呢？假如有谁能够知道，这就叫"天府"。无论注入多少东西，它不会满盈，无论取出多少东西，它也不会枯竭，而且也不知这些东西出自哪里，源自何处，这就叫作"葆光"。

从前尧问舜："我想征伐宗、脍、胥敖三个小国，每当上朝理事总是心绪不宁，是什么原因呢？"舜回答说："那三个小国的国君，就像生存于蓬蒿艾草之中。你却总是耿耿于怀心神不宁，为什么呢？过去十个太阳一块儿升起，万物都在阳光普照之下，何况你崇高的德行又远远超过了太阳的光亮呢！"

齧缺问王倪："你知道各种事物相互间总有共同的地方吗？"王倪说："我怎么知道！"齧缺又问："你知道你所不知道的东西吗？"王倪回答说："我怎么知道！"齧缺接着又问："那么各种事物便都无法知道了吗？"王倪回答："我怎么知道！虽然这样，我还是试着来回答你的问题。你怎么知道我所说的知道不是不知道呢？你又怎么知道我所说的不知道不是知道呢？我还是先问一问你：人们睡在潮湿的地方就会腰部患病甚至酿成半身不遂，泥鳅也会这样吗？人们住在高高的树木上就会心惊胆战、惶恐不安，猿猴也会这样吗？人、泥鳅、猿猴三者究竟谁最知道何处是真正的居处呢？人以牲畜的肉为食物，麋鹿食草芥，蜈蚣嗜吃小蛇，猫头鹰和乌鸦则爱吃老鼠，人、麋鹿、蜈蚣、猫头鹰和乌鸦这四类动物究竟哪个才懂得什么是真正的美味呢？猿猴把猵狙当作配偶，麋喜欢与鹿交配，泥鳅则与鱼交尾。毛嫱和丽姬，是人们称道的美人了，可是鱼儿见了她们深深潜入水底，鸟儿见了她们高高飞向天空，麋鹿见了她们撒开四蹄飞快地逃离。人、鱼、鸟和麋鹿四者究竟谁才懂得什么是天下真正的美色呢？在我看来，仁与义的发端，是与非的途径，都是纷杂错乱的，我怎么能知晓它们之间的分别！"

啮缺说："你不了解利与害，道德修养高尚的至人难道也不知晓利与害吗？"王倪说："进入物我两忘境界的至人实在是神妙不可测啊！林泽焚烧不能使他感到热，黄河、汉水封冻了不能使他感到冷，迅疾的雷霆劈山破岩、狂风翻江倒海不能使他感到震惊。假能这样，便可驾驭云气，骑乘日月，在四海之外遨游，死和生对于他都没有变化，何况利与害这些微不足道的小事呢！"

瞿鹊子问长梧子："我从孔夫子那里听到这样的谈论：'圣人不从事琐细的事务，不追逐私利，不回避灾害，不喜好贪求，不因循成规；没说什么又好像说了些什么，说了些什么又好像什么也没有说，因而遨游于世俗之外。'孔夫子认为这些都是轻率不当的言论，而我却认为是精妙之道的实践和体现。先生你认为怎么样呢？"

长梧子说："这些话黄帝也会疑惑不解的，而孔丘怎么能够知晓呢？而且你也谋虑得太早，有些操之过急了，就好像见到鸡蛋便想立即得到报晓的公鸡，见到弹子便想立即获取烤熟的斑鸠肉。我姑且给你说说，你也就姑且听听。怎么不依傍日月、怀藏宇宙？跟万物吻合为一体，置各种混乱纷争于不顾，把卑贱与尊贵都等同起来。人们总是忙忙碌碌，圣人却好像十分愚昧无所觉察，任凭万物浑成一体。万物全都是这样，而且因为这个缘故相互蕴积于浑朴而又精纯的状态之中。我怎么知道贪恋活在世上不是困惑呢？我又怎么知道厌恶死亡不是年幼流落他乡而不知回归呢？丽姬是艾地封疆守土之人的女儿，晋国征伐丽戎时俘获了她，她当时哭得泪水浸透了衣襟；等她到晋国进入王宫，跟晋侯同睡一床而宠为夫人，吃上美味珍馐，也就后悔当初不该那么伤心地哭泣了。我又怎么知道那些死去的人不会后悔当初的求生呢？睡梦里饮酒作乐的人，天亮醒来后很可能痛哭饮泣；睡梦中痛哭饮泣的人，天亮醒来后又可能在欢快地逐围打猎。正当他在做梦的时候，他并不知道自己是在做梦。睡梦中还会卜问所做之梦的吉凶，醒来以后方知是在做梦。只有真正觉醒的人才知道人生就是一场大梦啊。愚昧的人自以为清醒，好像什么都知晓什么都明了。无论是君还是臣，都是一样的浅薄鄙陋！孔丘和你都是在做梦，我说你们在做梦，其实我也在做梦。上面讲的这番话，可以把它叫作奇特和怪异。万世之后假若一朝遇上一位大圣人，悟出上述一番话的道理，这恐怕也是偶尔遇上的吧！

"倘使我和你展开辩论，你胜了我，我没有胜你，那么，你果真对，我果真错吗？我胜了你，你没有胜我，我果真对，你果真错吗？难道我们两人有谁是正确的，有谁是不正确的吗？难道我们两人都是正确的，或都是不正确的吗？我和你都无从知道，而世人原本也都承受着蒙昧与晦暗，我们又能让谁做出正确的裁定呢？让观点跟你相同的人来判定吗？既然看法跟你相同，怎么能做出公正的评判！让观点跟我相同的人来判定吗？既然看法跟我相同，怎么能做出公正的评判！让观点不同于我和你的人来判定吗？既然看法不同于我和你，怎么能做出公正的评判！让观点跟我和你都相同的人来判定吗？既然看法跟我和你都相同，又怎么能做出公正的评判！如此，那么我和你跟其他的人都无从知道这一点，还能等待别的什么人吗？

"言辞的变化是相互对立形成的，如果想让它们不对立，那就用自然来调和它，用时间来使它顺应，（这个法则）要奉行终生啊。

"什么叫自然调和呢？回答是：有是就有不是，有对的也就有不对的。对的假如是对的，那么对的就不同于不对的，这就不须去争辩；正确的假如是正确的，那么正确的就不同于不正确的，这也不须去争辩。忘掉死生忘掉是非，畅游于无穷无尽的境界，也就把自己寄托于无穷无尽的境域之中了。"

影子之外的微阴问影子："先前你行走，现在又停下；以往你坐着，如今又站了起来。你怎么没有自己独立的操守呢？"影子回答说："我是有所依凭才这样的吗？我所依凭的东西又有所依凭才这样的吗？难道我所依凭的东西像蛇的蚹鳞和鸣蝉的翅膀吗？我怎么知道是这样的呢？我又怎么知道不是这样的呢？"

从前，庄周梦见自己变成蝴蝶，欣然自得地飞舞着，感到多么愉快和惬意啊！不知道自己原本是庄周。突然间醒起来，惊惶不定之间方知原来我是庄周。不知是庄周做梦，变成了蝴蝶呢，还是蝴蝶做梦，变成了庄周呢？庄周与蝴蝶肯定是有不一样的。这就叫作"物化"。

题 解

齐物论：物我合一，天人合一，道通为一（丧我齐物）；息辩无争，遣除是非，和之以天倪。悟道的诀窍尽在本章。

要点禅解

吾丧我

注意，庄子这里用了一个"吾"字和一个"我"字。什么是"吾"？就是真正的我，庄子用来代指我们的佛性；什么是"我"？就是虚假的我，庄子用来代指我们的肉身以及由此肉身引发出来的意识、思想和感受。接下来，庄子例举了一系列由"我"

而出现在日常生活中的诸多错误的行为和思想：有的看起来智慧博大，有的看起来斤斤计较；有的高谈阔论，有的喋喋不休；有的心怀秘密，有的设计陷阱；有的城府深深，有的患得患失；有的担惊受怕，有的惊恐不安；有的言语犀利，有的伺机而动……等等。所有这些，都是因为有"我"才产生的。

假我不亡，真我不现。我们修行如何才能开悟？何如才能深入事物的实相？关键在于我们能不能"丧我"！因为只有"丧我"才能"齐物"！古人曰：

南华至理须齐物

生死即应无异同

真正做到了齐物，你也就不会恐惧死亡了。因为齐物了嘛，生死相同，生与死根本没有区别，也根本就没有存在过生死。

南伯子綦可能每天都在小桌子旁静坐，坐呀，坐呀，终于有一天，他的坐发生了变化，连他的徒弟都看出来了，师父与往日不同，怎么不同呢？就是"苔焉似丧其耦"，就是"形如槁木，心如死灰"，所以才有弟子请问，师父回答这一段妙语。这里，"吾丧我"是无己；"丧其耦"是不再对立，是无名；"形如槁木，心如死灰"是无功。那么，南伯子綦回答的看似不着边际的"人籁、地籁和天籁"是什么意思？其实这话是大有深意的，这是一个相当好的入道法门，而且，"怒其者谁"这一句问话也正是极好的话头。

这是什么法门呢？就是耳根圆通法门。《大佛顶首楞严经》耳根圆通章观音菩萨说：

我于彼佛发菩提心，彼佛教我从闻思修，入三摩地。初于闻中，入流亡所。所入既寂，动静二相了然不生。如是渐增，闻所闻尽。尽闻不住，觉所觉空。空觉极圆，空所空灭。生灭既灭，寂灭现前。超越世出世间，十方圆明，获二殊胜。

南伯子綦用的就是这个修行方法，听啊听，忽然明白了，能听者谁？所听者何？然后找到了天籁背后的东西，声起声灭，闻性不动。再进一步，做到"闻所闻尽。尽闻不住，觉所觉空。空觉极圆，空所空灭。生灭既灭，寂灭现前"，他就大悟了。

"我"是阻碍修道的最大最顽固的障碍。我们的一切执著和追求都源于这个我，所以老子说大患在于有身。文殊师利菩萨问维摩诘居士怎么会得病呢？居士回答：

从痴有爱，故我病生。（《维摩诘所说经·文殊师利问疾品第五》）

今我此病，皆从前世妄想颠倒诸烦恼生……皆由著我，是故于我，不应生著。（《维摩诘所说经·文殊师利问疾品第五》）

维摩诘居士说，自己的病是从"我的执著"来的。诸位，切莫以为维摩诘居士真的病了，他是示现给我们看的，是在表法。居士通过"病了"这个现象给我们阐释佛法的道理。居士说是因为"菩萨大悲，见众生病，自己才生病的"。

中峰明本禅师说:

　　人生犹如幻中幻,尘世相逢谁是谁?

　　父母未生谁是我?一息不来我是谁?

　　一连发出三个问,为的是叫我们提起疑情。如何才能丧我?佛家有八万四千法门,对治我们凡夫众生种种心,这些法门无论哪一种,没有高低之分,只有应机不应机的差别。比如,有念佛法门,有持咒法门,有安那般那,有内观等,每一个法门,只要你一门深入,老老实实,莫换题目,都可以通向"罗马"。

　　但,看来庄子还是比较喜欢静坐一法的,他在书中不止一次地谈到静坐。南伯子綦是一次,孔老夫子教育颜回不要坐驰,而后颜回向老师汇报自己坐忘了又是一次。

　　为什么庄子这么看重静坐呢?实在是因为静坐乃是修行的上妙之法。我国两个具有自己特色的影响颇大的两个宗派天台宗和禅宗都是特别推崇静坐的。静坐不只是静身,更重要的是静心。《淮南鸿烈·原道训》说:

　　夫精神气志者,静而日充以壮,躁而日耗以老。是故圣人将养其神,和弱其气,平夷其形,而与道沈浮俛仰。恬然则纵之,迫则用之。其纵之也若委衣,其用之也若发机。如是则万物之化无不遇,而百事之变无不应。

　　我们该如何静坐啊?是不是我们想学习静坐就必须成为佛教徒啊?这可能是很多人的疑问。对于第一个疑问,本书不作过多的解答,因为本书不是教人静坐的专著,说得太多就不是解庄专著了,故不过多叙述。但笔者可以向诸君推荐几本如何学习静坐的书籍,你自己去看就是了。这些书籍即有定真著的入门书《静坐问答》和蒋维乔居士的《因是子静坐法》,也有智者大师著的《六妙法门》、《小止观》和《圆顿止观》,还有《坐禅三昧经》,还有龙树菩萨、天亲菩萨以及达摩祖师、三祖僧璨、六祖慧能等祖师的著作,这些都对你的禅修有指导意义。第二个问题,我们想学习禅坐,是不是非得成为佛教徒呢?不是这样子的,你可以不是佛教徒,一样可以学习禅法。因为禅法是共法,是谁都可以学习的。但,如果你已经超越了欲界、色界、无色界,再向前,你就非得学习不共禅法了。然而这是后话了,你先坐到这一层次再说不迟。

　　关于坐,历来就有坐与不坐的争论。尤其到了现在的末法时代,自以为是上乘根性的人,特别乐意提倡"不坐即能证菩提",好像一说去静坐就显得自己是小根人了似的。其实,他已被自大遮住了心性,这样的人不是小根人是什么?

　　实在讲,禅不在坐卧;反过来说,不论坐卧也都是禅。这两句话是对的,但只有功夫到家的人才可以这么说,对于你我凡夫俗子而言是绝对不行的。这两句话是对修行已到了一定境界的人而言的,初学者甚或是"老参",只要没有到那个境界,就离不开坐,就不得不坐,所以曹山祖师对徒弟说:只管打坐!别的开示再也没有了。此段读者可以参考拙作《禅解道德经》的有关部分,在此不复赘言。

【本节链接】

【列子原文】关尹喜曰:"在己无居,形物其著,其动若水,其静若镜,其应若响。故其道若物者也。物自违道,道不违物。善若道者,亦不用耳,亦不用目,亦不用力,亦不用心。欲若道而用视听形智以求之,弗当矣。瞻之在前,忽焉在后;用之弥满,六虚废之莫知其所。亦非有心者所能得远,亦非无心者所能得近。唯默而得之而性成之者得之。知而忘情,能而不为,真知真能也。发无知,何能情?发不能,何能为?聚块也,积尘也,虽无为而非理也。"(《列子·仲尼》)

【大意】本段话很重要,主要要点有:1. 物自违道,道不违物。道从来不会违反事物,违反人,恰恰是我们违反了道;2. 欲若道而用视听形智以求之,弗当矣。你用眼睛、耳朵、形体或者是意识智慧聪辩去求道,那就大错特错了。尤其要注意,我们经常犯的错就是列子说的"用心";3. 唯默而得之而性成之者得之。唯有默然虚静的人才能体会自己的本性而得到它,你用其他的方法都是不对的,都只能是离道越来越远;4. 知而忘情,能而不为,真知真能也。这与佛家的"能所双亡"有点类似:能知者是谁?所知者何物?能为者是谁?所为者何事?这些都了了明明却不加人为干预,这是什么状态?列子说是"真知真能也"。这就是"在己无居,形物其著,其动若水,其静若镜,其应若响"啊。

真君存焉

说了这许多世间凡夫百态后,庄子笔锋一转,这些现象的出现显示了假我的存在,如果没有了我,也就没有了这些现象了(非彼无我,非我无所取),这背后是谁在"主持"呢?庄子说,开悟者已经证明了有一个存存在,庄子把它叫作"真宰",下面又叫作"真君",这也就是老子所说的"道",佛祖所说的"佛性"。这个真宰什么样子?庄子说:有情而无形。你能感知它的存在,但无形象,无大小,无颜色。

关于这个"真宰",老子是怎么说的呢?他老人家说:

湛呵!似或存,吾不知其谁之子也,象帝之先。(《道德经·第四章》)

道之为物,唯恍唯惚。惚呵!恍呵!中有象呵。恍呵!惚呵!中有物呵。幽呵!冥呵!中有情呵。其情甚真,其中有信。(《道德经·第二十章》)

悦呵!穆呵!独立不改,可以为天下母。未知其名,字之曰道。(《道德经·第二十三章》)

庄子的分析真是入木三分,他接着提出了几个问题,真的是振聋发聩:我们的四肢和脏器,都存在于身体内,哪个与你更亲一些?你对每个组织和脏器都是一样的好吗?还是对哪个有特殊的偏好?你的组织和脏器是你的奴仆吗?它们是相互支配的吗？它们相互作主宰吗？都不是。

庄子向身体内部"看"，寻找何者是"我"，发现五脏六腑皆不是。无独有偶，不单单在庄子这里是这样发问的，佛经里也是这样启发我们的：

> 菩萨摩诃萨圣行者，观察是身从头至足，其中唯有发毛爪齿不净垢秽，皮肉筋骨、脾肾心肺、肝胆肠胃、生熟二藏、大小便利、涕唾目泪、肪膏脑膜、骨髓脓血、脑胲诸脉。菩萨如是专念观时，谁有是我？我为属谁？住在何处？谁属于我？复作是念：骨是我耶？离骨是耶？菩萨尔时除去皮肉，唯观白骨，复作是念：骨色相异，所谓青黄赤白及以鸽色，如是骨相亦复非我。何以故？我者亦非青黄赤白及以鸽色。菩萨系心作是观时，即得断除一切色欲。复作是念：如是骨者从因缘生，依因足骨以拄踝骨，依因踝骨以拄膊骨，依因膊骨以拄膝骨，依因膝骨以拄髀骨，依因髀骨以拄臗骨，依因臗骨以拄腰骨，依因腰骨以拄脊骨，依因脊骨以拄肋骨，复因脊骨上拄项骨，依因项骨以拄颔骨，依因颔骨以拄牙齿，上有髑髅。复因项骨以拄膊骨，依因膊骨以拄臂骨，依因臂骨以拄腕骨，依因腕骨以拄掌骨，依因掌骨以拄指骨。菩萨摩诃萨如是观时身所有骨一切分离。得是观已即断三欲：一形貌欲；二姿态欲；三细触欲。菩萨摩诃萨观青骨时，见此大地东西南北四维上下悉皆青相。如青色观黄白鸽色亦复如是。菩萨摩诃萨作是观时，眉间即出青黄赤白鸽等色光，是菩萨于是一一诸光明中见有佛像，见已即问：如此身者不净因缘和合共成，云何而得坐起行住屈伸俯仰，视瞬喘息悲泣喜笑？此中无主。谁使之然？作是问已。光中诸佛忽然不现。复作是念或识是我，故使诸佛不为我说，复观此识，次第生灭，犹如流水亦复非我。复作是念：若识非我，出息入息或能是我？复作是念：是出入息直是风性，而是风性乃是四大，四大之中何者是我？地性非我、水火风性亦复非我。复作是念：此身一切悉无有我，唯有心风，因缘和合，示现种种所作事业，譬如咒力幻术所作，亦如箜篌随意出声，是故此身如是不净，假众因缘和合共成，而于何处生此贪欲？若被骂辱，复于何处而生嗔恚？而我此身，三十六物不净臭秽，何处当有受骂辱者？若闻其骂即便思惟，以何音声而见骂耶？一一音声不能见骂，若一不能，多亦不能，以是义故不应生嗔。若他来打亦应思惟，如是打者从何而生？复作是念：因手刀杖及以我身故得名打，我今何缘横嗔于他？乃是我身自招此咎，以我受是五阴身故。譬如因的则有箭中，我身亦尔有身有打。我若不忍心则散乱，心若散乱则失正念，若失正念则不能观善不善义，若不能观善不善义则行恶法，恶法因缘则堕地狱畜生饿鬼。菩萨尔时作是观已得四念处，得四念处已则得住于堪忍地中。（《大般涅槃经卷十二·圣行品第七之二》）

在《那先比丘经》中，也有一段对话，是那先比丘与国王的对白，与庄子此话相得益彰：

  王问那先："谁为那先者？"王复问言："头为那先耶？""不为那先。"

  王复言："耳鼻口为那先耶？""不为那先。"

  王复言："颐项肩臂手足为那先耶？""不为那先。"

  王复言："髀脚为那先耶？""不为那先。"

  王复言："颜色为那先耶？""不为那先。"

  王复言："苦乐为那先耶？""不为那先。"

  王复言："善恶为那先耶？""不为那先。"

  王复言："身为那先耶？""不为那先。"

  王复言："肝肺心脾肠胃为那先耶？""不为那先。"

  王复言："苦乐善恶身心合，是事宁为那先耶？"言："不为那先。"

  王复言："无有苦乐，无有颜色，无有善恶，无有身心，无是五事，宁为那先耶？""不为那先。"

  王复言："声响喘息宁为那先耶？"言："不为那先。"

  "何等为那先者？"那先问王："何所为车者？轴为车耶？""不为车。"

  那先言："毂为车耶？"王言："毂不为车。"

  那先言："辐为车耶？""不为车。"

  那先言："辋为车耶？""不为车。"

  那先言："辕为车耶？""不为车。"

  那先言："轭为车耶？""不为车。"

  那先言："舆为车耶？""不为车。"

  那先言："盖为车耶？""不为车。"

  那先言："合聚是材木着一面，宁为车耶？""不为车。"

  那先言："声音为车耶？""不为车。"

  那先言："何等为车耶？"王默然不语。那先言："佛经说，合聚是诸材木，用作车因得车。人亦如是，合聚头面目耳鼻口颈项肩臂骨手足肺肝心脾肾肠胃颜色声响喘息苦乐善恶合为一人。"王言："善哉，善哉！"（《那先比丘经》）

  两者当真有异曲同工之妙，只不过佛经又向前进了一步：讲了缘起的道理，因缘和合而后有车，同样道理，有因有缘才有我们的肉身。

  有一个著名的思想实验，名叫"特修斯之船（The Ship of Theseus）"，我们不知道这个思想实验的提出者是否是读过《庄子》，但这个思想实验明显带有庄子的思想印记。这个思想实验是这样的：假设有一艘大船，可以航行几百年，在这几百年的时间里，船板会有坏的，坏了就需要维修，用一块好的船板代替就可以了。假设一直这样换下去，直到有一天，这艘船的所有船板包括其他部位就会被换过一遍，甚至换两遍、三遍。那么，问题来了：全部换过这艘船还是原来的船吗？是从什么时候开始不是原来的船了呢？在此基础上，哲学家托马斯发展了一步：利用换下的旧船板等零部件，再造一艘船，新的船还是不是原来的那艘船？两艘船哪个是原来的那艘船？

把它用在我们的身体上，你想过什么吗？现代的医疗技术很发达，我们可以换心、换肝、换肾、换肺、换骨头，等等。问题来了：换完的这个人还是不是原来的那个人？什么时候开始不是的？人的本质究竟是什么？是这些脏器吗？显然不是。一定还有一个东西在，是什么呢？庄子给予的回答是：有真君存焉。

索甲仁波切说：

> 由于持续思维和练习"放下"，我们还将发现在我们自身当中，有无法称呼、描述或想象的"某种东西"隐藏在一切变化和死亡之后。对于"恒常"的强烈执著因而化解消退，我们不再因妄想执著一切恒常不变而目光狭隘、心神散乱。
>
> 这种新出现的自由，启发和鼓舞了我们，让我们发现自己本身就有深度的祥和、喜悦和信心，这种感觉令我们异常惊奇，也让我们逐渐相信自己确实拥有不可摧毁、不会死亡的"某种东西"。（《西藏生死书》）

在小乘佛教中，亦有与这一段相类似的说法，叫作"析色明空观法"，就是逐一分析我们身体内的每一个脏器是不是我，然后再逐一排除，目的是使学人不再执著这个臭皮囊。这些组织和脏器的运转都是因为背后有一个"真君"在主持工作，也就是前面的反问句——"怒其者谁耶"指的那个东西。而且，庄子直接指出："无益损乎其真。"就是这个东西是既不能被增加（益）也不能被减少（损）的。哎呦，你想起了什么？《心经》里是不是有一句"不增不减"？哈哈，悟道者都是一个鼻孔出气的！

紧接着，庄子对于执迷不悟的众生发了一通感慨：整天追名逐利，不知回光返照；整天忙忙碌碌，不知自己的归宿；形体日渐萎顿，精神也消耗殆尽，这是什么人生啊？世人怎么都这么糊涂呢？就算活得很长寿，又有什么意义呢？

凡是大觉者，无不为浑浑噩噩的我们感到痛心，他们苦口婆心地规劝我们，希望我们能够猛醒，不再沉溺，甚至有时都有点哀求我们的意思了，真可怜这些祖师爷啊！我们还有什么理由不回头呢？

【本节链接】

【列子原文】故有生者，有生生者；有形者，有形形者；有声者，有声声者；有色者，有色色者；有味者，有味味者。生之所生者死矣，而生生者未尝终；形之所形者实矣，而形形者未尝有；声之所声者闻矣，而声声者未尝发；色之所色者彰矣，而色色者未尝显；味之所味者尝矣，而味味者未尝呈。皆无为之职也。能阴能阳，能柔能刚,能短能长,能员能方,能生能死,能暑能凉,能浮能沉,能宫能商,能出能没,能玄能黄,能甘能苦,能膻能香。无知也,无能也。而无不知也,而无不能也。(《列子·天瑞》)

【大意】这一段文字要认真读,仔细揣摩方可:有一物生成了,其背后必有一个东西能使之生成;有一种形状形成了,其背后也必有一个东西能使之成形;一个声音出现了,其背后也必有一个东西能使之发声;一种颜色出现了,其背后也必有一个东西能使之显色;一种味道被品尝了,其背后也一定有一个东西能使之出现味道。

下一段更重要:那个生成之物会死的,但那个背后使之生成的东西却从来就不会死;那个形状出现了,但那个能使形状出现的东西却从来没有任何形状;一个声音产生了,但那个能产生声音的东西却从来没有发出过任何声音;颜色已经非常明亮了,但那个能使颜色明亮的东西却从来没有任何颜色;味道也是如此,那个产生味道的东西从来就没有任何味道。这就是道啊,它什么也不能,却无所不能,它什么也不知,却无所不知。

不亡以待尽

这句话翻译成现代语言就是:"我们每天活着就是在做一件事,这就是:等死!"什么?你可能会大吃一惊,我们的理想呢?我们的抱负呢?我们的奋斗呢?我们的目标呢?怎么可能是等死呢?

其实,表面上看,我们凡夫是分为三六九等的,有的高贵如皇亲国戚,有的贫贱如乞丐叫花;有的富甲一方,有的上无片瓦;有的有权有势,有的受人欺侮;有的高富帅,有的矮穷丑;有的锦衣玉食,有的衣不蔽体……等等。个体之间看似差异极大,福报不同,其实,究其实质来说,我们都是在虚幻的梦里过了一生罢了,本质上没有什么不同。

有人可能又说了,佛说"一切皆空,因果不空",也就是说,每个人的果报是依据以前所做的"业"而不尽相同的,你怎么又说人人的本质是相同的呢?

其实这是两个层面的问题。在俗世层面,我们凡夫俗子的业报是有差异的,我们的感受也是不尽相同的;但站在超越世俗的出世间的角度来看,我们凡夫俗子的生活根本就没有差别!因为我们过得全部都是颠倒的生活!全部都是虚幻的生活!我们所追求的都只不过是镜花水月,都是梦幻泡影,都是空的。我们的人生只不过是一场梦而已,《金刚经·应化非真分》说:

> 一切有为法,如梦幻泡影,
> 如露亦如电,应作如是观。

所以《心经》才教导我们要"远离颠倒梦想",如此才能看破虚幻,返本归真,才能到达"究竟涅槃"的彼岸。所以，只要我们没有看破放下，没有悟见自己的本来面目，我们就不可能活在当下，就看不见事物的实相，我们就会被数不清的俗事给缠绕住，就会陷入无穷无尽的烦恼当中，我们就是过的虚幻不实的生活，其实这就是轮回。这样的生活，就其本质来说，只是在等死而已。庄子感叹道："与物相刃相靡，其行尽如驰，而莫之能止，不亦悲乎！"

对于我们凡夫而言，庄子这句话是不是我们人生的真实写照？只有认识了自己，我们的生活才是真正的生活，不认识自己的日子，是浑浑噩噩的日子，名之曰"行尸走肉"，庄子质问道："人谓之不死，奚益？"

因果业报是佛教的重要理论之一，它十分深奥，绝不是人们所认为的"今生杀猪，来生做猪"那般简单。本书的主题是以禅解庄，不可能用很大篇幅来阐明因果轮回的理论，所以对此有兴趣者可自行查阅有关书籍。

其实，生死在我们的生命进程中一直在进行着，只是我们习焉不察而已。只要我们看到了事物的实相，我就会发现，在我们肉体之内，生死无一刻不在发生着。庄子把这叫作：方生方死，方死方生！

这句话的意思是，我们每时每刻都在生，也每时每刻都在死；反过来也一样，我们每时每刻都在死，也每时每刻都在生。你可能会问：怎么会是方生方死呢？小孩子一直在成长呀？没有看见死嘛！实在的情况是：我们身体内的新陈代谢从来没有停止过。我们的细胞每时每刻都在更新着，代谢着。总是有新的在生，也有的在老去、死去；反过来也一样，有的在死去，有的在新生，即使是刚刚受精的卵也是如此，受精卵形成时（生），作为精子和卵细胞就已经死去。所以我们的人生其实一直是"向死而生"的，也就是哲学家所说的"人从生下来的那一刻起，就在不停的迈向死亡"。

我们修道的目的就是要了生死，生死一了，当下解脱。佛教认为生死有两种：一种叫作"分段生死"，一种叫作"变易生死"。前者指的即是我们现世的肉身的生死；后者指的是我们的念头的生生灭灭。只有这两种生死都了了，我们才可能体会到"寂"的境界。

一受而成其形，然后就浑浑噩噩地活着，颠颠倒倒地活着，不亡以待尽，这样的人生有什么意义？不明大道，甚可哀也！

就是这样一个肉身，本不是真正的我，但我们每日却都在为它忙活着，所有的追求，无不是因为有这个肉身。老子说：

> 吾所以有大患者，为吾有身，及吾无身，或何患？（《道德经·第十三章》）

维摩诘说：

> 是身无常无强，无力无坚，速朽之法，不可信也。为苦为恼，众病所集。诸仁者，如此身，明智者所不怙。是身如聚沫，不可撮摩；是身如泡，不得久立；

是身如焰，从渴爱生；是身如芭蕉，中无有坚；是身如幻，从颠倒起；是身如梦，为虚妄见；是身如影，从业缘现；是身如响，属诸因缘；是身如浮云，须臾变灭；是身如电，念念不住；是身无主，为如地；是身无我，为如火；是身无寿，为如风；是身无人，为如水；是身不实，四大为家；是身为空，离我我所；是身无知，如草木瓦砾；是身无作，风力所转；是身不净，秽恶充满；是身为虚伪，虽假以澡浴衣食，必归磨灭；是身为灾，百一病恼；是身如丘井，为老所逼；是身无定，为当要死；是身如毒蛇、如怨贼、如空聚，阴界诸入所共合成。（《维摩诘所说经·方便品第二》）

这样的肉身有什么可执著的呢？维摩诘紧接着说：

诸仁者，此可患厌，当乐佛身。所以者何？佛身者，即法身也，从无量功德智慧生，从戒定慧、解脱、解脱知见生，从慈悲喜舍生，从布施、持戒、忍辱柔和、勤行精进、禅定解脱三昧、多闻智慧诸波罗蜜生，从方便生，从六通生，从三明生，从三十七道品生，从止观生，从十力、四无所畏、十八不共法生，从断一切不善法、集一切善法生，从真实生，从不放逸生，从如是无量清净法，生如来身。诸仁者，欲得佛身，断一切众生病者，当发阿耨多罗三藐三菩提心。（《维摩诘所说经·方便品第二》）

佛告诉我们，我们凡夫总是为了这个肉身，沉沦在无休止的欲念之中，因此而陷入轮回，只有智者才能看破放下：

于色声香味，触法六境界，一向生喜悦，爱染深乐著。
诸天及世人，唯以此为乐，变易灭尽时，彼则生大苦。
唯有诸贤圣，见其灭为乐，世间之所乐，观察悉为怨。
贤圣见苦者，世间以为乐，世间之所苦，于圣则为乐。（《杂阿含经·杂因诵第三》）

身生诸苦受，逼迫乃至死，忧悲不息忍，号呼发狂乱。
心自生障碍，招集众苦增，永沦生死海，莫知休息处。
能舍身诸受，身所生苦恼，切迫乃至死，不起忧悲想。
不啼哭号呼，能自忍众苦，心不生障碍，招集众苦增，
不沦没生死，永得安隐处。（《杂阿含经·杂因诵第三》）

因此，我们的肉身不可执著。我们要追求的是我们的"真身"，即我们的佛性，这个是不死的！老子说：

死而不亡者，寿也。（《道德经·第三十一章》）

肉身可以死去，但我们的佛性不死，这才是我们人生的最终目的。

【本节链接】

【本经原文】庄子妻死，惠子吊之，庄子则方箕踞鼓盆而歌。惠子曰："与人居，长子、老、身死，不哭亦足矣，又鼓盆而歌，不亦甚乎！"庄子曰："不然。是其始死也，我独何能无慨！然察其始而本无生；非徒无生也，而本无形；非徒无形也，而本无气。杂乎芒芴之间，变而有气，气变而有形，形变而有生。今又变而之死。是相与为春秋冬夏四时行也。人且偃然寝于巨室，而我噭噭然随而哭之，自以为不通乎命，故止也。"

庄子之楚，见空髑髅，髐然有形。撽以马捶，因而问之，曰："夫子贪生失理而为此乎？将子有亡国之事、斧钺之诛而为此乎？将子有不善之行、愧遗父母妻子之丑而为此乎？将子有冻馁之患而为此乎？将子之春秋故及此乎？"于是语卒，援髑髅，枕而卧。夜半，髑髅见梦曰："子之谈者似辩士，视子所言，皆生人之累也，死则无此矣。子欲闻死之说乎？"庄子曰："然。"髑髅曰："死，无君于上，无臣于下，亦无四时之事，从然以天地为春秋，虽南面王乐，不能过也。"庄子不信，曰："吾使司命复生子形，为子骨肉肌肤，反子父母、妻子、闾里、知识，子欲之乎？"髑髅深矉蹙頞曰："吾安能弃南面王乐，而复为人间之劳乎？"（《至乐》）

【大意】这是两段故事。第一个是庄子老婆死了，庄子不但不悲伤，反而鼓盆而歌。庄子看透了生命的本来面目，了达我们都是无生无死的，自然也就不会随物转情了。

第二个故事是庄子走在路上的时候，看见了一个骨头架子，庄子就问：你怎么弄到这个地步的呢？说完就枕着髑髅睡着了。你以为睡着就完事了吗？这个人的"魂魄"进入庄子的梦中，告诉庄子说："你说的那些都是活着的时候才有的情况，死了以后就没有了。你想知道死后的快乐吗？"庄子说当然想知道，髑髅就说死后太快乐了，给个人间的皇帝都不换。庄子挑逗髑髅说："你把死亡说得如此美好，我能使你重返人间，把你的父母、妻子、儿子、朋友和你的知识都还给你，你愿意吗？"髑髅相当不高兴：我才不愿意呢。

【本节链接】

【本经原文】列子行食于道从，见百岁髑髅，攓蓬而指之曰："唯予与汝，知而未尝死、未尝生也。汝果养乎？予果欢乎（《至乐》）？"

【大意】列子在路上见到一个百年的髑髅，他指着髑髅说：只有我和你才知道生而未生、死而未死的道理。你果真因为死而忧伤吗？我果真因为活而快乐吗？是真的吗？

哪有生死啊？本就没有生死，连生死都没有，快乐和忧伤哪能有呢？

彼出于是，是亦因彼

这一段论述是庄子中极为精彩的一段，读者要仔细认真思考才行。看了这段，我们可以明显感觉到，辩证法在庄子那里已经十分成熟了。

这一段可以说是字字珠玑。其中心思想是告诉我们必须打破二元对立的现状，不破除二元对立的思维习惯，我们就见不到自己的本性。

我们的本性本来是灵灵明明、无染无杂、不生不灭、不增不减、永恒不变的，却因为一念妄动，顿成无明，爱欲染杂，执著不放，从此流浪生死苦海。《五灯会元·卷二》说得十分明白：

> 一切众生，无不具有觉性，灵明空寂，与佛无殊。但以无始劫来，未曾了悟，妄执身为我相，故生爱恶等情，随情造业，随业受报，生老病死，长劫轮回。然身中觉性，未曾生死。如梦被驱役，而身本安闲；如水作冰，而湿性不易。若能悟此性，即是法身，本自无生，何有依托？灵灵不昧，了了常知，无所从来，亦无所去。然多生妄执，习以性成，喜怒哀乐，微细流注。

什么是无明？请看佛给出的定义：

> 云何无明？善男子，一切众生从无始来，种种颠倒，犹如迷人四方易处，妄认四大为自身相，六尘缘影为自心相，譬彼病目见空中华及第二月。善男子，空实无华，病者妄执，由妄执故，非唯惑此虚空自性，亦复迷彼实华生处，由此妄有，轮转生死，故名无明。（《圆觉经·卷上》）

这一切是怎么开始的呢？就是"妄执身（四大）为我相"和"六尘缘影为自心相"，这就是颠倒，就是开端，就是无明，就是开始有了分裂，有了二元对立。此时的我们，就像是一个不辨方向的迷路人，找不到家了。这个分裂一旦存在，二元对立的思维一旦形成，我们就见不到自己的本性了。要想回复本性，就必须反着回去才行，叫作"顺者成人，逆者成仙"，就必须消除二元对立的状态。

有了"我"这个概念，我们再看世界就不是一个整体的了，就加入了"我"的分析判断和想法，这就是我和世界的对立局面。怎么消除这种对立？庄子说：彼出于是，是亦因彼。外面有世界，是因为你内心里面有"我"啊！如果没有了我，对立也就消失了。你不去掉"我"的概念，你怎么能和世界合二为一呢？没有了我，哪里还有彼呢？

由此推开去，一切烦恼莫不如是！生老病死、爱欲渴染、喜怒哀乐，乃至极其微细的我执都会随着"我"的消亡而消亡。

只要我们放下，不再执著，我们就可以了生死，因为我们的烦恼乃至死亡都是因为有"我"而导致，没有了我，还有谁能死呢？《大般涅槃经卷十二·圣行品第七之二》说：

迦叶菩萨白佛言：世尊，彼第四禅以何因缘，风不能吹，水不能漂，火不能烧？佛告迦叶：善男子，彼第四禅内外过患一切无故。善男子，初禅过患内有觉观，外有火灾；二禅过患内有欢喜，外有水灾；三禅过患内有喘息，外有风灾；善男子，彼第四禅内外过患一切俱无，是故诸灾不能及之。善男子，菩萨摩诃萨亦复如是，安住大乘大般涅槃，内外过患一切皆尽，是故死王不能及之。

【本节链接】
【本经原文】贼莫大乎德有心而心有睫，及其有睫也而内视，内视而败矣。凶德有五，中德为首，何谓中德？中德也者，有以自好也而呲其所不为者也。（《列御寇》）
【大意】最大的祸害莫过于有意培养德行而且有心眼，等到有了心眼就会以意度事主观臆断，而主观臆断必定导致失败。招惹凶祸的官能有心、耳、眼、舌、鼻五种，内心的谋虑则是祸害之首。什么叫作内心谋虑的祸害呢？所谓内心谋虑的祸害，是指自以为是而诋毁自己所不赞同的事情。

这里说的是修道必须无我。

【本节链接】
【列子原文】或谓子列子曰："子奚贵虚？"列子曰："虚者无贵也。"
子列子曰："非其名也，莫如静，莫如虚。静也虚也，得其居矣；取也与也，失其所矣。事之破毁而后有舞仁义者，弗能复也。"（《列子·天瑞》）
【大意】有人问列子："你为什么那么看重虚呢？"列子说："既然是虚，怎么还有贵贱之分呢？"列子接着说："不要给虚一个名称，我们只要虚静就足够可以看见大道了；一有取舍得失之心，大道就隐而不见了。我们的本性一旦被覆盖了，就有人开始提倡什么仁义道德了，而这根本就不能使大道恢复了。"

天地一指，万物一马

本段是上一段的延续，说的仍然是二元对立的消除。天下之间的万物有什么差别吗？在凡夫看来是千差万别的，但在道的角度看，万物没有什么差别，只有悟了道的人才能深入实相，才能知晓宇宙万物本自一体。你会吃惊：高山河流，森林草原，蓝天白云，清池皓月，亭台楼阁，苍松翠柏，芸芸众生，飞禽走兽，这区别多明显呀，怎么就能说没有差别了呢？

其实，万物的差别是存在的，你还是你，我还是我，没有了这些差别，整个社会就乱了套，我们也无法正常生活了。这里所说的无差别，是指万物都是空无自性的，其差别只是表象而已。

从宇宙的生成和演化也可以证明，万物本自一体。宇宙是从哪儿产生的？这个过程如下：道中生无，无中生有，这个有就是宇宙的开端。宇宙由此扩展，慢慢地出现了各种各样的物质，包括我们看得见的和看不见的，也包括无情物如土木草石与有情物人和动物。这就是庄子所说的——"有以为未始有物者，至矣，尽矣，不可以加矣。其次以为有物矣，而未始有封也。其次以为有封焉，而未始有是非也"，这样一个过程。那么，从源头上看，万物是不是一个来源？所以本质上是相同的。

老子不是说过"天得一以清，地得一以宁"这样的句子吗？其实你可以给他续上很多，如鸟得一以飞，鱼得一以游，牛得一以耕，马得一以奔，犬得一以吠，鸡得一以鸣……这个"一"都来源于"道"啊，这是什么？就是"天地一指，万物一马"啊。

从胎生动物的发育过程来看也可以得出这个结论。胎生动物的胚胎发育都是由受精卵开始的，然后注意观察它们的发育过程，会吃惊地发现，早期的胚胎发育过程完全一样。只是在以后的发育道路上分道扬镳了，才产生了各种动物。从这一点来看，千差万别的动物不也是一样的吗？甚至基因学已经证明，人和哺乳动物之间的基因差别极小，比如，人和猪的基因差别就非常小，这不也说明我们都是源自一体的吗？

故而，从特殊性来看，马有别于牛，牛有别于羊，羊有别于狗，狗有别于猪……此曰"别"，曰"用"；从道的角度来看，万物莫不生于道，因此以道言之，天地万物不过一指尔！此曰"通"，曰"体"。是故通、体为一，别、用万般。举个例子来说明这个问题：我们地球万物都离不开光，那么，光的本体是什么呢？是波粒二相性，这就是光的通、体，为一；什么是光的别、用？在农业上可以增产；在工业上可以探伤；在军事上可以为武器；在医学上可以为手术刀；在生活上可以照明……等等，这就是光的别、用，为万般。在《德充符》中，庄子是这样说的：

　　自其异者视之，肝胆楚越也；自其同者视之，万物皆一也。

我们就是被万物的表象所欺骗，才迷失了自己。

我们在第一章中说过，万物的差别还是有用的，我们只要不被假象牵着鼻子走，就能自由自在地通达于大道，而不会障碍我们对万物的认知，也不会妨碍我们见到自己的本性，在平平常常的生活中体会大道与自己同在。《维摩诘所说经·佛国品第一》中说：

　　能善分别诸法相，于第一义谛而不动。

这就是说，悟者在世俗间是要用分别心的（善分别诸法相），但在"遇事则应"的同时，内心是不动的，这才叫真正的彻悟。大道不是高高在上的，它蕴含在日常生活之中，这就叫"寓诸庸"。

对本节内容的理解还可参见第七章《应帝王》之"为牛为马、顺物自然"一节。

【本节链接】

【列子原文】状不必童而智童；智不必童而状童。圣人取童智而遗童状，众人近童状而疏童智。状与我童者，近而爱之；状与我异者，疏而畏之。有七尺之骸，手足之异，戴发含齿，倚而趣者，谓之人；而人未必无兽心。虽有兽心，以状而见亲矣。傅翼戴角，分牙布爪，仰飞伏走，谓之禽兽；而禽兽未必无人心。虽有人心，以状而见疏矣。（《列子·黄帝》）

【大意】这段话很重要。列子说，外形不相同的可以有相同的智慧（比如人和飞禽走兽，外形不同，但本性一样）；外形相同的智慧却不相同（如有的人就是狼子野心）。圣人看重的是本性，而众人却只看到外表。这就导致众人与外形相同的就亲近，外形不同的就疏远。所以人们就和人接近，但是却不知人可以有兽心！人们与外形不同的相疏远，所以就远离各种动物，却不知动物有人心。

我们都被外在的假象所迷惑，没有看到本质。众生皆有佛性，动物的本性也与人一样，所以远古的时候，人与动物能和谐相处。现在的人们只注重外表，所以动物和我们疏离了。

莫若以明

本段庄子论述的是"相对论"。人们总是站在自己的角度和立场去看待事物、对待事物，总是认为自己是正确的而别人是错误的，事实果真如此么？这种情况就是"有名"，就是有分别心。怎么能深入事物的实相呢？怎么样能深入实相？其实，人们在此情形之下，大道就隐而不见了。深入实相的办法相当简单，你只要静下心来，让你的心空，灵台净明，只是保持觉知就可以了，你就能深入本质，这就叫作"以明"。

我们总是看别人这也不是，那也不对。你是这样，对方也是这样。但事实果真如此吗？真的存在谁对谁错的区别吗？这是庄子的反问，要引起我们的深思。我们都是囿于自己的见解和观点，只见自己的能力所及的范围，却以为自己是绝对正确的。其实，你不知道的更多。庄子举了一个"昭氏鼓琴"的例子来说明这个道理："有成与亏，故昭氏之鼓琴也。无成与亏，故昭氏之不鼓琴也。"什么意思呢？昭氏是一个水平极高超的乐师，弹琴能弹到出神入化的地步，可以引来凤凰。但自然的美妙之音是能够用琴弹出来的吗？只要你弹响琴弦，无论怎么高超，它也只能发出一个声音，而遗漏了其他更多的声音，这就叫"有成"也有"亏"。而你不弹呢，反而大自然的美妙声音就全都具备了，这就叫作"无成与亏"。所以说，你的所见无论如何正确，都会同时具有你所不见的错误。故，争辩实在是没有必要。

我们经常见到一些学佛的人，总以为自己是持戒最好的，总觉得只有自己最高明，看别人这不对，那不妥，总是指责别人，由此引起一些不必要的纷争。南怀瑾先生说这样的人是"满脸佛气"（这可不是开悟后的庄严，而是做作出来的，所以叫佛气）。这样做不但对于事情没有一点帮助，相反还会使别人产生误解，认为学佛人也不过如此，甚至还不如不学佛的人呢。如此使众生不但远离了佛法，而且还造下了谤佛谤法的恶业。这样的现象不是现在才有，佛在的时候也有。对于这样的现象该怎么办？我们去当裁判吗？判明谁是谁非吗？不，这样只能使事情越来越乱，因为你的见地也不是正确的。所以，对于此种情形，佛说要"无辩"。这真是高明的办法，与庄子的办法完全一致。

古时某个禅师有三个徒弟，一天，三个徒弟因某事争论起来，由于各持己见，故争论不休。最后，大家一致同意去见师父，由师父来裁定谁对谁错。甲先阐明自己的观点，师父说：你说的对。乙也阐述了自己的观点，师父听后也说：你说的对。丙糊涂了，问师父：总该有一个对、一个错吧？怎么可能都对呢？师父摸了摸他的头，说：你说的也对。

争论者都是站在自己的角度，则其所见之下必有不见。无论多高明的人、学问多大的人都免不了掉进这个陷阱，故庄子说："道隐于小成，言隐于荣华。"庄子还拿在当时名气已经很大的儒家和墨家说事，尽管他们学问很大了，但他们依然落入这个陷阱之中，整天争辩一些"是、非"等毫无用处的东西，这样做对于悟道没有一点帮助，不若息争，不若静心合道，则大事明矣。这就是"自彼则不见，自知则知之"的含义，站在自己的角度去看问题，则所见皆非；自己知道了大道，那就不会再去做无谓的争辩了。故曰："辩也者有不见也。"

【本节链接】

【列子原文】孔子东游，见两小儿辩斗。问其故，一儿曰："我以日始出时去人近，而日中时远也。"一儿以日初出远，而日中时近也。一儿曰："日初出大如车盖，及日中则如盘盂，此不为远者小而近者大乎？"一儿曰："日初出沧沧凉凉，及其日中如探汤，此不为近者热而远者凉乎？"孔子不能决也。两小儿笑曰："孰为汝多知乎？"（《列子·汤问》）

【大意】孔夫子在向东行进的时候，遇到两个小孩子争论不已，问其原因，才知道两个小孩子在辩论太阳到底是中午离我们近些还是早晨离我们近些，两个孩子各有其道理，因而争持不下，请孔子决，孔子亦不能辨之。

这个故事可谓家喻户晓了，但我们真的认真思考过吗？我们如何看待世事？我们为世事而争辩不已时，可曾想到我们都有不对的地方？这就是庄子说的"辩也者有不见也。"的意思啊。

朝三暮四

　　这个故事太一针见血了，庄子的确是开悟了的人，他的说法善巧一点也不比佛陀差。朝三暮四和朝四暮三本质上没有一点儿不同，但是众狙却是一喜一怒。我们笑话这帮猴子，怎么这么傻啊，在无意义的事物中患得患失，但我们却从来没有反过来认真地看看自己！

　　在生活中，我们总是做着与这帮蠢猴子所做的一样的傻事，甚至我们比猴子还要蠢多了，因为我们还自以为聪明。我们追求这，追求那，其实质就是朝三暮四与朝四暮三一样的关系，只不过是换了个概念或说法而已，本质上一样，然而人们却以为自己得到的更多、更好，其实，这只是自欺欺人罢了。比如，我们一会儿追求名，一会儿又追求利，过一阵子又特别想当官，还想住豪宅、开豪车等等。等这些愿望都达到了，又产生新的愿望。有一首打油诗，说的就是我们的欲望：

　　　　终日奔忙只为饥，才得温饱便思衣。置下绫罗穿上身，抬头又见房屋低。
　　　　盖下高楼并大厦，床前缺少美貌妻。娇妻美妾都娶下，又虑出门少马骑。
　　　　将钱买下高头马，马前马后少跟随。家仆招来数十个，又恨没势受人欺。
　　　　花钱捐个县令做，又嫌官小势力卑。一攀攀到阁老位，每日思想要登基。
　　　　一旦面南坐天下，想做神仙要天梯。若非此人大限到，上到天上还嫌低。

　　再看看一只老狗的生活：这只老狗狂追一只猫，猫儿爬上了树，嘲笑着狗儿不能上树，谁知一不小心掉了下来，刚好砸在狗的头上，狗儿晕了过去，猫儿趁机跑了。狗儿醒过来后，看见一只土拨鼠从眼前跑过，立刻起身追了上去，土拨鼠却钻进了土洞里，狗儿用爪子刨了一会儿，见无望，就走开了。走在路上，它又看见一只兔子，于是它又拼命地追赶这只兔子，追着追着，兔子不见了，天上出现了一只苍鹰，狗儿又朝着苍鹰追去……就这样，最后狗儿累得不成样子，气喘吁吁地趴在地上，大口大口地喘气。

　　狗儿的目标是什么？狗儿自己都不知道。我们的生活也一样，这就是庄子骂我们的原因。岂止是庄子这样骂过我们？唐朝有一个叫寒山的和尚，他也这样骂过我们：

　　　　我见百十狗，个个毛狰狞。卧者渠自卧，行者渠自行。
　　　　投之一块骨，相与睚眦争。良由骨头少，狗多分不平。

　　这可以说是骂得够痛快了。

　　我们的欲望来回替换，永无止息。而在开悟的觉者看来，被欲望左右的人都如"众狙"一般无二。庄子说这样的情形是："名实未亏而喜怒为用，亦因是也。是以圣人和之以是非而休乎天钧，是之谓两行。"即是说：因为这个原因，尽管事情的本质没有一点变化，我们凡夫却因此而发生了喜怒哀乐等情绪的剧烈波动；相反，圣人则去掉是非等错误的观念,"是以圣人不由而照之于天",因而他就与大道合而为一了。凡夫与圣人的做法有着天壤之别,这就叫作"两行。"佛说:

多闻于苦乐,非不受觉知,彼于凡夫人,其实大有闻。

乐受不放逸,苦触不增忧,苦乐二俱舍,不顺亦不违。

比丘勤方便,正智不倾动,于此一切受,黠慧能了之。

了知诸受故,现法尽诸漏,身死不堕数,永处般涅槃。(《杂阿含经·杂因诵第三》)

所以溥光禅师写了这样一首诗,深刻地刻画了深陷其中而毫不自知的我们:

潦螟杀敌蚊眉上,蛮触交争蜗角中。

何异诸天观下界,一微尘里斗雌雄?

我们都习惯于用一个妄念来代替另一个妄念,看着前面那个妄念消失了,我们就觉得自己修道进步了,其实你已经掉进了自己给自己设下的陷阱而毫不知情:你只是换了一个妄念而已。

这种偷换概念的做法是我们的心最擅长的,并且具有极大的欺骗性。特别是当我们用"更加高尚"、"更加善良"的妄念来代替那些不好的念头的时候,欺骗性更大,更不易被发觉。其实是"天下乌鸦一般黑",好的念头与不好的念头都是开悟的障碍。比如,我们通常在静坐时,妄念纷飞,我们就强力压制它,不让它升起。这是绝大多数人的做法,殊不知,这是我们在用一个念头来压制一个念头,恰恰属于越描越黑的那种状况。要想获得真正的逍遥,这些必须统统放下。

当年,袁焕仙居士问虚云老和尚:"成都参禅人有三种观点:第一种认为悟后须真修;第二种认为一悟即休,不必再修;第三种认为修即不修,不修即修。未审哪个是?"虚云老和尚答曰:"天下乌鸦一般黑!"

【本节链接】

【列子原文】昔齐人有欲金者,清旦衣冠而之市,适鬻金者之所,因攫其金而去。吏捕得之,问曰:"人皆在焉,子攫人之金何?"对曰:"取金之时,不见人,徒见金。"(《列子·说符》)

【大意】一个人想发财,想得厉害。早晨衣冠楚楚地来到街上,来到经营金子的店铺,拿起金子就跑。被捕快抓住,问他:这么多人都在看着,你怎么还敢偷金子呢?这个人回答道:拿金子的时候,只看见金子了,没看见有人啊。

可能我们觉得这个人太笨了,其实,我们都在犯同样的错误。我们执著地追求名、利、地位和权势,不也是只看见了这些,而没看见其余吗?欲而不知止啊。

存而不论

很多解庄的著作对这一段的解释都不正确。"六合之外"是什么地方？为什么对"六合之外，圣人存而不论"？为什么对"六合之内，圣人论而不议"？为什么对"春秋经世，先王之志，圣人议而不辩"？这些问题不解决，就不能正确地理解庄子的原意。

六合之外指的是我们眼耳鼻舌等感觉器官不能感知的宇宙空间，也可以说是在我们目力所及的范围之外的空间。那里有什么？多大？永远存在吗？真相是什么？怎么样运作的？有生命吗？和我们一样吗？有神佛吗？人们对此展开好奇的想象力，疑问多如牛毛。开悟者怎么看待这个问题？庄子说："存而不论。"

为什么存而不论？大道无所不包，无所不在，开悟者与道合一，故他已经亲身体验了实相，他没有了是非之别，超越了世间的言说妄想。然而大道只可体验不可言说，如人饮水冷暖自知。如何向凡夫讲述？凡夫以其世间小智，囿于物质所限，用感官无法感知实相，怎能理解得了？勉强回答不但不会使大众明白事实真相，反而会使人们产生是非等分别心，成为修道的巨大障碍，故而只好存而不论。

佛在世时，弟子们也经常讨论六合之外的问题，佛与庄子一样，也是采取了存而不论的态度，没有回答这类问题。佛没有回答的问题一共有十四个，叫作"十四无记"：

1. 世界恒常存在否？
2. 世界非恒常存在否？
3. 世界恒常又非恒常？
4. 世界非恒常非非恒常？
5. 世界有边际否？
6. 世界无边际否？
7. 世界既有边际而又无边际？
8. 世界非有边际非无边际？
9. 生命是肉身否？
10. 生命非肉身否？
11. 佛死后存在否？
12. 佛死后不存在？
13. 佛死后既存在又不存在？
14. 佛死后非存在非不存在？（《杂阿含经·道品诵第四》）

一次弟子们热烈地争论这些问题，佛听到了，教诲大众说："汝等莫作如是论议，所以者何？如此论者，非义饶益，非法饶益，非梵行饶益，非智，非正觉，非正向涅槃。"

为什么佛不让讨论这类问题？首先，这类问题属于"争竞是非"的戏论，无益于修行，纠缠于此，道业断无成理；其次，这些问题超越了认知、感觉、语言、逻辑思维等层面，无法言说。

佛教中经常有两句话大众耳熟能详，这就是"不可思议"和"诸佛境界，唯佛与佛，乃能知之"。这也是存而不论的意思，不可思，不可议，就是你不要去想了，更不要去说了，有些东西只能体会，无法言传。

那么，对于六合之内的事情还论不论？六合之内，是我们眼睛看得见、耳朵听得着、身体感受得到、思维意识总在思考着的世界，不论行吗？如果这个也不论，人们的疑惑就会更大，对物质世界的执著也更加顽固，也发不起来出离之心，所以必须论。这些"论"就是觉悟者的讲道，就是"法"，论这些的目的就是使众生"开佛之见、示佛之见、悟佛之见、入佛之见"。比如，四圣谛、四念处、四正勤、八正道、六度、三十七道品，比如缘起性空，比如六道轮回等等。但这些道理不可一个劲儿地追问为什么，一直问下去就钻进了牛角尖，再也拔不出来了。不唯修道的理论如此，世间的所谓科学理论也莫不如此。比如，科学告诉我们地球围绕着太阳在转。问：为什么会这样？科学回答：是因为太阳质量大，有引力。再问：为什么有质量？为什么有引力？科学回答：凡物质皆有质量，有质量就有引力。又问，又答，以至无穷，你还修道吗？故而不议。

到了世间的学问，开悟者就更不屑于去争辩了，即使是世间影响极大的修身、治国等古圣先贤的理论，悟道者都不会去争辩。因为这些东西都是与道相背驰的，老庄更是毫不客气地指出，只有在大道废了的情形之下，才有圣人和圣人之治的。

笔者再罗嗦几句：关于"十四无记"，你以为佛真的不能回答吗？否！佛非不能答，而是不愿答。你可能不信，那么，请你仔细去研究佛弟子龙树菩萨的《中论》吧，相信你在那里会找到你所需要的答案。

【本节链接】

【本经原文】圣人安其所安，不安其所不安；众人安其所不安，不安其所安。庄子曰："知道易，勿言难。知而不言，所以之天也；知而言之，所以之人也。古之人，天而不人。"（《列御寇》）

【大意】圣哲的人安于自然，却不适应人为的摆布；普通人习惯于人为的摆布，却不安于自然。庄子说："了解道容易，不去谈论却很困难。了解了道却不妄加谈论，这是通往自然的境界；了解了道却信口谈论，这是走向人为的尘世。古时候的人，体察自然而不追求人为。"

辩也者有不见也

善于辩论的人,他的全部智慧、思想都动员起来,目的只有一个:辩倒对方,让他哑口无言。生活中,我们不是经常处在无休止的争辩之中吗?我们不总是口若悬河、滔滔不绝,以辩得对方哑口无言为乐趣吗?胜利者趾高气扬,斜眼乜视对方;失败者垂头丧气,目光只看自己的脚尖……且慢!庄子告诉我们:根本没有胜利者和失败者!或曰两者都是失败者!夫子说:"御人以口给,屡憎于人。"(《论语·公冶长》)你以为你胜利了?别人憎恨你你都不知道呢。

世尊弘法时,经常有外道来和世尊辩论,佛陀总是以不辩来应对。如有一个婆罗门,非常恶毒,口才极佳,故名"健骂婆罗门"。一天早晨,他来到世尊住处,刚好赶上世尊在经行,他就跟在世尊后面喋喋不休。佛陀一言不发,等到经行结束,佛陀安坐,健骂婆罗门说:"你服了吧?"佛这才说话:

胜者更增怨,伏者卧不安,

胜伏二俱舍,是得安稳眠。(《杂阿含经·八众诵第五》)

又有一次,还是这个健骂婆罗门,他看到世尊不和他辩论,就向佛陀扬起尘土,想以此让世尊难堪。但是,他刚把尘土扬起,一股大风迎着他的面门吹来,反倒把自己弄的灰头土脸。佛这时又说:

若人无嗔恨,骂辱以加者,清净无结垢,彼恶还归己。

犹如土坌彼,逆风还自污。(《杂阿含经·八众诵第五》)

直到此时,健骂婆罗门才大梦惊醒,赶紧向世尊悔过。

老子告诉我们:"知者不博,博者不知。"真正有智慧的人是"讷于言"的,是不辩的。

昔时,有一个婆罗门叫"长爪梵志",人极聪明,善于辩论。诸位要知道,在古印度,辩论可不是寻常事,辩论失败者,轻的割舌,永生不再说话;重的直接砍头。所以,没有绝对的信心,一般人是不敢主动发起挑战的。这个长爪梵志听人说佛陀如何如何有大智慧,就很不服气,于是就来找佛陀挑战。他一见世尊就说:"若是我辩论不过你,我的理论错了,就斩我首。"佛陀问他:"你的理论是什么呢?"梵志答:"我认为所有理论都是错误的,我一概不接受!"长爪梵志很聪明,他想:"我这样说了,那么,不管你佛陀说什么,我都说是错的,看你能把我怎么样?"的确,这个想法不能不说极高明,因为任何理论都可能有不足或偏颇,就算佛法,不同的经典有时也会有不同的说法,甚至会有矛盾。这不是佛法错了,而是众生参差不齐的缘故。然而,长爪梵志这回倒霉了,因为他碰到的是大智慧的佛陀。佛陀自然是会家不忙,以四两拨千斤的手段轻轻地说了一句:"此见受否?"长爪梵志一时间没明白过来,他以为佛陀不敢和他辩论，就趾高气扬地走了。

走了一段路，他忽然明白了，立刻回到世尊面前，右膝着地，说："世尊，你把我的头砍下来吧。"佛陀自然没有砍他的头。

梵志悟到了什么？其实，梵志的"一切不受"是个十足的哲学悖论，好似十分高明，却有一个死穴："一切不受"的含义就是什么都不接受、不承认。那么，对这个说法你受还是不受？如果接受，那就不是"一切不受"；如果不接受，就与自己所说相矛盾，自食其言！看看，辩也者，有不见也！

佛教经典因为是因人而设教的，所以它的针对性极强，于是有人就会发现不同的经典说法不同，有的甚至有矛盾。于是就有人认为佛法也不过如此，并不是终极真理，并未见宇宙万物之实相。果真如此吗？其实不是。佛法只有一乘法，没有差别，有差别的是我们众生。《大般涅槃经》早就告诉我们"唯有一佛乘"，下面这段话很好地说明了这个问题：

> 善男子，譬如金师以一种金随意造作种种璎珞，所谓钳、锁、环、钏、钗、珰、天冠、臂印，虽有如是差别不同，然不离金。善男子，如来亦尔，以一佛道随诸众生种种分别而为说之：或说一种，所谓诸佛一道无二；复说二种，所谓定、慧；复说三种，谓见、慧、智；复说四种，所谓见道、修道、无学道、佛道；复说五种，所谓信行道、法行道、信解脱道、见到道、身证道；复说六种，所谓须陀洹道、斯陀含道、阿那含道、阿罗汉道、辟支佛道、佛道；复说七种，所谓念觉分、择法觉分、精进觉分、喜觉分、除觉分、定觉分、舍觉分；复说八种，所谓正见、正思惟、正语、正业、正命、正精进、正念、正定；复说九种，所谓八圣道及信；复说十种，所谓十力；复说十一种，所谓十力、大慈；复说十二种，所谓十力大慈、大悲；复说十三种，所谓十力、大慈、大悲、念佛三昧；复说十六种，所谓十力、大慈、大悲、念佛三昧及佛所得三正念处；复说二十道，所谓十力、四无所畏、大慈、大悲、念佛三昧、三正念处。善男子，是道一体，如来昔日为众生故种种分别。（《大般涅槃经卷十二·圣行品第七之三》）

所以，那些把佛法当作学问来研究的学者，彼此辩论谁大谁小、谁高谁低是毫无意义的，这不但说明他们根本不懂佛法，而且也说明了他们自心是有高有低的，这与庄子所说的争三争四的狙还有什么区别呢（非是笔者骂人，要想辩论，请去找庄子）？

辩论的胜利者，其实与失败者一样，都是只见到了问题的一个侧面而已，他们都有不知道的另外一面或多面，这就叫"有不见也"！从这个意义上来说，两者都是失败者。

盲人摸象的寓言故事说的正是这个道理。但谁看了这个寓言都会觉得生活中哪有这样愚蠢的人呢？其实，我们都毫无例外地是摸象的盲人：只要没有见到事物的实相，我们就不会有全面的认识，就一定会有遗漏。

我们总以为自己是最正确的，自己知道的是最全面的，孰不知这刚好成了灯下黑，蒙住了我们的心智，所以庄子告诉我们，真正的知，是知道自己的不知，这才是真知。

本段与前面的"莫若以明"的内容有所重复，应该相互参看就更加容易理解了。《庄子》一书由于流传的年代久远，可能会存在经文割裂、莫名其妙地插入一段不相关的文字的现象，需要我们仔细阅读加以甄别。

【本节链接】
【本经原文】于是泰清问乎无穷曰："子知道乎？"无穷曰："吾不知。"又问乎无为。无为曰："吾知道。"曰："子之知道，亦有数乎？"曰："有。"曰："其数若何？"无为曰："吾知道之可以贵，可以贱，可以约，可以散，此吾所以知道之数也。"

泰清以之言也问乎无始曰："若是，则无穷之弗知与无为之知，孰是而孰非乎？"无始曰："不知深矣，知之浅矣；弗知内矣，知之外矣。"于是泰清中而叹曰："弗知乃知乎？知乃不知乎？孰知不知之知？"

无始曰："道不可闻，闻而非也；道不可见，见而非也；道不可言，言而非也。知形形之不形乎！道不当名。"

无始曰："有问道而应之者，不知道也。虽问道者，亦未闻道。道无问，问无应。无问问之，是问穷也；无应应之，是无内也。以无内待问穷，若是者，外不观乎宇宙，内不知乎大初。是以不过乎昆仑，不游乎太虚"。（《知北游》）

【大意】于是，泰清向无穷请教："你知晓道吗？"无穷回答："我不知晓。"又问无为。无为回答说："我知晓道。"泰清又问："你知晓道，道也有名目吗？"无为说："有。"泰清说："道的名目怎么样呢？"无为说："我知道道可以处于尊贵，也可以处于卑贱，可以聚合，也可以离散，这就是我所了解的道的名数。"

泰清用上述谈话去请教无始，说："像这样，那么无穷的不知晓和无为的知晓，谁对谁错呢？"无始说："不知晓是深奥玄妙，知晓是浮泛浅薄；不知晓处于深奥玄妙之道的范围内，知晓却刚好与道相乖背。"于是泰清有所醒悟而叹息，说："不知晓就是真正的知晓啊！知晓就是真正的不知晓啊！有谁懂得不知晓的知晓呢？"

无始说："道不可能听到，听到的就不是道；道不可能看见，看见了就不是道；道不可以言传，言传的就不是道。要懂得有形之物之所以具有形体正是因为产生于无形的道啊！因此大道不可以称述。"

无始又说："有人询问大道便随口回答的，乃是不知晓道。就是询问大道的人，也不曾了解过道。道无可询问，问了也无从回答。无可询问却一定要问，这是在询问空洞无形的东西；无从回答却勉强回答，这是说对大道并无了解。内心无所得却期望回答空洞无形的提问,像这样的人,对外不能观察广阔的宇宙,对内不能了解自身的本原,所以不能越过那高远的昆仑,也不能遨游于清虚宁寂的太虚之境。"

这里的"道不可闻,闻而非也;道不可见,见而非也;道不可言,言而非也",与佛说的"言说妄想不显示第一义谛"、"吾说法四十九年,未说一字"是一样的意思。

【本节链接】
【本经原文】学者,学其所不能学也;行者,行其所不能行也;辩者,辩其所不能辩也。知止乎其所不能知,至矣;若有不即是者,天钧败之。(《庚桑楚》)
【大意】学习,是想要学习那些不能学到的东西;实践,是想要做那些不能做到的事情;分辨,是想要分辨那些不易辨清的事物。"知道"停留于所不知道的境域,这便达到了知道的极点。假如有人不是这样,那么自然的禀性一定会使他败亡。

我们的求知欲很强,好奇心很重,这是无止境的游戏,沉溺于此,一定会败亡的。知止于不知,这才是真知啊。

【本节链接】
【本经原文】惠施多方,其书五车,其道舛驳,其言也不中。历物之意,曰:"至大无外,谓之大一;至小无内,谓之小一。无厚不可积也,其大千里。天与地卑,山与泽平。日方中方睨,物方生方死。大同而与小同异,此之谓'小同异';万物毕同毕异,此之谓'大同异'。南方无穷而有穷。今日适越而昔来。连环可解也。我知天之中央,燕之北、越之南是也。泛爱万物,天地一体也。"

惠施以此为大,观于天下而晓辩者,天下之辩者相与乐之。卵有毛。鸡三足。郢有天下。犬可以为羊。马有卵。丁子有尾。火不热。山出口。轮不辗地。目不见。指不至,至不绝。龟长于蛇。矩不方,规不可以为圆。凿不围枘。飞鸟之景未尝动也。镞矢之疾,而有不行不止之时。狗非犬。黄马骊牛三。白狗黑。孤驹未尝有母。一尺之棰,日取其半,万世不竭。辩者以此与惠施相应,终身无穷。

桓团、公孙龙辩者之徒,饰人之心,易人之意,能胜人之口,不能服人之心,辩者之囿也。惠施日以其知与人之辩,特与天下之辩者为怪,此其柢也。

然惠施之口谈,自以为最贤,曰:"天地其壮乎!施存雄而无术。"南方有倚人焉,曰黄缭,问天地所以不坠不陷,风雨雷霆之故。惠施不辞而应,不虑而对,遍为万物说。说而不休,多而无已,犹以为寡,益之以怪,以反人为实,而欲以胜人为名,是以与众不适也。弱于德,强于物,其涂隩矣。由天地之道观惠施之能,其犹一蚊一虻之劳者也,其于物也何庸!夫充一尚可曰愈,贵道几矣!惠施不能以此自宁,散于万物而不厌,卒以善辩为名。惜乎,惠施之才!骀荡而不得,逐万物而不反,是穷响以

声，形与影竞走也，悲夫！（《天下》）

【大意】惠施的辩论口才是很优秀的，几乎没有对手，他天天辩论大一、小一、大同异、小同异，甚至什么鸡有三条腿啊，车轮子从来就没着过地啊，飞射的箭是静止的啊等等这些东西，学问不可谓不大，但是这些东西与大道有什么关系呢？他们能"不辞而应，不虑而对，遍为万物说"，而且能"说而不休"，可这有什么意义呢？以道观之，他们的本事充其量像个蚊子一样罢了，有才而耽于如此无意义之事，真是可悲呀。

庄子提醒我们，千万不要"逐万物而不反"，那就白白空耗了我们宝贵的生命了。古人云：

> 大道坦坦，去身不远，求之近者，往而复反。（《淮南鸿烈·原道训》）

怎么能返璞归真、回归本性？其实是很容易的，我们由本真发展到无明，是有路径可循的。现在要再见本性，那么，不要再追逐外物了，反回去就是了。

葆　光

何谓葆光？其实就是老子所说的"和其光，同其尘"，就是泯却二边之见，就是不去争辩是非，就是不再分裂，就是绝圣去知、而与万物合而为一的状态。

有个故事，说的是颜回有一次在集市上，看见一群人围在一处，听着一个卖布的和一个买布的在争吵，颜回上前一问，得知买布的人买了3尺布料，每尺8钱，应该给24文，但买布的却说3尺布料是23文，不是24文，两人因此而争吵起来，谁也说服不了谁。两人一看孔夫子的学生来了，就让颜回给仲裁谁对谁错。颜回说：是应该付24文。买布的生气地说："你也不聪明，都不知道3尺应该是23文。世界上只有孔老夫子是最有智慧的，我们找你老师去，让他给仲裁，他说是多少就是多少。"颜回只好和他来到孔夫子面前，夫子了解了原委，笑了笑说："是应该23文。"那人大笑："颜回，你看，夫子也说是我对呢！"然后高兴地走了。

颜回不解："夫子为什么要撒谎呢？"

孔子对他说："这个人一看就是智障，你和他争辩个什么呢？争辩的结果无非有三个：第一是你赢了；第二是你们谁也辩不过谁，成了平局；第三是你输了。这三种结局对你都不利，第一种结果，你和一个智障的人争辩，赢了又有什么用呢？第二种结果，你和智障的人一样，半斤八两；第三种结果是你根本就不如一个智障的人！所以最好的办法就是息争。"

小王在一家公司工作，他的学历和能力都明显比别人要强很多，正因为如此，他就恃才傲物，趾高气扬，态度、言语和行为上总是很有优越感，弄得与同事间的关系很紧张，别人都不愿意理他，公司的领导也不太重视他。

后来，小王身边的几个人不是被提拔到了中层领导岗位，就是长了工资，小王愤愤不平，找到朋友诉苦，说公司不重视人才，不给他施展的空间，所以不想在这家公司干了。他的朋友非常了解小王的性格，明白事情的原委。但也正由于他对小王的了解，知道如果给他直接指出不足，他会很生气，也不利于改变他。于是他想出一个缓兵之计，决定先稳住他再说："是啊，这家公司真不识人才。但你就这么离开公司不太亏了吗？我觉得你今后应该少说话，埋下头来学习业务，把公司的业务从生产到流通等全部环节都弄懂弄通，踏踏实实地把业务学好，再跳槽到别的公司你也就有了本钱，必能受到重用，不是吗？"

小王一听有理，抱着为自己增加资本的想法，学习起来非常努力，遇到不懂的还向别人请教，不知不觉地，他的人际关系得到了改善，上级领导也看到了小王的变化，几次表扬了他，随着关系的改善，他干得越来越起劲了，半年后就升任了主管一职。

他又找到朋友，说："我不跳槽了，这家公司对我不错，也有发展前景，我要好好干。"

看看，干嘛要锋芒毕露呢？为什么不能内敛一些呢？你自己改变了，你的周遭也就随之而变，一切都不出你的心。

真正的悟道者外表看起来与众人一样，毫无区别。套用"见山是山，见山不是山，见山还是山"的三个层次的修道历程，我们也可以说，由普通凡夫到开悟的圣者，也是这样三个大的阶段的变化：凡夫是烦恼不断的人；当他有了出离心，开始修行，到了一定程度时，他就会显得与众不同，道骨仙风。这时他与凡夫的区别太大了，他已经脱离了俗世间的烦恼和颠倒生活，享受着自己内心的巨大快乐，因此他已经不是凡人了。但此时的他还没有完全断尽烦恼，还有所执著，他还需要经过一段时间的保任，在红尘中历练，直到他断尽烦恼、了脱生死、进入涅槃寂静的层次之后，他身上的光环也就随之而隐没，复归于众人矣。也可以说，第一阶段的人是凡夫，执著于"恶"；第二阶段的人超凡脱俗，执著于"善"；第三阶段的人已经彻悟，没有了执著，已经"不思善，不思恶"了，外界环境对他的内心已无任何影响，这叫作"寂"的状态，也就是庄子所说的"葆光"。

关于分裂和去知前面已经说了很多，下面还有，这里不复赘言了。

恶乎知之

啮缺一连问王倪三个"你知道吗"？王倪都是回答："恶乎知之。"

知，都包括什么？它涵盖极广，包括我们的各种欲望、各种思想、各种杂念，也包括我们的求知欲。对于欲望和杂念，笔者已经说了很多。这里重点谈一下为什么求知欲也是我们的悟道障碍。

我们从一生下来,就开始接受各种训练,训练什么呢?训练我们向外看,向外听,向外去感知世界,就是不训练我们向内去看,向内去听。其结果呢?我们变成了一个求知欲极强的人,用尽各种手段探寻着物质世界,借助于科技,这种力量越来越强大,强大到人们已经忘记了自己是谁,忘记了自己的内心。问题是,我们动用各种所谓的科技力量,找到了真理了吗?弄明白了生命的真相了吗?没有。我们越是依赖科技,离开大道反而越来越远。为什么?就是因为大道是不能用所谓的科技证明的,它远远超越了思维、意识、逻辑,更超越了实证,因而用实证的办法是无法证明的。所以悟道者都会这样说:真正的大道是无法言传、知者不言、言者不知的。老子说:"道可道也,非恒道也";佛祖说"言说妄想不显示第一义谛"、"吾说法四十九年,未说一字";禅宗祖师说:"法过语言文字",都是一个意思。

我们向外追求,欲望越来越多,越来越强,周遭事物的各种变化都反过来再影响我们的心,结果我们的心越来越乱,公说公有理,婆说婆有理,争竞是非的过程使自我越来越强烈起来,离道也就越来越远。因此,"圣人不由而照之于天",即修道者是反观内视、合于大道的。所以王倪说:"自我观之,仁义之端,是非之徒,樊然淆乱,吾恶能知其辩。"王阳明先生说:

> 专涵养者,日见其不足;专识见者,日见其有余。日不足者日有余矣,日有余者日不足矣。(《王阳明全集·传习录上》)

一个大学教授去问禅师:"我可以学禅吗?"禅师什么也没说,而是给他拿来一个茶杯,向里面倒开水,满了也没停。教授说:"不能再倒了,水已经溢出来了。"这时,禅师才开口说话:"你的心就像这个茶杯,早已经被各种知识、概念和想法装得满满的,你不空出来,怎么能装得下我的禅法呢?"

"知"太多太强,就是我们的分别心炽盛,有了分别心,你就是分裂的,怎么还能悟道呢?一个例子最能说明"知"是如何覆盖我们的心,阻碍我们见到本性的:在地上撒一些小钻石和米粒,鸟和人分别是什么态度呢?小鸟会心无旁骛,只吃米粒,不会注意到价值连城的钻石。而人呢?肯定会被钻石吸引,进而生出贪欲等各种欲望、得到了钻石又会担心失去等焦虑心情,你还能静下来吗?本性立刻会隐匿不见了。你怎么会被钻石吸引?谁告诉你的?关于钻石的知识是从哪儿来的?原来就有的吗?你刚出生时肯定不知道这个知识,如果在你还是新生儿时给你钻石和米粒,你肯定不会产生这些烦恼,这就是"知"带给我们的悟道障碍。

另外,"知"多也不等于德高。2011年佛山一市场发生的山东小女孩小悦悦事件,再次刺激了我们脆弱的神经。年仅2岁的小悦悦被两辆车碾过三次,司机竟然没有下车看看,这本身就说明了司机的冷漠无情。然而在这之后,更无情的现实把人们一丁点儿善良的愿望给击垮了:在接下来的8分钟里,一共有18个人路过,竟然有17个人连简单的多看一眼都没有！只有一个拾荒者对小悦悦伸出了援助之手！令人痛心啊！论知识和文化，一个拾荒者肯定要比那 17 个人差多了，但要论良知的话，显然要比那 17 个人强了不知多少倍！天堂的门肯定是为小悦悦和这个拾荒者打开的。有"知"而不善，那这个"知"还有什么用？连人都不是，还妄想成道？古人说：

> 夫聪察强毅之谓才，正直中和之谓德。才者，德之资也；德者，才之帅也。是故才德全尽谓之圣人，才德兼亡谓之愚人，德胜才谓之君子，才胜德谓之小人。凡取人之术，苟不得圣人、君子而与之，与其得小人，不若得愚人。何则？君子挟才以为善，小人挟才以为恶。挟才以为善者，善无不至矣；挟才以为恶者，恶亦无不至矣。愚者虽欲为不善，智不能周，力不能胜，譬之乳狗搏人，人得而制之。小人智足以遂其奸，勇足以决其暴，是虎而翼者也，其为害岂不多哉！夫德者人之所严，而才者人之所爱。爱者易亲，严者易疏，是以察者多蔽于才而遗于德。自古昔以来，国之乱臣，家之败子，才有馀而德不足，以至于颠覆者多矣。

（《资治通鉴·周纪一》）

再大一点儿的问题就是，我们动用一切手段改造自然，攫取资源，发展经济，结果是什么？环境遭到了巨大破坏，很多地方的土壤、饮水、空气等等都已经不再适合人类生存了，再这样下去，我们就没有了赖以生存的立足之地。生态平衡被打破，动物灭绝，环境污染，资源枯竭，这些不都是我们的"知"造成的吗？而且破坏力一代比一代强，人类无止境的欲求，无止境的索取和破坏，其恶果正在显现。我们不需要这样的"知"，我们需要的是青山绿水，我们需要的是空气清新，我们需要的是人与动物和谐相处！那怎么办？只有在人身上找原因，下决心去对治才行啊！除此之外，别无他途。

或问：我们初出生时，都是没有分别意识的，都是与大道一体的，老子把这个状态叫作"赤子"或"儿子"，那么，我们的分别心是怎样产生的呢？它什么时候产生的呢？

这个问题太大了，问的也太好了。

我们的分别意识是什么时候产生的？就是在婴儿有了"我"的概念后产生的，随着后天的教育，大人们的示范，我们的执着变得越来越强，分别心越来越重，导致原本清净无染的本性被逐渐覆盖不见了，再加上无始劫的习气现前，我们就落入六道轮回之中不能自拔了。

分别心的产生是随时随地的，它有时很粗糙，我们可以轻易地感知自己已经陷入了分裂的状态。但更多的时候，分别心是极其细微的，以至于我们通常都感觉不到它的产生。

分别心是如何产生的？我们先来看一个实验。

人每天都要产生 1-1.5 升的唾液，绝大部分被我们吞咽回收了，只有极少部分被吐出。唾液是身体内的体液循环的重要组成部分，不可以缺失的。如果你每天不节制地吐唾液，时间一长，你必将患上中医所说的"津液不足"的毛病。

我们要说的实验就与这个有关。假设，我们准备一个消过毒的干净的玻璃杯子，让一个人把唾液吐在这个杯子中，然后，再请他把这个杯子中的唾液吃了，请问，这个人会是什么反应？

实验的结果是，没有一个愿意再把它吃回去，大家都觉得不可接受，认为这太恶心了。那么，问题来了：这个唾液是他自己的，杯子也是干净的，没有吐出的唾液，每个人都理所当然的吞咽回去了，为什么自己吐出的再吃回去就不可接受了呢？就会认为是恶心的呢？

原因在于吐出的就被认为不再属于自己了，分别心于焉产生。

推而广之，我们身外的所有事物，都被我们或打上了烙印，或贴上了标签，或赋予了含义，或认定为某种符号，于是就会产生喜欢不喜欢、讨厌不讨厌、接受不接受等等心理的期盼，这就是分别心。

我们对于身外的事物最容易产生分别心，它影响着我们的喜怒哀乐。

比如，我们上厕所大解，对自己的臭味就可以忍受，而对别人的臭味就会感到难以忍受。臭味是一样的臭味，其化学成分是一样的，只有含量的不同而已，但你的感受却会因人而有差别，这就是分别心。这个分别心最明显的例子就是李敖和胡因梦的离婚事件了：李敖有洁癖，特别对气味非常敏感，他非常讨厌胡因梦上厕所的味道，以至于发展到居然因为这件事发生了几次剧烈的冲突，最后，两人不得不以离婚了事（当然，这不是唯一的原因。随便说一句，要想放屁排便不臭，你吃素试试看）。

身外的事物是如此让我们产生分别心，身体的感受和思想也同样会让我们产生分别心。每时每刻、每地每处、万事万物都会让我们产生分别心。比如，你每天都要吃饭，这是你再熟悉不过的事了，可你知道在吃饭的过程中产生过多少分别心吗？有时你会觉得菜或咸了或淡了，又觉得这个好吃那个不好吃，你会偏食，即使是你喜欢的菜，你也还会对比一下今天的和以往的有什么差别。和谁在一起吃饭也会大大影响你的心情，有否高兴或郁闷的事更会令你胃口大开或食欲大减，等等，这些都是分别心、拣择心。推广开去，你在生活中不是每时每刻都在产生着分别心吗？这些分别心多得不可胜计，大的分别心我们还能察觉，细小的分别心凡夫根本就感觉不到。更多的是我们已经形成了习气，一遇境况就自然产生了，习焉不察了。举两个例子。其一是笔者的一个朋友带着孩子去美国生活了一年，回来后，他告诉我说有一件事使他很受刺激。那是一次过节，美国的小学生都有相互赠送礼物的习惯，每个人都要给其他人买礼物，美国的孩子给每个人买的礼物都是一样的，而我们的孩子则买了不同的礼物，根据与自己的关系远近而分配不同的礼物，给老师的是最贵重的礼物。美国孩子见了，大声批评说中国孩子不懂礼节，不能公平地对待别人。朋友说，我们不是在培养孩子，恰恰是害了孩子，给了孩子不正确的价值观，甚至会影响了孩子的世界观和人生观。看看，我们不但自己"善于分别"，还在潜移默化中教会了孩子这样对待人和事。另一个例子是：一个中国小学的校长到美国的一所小学参观访问，他带去了一些具有中国民族特色的礼物，他对美国小学校长说："请把这些礼物分给优秀的学生。"美国校长当即拒绝说："我们的学生都是优秀的，我们不能接受您区别对待孩子的做法，您的礼物我们不收！"当场弄得中国校长下不来台。所以佛说，凡夫没有一刻不在打妄想，没有一刻不在分别，没有一刻是寂静的，而且打的妄想比雷声还大，自己却听不见。列子说：

> 海上之人有好沤鸟者，每旦之海上，从沤鸟游，沤鸟之至者百住而不止。其父曰："吾闻沤鸟皆从汝游，汝取来，吾玩之。"明日之海上，沤鸟舞而不下也。

（《列子·黄帝》）

我们修行很重要的就是要去掉分别心，我们不去分别，我们就是与宇宙合二为一的，宇宙即是我，我也是宇宙，这样就没有了我。我一旦产生，就和万事万物产生了对立，这就造成了二元分裂。凡夫总是生活在二元对立当中的，这造成了我们分裂的人格，就再也见不到大道了。所以说，人自远道，非是道自远人。

活在分裂状态下的人，即使你活得再认真，也是虚幻不实的人生。

可能你会嗤之以鼻：我们怎么就是虚幻不实的人生呢？我感觉到的是实实在在的人生呀，我们甚至还可以自由支配自己的行动和做出决定，这怎么就是虚幻不实的呢？其实，我们都是生活在大梦之中，梦中的你也有自由意志，也可以做决定，但那仍然是在梦中而已。柏拉图的山洞寓言可以帮助我们理解得更深一些：

一群人被困绑着放在一个山洞里，面向洞壁，无法转身，也无法转头，从洞口射进来的光亮，照在他们面前的洞壁上。在他们身后，一群人摆弄着假人，发出各种声音，做出各种动作，投射到他们面前的石壁上。那么，这些人会认为这些影像和声音都是真实的。当其中一个人摆脱桎梏，回过头来，看到这一切，他会怎么想？当这个人被领出洞窟，站在阳光下，阳光明亮地刺着他的眼睛，他又会怎么想？

其实，被捆绑在洞里的人，就是未开悟的我们。我们会把虚幻不实的东西认为是真实的。当能看到事物的实相时，就是我们开悟的时刻，见到阳光后，始知原来所认为的真实都是虚幻的。

岂止是佛陀和老庄这样教导我们？就连耶稣基督也是这样说：

> 一个人若是完整无缺的，必然充满了光明；一个人若是分裂的，必然充满了黑暗。

还有两个绳子的故事，对我们也是很有启发的。

第一个绳子的故事是这样的：

一个迷茫的僧人去拜见一个开悟的大师，他因自己未明大事而苦闷不已，想得到大师的指点开示。在去往大师住锡寺庙的路上，他看见一头牛被用绳子拴在一棵大树上，牛想吃旁边的青草，但是挣脱不开绳子，就左绕一圈，右绕一圈，转转团团，团团转转，来来往往，往往来来，无止无歇。

看到这头牛的窘状，这个僧人一下子开悟了：我们的人生不就是这样吗？我们也被一根绳子拴住，只不过是一根无形的绳子罢了。

他兴冲冲地拜见大师，一见面就问："请问大师，什么是团团转？"

大师说："皆因绳未断。"

僧人大吃一惊，说："大师未卜先知啊，您已经证得他心通了？"

大师说："你问的是事，我说的是理，万事都是一个理。"

我们围着什么东西在转？请深入思考一下。

第二个绳子的故事是：

一头大象被人在很小的时候就用一根麻绳拴在了一棵大树上，大象很小的时候，它无数次想挣脱这个束缚，无奈它太小了，无力挣脱这个绳子的捆绑。日复一日，月复一月，慢慢的大象就放弃了挣脱的努力，每天心甘情愿地围着大树转。就这样一直转到它长成了一个庞然大物，依然被一根麻绳困在一棵大树上。

以它的力量，麻绳已根本困它不住了，何况在它成长的过程中，麻绳因日晒雨淋，早已腐朽不堪了，只要大象轻轻地晃一下头，它就可以自由了。但大象始终没有这么做，因为它骨子里顽固地认为，想要挣脱这根绳子的束缚是徒劳的，它已经被自己的思维定势给困死了。

你想获得自由吗？你能突破你的思维定势吗？乌鸦落在猪身上就是这个意思，我们被自己的思维、习惯等圈住了，却茫然不觉。突破很容易，却不简单。

即使你所认为的我们的自由意志和决定，其实那也是虚幻不实的。一如我们把一群蚂蚁放在一个玻璃瓶子中，蚂蚁在瓶子内还是可以到处爬的，也可以交流，打架，吃东西，但无论如何，这群蚂蚁都不可能跑到瓶子外面来。我们的自由意志和决定也一样，我们用"我"这个概念为自己划了一个界限，造了一个瓶子，把我们限制在其中，与整体隔离开来，就再也见不到事物的实相了。所以我们不可能有超越这个限制的意志和决定，除非你突破自己设定的界限——这时你大彻大悟，洞穿了虚幻不实的假象，不会再迷惑了。这才叫作真正的大自在，大解脱。

我们非常容易被外界环境牵着鼻子走，非常容易著相，被幻相所迷惑。《列子·说符》里有一个故事，很能说明这个问题：

杨朱之弟曰布，衣素衣而出。天雨，解素衣，衣缁衣而反。其狗不知，迎而吠之。杨布怒，将扑之。杨朱曰："子无扑矣，子亦犹是也！向者使狗白而往，黑而来，岂能无怪哉？"

　　大意如下：杨朱有个弟弟叫杨布，有一天穿着纯白色的衣服出门了，天下雨了，他脱下外套，身着黑色内衣回家了。他家的狗不认识他，向他大叫。杨布很生气，就想打狗。他哥哥说，别打了，你和狗儿没有什么两样。假设你的狗白色离家而改了黑色回家，你不也一样感到很奇怪吗？

　　人还是那个人，狗还是那只狗，却被外貌迷惑了。杨朱骂人够狠：子亦犹是也！我们不都是这样能被外界的幻相所迷惑吗？

　　本节中的人、鳅、猿猴、猫头鹰、蛇、毛嫱丽姬、麋鹿、鸟、鱼等寓言，是为了说明大道是泯却是非、浑然一体的。如果没有与道合一，那么所见都是自己的立场，都只是事物的一面而已。只知事物的一面，其他的方面一概不知，你说是你的"知"多还是"不知"多？这样的知不就是不知吗？

【本节链接】

【本经原文】子独不知至德之世乎？昔者容成氏、大庭氏、伯皇氏、中央氏、栗陆氏、骊畜氏、轩辕氏、赫胥氏、尊卢氏、祝融氏、伏牺氏、神农氏，当是时也，民结绳而用之，甘其食，美其服，乐其俗，安其居，邻国相望，鸡狗之音相闻，民至老死而不相往来。若此之时，则至治已。今遂至使民延颈举踵，曰"某所有贤者"，赢粮而趣之，则内弃其亲，而外去其主之事；足迹接乎诸侯之境，车轨结乎千里之外，则是上好知之过也。上诚好知而无道，则天下大乱矣！

　　何以知其然邪？夫弓、弩、毕、弋、机变之知多，则鸟乱于上矣；鉤饵、罔罟、罾笱之知多，则鱼乱于水矣；削格、罗落、罝罘之知多，则兽乱于泽矣；知诈渐毒、颉滑坚白、解垢同异之变多，则俗惑于辩矣。故天下每每大乱，罪在于好知。故天下皆知求其所不知，而莫知求其所已知者；皆知非其所不善，而莫知非其所已善者，是以大乱。故上悖日月之明，下烁山川之精，中堕四时之施，惴耎之虫，肖翘之物，莫不失其性。甚矣，夫好知之乱天下也！自三代以下者是已，舍夫种种之民，而悦夫役役之佞，释夫恬淡无为，而悦夫啍啍之意，啍啍已乱天下矣！（《胠箧》）

【大意】你唯独不知道那盛德的时代吗？在远古时代，人民靠结绳的办法记事，把粗疏的饭菜认作美味，把朴素的衣衫认作美服，把纯厚的风俗认作欢乐，把简陋的居所认作安适，邻近的国家相互观望，鸡狗之声相互听闻，百姓直至老死也互不往来。像这样的时代，就可说是真正的太平治世了。可是当今竟然使百姓伸长脖颈踮起脚跟说，"某个地方出了圣人"，于是带着干粮急趋而去，家里抛弃了双亲，外边离开了主上的事业，足迹交接于诸侯的国境，车轮印迹往来交错于千里之外，而这就是统治者追求圣智的过错。统治者一心追求圣智而不遵从大道，那么天下必定会大乱啊！

怎么知道是这样的呢？弓弩、鸟网、弋箭、机关之类的智巧多了，那么鸟儿就只会在空中扰飞；钩饵、鱼网、鱼笼之类的智巧多了，那么鱼儿就只会在水里乱游；木栅、兽栏、兽网之类的智巧多了，那么野兽就只会在草泽里乱窜；伪骗欺诈、奸黠狡猾、言词诡曲、坚白之辩、同异之谈等等权变多了，那么世俗的人就只会被诡辩所迷惑。所以天下昏昏大乱，罪过就在于喜好智巧。所以天下人都只知道追求他所不知道的，却不知道探索他已经知道的；都知道非难他所认为不好的，却不知道否定他已经赞同的，因此天下大乱。所以对上而言遮掩了日月的光辉，对下而言消解了山川的精华，居中而言损毁了四时的交替，就连附生地上蠕动的小虫，飞在空中的蛾蝶，都丧失了原有本性。追求智巧扰乱天下，竟然达到如此地步！自夏、商、周三代以来的情况就是这样啊，抛弃那众多淳朴的百姓，而喜好那钻营狡诈的谄佞小人；废置那恬淡无为的自然风尚，喜好那喋喋不休的说教。喋喋不休的说教已经搞乱了天下啊！

注意：庄子认为天下大乱的罪魁祸首是"好知"，好知则"失性"。

【本节链接】

【本经原文】知北游于玄水之上，登隐弅之丘，而适遭无为谓焉。知谓无为谓曰："予欲有问乎若：何思何虑则知道？何处何服则安道？何从何道则得道？"三问而无为谓不答也，非不答，不知答也。

知不得问，反于白水之南，登狐阕之上，而睹狂屈焉。知以之言也问乎狂屈。狂屈曰："唉！予知之，将语若，中欲言而忘其所欲言。"知不得问，反于帝宫，见黄帝而问焉。黄帝曰："无思无虑始知道，无处无服始安道，无从无道始得道。"

知问黄帝曰："我与若知之，彼与彼不知也，其孰是邪？"黄帝曰："彼无为谓真是也，狂屈似之；我与汝终不近也。夫知者不言，言者不知，故圣人行不言之教。道不可致，德不可至。仁可为也，义可亏也，礼相伪也。故曰，'失道而后德，失德而后仁，失仁而后义，失义而后礼。礼者，道之华而乱之首也'。故曰，'为道者日损，损之又损之以至于无为，无为而无不为也'。今已为物也，欲复归根，不亦难乎！其易也，其唯大人乎！生也死之徒，死也生之始，孰知其纪！人之生，气之聚也；聚则为生，散则为死。若死生为徒，吾又何患！故万物一也，是其所美者为神奇，其所恶者为臭腐；臭腐复化为神奇，神奇复化为臭腐。故曰，'通天下一气耳'。圣人故贵一。"

知谓黄帝曰："吾问无为谓，无为谓不应我。非不我应，不知应我也。吾问狂屈，狂屈中欲告我而不我告，非不我告，中欲告而忘之也。今予问乎若，若知之，奚故不近？"黄帝曰："彼其真是也，以其不知也；此其似之也，以其忘之也；予与若终不近也，以其知之也。"

狂屈闻之，以黄帝为知言。(《知北游》)

【大意】知向北游历来到玄水岸边，登上名叫隐弅的山丘，正巧在那里遇上了无为谓。知对无为谓说："我想向你请教一些问题：怎样思索、怎样考虑才能懂得道？怎样居处、怎样行事才符合于道？依从什么、采用什么方法才能获得道？"问了好几次无为谓都不回答，不是不回答，而是不知道回答。知从无为谓那里得不到解答，便返回到白水的南岸，登上名叫狐阕的山丘，在那里见到了狂屈。知把先前的问话向狂屈提出请教，狂屈说："唉，我知道怎样回答这些问题，我将告诉给你，可是心中正想说话却又忘记了那些想说的话。"知从狂屈那里也没有得到解答，便转回到黄帝的住所，见到黄帝向他询问。黄帝说："没有思索、没有考虑方才能够懂得道，没有安处、没有行动方才能够符合于道，没有依从、没有方法方才能够获得道。"

知于是问黄帝："我和你知道这些道理，无为谓和狂屈不知道这些道理，那么，谁是正确的呢？"黄帝说："那无为谓是真正正确的，狂屈接近于正确；我和你则始终未能接近于道。知道的人不说，说的人不知道，所以圣人施行的是不用言传的教育。道不可能靠言传来获得，德不可能靠谈话来达到。没有偏爱是可以有所作为的，讲求道义是可以亏损残缺的，而礼仪的推行只是相互虚伪欺诈。所以说，'失去了道而后能获得德，失去了德而后能获得仁，失去了仁而后能获得义，失去了义而后能获得礼。礼，乃是道的伪饰、乱的祸首'。所以说，'体察道的人每天都得清除伪饰，清除而又再清除以至达到无为的境界，达到无所作为的境界也就没有什么可以作为的了'。如今你已把自己变成了"外物"了，想要再返回根本，不是很困难吗！恐怕容易改变而回归根本，只有得道的人才能做得到啊！

"生是死的同类，死是生的开始，谁能知道它们的端绪！人的诞生，是气的聚合，气的聚合形成生命，气的离散便是死亡。如果死与生是同类相属的，那么对于死亡我又忧患什么呢？所以，万物说到底是同一的。这样，把那些所谓美好的东西看作神奇，把那些所谓讨厌的东西看作臭腐，而臭腐的东西可以再转化为神奇，神奇的东西可以再转化为臭腐。所以说，'以道观之，整个天下只不过同是气罢了'。圣人也因此看重万物同一的特点。"

知又对黄帝说："我问无为谓，无为谓不回答我，不是不回答我，是不知道回答我。我问狂屈，狂屈内心里正想告诉我却没有告诉我，不是不告诉我，是心里正想告诉我又忘掉了怎样告诉我。现在我想再次请教你，你懂得我所提出的问题，为什么又说回答了我便不是接近于道呢？"黄帝说："无为谓是真正了解大道的，因为他什么也不知道；狂屈是接近于道的，因为他忘记了；我和你终究不能接近于道，因为我们什么都知道。"

狂屈听说了这件事,认为黄帝的话是最了解道的谈论。

诸君注意,庄子在这里给一个人起名叫"知",这个人是谁呀?远在天边,近在眼前,就是你我众生啊!本节讨论了半天谁知道"道"的问题,到底是谁才是真正知道"道"的人呢?"无为谓"是什么意思?"狂屈"又是什么意思?请诸位参一下。黄帝到底知不知道呢?他说自己不知道,连似都算不上,可是狂屈却表扬说他是最知道"道"的,怎么回事?最知道"道"的是谁?

笔者说庄禅相通,这里又是一个证据:"知"问道,无为谓和狂屈都算是客气的了,要是禅师,当头就是一棒!你问什么问?因为道不在言语!

但黄帝所说的"无思无虑始知道,无处无服始安道,无从无道始得道",的确是我们修行的诀窍。

死生无变于己

连生死都不能影响我们,生活中还有什么能影响我们呢?没有什么能左右我们了,我们是处在什么样的状态下?是"无动于衷"的状态,这就是真正认识自己的状态,是我们生而为人的目的,只要我们不认识自己的本来面目,我们活着就是行尸走肉。

希腊的帕特农神庙上写着一句话:"认识你自己。"

真正认识自己的人,的确可以做到生死无变于己的,且看几个例子。

二祖慧可禅师找到传人后,知道自己还有一个宿债要偿还,便跑到集市上去,刚好看到一个人肩上横着一条扁担和别人吵架,二祖对人说:这是我的宿债来了,四大元无主,五蕴本来空。将头就白刃,犹如斩春风。便上前去劝架,扁担打下来,刚好打在二祖的脑壳上,二祖登时气绝身亡。

大修行人无惧生死,要还便还,潇洒自在。

高僧紫柏尊者(1543~1603),明代四大高僧之一,讳真可,字达观,晚号紫柏。大师一生胁不沾席,常坐不卧,遍访长老尊宿,真参苦修,行头陀行,禅悟甚深。他性情刚烈,言辞慷慨激昂,在营救憨山大师和争取罢矿税案时得罪了当朝权贵,被诬"妖书"的当事人,蒙冤下狱。

在审理的过程中,刑部对大师动刑。明代杖刑极其残忍,受刑者不死即残。然而尊者面对大刑,不仅不为所动,甚至受刑后还在狱中神色自若地为犯人说法。尊者在《腊月十一日司审被杖偈》中说道:

三十竹篦偿宿债,罪名轻重又何如?

痛为法界谁能荐,一笑相酬有太虚。

从尊者被捕入狱到判罪,只有半个月,显见当局执意置大师于死地。尊者相当失望,深切感慨道:"世法如此,久住何为?"乃说偈云:

一笑由来别有因，那知大块不容尘。
　　从兹收拾娘生足，铁橛花开不待春。
　然后尊者嘱侍者："吾去矣！幸谢江南诸护法。"侍者大哭，尊者叱之曰："尔侍予二十年，仍作这般去就耶！"后沐浴端坐，数称毗卢遮那佛，准备往生。大师的弟子曹直指听闻立即趋往榻前，手抚尊者后背说："去得好！"尊者睁开双眼，向他微笑道别。

　憨山大师出狱闻讯后，悲痛万分，作偈曰：
　　一笑由来别有因，那知大块不染尘。
　　从今收拾娘生足，铁橛花开不待春！
　　柱杖挑开双径云，通身涌出光明藏。
　　珍重诸人着眼看，这回始信无遮障！
　大师荼毗后，有舍利无数。

　宋初大将曹翰以嗜好杀人著称，人称杀人不眨眼将军。一天，率部南征，渡江入庐山，见一座寺庙。他进入寺庙后，发现整个寺内竟无一人，原来这里的和尚听到这个恶魔来了，早都跑了个精光。进入大殿却看见主持缘德和尚在那里打坐，眼帘低垂，旁若无人。曹翰勃然大怒，说："你这秃驴好不知趣，你难道没听说过杀人不眨眼的将军吗？"缘德和尚气定神闲，慢慢说道："你难道没听说过不怕死的和尚吗？"曹翰一听，不但没有杀他，反而有些敬佩。

　有一次，一个和尚遇见了强盗，强盗没有从和尚身上得到财物，很生气，举刀要杀和尚。和尚看着强盗流了泪，强盗头子哈哈大笑："原来和尚也怕死啊！"和尚双手合十，流着泪对强盗说："我哪里还有生死的概念呢？我是为你流泪呀：你杀了我以后将入无间地狱，多么可怜啊！"

　这是不惧生死的例子，还有很多潇洒的例子，特选数则列在下面。

　石头希迁禅师：是最伟大的禅师之一，他的《参同契》流传千古。石头和尚在圆寂前，断了所有的饮食，每天自己上山采草药，回来后煮一锅药水喝下。一个月后，希迁和尚满面红光，整个人都呈金黄色。某日，和尚招门人集聚，言灭后将留肉身，道珍重后圆寂。石头希迁和尚的肉身真的不腐，栩栩如生，成为我国国宝。可惜石头和尚的肉身在1944年被日本侵略者偷运至日本，现在日本供奉。国家有关部门与日本交涉，要日本送还石头和尚之全身舍利。真心祈愿石头和尚肉身能够回归故里。

　大梅法常禅师：有一天，法常禅师对弟子们说："来莫可抑，往莫可追。"弟子们大概感觉到了什么，不知说什么好，沉默不语。恰在此时传来老鼠的吱吱叫声。禅师说："即此物，非他物。汝等诸人善护持之。吾今逝矣。"说完就去世了。

　法常禅师的辞世偈是这样写的：

此事楞严藏露布，梅花雪月交光处。
一笑寥寥空万古，风瓯语，
迥然银汉横天宇。蝶梦南华方栩栩，
班班谁跨丰干虎？而今忘却来时路，
江山暮，天涯目送飞鸿去。

你懂吗？

丹霞天然禅师：以烧佛像取暖而闻名禅林。长庆四年六月二十三日，禅师对弟子们说："备汤沐，吾欲行矣。"沐浴后，乃戴笠策杖受屦，垂一足未及地而化，寿八十六。

临济义玄禅师：师临迁化时据坐云："吾灭后不得灭却吾正法眼藏。"三圣出云："争敢灭却和尚正法眼藏？"师云："以后有人问你，向他道什么？"三圣便喝。师云："谁知吾正法眼藏，向这瞎驴边灭却！"言讫端然示寂。三圣等弟子吓得十分慌乱，为什么平时我们问师傅，师傅都是大喝一声，我们大喝却不对了呢？这时临济义玄禅师突然睁开眼睛，大声说："我吃饭你们能饱吗？"言毕真的入灭了。

芙蓉道楷禅师：师自知时至，到八年五月十四日，索笔书偈，付侍僧曰："吾年七十六，世缘今已足。生不爱天堂，死不怕地狱。撒手横身三界外，腾腾任运何拘束。"

马祖道一禅师：我国最伟大的禅师之一。唐宪宗贞元四年的正月，马祖在建昌登石门山。在山林间漫步时，见洞壑平坦，心生爱意，对身旁的人说："下个月我的这把老骨头就要到这里来了！"回到寺中后，就显出病症来。有一天，马祖大师突然表现得不安，院主就问："和尚这几天尊候如何？"马祖道："日面佛，月面佛。"到二月一日，马祖洗头沐浴，之后跏趺而灭。

雪峰义存禅师：师生前预造葬地，并自为碑文。

药山惟俨禅师：在圆寂前，对众弟子大喊："法堂倒了！法堂倒了！"众弟子赶忙跑出去拿大木支撑法堂，禅师说："子不会我意。"说完奄然迁化。

盘山宝积禅师：知道自己将要离开这个世界了，叫来众弟子，问他们："有人貌得吾真否？"意思是，谁能给我画张画像啊？弟子们都把自己画的师傅像呈上来，宝积禅师皆打之。弟子普化出曰："某甲貌得。"宝积师道："何不呈似老僧？"普化乃打着筋斗而出。师曰："遮汉向后如风狂接人去在。"言讫奄化。试问：宝积师为什么这时刻才奄化？普化画的师傅像在什么地方？他又靠什么接人？

船子德诚禅师：师得法后，到了秀州华亭，在江上来回摆渡，没有人知道他的来历，都管他叫船子和尚。善会找到船子德诚后，被船子和尚三次打入水中，在沉浮起落间突然大悟。船子和尚要他传承自己的法脉，不要断绝了。善会与师告别时，一步一回头。这时,船子禅师高声叫道:"和尚!"善会一回头,师竖起桡子说:"汝将谓别有?"乃翻身入水而逝。

船子禅师有很多偈诗,意境深远。如:"千尺丝纶直下垂,一波才动万波随。夜静水寒鱼不食,满船空载月明归。"

盘山普化禅师:咸通初年(公元860年),普化禅师预知时至,于是到大街上对人说:"乞我一个直裰。"有人给他披袄,有人给他布裘。普化均不接受,振铃而去。临济令人送一棺,普化笑道:"临济厮儿饶舌。"便欣然受之,于是辞别众人说:"普化明日去东门死也!"次日郡人拥挤着送普化出城,普化厉声说:"今日葬不合青乌,明日南门迁普化。"众人又随之至南门,普化又说:"明日出西门方吉。"随普化出西门者渐渐稀少,普化出西门又返回城内,人们逐渐懈怠了。第四日,抬棺出北门外,普化说:"今日正是吉日。"振铃入棺而逝。郡人闻讯奔走出城,揭开棺材一看,已不见普化的尸首,唯闻空中有他平日振的铃声渐渐远去,莫测其踪。

古灵神赞禅师:师临迁化,剃沐声钟,告众曰:"汝等诸人还识无声三昧否?"众曰:"不识。"师曰:"汝等静听,别莫思维。"众皆侧聆,神赞禅师就在这样的情形下,静静地入灭了。

德山宣鉴禅师:师告众曰:

扣空追响,劳汝心神。

梦觉觉非,竟有何事?

言讫入灭。

汾阳善昭禅师:龙德府尹请善昭禅师到承天寺当住持,连着下了三道命令,禅师都无动于衷。府尹非常生气,于是派了个使者去迎接禅师,声言:"听着,你如果不能把善昭禅师带回来,你就见不到明天的太阳了!"使者失魂落魄,恳求善昭禅师离开汾阳,不要连累了他。善昭禅师说:"好吧,我去就是了,但请稍等,我给徒弟们讲几句话。"上堂对众徒弟说:"我怎么能够丢下你们,一个人去做住持呢?如果带你们去,你们当中有谁能跟上我的脚步?"有一个徒弟便上前说:"师父,我能跟您去,我一天可以走上八十里!"禅师摇摇头,叹口气说:"太慢了,你赶不上我。"另一个徒弟高声喊道:"我去,我一天能走一百二十里路!"禅师还是摇头说:"还是太慢了!"徒弟们面面相觑,都不明就里。这时又一个徒弟默默站出来,向昭善禅师叩首说:"师父,我知道了,我跟您去。"禅师问:"你能走多快?"弟子道:"我的脚步与师父一样快。"善昭禅师一听,便高兴地微微一笑说:"很好,我们走吧!"于是,善昭禅师就一动也不动地坐在法座上微笑圆寂了,那个弟子也恭恭敬敬地站在法座旁边立化了。

妙普庵主禅师:妙普禅师的临终更加让人惊异,他提前给师兄捎去一封信,告诉师兄自己将要水葬,并且准备了一个大木盆,中间钻了一个窟窿用木楔堵住。过了年,

师兄处的一个禅师来到寺院,看到妙普禅师还在,就笑话他说:

咄哉老性空,刚要馁鱼鳖,

去不索性去,只管向人说。

意思是,你说要把自己喂鱼,怎么还不走啊?妙普禅师笑了:我是在等师兄给我证明呢。于是集合弟子,讲述佛法要旨后,说:

坐脱立亡,不若水葬。

一省柴烧,二省开圹。

撒手便行,不妨快畅。

谁是知音?船子和尚!

高风难继百千年,一曲渔歌少人唱。

于是坐进准备好的木盆中,拔掉木塞,向湖中心划去。弟子们悲痛不已,禅师见状又划了回来,弟子们看见木盆中一滴水也没有。妙普禅师再次向远处划去,一边唱道:

船子当年返故乡,没踪迹处妙难量。

真风遍寄知音者,铁笛横吹做散场。

伴随着笛声,木盆缓缓地沉了下去。这样的离去真的令人惊异,然而更加令人惊异的还在后面:三天后,弟子们在湖边发现了妙普禅师,他毫发无损地双盘坐在湖边的沙滩上,栩栩如生,当然,早已没了呼吸。

汾州无业禅师:禅法高俊,声誉日隆。唐宪宗多次请他赴京讲法,禅师都以患疾推脱。唐穆宗即位,命令灵准公带圣旨前往,欲强行将禅师带到京城。灵准公对禅师说,还是请禅师上路吧,不要因为你不想去而连累了大家。禅师笑着说:"贫道何能,敢劳世主?且请前行,吾从别道去矣。"夜晚,禅师剃发沐浴,然后给弟子们上了最后一堂课就圆寂了。火化得舍利无数,晶莹剔透,灿若彩珠。

温州遇安禅师:圆寂前,遇安禅师让弟子们把准备好的棺材抬到屋里,自己进入棺材,命令弟子盖上棺盖,然后说:"该说的我都给你们说了。现在我这里不需要人了,你们都出去休息吧。"三天后,大家很是不放心,就决定开棺材看看遇安禅师的情况。开棺后,见禅师双目紧闭,神态安详,右胁吉祥而卧。看到这种情景,众弟子放声大哭,边哭边说:"老师您快起来吧,您再给我们上课说法啊!"正在这时,遇安禅师慢慢睁开眼,缓缓坐起来,从棺材里走出来,他严肃地看着每一个人,大家泪眼相觑,不敢说话。最后,遇安禅师严厉地说:"有什么法可说?谁要是再擅自打开棺材就根本不是我的弟子!"说完,在众目睽睽下又进棺材躺好,让弟子盖上棺材盖,再也没有出来。

张打铁:此非禅师,胜似禅师。此人姓张,无人知道名字,生活贫苦,以打铁为生。俗话说:"世间什么最辛苦?打铁撑船做豆腐。"张打铁每日辛苦劳作,也仅仅糊口而已。一日,一个和尚来到张打铁家里讨水喝,看到张打铁愁眉苦脸的样子,说:"我告诉你个窍门,你就不会觉得辛苦了。"张打铁赶紧求教,和尚说:"你以后每打一次铁,就念一句南无阿弥陀佛,这样你就不会觉得辛苦了。"自此以后,张打铁天天念佛,慢慢地,别人再也看不到他脸上的忧愁了。过了几年,忽一日,张打铁告诉邻居说:"我要走了。"并留一偈,偈曰:

　　叮叮当当,百炼成钢。

　　太平将至,我往西方。

谁说念佛不是禅?

唐孚上座禅师:孚上座善讲涅槃经,每每讲经都是听众云集。但孚上座却知道自己大事未了,说食不饱,不能代替自己了生死。所以孚上座毅然决定外出参访。十几年以后,孚上座再回到寺院,僧众请孚上座讲涅槃经,孚上座答应了。到了讲经那天,四众云集,水泄不通。孚上座走上法座,高声说道:"如是我闻,一时佛在!"说完这八个字,孚上座用戒尺重重地拍在桌子上,然后就寂然无声了。听众等了好长时间,还没有下文,其弟子上前查看,发现孚上座已经圆寂了!真个是狮子儿,现身说法,还有什么比这更好的讲经形式呢?

禾山德普禅师:宋哲宗元祐五年十月十五日,德普禅师对弟子们说:"诸方尊宿死时,丛林必祭,我以为这是徒然虚设,因为人死之后,是否吃到,谁能知晓。我若是死,你们应当在我死之前先祭。从现在起,你们可以办祭了。"因为德普和尚平时爱开玩笑,大众就以为他说戏语,因而便也戏问道:"禅师几时迁化呢?"德普禅师认真地回答:"我等你们依序祭完就走。"

于是从这天起,弟子们真的煞有介事地假戏真做起来。帏帐寝堂设好,禅师坐于其中,弟子们致祭如仪,上香、上食、诵读祭文,禅师也一一领受飨饕自如。门人弟子们祭毕,各方信徒也来凑热闹,排定日期依次悼祭,并上供养,直到元祐六年正月初一日,折腾了四十多天,大家这才祭完。于是德普禅师对大家说:"明日雪霁便行!"果然次日清晨大雪戛然而止!室内,德普禅师焚香盘坐,怡然而去。

宜阳宗渊禅师:他本来还可以活很长时间,但活到八十三岁时,自忖是舍弃肉身的时候了,就作了一首挽歌自祭:

　　举世应无百岁人,百年终作家中尘。

　　余今八十有三岁,自作哀歌送此身。

然后就去逝了。

隆庆庆闲禅师:元丰四年(1081)三月七日,庆闲禅师示疾,遂作偈曰:

　　露质浮世,奄质浮灭。

　　五十三岁,六七八月。

> 南岳天台，松风涧雪。
>
> 珍重知音，红炉优钵。

然后就端坐逝世了。第二天，弟子请来画工给师写真，师自己抬起头来。火化时风云大作，烟气覆盖方圆四十余里。风云过后，烟气所到之处，满地尽是金黄色的舍利子。

疏山匡仁禅师：匡仁禅师在生前即造好墓塔，预订了圆寂的日期。到了预定日期，徒众来到禅师身边，问："和尚百年后向什么处去？"禅师道："背抵芒丛，四脚朝天。"随后又吟道：

> 我路碧空外，白云无处闲。
>
> 世有无根树，黄叶风送还。

吟完即逝。至今在疏山还有和尚的墓塔和和尚亲手建的古寺。

庐山行因禅师：行因禅师居住在庐山佛手岩下的一间茅棚里。某日，来了几个道友，行因禅师在庵堂前煮茶招待他们，参禅论道，吟诗作赋。忽然，行因禅师起立，走到院落里的门扉旁，手扶门扉，吟道："前朝诏住栖贤寺，雪夜逃居岩石间。想见煮茶延客处，直缘生死不相关。"吟完，手扶门扉而逝。

瑞云松隐禅师：松隐禅师知道自己快要入灭了，某日，集众诀别。弟子要禅师写一个偈子留下来，松隐禅师用手指指自心，说："此间廓然，何偈之有？"说完，以右手拄额，凭几而逝。寿八十有五。

无名地无名僧：这是康熙时期的一个无名无姓的僧人，没人知道他从哪里来。他自称正月十六日要在大悲庵前焚化，众人个个怀疑。到了那日，这个僧人单手举着一口大棺材，在街上向众人告别，走到大悲庵门前，身后跟了一大群人看热闹。只见和尚放下棺材，拿出纸笔，写了两首偈诗："无拘无束，不清不浊，放倒皮囊，正月十六。""道我狂时不是狂，今朝收拾臭皮囊。雪中名月团团冷，火力莲花瓣瓣香。好向棒头寻出路，即从业海驾归航。满炉榾柮都煨尽，十字街头做道场。"然后自己将棺材盖上，在棺材里点燃大火，火势甚猛，不一会就烧完了。

径山智及禅师：明朝时期著名僧人，享誉甚高，有"自宋以来，提倡达摩正传，追配先哲者，惟师一人而已"的美誉。在圆寂前，智及师召集大众，告知将走，众人要师留下偈诗再走，师随口吟道：

> 开先寺里迎宾日，禅月堂前索偈时。
>
> 客路如天春似海，子规啼断落花枝。

吟完即逝。

东明慧岩禅师：某日，弟子入室请益，师曰："老僧不出月去也。"果然到了二十七日，师集众告别。二十九日，弟子求师留下辞世偈，师曰："一大藏教经无人看，争用得这几句闲言碎语？"说完跏趺而逝。

鸡足具行禅师：这是虚云禅师讲的故事。具行是虚云老和尚的弟子。不识字，老和尚叫他念佛，他就心无杂念，无论干什么都念佛。某日，具行突然对虚云老和尚说，他要走了，虚云和尚问他准备好了吗？具行答，已经准备好了。具行走到寺庙的后院，在一片空地上，跏趺而坐，他升起三昧真火，把自己给火化了。火化时光明遍照，徒众以为后院着火了，跑去一看大惊失色。老和尚赶忙制止徒众们触动具行的身体。火化完后，具行禅师的整个身体包括衣服都完整无损。老和尚叫来照相的拍了照片，然后说："具行啊，为师不如你。"言毕，虚云老和尚敲了一下磬，具行的整个身体才散为一堆尘灰（生于尘土，归于尘土）。

自古及今，禅师何止成千上万。这里所展示的也仅仅是冰山之一角、沧海之一沤而已。

另外，悟道者还可以给我们留下不腐肉身这一宗门奇迹，比如六祖慧能大师、九华山地藏菩萨等，圆寂后，肉身并未经特殊处理，保持了千年之久，这是科学界无法解开的生命之谜。

我国高僧圆寂后留下的不腐肉身很多，非但我国有，外国佛教高僧也有，这一奇特的现象引起了广泛的关注。

不腐肉身叫全身舍利，也叫金刚不坏肉身舍利。舍利是佛、肉身菩萨、高僧大德圆寂荼毗后遗留的骨、肉、血、发等物的结晶体，具有很多不可思议的特质，如坚硬无比、色彩斑斓、可凭空消失或出现，还可以从舍利生出舍利等。舍利可以分为全身舍利（如六祖慧能大师即是）和碎身舍利（如佛指舍利、佛牙舍利等，碎身舍利极多）。还有一种舍利叫法身舍利，这是指佛说的经典。

舍利是怎么形成的？有人说是僧人常年茹素，造成体内酸碱平衡失调而形成的结晶，这纯粹是毫无根据的信口开河，根本不值得辩驳，本人也就不浪费口舌了。《金光明经》卷四云："舍利是无量戒、定、慧所熏修，甚难可得，最上福田。"《宝悉地经》云："善男子等，汝等当知，如来舍利，即是无上世间难有，诸菩萨等亦难值遇，何况世间诸凡夫类。此佛舍利，即是无相摩尼，即是真性如意宝珠，即是秘密大精进也，十方佛土所有庄严之宝。"

供养舍利有很大功德，如《宝悉地经》云：在末法世中于南阎浮提，若有善男子善女人，得佛舍利乃至一粒分散一分信受受持，当知是人是佛舍利真是佛子，即是法身释迦牟尼如来常住之体，是人即名大毗卢遮那。《大悲经》中，佛告阿难：我灭度后，若有善男女供养我舍利，虽如芥子，恭敬尊重供养，是人以此善根一切皆得佛果，果报不可思议。造塔亦如是。

而且，《宝悉地经》还指出，如果一个人福薄，得不到佛舍利，怎么办？

以金银铜铁，摩尼海宝，牛王鹿王，真珠玛瑙，灵石奇木，如芥子许，号曰驮都，安置塔婆，及宝箧箱，其数六粒，乃至七粒，以为最上数，乃至一粒，以为最下数，礼拜供养，顿雨七宝，如雨盛降，四种大法，三种悉地，一时圆满。

　　只要你虔诚供养，功德一样。这就告诉我们，礼拜供养舍利必须虔诚恭敬，不可有自大轻忽之举。

　　怎么样？赶快去广东韶关南华寺去礼拜六祖金身吧，他老人家已经等了你一千多年了。

　　上面说的这些例子均表明，我们可以自由选择自己的生死。

　　人可以决定自己的生死吗？常人对这个说法都会感到不可思议，生死怎么可以自己决定？人们好像从来都是听天由命的，哪有自己决定的道理和可能呢？

　　千百年来，这似乎已经成了定论，它是那样的根深蒂固，以至于人们绝对不会相信人可以决定自己的生死，真的不能吗？且慢！列位看官，请先看完下文，再做结论也为时不晚。

　　人生自古都有死，但死法各有不同。佛经上把死分为以下几种情形：

　　　　何等为死？死者舍所受身。舍所受身亦有二种：一命尽死；二外缘死。命尽死者亦有三种：一者命尽非是福尽；二者福尽非是命尽；三者福命俱尽。外缘死者复有三种：一者非分自害死；二者横为他死；三者俱死。又有三种死：一放逸死；二破戒死；三坏命根死。何等名为放逸死？若有诽谤大乘方等般若波罗蜜，是名放逸死；何等名为破戒死耶？毁犯去来现在诸佛所制禁戒，是名破戒死？何等名为坏命根死？舍五阴身，是名坏命根死。如是名曰死为大苦。（《大般涅槃经卷十二·圣行品第七之二》）

　　俗话说"黄泉路上无老少"。有的人不及出生就死掉了，有的人不及成年便夭折了，更多的则是病死，也有的是因火灾、地震、大水或车祸等导致生命戛然而止，等等，不一而足。好一点的可以无疾而终，也叫善终，这已经很不错了，自己没有痛苦，也不给社会、家庭增加负担，这是修来的无上福报了。还有比这更殊胜的吗？有！的确还有一少部分人能够做到来去自在，想来就来，想走就走，十分的潇洒自在。古时的许多高僧大德都是自知什么时候该走的，佛祖在入灭前就告知弟子们，有疑快问。六祖慧能也是如此。但还有更为奇特的，兹举几例如下。

　　唐朝时，我国禅宗高僧洞山良价大师的圆寂更有传奇色彩：咸通十年三月，良价示疾，僧问："和尚违和，还有不病者无？"曰："有。"曰："不病者还看和尚否？"曰："老僧看他有分。"曰："未审和尚如何看他？"曰："老僧看时，不见有病。"价乃问僧："离此壳漏子，向什么处与吾相见？"僧无对。因示颂曰："学者恒沙无一悟，过在寻他舌头路。欲得忘形泯踪迹，努力殷勤空里步。"遂命剃发澡身披衣，声钟辞众，俨然坐化。时大众号恸,移晷不止。价忽开目曰:"出家人,心不附物,是真修行。劳生息死,于悲何有?"复令主事僧办愚痴斋,众犹恋慕不已,延七日食具方备。价亦随众斋毕。乃曰:"僧家无事,大率临行之际,勿须喧动。"遂归丈室,端坐长往。谥悟本禅师。瞧瞧,良价禅师真乃大丈夫也,说走就走,应缘可留。

还有一个大师,名叫邓隐峰,在圆寂前,问弟子:禅师有坐着死的吗?弟子说有。师再问:有躺着死的吗?弟子答有。师又问:有站着死的吗?弟子依然答有。老和尚说:有倒立着死的吗?弟子无语。老和尚说,你看是不是这样?说完便倒立着走了,连衣服都不乱(亭亭然其衣顺体)!

不唯和尚可以如此,居士也可以如此潇洒自由:古时有个庞居士,是个大善知识,修为极佳,在圆寂前告知自己的女儿,今日中午我要走了,你去院子中看看日头,是不是午时了?女儿知道父亲要圆寂了,就告诉他说,没有,还早呢。庞居士就信以为真,这时,他女儿抢先一步坐在蒲团上,合掌圆寂了。庞居士一看笑了,赞道:这小女子机锋甚健!既然你已经抢了先,我得处理完你的后事呀,就再等三天再走吧。庞居士没办法,就又多留了三天。

生死自由也不是中国禅师的专利,外国人也有。比如日本的乐乐北隐禅师就是一位,他在八十多岁的时候,对一直照顾他的尼师说:"我年岁大了,不能再给你们添麻烦了,七月十五我走吧。"尼师以为老和尚开玩笑,就也开玩笑说:"不行呀师父,七月十五是盂兰盆节,我们还要做法事,太忙了,没有时间安排你的后事呀。"老和尚说:"也是的,那我今天就走吧。"尼师又说:"今天也不行呀,我们同样没有准备呀。"老和尚说:"那好吧,我明天再走。"到了第二天,老和尚沐浴更衣,然后叫大众来到他的室内,他与大家一起唱"净琉璃",歌声高亢、嘹亮,歌声歇处,老和尚已经圆寂!

再如石霜弟子之间的一场法战:九峰道虔禅师,尝为石霜庄诸侍者,会霜归寂,众请首座继住持。师白众曰:"须明得先师意,始可。"首座曰:"先师有甚么意?"师曰:"先师道:休去,歇去,冷湫湫地去,一念万年去,寒灰枯木去,古庙香炉去,一条白练去,其余则不。"遂问首座:"其余即不问,如何是一条白练去?"首座曰:"这个只是明一色边事。"师曰:"原来未会先师意在。"首座曰:"你不肯我,那但装香来,香烟断处,若去不得,即不会先师意。"遂焚香,香烟未断,首座已脱去。师拊首座背曰:"坐脱立亡即不无,先师意未梦见在。"瞧瞧,首座能坐脱立亡,神通大不?能够说走就走(但请诸位看官注意,尽管首座能来去自由,但他仍未彻悟,做梦都不知先师的旨意所在)。

读者可能要问了,你举的例子都是古代的,只有文字记载,不能令人信服。

的确,现代人探求精神可贵,什么都不肯轻易相信,一定要个真凭实据才肯。那么，我就给诸位再举几例现代的例子吧。

其一，河北香河周凤臣老人；

其二，安徽黄玉兰老人；

其三，元音老居士；

其四，虚云老和尚；

其五，弘一大师；

其六，四川魏国兴居士。

等等。诸君可以自己去查资料，在这里就不一一细说了。

这些活生生的例子告诉我们，人是可以决定自己的生死的。

另外，有两个反面的例子也可以证明我们完全能做到生死自在。

第一个例子说的是某法医一直对死亡很感兴趣，他很注意搜集有关濒死的体验和医案。某日，他突发奇想，想看看一个人对死亡的信息能有什么样的反应，就在一个被判死刑的犯人身上作了如下实验（这里不讨论他的做法是否符合伦理、法律等问题）：先向犯人郑重宣布，三天后将对他实施死刑。三天后，他们把犯人捆绑在一张特制的大铁床上，蒙上双眼，把他的一只胳膊拉出来。这个法医一边操作一边"自言自语"地对这个犯人做心理暗示，然后就把犯人的手腕处猛地割了一"刀"，同时打开水龙头，下面用一个容器盛装流出的"血"。犯人耳听着自己的血在不断地流出，不到十分钟，再看这个人已经死了！而实际上，他根本就没有流出血。

第二个例子是几个顽皮的伙伴，在一次喝酒后，几个人趁着一个人出去撒尿的时候，商量了一个恶作剧：等这个人一回来，他们一拥而上，把他给绑了起来，装进一个麻袋内，几个人抬着他，来到了一处铁路上，把他放在一个废弃的轨道上，说，你自己能解开绳索你就逃跑，否则，你就等着火车把你轧死吧。任凭这个人如何哀求，那几个人就是不答应把他放出来，还假装走掉了。其实，几个人一直坐在旁边看着。一会儿，在旁边的铁路上开来了一列火车，连大地的震动都能感觉得到，他们看着这个人开始奋力挣扎，但毫无希望，随着火车越来越近，这个人反而不挣扎了。等火车过去了，这几个人打开麻袋一看，他已经死了！

这两个例子说明什么？说明了人本身具有决定生死的能力，这个例子的主角虽然不是自主地决定自己的生死，但的确是在自己的意念支配之下让自己走了！既然人有这种能力，通过一定方法的修炼，达到这种状态怎么会不可能呢？完全可以。

历史上，已经有太多的圣人、贤哲为我们做出了榜样，你怎么还愚痴不化呢？怎么还能视而不见呢？

那么，我们如何控制自己的生命呢？或者换成这句话更为准确：我们如何认识自己呢？笔者认为，唯有皈依宗教，按照宗教的方法去修炼，修炼包括炼心和炼身，道家叫"修性"和"修命",只有如此,你的生命才会提升,你才能认识你自己!

修炼的方法很多,哪个法门都可以使人悟入、都可以成就。在信入并发愿的前提下,最要紧的只有两点:一是找到适合自己的修炼法门;另一是持之以恒,不可三天打鱼,两天晒网。如此则必有所获!如果再有个明师指导,你将会进步更快。

【本节链接】

【列子原文】子贡倦于学,告仲尼曰:"愿有所息。"仲尼曰:"生无所息。"子贡曰:"然则赐息无所乎?"仲尼曰:"有焉耳。望其圹,睪如也,宰如也,坟如也,鬲如也,则知所息矣。"子贡曰:"大哉死乎!君子息焉,小人伏焉。"仲尼曰:"赐,汝知之矣。人胥知生之乐,未知生之苦;知老之惫,未知老之佚;知死之恶,未知死之息也。晏子曰:'善哉,古之有死也,仁者息焉,不仁者伏焉。'死也者,德之徼也。古者谓死人为归人。夫言死人为归人,则生人为行人矣。行而不知归,失家者也。一人失家,一世非之;天下失家,莫知非焉。有人去乡土、离六亲、废家业、游于四方而不归者,何人哉?世必谓之为狂荡之人矣。又有人钟贤世、矜巧能、修名誉,夸张于世而不知已者,亦何人哉?世必以为智谋之士。此二者,胥失者也。而世与一不与一,唯圣人知所与,知所去。"(《列子·天瑞》)

【大意】子贡学累了,不想学了。他对老师说:"真想休息一下啊。"孔夫子说,只要人活着,哪有休息的呢?你怎么能休息呢?子贡很吃惊地问:"那我就没有休息的可能了吗?"夫子说:"有啊,你没看见墓穴吗?那里就是你休息的地方呀。"子贡说:"哎,死亡真是伟大,原来只有它才能让人休息啊,管他什么君子小人呢,都在这个地方集合了。"夫子教育子贡说:"人只知道生的快乐,却不知道生的痛苦;只知道老年的疲惫,不知道老年的安逸;只知道厌恶死亡,却不知道死亡其实是安息呀。"这一段告诉我们,不要害怕死,不要拒绝死,不要因此而焦虑,死是非常自然的事情,与生一样,干嘛为之焦虑?根本用不着。

下一段更加重要:死是什么?就是回归本源啊。因此古人把死人叫作归人,就是回家的人啊。既然把死人叫作回家的人,那么,活着的就是外行的人了,外行的人就是不知回家的人。不回家的人,人们都会指责他。但是如果全天下的人都不知道回家,谁还会指责呢?这段话其实指出了,我们都是颠倒之人,我们都忘记了回家的大事,整天浑浑噩噩,苟且活着而已。

列子又进一步分析说:世界上有两种人,一种是抛家舍业,流浪四方而不知归的人;另一种是追求人间名利,自以为能,自以为巧,处处炫耀自己的人。前者世人必大加指责,而后者世人必大加赞扬。那么,真的是前者错了而后者对吗?其实,两者都错了!这个只有圣人才能知道啊。

这里，列子从死这件事出发，一针见血地指出，世俗之人，只要不闻大道，就是一个不知回家的流浪汉。列子的话还不够警醒我们的吗？

【本节链接】

【列子原文】列子师老商氏，友伯高子，进二子之道，乘风而归。尹生闻之，从列子居，数月不省舍。因间请蕲其术者，十反而十不告。尹生怼而请辞，列子又不命。尹生退，数月，意不已，又往从之。列子曰："汝何去来之频？"尹生曰："曩章戴有请于子，子不我告，故有憾于子。今复脱然，是以又来。"

列子曰："曩吾以汝为达，今汝之鄙至此乎？姬！将告汝所学于夫子者矣。自吾之事夫子友若人也，三年之后，心不敢念是非，口不敢言利害，始得夫子一眄而已；五年之后，心庚念是非，口庚言利害，夫子始一解而笑；七年之后，从心之所念，庚无是非；从口之所言，庚无利害。夫子始一引吾并席而坐；九年之后，横心之所念，横口之所言，亦不知我之是非利害欤，亦不知彼之是非利害欤；亦不知夫子之为我师，若人之为我友。内外进矣，而后眼如耳，耳如鼻，鼻如口，无不同也。心凝形释，骨肉都融；不觉形之所倚，足之所履，随风东西，犹木叶干壳。竟不知风乘我邪？我乘风乎？今女居先生之门，曾未浃时，而怼憾者再三。女之片体将气所不受，汝之一节将地所不载。履虚乘风，其可几乎？"尹生甚作，屏息良久，不敢复言。(《列子·黄帝》)

【大意】列子拜老商氏为师，与伯高子交朋友，学得了二位先生的道术，乘风返回。尹生听说之后，便去跟列子在一起居住，一连几个月都不回家，但是，他向列子请教了十几次，列子都不不理不睬。尹生很不满，于是请辞回家，列子也不置可否。尹生在家里呆了一段时间，他还是想学道术，于是又回到列子那里。列子问他："你来来回回折腾个什么？"尹生回答道："我想跟你学道，你却什么都不告诉我，是以来了又去，去了又来。"

列子正色道："我以为你是一个大根器的人呢，原来你是一个这样鄙陋的家伙。坐下好好听我告诉你我是怎样在老师那里学道的。"于是乎，列子讲道："我在老师那里，三年心不敢有是非的念头，口里没有利害的言辞，老师才斜着眼睛看了我一眼而已；五年后，我心里有是非念头，口里有利害的言辞，老师才对我笑了一下；七年之后，我心里没有是非念头，口里没有利害言辞，老师才让我与他并席而坐；九年后，我已经不知道自己的是非和利害，也不知道别人的是非和利害，也不知道老师是我的老师，朋友是我的朋友。这时我已经与外界合一了，没有了分别，这时候的我啊，眼耳鼻舌等能相互通用。于是乎我精神可以凝聚，身体好似不存在，不用倚靠任何东西，可以随风任意东西而行，我不知道是我乘着风呢，还是风乘着我呢？你瞧你，才在我这里几天就再三地抱怨,你这个样子啊,大道不接受你的身体,哪怕一丁点;大地也不承载你的骨头,哪怕一小块。这样,你还想乘风而行?"尹生吓坏了,不再敢说话。

这里,需要注意以下两个要点:第一,列子说的前半段有点相当于禅宗的"见山是山,见山不是山,见山还是山"的三重境界;第二,列子修炼了九年,才达到了无分别心的境界(九年是概言而已,不是定数),内含两层意思:一是修道不是一蹴而就的事,要持之以恒。二是一定要无分别心,大道乃成。

梦醒大觉

人生如梦这句话就是来源于此,此段极佳,写作水平极高。这一段启发了无数的文人墨客,创作出大量的文艺作品,更有脍炙人口的苏轼诗句:"世事一场大梦,人生几度秋凉","人生如梦,一樽还酹江月"。

现在我们常听有人发出"人生如梦"的感慨,那么,他真正理解这句话了吗?通常人们都会认为自己的生活是真实的,真实的生活怎么"如梦"了呢?

其实,绝大多数人的"人生如梦"的感慨是停留在感情抒发的台阶上的,他感叹的是人生短暂,世事无常,回首一望,恍如一梦,仅此而已。

其实,庄子的"人生如梦"指的是:凡夫们都是生活在迷惘与虚幻之中,被虚假的事物所驱使,被各种欲望所左右,不知道事情的真相,不知道自己是谁,自己做不了自己的主人,没有"大觉"。佛经上也借天人之口问了这个问题:

不习近正法,乐着诸邪见,睡眠不自觉,长劫心能悟?(《杂阿含经·杂因诵第三》)

耽着邪见,我们就是在梦中。远离贪嗔痴,远离名色欲,就是觉悟:

贪欲及嗔恚,愚痴得离欲,
漏尽阿罗汉,正智心解脱,
彼则为觉悟,我于彼睡眠。
不知因生苦,及苦因缘集,
于此一切苦,得无余灭尽。
又不知正道,等趣息苦处,
斯等为常眠,我于彼则觉。
如是觉睡眠,如是睡眠觉,
如是善知义,如是能记说。(《杂阿含经·杂因诵第三》)

我们每天生活在这个世界上,以为是真实地活着,以为很清醒,其实我们一直被虚幻的假象所蒙蔽、所驱使。在悟者看来,我们一直生活在虚妄不实的幻象中。其实际情形也是如此,试想一下:去年的你所经历的事情,或更早的事情,和梦境有什么不同？留下了什么？

早晨睁开眼睛，回想着刚刚还在梦中，梦里的情形还历历在目。在梦中，你感觉到的是虚幻的吗？不是，相当真实。什么时候你明白了那只是个虚幻的情景呢？就是醒来后，睡醒后，才知道刚才的梦境不过是虚幻而已。

这只是一个晚上的梦，很短，很快就醒了，所以很容易就知道那只不过是个梦境而已。那么，我们把做梦的时间拉长一下，拉长到你的整个人生，你会看到什么现象？吓！你的一生都不过是在做梦而已！而且在梦中还有无数个梦！

这个结论太让人吃惊了。不过，下面的问题更令人吃惊：你认为早晨的醒是真实的？还是晚上的梦境是真实的？白天的醒是否仍然是在做梦？还是两者均是在梦中？是谁在做梦？什么时候才能醒来？我们会醒来吗？这个问题太大了。

只要我们没有把心打开，没有开悟，我们都是在做梦，不论你睡没睡着。为了区别晚上睡觉做的梦，庄子把众生的迷茫状态叫作"大梦"。是啊，这个梦的确够大的，甚至很多人不是做了一生，而是好几生都在做梦！

这个梦能不能醒啊？能。庄子告诉我们，人人都可以大觉！谁不想大觉？但要遇到已经觉悟了的圣人才行。能不能遇到呢？能。庄子说："且暮遇之也。"也就是说，早晚会遇见的，但时间可能很久啊，庄子说的是"万世之后"！吓人吧？佛也说过：佛难遇、法难闻。难遇，不等于我们就遇不到，尽管悟者很少，但每个时代都有，不要不信，是真的有。且不管多么难遇，现在的问题是，遇见了你会相信吗？你不会错过吗？这个问题的回答也是肯定的：你会！我们每个人都会！因为"愚者自以为觉，窃窃然知之"，你自己根本就不相信自己是迷茫昏聩的，自以为已经觉悟，当然就不会相信任何人的话了。

要想醒过来，必须停止你的胡思乱想，必须放弃对外物的追逐，必须按照佛陀、老子乃至庄子所说的教导去做。舍此途径，要想大觉就纯粹是妄想，古时可能还有独觉佛，现在已经根本不可能有了。大觉之后，再无梦矣！至人无梦，列子说：

神遇为梦，形接为事。故昼想夜梦，神形所遇。故神凝者想梦自消。信觉不语，信梦不达，物化之往来者也。古之真人，其觉自忘，其寝不梦，几虚语哉？
（《列子·周穆王》）

【本节链接】

【列子原文】郑人有薪于野者，遇骇鹿，御而击之，毙之。恐人见之也，遽而藏诸隍中，覆之以蕉，不胜其喜。俄而遗其所藏之处，遂以为梦焉。顺途而咏其事。傍人有闻者，用其言而取之。既归，告其室人曰："向薪者梦得鹿而不知其处；吾今得之，彼直真梦者矣。"室人曰："若将是梦见薪者之得鹿邪？讵有薪者邪？今真得鹿，是若之梦真邪？"夫曰："吾据得鹿，何用知彼梦我梦邪？"薪者之归，不厌失鹿，其夜真梦藏之之处，又梦得之之主。爽旦，案所梦而寻得之。遂讼而争之，归之士师。士师曰："若初真得鹿，妄谓之梦；真梦得鹿，妄谓之实。彼真取若鹿，而与若争鹿。室人又谓梦忉人鹿，无人得鹿。今据有此鹿，请二分之。"以闻郑君。郑君曰："嘻！士师将复梦分人鹿乎？"访之国相。国相曰："梦与不梦，臣所不能辨也。欲辨觉梦，唯黄帝孔丘。今亡黄帝孔丘，熟辨之哉？且恂士师之言可也。"（《列子·周穆王》）

【大意】一个打柴人在野外偶尔抓到了一只鹿，他很高兴，担心别人分享他的果实，就把鹿藏了起来，可是他却是一个健忘的人，一会儿就把藏鹿的地方给忘了，他就怀疑自己是做了一个梦而已。他给别人讲述自己的梦，结果有人还真的找到了鹿。得到鹿的人回家讲给老婆听，老婆说："是你在做梦吧？哪有个打柴人啊？可是如果说你在做梦吧，明明又有个鹿在。"

打柴人不甘心，晚上就做了个梦，梦见了藏鹿的地方，也梦见了找到鹿的那个人。第二天，他就去找那个人，两人为鹿争吵起来，一直打到法官那里，法官说：一人一半吧。

这事传到国君耳中，国君说：这个法官恐怕也是在梦中分的鹿吧？谁知道呢？

相国说：能够判断是梦还是真实的只有黄帝和孔夫子两人，但他们都已经死了，没有人能分辨了，所以姑且认为法官做的是对的吧。

我们每天做的事哪件是真实的？我们何时清醒过？所谓的法官是清醒的吗？现在的我们还能遇到清醒的人吗？

【本节链接】

【列子原文】西极之南隅有国焉，不知境界之所接，名古莽之国。阴阳之气所不交，故寒暑亡辨；日月之光所不照，故昼夜亡辨。其民不食不衣而多眠。五旬一觉，以梦中所为者实，觉之所见者妄。四海之齐谓中央之国，跨河南北，越岱东西，万有余里。其阴阳之审度，故一寒一暑；昏明之分察，故一昼一夜。其民有智有愚。万物滋殖，才艺多方。有君臣相临，礼法相持。其所云为，不可称计。一觉一寐，以为觉之所为者实，梦之所见者妄。东极之北隅有国曰阜落之国。其土气常燠，日月余光之照。其土不生嘉苗。其民食草根木实，不知火食。性刚悍，强弱相藉，贵胜而不尚义；多驰步，少休息，常觉而不眠。（《列子·周穆王》）

【大意】列子讲了三个国家，一个叫古莽，一个叫中央，一个叫阜落。古莽国没有寒暑，没有日月，没有阴阳。古莽人不吃不喝也不穿，经常睡觉，五十天醒一次，他们把睡眠中的梦当作真实，反而把醒时做的事当作梦境；中央国地跨黄河两岸，横亘泰山东西，有日月，有阴阳，有寒暑。中央人有的智慧有的愚笨，要有人来治理，要有法度和礼节来约束,他们把醒时做的事认为是真实的,把梦中的东西看作虚妄不实;阜落国气候闷热,没有黑夜,风不调,雨不顺,庄稼都长不好。阜落人比较落后,不会用火,性情刚强,不知礼仪,相互斗殴,奔跑不休,他们基本不睡觉,也就没有梦境可言了。

三个国家,三种环境,三种人,所谓一方水土一方人就可能是这样吧。哪个好些呢?比较一下!

想什么呢?上当了吧?比较是我们常犯的毛病。

和之以天倪

这是"莫若以明"的另外一种说法。你心无杂念、一念不生的时候,你的心如明镜一般,就会深入事物的实相,就会与自然合拍,行为和想法就不会与自然规律冲突,也就与自然合二为一了,这叫"和之以天倪"。

灵台明净的时候怎么会对事物的因果有很深的洞见呢?举个例子来说明这个问题。当天空一片云彩也没有的时候,整个天空湛蓝湛蓝的,如果突然出现一片云彩,那么,这片云彩的发生、发展、变化乃至移动和消失,你就会一清二楚。相反,如果整个天空阴云密布,恶风怒吼,云、雾、霾、尘都分不清楚,天地混沌一片,这时你还会注意到什么呢?哪片云彩的来龙去脉你都不会知道。

所以,古人说"静心合万物"。你会说,这不就是人们经常说的"天人合一"吗?如此说,亦对亦不对。

我们在静坐时,通常不用很深的禅定就可以有"身体四肢"消失了的感觉,会产生与整个宇宙合而为一的整体的感觉,毫无分别。此时的你可以是"别人",也可以是"动物",甚至能感到自己是"石头",会觉得这就是"天人合一"的境界了。但,真正的过来人知道,这还不是彻底的"天人合一",因为这时的你还有极细微的"我"的概念的存在!是什么?你还有一个"我"与"天"合一了的概念!在"合一"的后面还有一个极细微、不易察觉的"我"的存在!六祖把这种情形叫作"不存一见存无见,大似浮云遮日面"。这个见太大了,所以才不易被人觉察,所以想要去除才更加困难。

【本节链接】

【列子原文】江浦之间生么虫,其名曰焦螟,群飞而集于蚊睫,弗相触也。栖宿去来,蚊弗觉也。离朱子羽方昼拭眦扬眉而望之,弗见其形;䴢俞师旷方夜擿耳俯首而听之,弗闻其声。唯黄帝与容成子居空峒之上,同斋三月,心死形废;徐以神视,块然见之,若嵩山之阿;徐以气听,砰然闻之,若雷霆之声。(《列子·汤问》)

【大意】有一种小虫子,哎呀,太小了,小到什么程度呢?一大群落在蚊子的眼眉上，互相之间也不拥挤；它们飞来飞去的，蚊子也不能察觉。视力最好的人也看不见它的形体，听力最好的人也听不见它的声音。只有黄帝和容成子能看见这小虫子好大好大，能听见它的声音像雷霆一样巨响。为什么呢？因为黄帝和容成子能做到"心死形废"，也就是"和之以天倪"了呀，达到这个境界的人，万物无不在于自心矣。

罔两问景

影子外的影子，都是依赖别的事物才能存在的东西，也就是不知道自己，庄子说它们是"有待者"，所以才"无特操"。意即不依附别的东西就不能存在，也就只好在生活中随波逐流了。

绝大多数的解庄著作把这一段解释成"人要有主见"，不能做墙头草。这样解释似乎也没有错。但笔者认为庄子不是讲世间做人做事的道理的，他讲的是出世间的理，故我认为此段的中心思想是要我们"找到自己的本性"，也就是要我们认识自己。不找到自己的本来面目，就只能像个影子一样在六道轮回中头出头没，不能自己了。

认识自己，不但是佛教的教义，其他宗教也莫不如是，如古希腊的帕特农神庙在最显眼的位置上即书写着"认识你自己"的大标语。哲学家也强调这个命题，如苏格拉底就十分重视这个命题，他经常要求年轻人要"认识自己"。

认识自己，佛教叫作"见性"、"找到自己本来面目"等，基督教叫作"认识神"、"回归天堂"等，见性即见到自己的佛性。佛性，耶稣叫作基督，其实都是一个意思。

一天，死神来到一座城市，在进城前，死神遇到了市长。市长看见死神来到自己的城市便很紧张，他问死神来此的目的。死神答："明天这座城市有100个人要死亡，我是来接收他们的。"市长一听，觉得自己有救子民的义务，于是紧急通知全市居民，要小心这未来24小时，避免自己死亡。然而第二天，全城却一下子死了一千多人。

市长很生气，他找到死神质问："你说只有100个人要死，为什么又一下子收去了一千多人？"

死神答："这要问你自己了。"

市长十分疑惑地问："问我？为什么问我？难道是我杀死他们的？"

死神答："我真的只接受了那该死的100人，其余的人都是被你的消息给吓死的。"

到底是谁杀死了他们？其实是他们自己！他们被恐惧、焦虑给吓死了。

只有开悟见性的人，才能活出真正的自己。

一个年轻人向一位著名的喇嘛求教，他说："我听说您遇见过一位圣人，经过他的指导，你已经是一位快乐的解脱者了。请您告诉我，如何找到这位圣人，我想请他指点迷津，也能获得解脱。"

老喇嘛认真地看着年轻人,说:"是的,我遇见过着位圣人,他就住在喜马拉雅山珠穆朗玛峰上,你去找他吧,他绝对能给你解脱的智慧。"

年轻人深信不疑,立刻动身出发,克服重重困难,终于登上了珠穆朗玛峰顶。他仔细寻找了半天,一个人也没有见到,更别提圣人了。

他怒气冲冲地下了山,立刻去见那位喇嘛,质问道:"我非常相信您的话,一路虔诚地爬到山顶,可是那里除了我以外,根本没有什么圣人。您为什么说谎骗我呢?"

这位仁波切仁慈地对年轻人说:"你说的对极了,除了你自己之外,根本就没有什么圣人!"

年轻人闻言豁然大悟:"认识自己的时刻,自己就是圣人。"

认识自己就再也没有烦恼了吗?不,只要你活着,人人都会有烦恼的,就连开悟的圣人也一样,他们也会遇到烦恼的。所不同的是,我们凡夫遇到烦恼,我们的心,我们的情绪就跟着烦恼跑了;而开悟的人不会,他们早已超越了烦恼,获得了自在。

古希腊的大哲学家苏格拉底总是快乐的,别人很是不解。曾经有人问苏格拉底:"难道你从来就没有烦恼吗?"苏格拉底笑了,他摇了摇头:"不,不。我和你一样,也有烦恼,只不过你做了烦恼的奴隶,我却是烦恼的主人,如此而已。"

化 蝶

这个故事可能是《庄子》中最著名的了。庄子的想象奇特真可以说前无古人后无来者。关于化蝶的研究分析文章有很多,有的从哲学角度去分析,有的从美学角度去分析,这方面的论述可谓洋洋洒洒,蔚为大观。但笔者可说是另辟蹊径,我觉得还是应该从悟道的角度去理解更为准确。

一个人化成了蝴蝶?还是一个蝴蝶化成了人?为什么庄子要用蝴蝶而不是别的什么动物?为什么是"化"而不是"变"?

其实,在执著之人来说,一定要分清到底是庄周变成了蝴蝶,还是蝴蝶变成了庄周。而在开悟的觉者那里,本没有什么庄周和蝴蝶,他们本就是一体的,是一个整体。套用《心经》的语句模式来说就是:庄周不异蝴蝶,蝴蝶不异庄周;庄周即是蝴蝶,蝴蝶即是庄周。非一非异,是不二的。

为什么要用蝴蝶呢?庄周用这个来比喻我们的本性的"化"真是太巧妙了。众所周知,蝴蝶是由一个毫不起眼的、甚至有点难看的蛹"化"来的,经过这个蜕变过程,一个蛹就化成了美丽的蝴蝶,这个变化太神奇了是不是?仿佛变成了另一种动物似的。注意,我用的词是"仿佛",而实质上,它还是那个小昆虫,还是一个,没有变成另外一个!虽然没有变成另外一个动物,但蝴蝶已经完全脱离了原来蛹的样子,可以说,已经发生了本质的变化。太神奇了,庄子怎么就想到了这个神奇的昆虫呢?庄子用这个来表示佛性再贴切不过了：我们的佛性开始时是不觉的，我们也是未开悟的佛，但我们具有佛性，可以开悟成佛，成佛后我们变成另外一个人了吗？没有。成佛后，我们没有变化吗？也不是没有变化，我们的内在已经发生了天翻地覆的变化。你瞧！这与蛹化蝴蝶的过程是多么的相像！

为什么要用"化"这个字而不用"变"字呢？变容易让人误解成有一种东西变成了另外一种东西，而化则表示的是同一物质的不同表现形式。所以你不得不佩服庄子用字之准确之高明！

我们修道的任务就是要学会"化"！化放逸为持戒，化愚痴为智慧，化懈怠为精进，化散乱为禅定，化迷为觉，当然也就化凡夫为悟者。你执著于"化"？那就不能化了，要化而不化，不化而化，这才叫无为而为，为而无为。

你再回过头去看一看鲲鹏是如何化的，有没有更深一层的体会？

【本节链接】
【本经原文】颜渊问乎仲尼曰："回尝闻诸夫子曰：'无有所将，无有所迎。'回敢问其游。"仲尼曰："古之人，外化而内不化，今之人，内化而外不化。与物化者，一不化者也。安化安不化，安与之相靡，必与之莫多。狶韦氏之囿，黄帝之圃，有虞氏之宫，汤武之室。君子之人，若儒墨者师，故以是非相䪨也，而况今之人乎！圣人处物不伤物。不伤物者，物亦不能伤也。唯无所伤者，为能与人相将迎。山林与，皋壤与？使我欣欣然而乐与！乐未毕也，哀又继之。哀乐之来，吾不能御，其去弗能止。悲夫，世人直为物逆旅耳！夫知遇而不知所不遇，知能能而不能所不能。无知无能者，固人之所不免也。夫务免乎人之所不免者，岂不亦悲哉！至言去言，至为去为。齐知之所知，则浅矣。"（《知北游》）

【大意】颜渊问孔子说："我曾听先生说过：'不要有所送，也不要有所迎。'请问先生，一个人应该怎样居处与闲游。"孔子说："古之人，外表适应周遭环境变化，但他的内心世界却不随着环境的改变而有任何波动；而现在的人却相反，他的内心躁动不安，妄念丛生，对外却顽固执著他的想法而不能适应周遭环境的变化，与外物相抵牾。能够顺应外物变化的人，能做到事来则应，事去则灭，保持内心寂然不动。这样，无论外界变化与不变化，他都能安然听任，与外界环境相顺应，而内心始终保持空灵明净，没有丝毫偏移（"安化安不化"意即对于"化"与"不化"都能做到心的寂然不动）。狶韦氏的苑囿，黄帝的果林，虞舜的宫室，商汤、周武王的房舍，都是他们养心任物的好处所。而那些被称作君子的人，如像儒家、墨家之流，以是非好坏来相互诋毁，何况现在的人呢！圣人与物相处却不伤物。不伤物的人，物亦不伤之。正因为两无伤害，因而与他人相送或相迎都自然而然。山林欤？旷野欤？这些都可使人感到快乐！然而，这欢乐是短暂的，它还未来得及消逝，悲哀就接踵而至。悲哀与欢乐的到来，我无法阻挡，悲哀与欢乐的离去，我也不可能制止。可悲啊，世上的人们统统都是处在与物对立的二元分裂状态呀。人们知道遇上了什么，但没有遇到的就不能知道了，能够做自身能力所及却不能做自身能力所不及的事。不知道与不能够，本来就是人们所不可回避的，一定要避开自己所不能避开的事，难道不可悲吗！最好的言论是什么也不说，最好的行动是什么也不做。想让大家的观点、想法、见地与自己一样，那就实在是浅陋了。"

养生主第三

原　文

吾生也有涯，而知也无涯。以有涯随无涯，殆已；已而为知者，殆而已矣！为善无近名，为恶无近刑。缘督以为经，可以保身，可以全生，可以养亲，可以尽年。

庖丁为文惠君解牛，手之所触，肩之所倚，足之所履，膝之所踦，砉然响然，奏刀騞然，莫不中音，合于桑林之舞，乃中经首之会。

文惠君曰：嘻，善哉！技盖至此乎？庖丁释刀对曰：臣之所好者道也，进乎技矣。始臣之解牛之时，所见无非全牛者。三年之后，未尝见全牛也。方今之时，臣以神遇而不以目视，官知止而神欲行。依乎天理，批大郤，导大窾，因其固然；技经肯綮之未尝，而况大軱乎！良庖岁更刀，割也；族庖月更刀，折也。今臣之刀十九年矣，所解数千牛矣，而刀刃若新发于硎。彼节者有间，而刀刃者无厚。以无厚入有间，恢恢乎其于游刃必有余地矣，是以十九年而刀刃若新发于硎。虽然，每至于族，吾见其难为，怵然为戒，视为止，行为迟，动刀甚微。謋然已解，如土委地。提刀而立，为之四顾，为之踌躇满志，善刀而藏之。

文惠君曰：善哉！吾闻庖丁之言，得养生焉。

公文轩见右师而惊曰：是何人也？恶乎介也？天与，其人与？曰：天也，非人也。天之生是使独也，人之貌有与也。以是知其天也，非人也。

泽雉十步一啄，百步一饮，不蕲畜乎樊中。神虽王，不善也。

老聃死，秦失吊之，三号而出。

弟子曰：非夫子之友邪？

曰：然。

然则吊焉若此，可乎？

曰：然。始也吾以为其人也，而今非也。向吾入而吊焉，有老者哭之，如哭其子；少者哭之，如哭其母。彼其所以会之，必有不蕲言而言，不蕲哭而哭者。是遁天倍情，忘其所受，古者谓之遁天之刑。适来，夫子时也；适去，夫子顺也。安时而处顺，哀乐不能入也，古者谓是帝之县解。

指穷于为薪，火传也，不知其尽也。

白　话

　　人的生命是有限的，而世智聪辩和欲望却是无限的。以有限的生命去追求无限的东西，势必体乏神伤，既然如此还在不停地追求，那可真是十分危险的了！做了世人所谓的善事却不去贪图名声，做了世人所谓的恶事却不至于面对刑戮的屈辱。按照自然中正的法则去做，就可以保全自身，就可以保全天性，就可以奉养双亲，就可以终享天年。

　　一个厨师给文惠君宰杀牛牲，分解牛体时手接触的地方，肩靠着的地方，脚踩踏的地方，膝抵住的地方，都发出砉砉的声响，无不像美妙的音乐旋律，符合桑林舞曲的节奏，又合于经首乐曲的乐律。

　　文惠君说："真美妙呀！技术怎么达到如此高超的地步呢？"

　　厨师放下刀回答说："我所喜好的是摸索事物的规律，不停留在一般的宰牛技巧上面。我刚开始分解牛体的时候，所看见的都是一头整牛。几年之后，就再也不曾看到整体的牛了。现在，我只用心神去接触而不必用眼睛去观察，眼睛的官能似乎停了下来而精神世界还在不停地运行。依照牛体自然的生理结构，劈开肌肉骨骼间大的缝隙，把刀导向那些骨节间大的空处，顺着牛体的天然结构去解剖；从不曾碰撞过经络结聚的部位和骨肉紧密连接的地方，何况那些大骨头呢！优秀的厨师一年更换一把刀，因为他们是在用刀割肉；普通的厨师一个月就更换一把刀，因为他们是在用刀砍骨头。如今我使用的这把刀已经十九年了，所宰杀的牛牲成千上万头了，而刀刃锋利就像刚从磨刀石上磨过一样。牛的骨节乃至各个结合部位之间是有空隙的，而刀刃几乎没有什么厚度，用薄薄的刀刃插入有空隙的骨节和结合部位间，对于刀刃的运转和回旋来说是宽绰有余的。所以我的刀使用了十九年刀锋仍像刚在磨刀石上磨过一样。虽然这样，每当遇上筋腱、骨节聚结交错的地方，我看到难于下刀，为此而格外谨慎不敢大意，目光专注，动作迟缓，动刀十分轻微。当整个牛体霍霍地全部分解开后，就像是一堆泥土堆放在地上。于是，我提着刀站在那儿，环顾四周，踌躇满志，这才擦拭好刀收藏起来。"

　　文惠君说："妙啊，我听了厨师这一番话，从中得到养生的道理了。"

　　公文轩见到右师，大吃一惊，说："这是什么人？怎么只有一只脚呢？是天生只有一只脚，还是人为地失去一只脚呢？"右师说："天生成的，不是让人砍掉的。我生来就只有一只脚，人的外观完全是上天所赋与的。所以知道是天生的，不是人为的。"

　　沼泽边的野鸡走上十步才能啄到一口食物，走上百步才能喝到一口水，可是它丝毫也不会祈求畜养在笼子里。生活在樊笼里虽然不必费力寻食，但精力即使十分旺盛，那也是很不快意的。

老聃死了，他的朋友秦失去吊丧，大哭几声便离开了。老聃的弟子问道："你不是我们老师的朋友吗？"

秦失说："是的。"

弟子们又问："那么像这样吊唁朋友，行吗？"

秦失说："行。原来我认为你们跟随老师多年都是超脱物外的人了，现在看来并不是这样的。刚才我进入灵房去吊唁，有老年人在哭他，像做父母的哭自己的孩子；有年轻人在哭他，像做孩子的哭自己的父母。他们之所以会聚在这里，一定有人本不想说什么却情不自禁地诉说了什么，本不想哭泣却情不自禁地痛哭起来。如此是违反常理、背弃真情的，他们都忘掉了人是禀承于自然、受命于天的道理，古时候人们称这种作法就叫作背离自然。该来的时候来到世上，是应时而生；该离开的时候离开人世，是顺时而死。安于天理，顺从自然，哀伤和欢乐便都不能影响这个人，古时候人们称这样做就叫作自然解脱。

柴薪终会燃尽，而火种却传续下来，永远不会熄灭。

题　解

养生主：善待吾身，浑然忘我，物不害己；长养圣胎，开发菩提心，明了自己的真宰，悟到自己的佛性。本章是内七篇中最短的一章，可见庄子重点不在这里，而在于告诉我们什么是大道，什么是真人，以及如何悟道等问题，悟了的人自然懂得养生。

要点禅解

有涯无涯

现代生活中，我们常常听到学校的老师或家长这样教育孩子："吾生也有涯，而知也无涯。"要努力学习呀，否则你什么也不会，将来在社会上怎么立足啊？！

其实，这些人或许不知道，这可不是庄子的本意。我这样说，一点也没有嘲笑老师或家长的意思，因为古语意义的变化不是他们的责任。在长达几千年的时间跨度里，很多语义已经发生变化，甚至有些已经变得与最初的原意截然相反，庄子的这句话就是一个典型例子。

庄子用这样一句话想表达什么意思？庄子说的是，要停止我们的"知"，停止我们的妄想，否则，我们会耗尽宝贵的生命而找不到真理（生命是有限的，而人世间各种知识、技能和手段，以及人类的欲望、杂念却是无限的，如果我们一个劲地外求，不知返观内视，那可就危险了）。其实这句话是老子"为学者日益，为道者日损。损之或损，以至无为也"的另一种说法而已。

昔时大珠慧海禅师前去礼拜马祖，祖问曰："从何处来？"曰："越州大云寺来。"祖曰："来此拟须何事？"曰："来求佛法。"祖曰："自家宝藏不顾，抛家散走做什么！我这里一物也无，求什么佛法？"师遂礼拜问曰："阿那个是慧海自家宝藏？"祖曰："即今问我者，是汝宝藏，一切具足，更无欠少，使用自在，何假向外求觅？"师于言下自识本心，不由知觉，踊跃礼谢，师事六载，后受业师年老遽归奉养。

大珠慧海禅师到处跑，其实就是庄子所说的"知"，马祖让他停止"知"，他就立刻找到了自家的宝藏。如果大珠慧海不是一个上上根人的话，他就会继续到处去参学，继续以他的"知"去求佛法，那就一定会发生庄子说的"殆矣"的情形，慧海禅师也就永无出头之日了。为什么呢？因为用后天的"知"去求佛法，那就是把佛法当作学问来研究了，佛法是学问，而且是很深的学问，这一点儿也不假。但佛法不仅仅是学问，佛法重在真实的体悟，重在开发我们的般若。如果一旦陷入学问的研究中去，就很难再从中拔出来了。故而古来的大德生怕徒弟走错了路，一旦发现，立刻棒喝交加，加以制止，就是怕深陷其中不能自拔。古语说："宁可千年不悟，不可一朝错路。"可见走错路有多么可怕。

我们都有些什么"知"？这可太多了。比如，我们想知识广博，我们想出人头地，我们想发财致富，我们想山珍海味，我们想花前月下，我们想灯红酒绿，我们想歌舞伎乐等等，这些都是"知"，而这些知就会耗尽我们的生命，要想见自己的佛性就难上加难了。古人说："任你见解过于鹙子，不若颟顸似个石头。"虚云老和尚有一个弟子的例子最能说明这个问题了：老和尚在云南鸡足山修复迦叶道场时，收了一个弟子叫具行，具行没有文化，人很老实，任劳任怨，用他自己的话说就是一个很笨的人，但是他对虚云老和尚的话那叫一个信！没有半点怀疑。老和尚叫他念佛，他就没有丝毫杂念地念佛，结果他往生时，预知时至，端坐往生，并以三昧真火自化，身形不倒。老和尚见了，赞叹道："为师不如也！"

举一个生活中的例子，就会清楚我们是如何深受其害还不自知的。这个例子就是我们都熟知的电子产品：电视、电脑和手机。自从电视被发明以来，我们有多少时间和精力被放在了电视上？电脑和手机呢？就更厉害了！君不见现在的人已经离不开电脑和手机了么？我们把大好的时光都消耗在这些东西上面了，而这些东西是无止境的，你不见电子产品已经在短短的几年间就已经更新好几代了吗？我们哪里还有时间去修行呢？更关键的是，这些东西已经把我们的心搞得越来越乱，一刻也停下不来了，即使你想修行也已经根本不可能了。这不可怕吗？这不危险吗？这就是"以有涯随无涯"的结果啊。

这些消耗我们的"知"太多了。怎么办？其实办法很简单，就是停下来，不要胡思乱想了，不要外求了，看着你的自心，直到根尘脱落，就朗然大觉矣。到那时，你不去知，知反而自来，而且是正知，不是邪见。且看一个真实的例子：

> 宗本圆照禅师，乃福昌一饭头，懵无所知。每饭熟，必礼数十拜，然后持以供僧。一日，忽大悟，咨口所言，皆经中语。自此见道甚明。

一个做饭的僧人，没什么文化，竟然以虔诚心而开悟，可见开悟不在乎什么有没有文化。

笔者试拈一句：与前面的王倪说的"恶乎知之"一样，本章也要我们停止"知"。那么庄子是不要我们学习了吗？留给你参一参吧。知见所致的框框和知是不是一回事？

【本节链接】

【列子原文】其使多智之人，量利害，料虚实，度人情，得亦中，亡亦中。其少智之人，不量利害，不料虚实，不度人情，得亦中，亡亦中。量与不量，料与不料，度与不度，奚以异？唯亡所量，亡所不量，则全而亡丧。亦非知全，亦非知丧。自全也，自亡也，自丧也。（《列子·力命》）

【大意】如果让足智多谋的人度量利害，思料虚实，猜度人情世故，他所得是一半，所失也是一半；相反，那些愚笨的人不会度量利害，不会思料虚实，不懂人情世故，他们所得也是一半，所失也是一半。所以思量不思量有什么差别吗？思量与不思量都忘记，这才能保全本性而不丧失啊。这不能靠"知"而得到，也不能因"知"而丧失。或全、或亡、或丧，都是自己的选择啊。

本段是要我们去除人为，体任无为自然的本性。

【本节链接】

【列子原文】晏平仲问养生于管夷吾。管夷吾曰："肆之而已，勿壅勿阏。"晏平仲曰："其目奈何？"夷吾曰："恣耳之所欲听，恣目之所欲视，恣鼻之所欲向，恣口之所欲言，恣体之所欲安，恣意之所欲行。夫耳之所欲闻者音声，而不得听，谓之阏聪；目之所欲见者美色，而不得视，谓之阏明；鼻之所欲向者椒兰，而不得嗅，谓之阏颤；口之所欲道者是非，而不得言，谓之阏智；体之所欲安者美厚，而不得从，谓之阏适；意之所为者放逸，而不得行，谓之阏性。凡此诸阏，废虐之主。去废虐之主，熙熙然以俟死，一日、一月、一年、十年，吾所谓养。拘此废虐之主，录而不舍，戚戚然以至久生，百年、千年、万年，非吾所谓养。"管夷吾曰："吾既告子养生矣，送死奈何？"晏平仲曰："送死略矣，将何以告焉？"管夷吾曰："吾固欲闻之。"平仲曰："既死，岂在我哉？焚之亦可，沈之亦可，瘗之亦可，露之亦可，衣薪而弃诸沟壑亦可，衮衣绣裳而纳诸石椁亦可，唯所遇焉。"管夷吾顾谓鲍叔黄子曰："生死之道，吾二人进之矣。"（《列子·杨朱》）

【大意】晏婴问养生的道理，管仲回答说："放任自然，不要阻塞，不要人为控制和干预，这就是养生的道理。"晏婴说："你说得具体点！"管仲说："该干什么干什么就是了（讲了一大堆什么眼耳鼻舌身意，举一例即可明白管仲的意思：比方说眼睛吧，它的功能就是看，那就看就是了，不要阻碍它的看，但你却要单纯地看，不能让自己的意识跟着跑）。如果能做到，仅活一日、一月或一年十年，也是养生；如果做不到，那么即使活了百年千年，也不是养生啊。"管仲说完后问晏婴："那你说说人死怎么葬？"晏婴说："死都死了，还说什么送葬的事？"管仲回敬说："你也得说得具体点！"晏婴说："火烧也行，土埋也可，扔水里也罢，扔沟里亦可，爱咋咋地吧。"管仲回过头来对鲍叔牙说："生死之道，我们两个已经说完了。"

顺乎自然是这段的主题思想。什么是养生？真正的养生不是比别人活得长，而是你活的每一天都是真实的，这样的生才是养生。假如你的生是颠倒的，是虚假的，是堵塞的，活着也是行尸走肉，你这不叫养生，叫养肉。

善恶不思

"为善无近名，为恶无近刑。缘督以为经，可以保身，可以全生，可以养亲，可以尽年。"本段话的前面一句与六祖大师的"不思善，不思恶"是一样的。善恶都莫思量，这时的你是什么状态？朗朗乾坤，光天化日，你光明一片啊。这时的你如婴儿一般纯净无染，人无伤虎意，虎无害人心，当然可以保身了。更重要的是，你的佛性大显，你的菩提增长，再也不会失去你的"真君"了，这才是"养生"的最终目的。

关于善恶，儒家历来有争论。如孟子说，人人都有四端之心，人的本性是善的；而荀子则说人的本性是恶的，善的行为是人们后天学习得来的。孰是孰非？其实，从修道的角度来讲，他们都错了！真正的本性是善恶都莫思量。

什么是"为善无近名"？就是我们做好事不为名，不求利，这个比较好理解。但有的人做了好事却总是喜欢大肆张扬，喜听别人表扬，好像听不到表扬自己就很吃亏似的。更有甚者，目前还出现了什么"国际首善"的证书授予某某人的事件，这简直让人无语：难道善仅仅以金钱和物资的多少来衡量吗？老百姓都知道要积阴德，也就是只管默默做好事，别问是否有回报。老子对此是这么说的：

为而弗恃，成而弗居。（《道德经·四十八章》）

佛对此是这么说的：

菩萨所做福德，不应贪着。（《金刚经·不受不贪分》）

你担心你的善行化为乌有了？呵呵，首先，别担心，它不会消失，你依然会得到它的福报，所谓"有隐行者必有显名，有阴德者必有阳报"就是这个意思。其次，你若是还有担心你的福德是否会消失的想法，那根本上还是红尘凡夫，修道的路你还没有踏上一步呢。

昔时，有一家境十分贫穷的女人，把自己仅有的几粒米熬成了一碗稀饭，供养给佛陀，佛陀受了这个女人的供养后说："施主，你这一碗稀饭，福报无量无边，不可思议。"弟子十分不解："这么一碗稀饭怎么会有这么大的福报呢？"佛陀问弟子："你见路边的大树了吗？"弟子曰："见。"佛陀问："它的种子有多大？"弟子曰："芥子许。"佛陀说："芥子许的种子可以长成参天大树，布施福报亦复如是。"

什么是"为恶无近刑"？很多的解庄著作对此的解释都不甚准确，比如大多数解释为"做了坏事，但不至于受到刑法的惩罚"。还想做坏事？这样还能养生？这怎么能是庄子的意思呢？其实，这句话的意思是"无意中做了'恶事'是不会受到报应的，不要落于深深的自责中不能自拔"。

对于这个解释，你可能还是有些疑问。举个例子来说明之：我们不可杀生。杀生罪业极大，甭说你还要修道了，即使是一个普通人，也应该心怀慈悲，善待其他众生。但，"杀生"基本上可分为两种情形：一种是"故意"杀生，一种是"无意"杀生。前者罪孽深重，如为了一饱自己的口腹之欲而杀各种动物者是，什么也不为就踩死小猫小狗者是，为了获取动物的皮毛而杀生者是，甚至还有单纯为"练胆"而杀人的更是，等等，太多了，简直是罄竹难书。人有时候杀生毫无理由，与食肉动物的杀生有本质不同。食肉动物纯粹是为了活下去才猎杀其他动物，而人却是为了一己之欲而滥杀无辜！这样的杀生罪大如天，不下地狱才怪。

但有时你也杀了生，然而却是无需下地狱的。例如，你在田地里劳作，翻土施肥时，会使很多小动物受伤，甚至有的会死掉。有的沙弥担心自己"杀生"，就不再出坡劳动了。老和尚见状，问他为什么不干活去了，小沙弥说明原委，老和尚开示了一句：你是去种地的。小沙弥大悟，乐颠颠地去出坡了。

佛陀在世的时候，有一次佛陀带着弟子结束了雨安居，来到一个很久没有住人的竹园。由于竹园很脏很乱，需要打扫才能住人，佛陀与弟子们一起打扫院落，其中一个弟子在扫除时弄死了一个小昆虫。弟子觉得自己杀了生，问佛陀怎么办，佛陀说：你是来打扫院落供比丘们住的。

当年虚云老和尚从普陀山起香，三步一拜朝礼五台山，在乘船由岛子上岸时，船把岸边的小鱼挤死了几条。同行的一个僧人问老和尚："船家杀生了，是否该下地狱？"虚云老和尚说："该下地狱的是你！"这个僧人大惑不解。笔者试拈一句：为什么老和尚说下地狱的是这个僧人而不是船家呢？

这才是"为恶无近刑"的含义，而不是说做了坏事却不受惩罚。在生活中，这样不经意间做错了事的情形十分常见，如果纠结于此，那你就没法活了。例如，你不能喝水，甚至连开水都不能喝，因为一滴水中有八万四千微虫！即使过滤了，水中仍有微生物存在，烧开水，它就死了，难道你能因此而渴死吗？完全不必，佛说，你把水滤过以后，就可以用了。

你也不能走路，因为地上有无数的小虫子会被踩死。

你不能做的事情多了去了，数不胜数。这样你还能生活吗？还能修行吗？根本就不可能了。我们要的是堂堂正正的生活，认认真真的修行，却不是死钻牛角尖的呆子。这才是"为恶无近刑"的真实含义。

笔者这样说了，诸君千万不要以为随随便便的杀生没有果报，要弄懂这里面的本质区别，否则你只能是罪加一等，下地狱有份在！

佛教的戒律重在要我们戒心，外戒形体也是为戒心而准备的，从而达到内外均戒而又不刻意持戒，存粹出乎内心，外化于行，这才是真正的戒，也就是孔老夫子说的"从心所欲而不逾矩"的境界。因此佛教的戒律不是呆板的，如果呆板的持戒，就是徒有佛教徒之表，内心之恶不知凡几呢。这样的持戒与不持没有不同，甚至更恶，成了假道学，所以才有"持戒比丘下地狱，破戒僧人上天堂"的说法。

杀生还有一种极特殊的情形，这就是自杀。目前我国自杀率为20/10万，高于世界平均水平。我国自杀死亡人数占全世界自杀人数的1/4，每年大约有30万—40万人自杀。在15—34岁人群中，有3000万处于心理亚健康状态，24.3%的人有过一过性的"活着不如死了好"的意念。这一年龄人群每年因自杀而死亡的约20万人。对于自杀，多数人还是认为不好的，但不可否认的是在广泛重视人权的今天，也有不同的声音。有人说："我杀的是自己，我有生存与否的选择权。"尤其是对于身患绝症而又十分痛苦的病人来说，他的自杀还是有一部分人予以理解的。那么，佛教是如何看待自杀的呢？答案很明确：佛教反对自杀。佛教认为，自杀也是杀生，生命是宝贵的，因为他是一尊佛，尽管是没开悟的佛，但本质上还是一尊佛，而你没有权力杀死一尊佛，出佛身血的果报很严重。所以我们必须反对自杀，即使是患病者，也应该想办法减轻痛苦，而不是选择自杀。其实，话又说回来了，你为何在临终时这么痛苦？原因还是自己呀。你平日里都做了什么？因果报应丝毫不爽的！有几付城隍庙里的对联很是警醒梦中人的：

阳世三间，积善作恶皆由你；
古往今来，阴曹地府放过谁！
站着，你背地做些什么？好大胆还来瞒我；
想下，俺这里轻饶哪个？快回头莫去害人！

任凭尔无法无天，到此间孽镜台前，还有胆否？

须知我能宽能恕，何不把屠刀放下，回转头来。

问你平生所干何事？图人财，害人命，奸淫人妇女，败坏人伦常，摸摸心头惊不惊？想从前千百诡计奸谋，那一条孰非自作！

来我这里有冤必报！减尔算，荡尔产，殄灭尔子孙，降罚尔祸灾，睁睁眼睛怕不怕？看今日多少凶锋恶焰，有几个到此能逃！

我们平日里不是思善，就是思恶，没有一刻停歇，而且，思恶的时候远远多于思善的时候。古语有道"万恶淫为首，百善孝为先"，你看，形容恶用万字，形容善用的则是百字，说明恶比善多得多。其实，我们有谁能做到"百善"？当代的人能够做到几善也就很了不起了。善是人们所乐见的，社会也大力宣扬善行，这无疑是对的。生活需要善，人们需要善，善有利于和谐社会的建设，有利于提升人类整体素质。

然而，思善对于修道者来说却是错误的想法。真正的修道者，应该是善恶都不思的！你不思量，大道才会与你同在。所以这里的善，不仅仅是指做善事而已，还包括你的修行心得，你的修行体悟，你的修行境界，你的修行著相，等等都是。

比如，古时，有一僧人问开悟的曹山本寂禅师："朗月当空时如何？"

禅师答："犹是阶下汉。"

僧人说："请师接上阶。"

师云："月落时相见。"

这是什么意思呢？

这个僧人很了不起，他已经修到一片朗月在心头的境界了，这是很难得的成就。然而他太喜欢这个境界了，结果就住在其中而出不来了，是为著相，就是还没有最后彻悟。什么时候才能彻悟呢？这也是这个僧人的追求，所以他才请曹山禅师接引他"上阶"。禅师直接告诉他，要等到"月落"以后才行，意思是你不要住在这个境界中，要超越它才可以彻悟。

明代高僧憨山德清禅师，有一次行脚到盘山，在一个山洞中看见一个老僧入定，憨山上前行礼问讯，但老僧一点儿反应也没有。憨山大师见状也坐在老僧旁边。一会儿，老僧出定，下座烧开水，自饮，憨山大师也取一杯自饮。老僧做饭，大师也自取一碗来吃。如是几日，两人都不言语。

七天后，老僧才开口说话，问道："从哪里来？来此为何？"

憨山大师答："从南方来，来参访隐者。"

老僧曰："隐者面目如此，并无奇特。"

憨山大师答道："一进门早就看破了也。"

老僧大笑："老僧住此三十年，今日幸得遇见一个同风。"

一天晚上，憨山大师在经行时，忽然顶门一声巨响，然后就是山河大地，身心世界全部都空了。这境界十分美妙，好长时间后，憨山大师才慢慢回到现实世界中来。

憨山大师回到洞中，老僧问："今夜为何经行这么久？"

憨山据实相告。

老僧当即一棒子打来："这有什么稀奇？老僧三十年日日如此。此是色阴境界，不是本有，但不著，则不被它蒙蔽本有！"

因着我们每个人的根器与福报不同，习气也不相同，所以在修行中的各个阶段都会出现不同的境界，这些是自然的过程。每个境界都有不同的感受，有的令人欣喜，有的令人舒适，也有的令人惊惧，不一而足。这些境界，不论好坏善恶，都不要执著，如此才能上路。

六祖坛经中的"慧能没伎俩，不断百思想"、"不存一见存无见，大似浮云遮日面"等也含有这个意思。

那么，后面的一句话是什么意思呢？

"缘督以为经"，正确理解这一句的关键是"督"字。笔者查阅了《康熙字典》，督字有"察也、敕戒也、率也、劝也、正也"等含义，但都与本句无关系。笔者认为，这个字为通假字，"督"即"度"。什么意思呢？就是做任何事情都要"适度"，既不要不及，也不要太过，要掌握好"火候"，这就是"缘督以为经"的含义。

这个"度"即儒家的"中庸"。能够做到中庸，即在做每件事情都能做得恰到好处并不是容易的事，这需要智慧。我们看到太多的"聪明人"反而因为聪明，做事情往往都是过了头；也看到太多的愚痴人因为愚笨，做事情往往都是不及的；也看到了太多的平庸人因为懒惰，做事情马马虎虎……故而，能做到中庸确实是需要用智慧的。古人总结中国智慧就是用一句话，叫"极高明而道中庸"，就说明了"中庸"是一个极高的境界。

如果你能做到中庸，那么，"保身、全生、养亲、尽年"还在话下吗？自然是水到渠成了。

【本节链接】

【本经原文】且夫属其性乎仁义者，虽通如曾史，非吾所谓臧也；属其性于五味，虽通如俞儿，非吾所谓臧也；属其性乎五声，虽通如师旷，非吾所谓聪也；属其性乎五色，虽通如离朱，非吾所谓明也。吾所谓臧者，非仁义之谓也，臧于其德而已矣；吾所谓臧者，非所谓仁义之谓也，任其性命之情而已矣；吾所谓聪者，非谓其闻彼也，自闻而已矣；吾所谓明者，非谓其见彼也，自见而已矣。夫不自见而见彼，不自得而得彼者，是得人之得而不自得其得者也，适人之适而不自适其适者也。夫适人之适而

不自适其适，虽盗跖与伯夷，是同为淫僻也。余愧乎道德，是以上不敢为仁义之操，而下不敢为淫僻之行也。(《骈拇》)

【大意】况且，把自己的本性缀连于仁义，即使如同曾参和史䲡那样精通，也不是我所认为的完美；把自己的本性缀连于甜、酸、苦、辣、咸五味，即使如同俞儿那样精通，也不是我所认为的完善；把自己的本性缀连于五声，即使如同师旷那样通晓音律，也不是我所认为的聪敏；把自己的本性缀连于五色，即使如同离朱那样通晓色彩，也不是我所认为的视觉敏锐。我所说的完美，绝不是仁义之类的东西，而是比各有所得更美好罢了；我所说的完善，绝不是所谓的仁义，而是放任天性、保持真情罢了。我所说的聪敏，不是说能听到别人什么，而是指能够内审自己罢了。我所说的视觉敏锐，不是说能看见别人什么，而是指能够看清自己罢了。不能看清自己而只能看清别人，不能安于自得而向别人索求的人，这就是索求别人之所得而不能安于自己所应得的人，也就是贪图达到别人所达到而不能安于自己所应达到的境界的人。贪图达到别人所达到而不安于自己所应达到的境界，所以无论盗跖与勃夷，都同样是偏执、执著的。我有愧于宇宙万物本体的认识和事物变化规律的理解，所以就上一层说我不能奉行仁义的节操，就下一层说我不愿从事偏执、执著的行径。

本节告诉我们要不离自性方可。老子说：

知人者，知也；自知者，明也。(《道德经·第三十一章》)

庄子秉承老子的思想，其主张是"自闻、自见"，反过来说更清楚一些：我们修道就是要"闻自、见自"，否则就是"得人之得而不自得其得，适人之适而不自适其适"。"自闻"与观音菩萨耳根圆通的修行功夫有相似之处，诸位可以思考一下。

【本节链接】

【本经原文】达生之情者，不务生之所无以为；达命之情者，不务知之所无奈何。养形必先之以物，物有余而形不养者有之矣；有生必先无离形，形不离而生亡者有之矣。生之来不能却，其去不能止。悲夫！世之人以为养形足以存生，而养形果不足以存生，则世奚足为哉！虽不足为而不可不为者，其为不免矣！夫欲免为形者，莫如弃世。弃世则无累，无累则正平，正平则与彼更生，更生则几矣！事奚足弃而生奚足遗？弃事则形不劳，遗生则精不亏。夫形全精复，与天为一。天地者，万物之父母也。合则成体，散则成始。形精不亏，是谓能移。精而又精，反以相天。

子列子问关尹曰："至人潜行不窒，蹈火不热，行乎万物之上而不慄。请问何以至于此？"关尹曰："是纯气之守也，非知巧果敢之列。居，予语女。凡有貌象声色者，皆物也，物与物何以相远？夫奚足以至乎先？是色而已。则物之造乎不形，而止乎无所化。夫得是而穷之者，物焉得而止焉！彼将处乎不淫之度，而藏乎无端之纪，游乎万物之所终始。壹其性,养其气,合其德,以通乎物之所造。夫若是者,其天守全,其神无郤,物奚自入焉!夫醉者之坠车,虽疾不死。骨节与人同而犯害与人异,其神全也。乘亦不知也,坠亦不知也,死生惊惧不入乎其胸中,是故遻物而不慴。彼得全于酒而犹若是,而况得全于天乎?圣人藏于天,故莫之能伤也。复仇者,不折镆干;虽有忮心者,不怨飘瓦,是以天下平均。故无攻战之乱,无杀戮之刑者,由此道也。不开人之天,而开天之天。开天者德生,开人者贼生。不厌其天,不忽于人,民几乎以其真。"(《达生》)

【大意】通晓生命实情的人,不会去努力追求对于生命没有什么好处的东西;通晓命运实情的人,不会去努力追求命运无可奈何的事情。养育身形必定先得备足各种物品,可是物资充裕有余而身体却不能很好保养的情况是有的;保全生命必定先得使生命不脱离形体,可是形体没有死去而生命却已死亡的情况也是有的。生命的到来不能推却,生命的离去不能留止。可悲啊!世俗的人认为养育身形便足以保存生命;然而养育身形果真不足以保存生命,那么,世间还有什么事情值得去做呢?虽然不值得去做却不得不去做,内中的操劳或勤苦也就不可避免。

想要免除操劳形体的情况,不如忘却世事。忘却世事就没有劳苦和拘累,没有劳苦和拘累就算走上了正确的道路,走上了正确的道路就能跟随自然一道生存与变化,跟自然一道生存与变化也就接近于大道了。世俗之事为什么须得舍弃?生命途中的痕迹为什么须得遗忘?舍弃了世俗之事身形就不会劳累,遗忘了生命的涯际精神就不会亏损。身形得以保全而精神得以复本还原,就跟自然融合为一体。天和地,乃是万物(生长、繁育)的父体和母体,(阴阳二气)一旦结合便形成物体,物体一旦离散又成为新的物体产生的开始。形体保全精神不亏损,这就叫作能够随自然的变化而变化;精神汇集达到高度凝聚的程度,返回过来又将跟自然相辅相成。

列子问关尹说:"道德修养臻于完善的至人潜行水中却不会感到阻塞,跳入火中却不会感到灼热,行走于万物之上也不会感到恐惧。请问为什么会达到这样的境界?"

关尹回答说:"这是因为持守住纯和之气,并不是智巧、果敢所能做到的。坐下,我告诉你。大凡具有面貌、形象、声音、颜色的东西,都是物体,那么物与物之间又为什么差异很大、区别甚多?又是什么东西最有能耐足以居于他物之先的地位?这都不过是有形状和颜色罢了。大凡一个有形之物却不显露形色而留足于无所变化之中,懂得这个道理而且深明内中的奥秘,他物又怎么能控制或阻遏住他呢?那样的人处在本能所为的限度内,藏身于无端无绪的混沌中,游乐于万物或灭或生的变化环境里,本性专一不二,元气保全涵养,德行相融相合,从而使自身与自然相通。像这样,他的禀性持守保全,他的精神没有亏损,外物又从什么地方能够侵入呢?

"醉酒的人坠落车下,虽然满身是伤却没有死去。骨骼关节跟旁人一样而受到的伤害却跟别人不同，因为他的神思高度集中，乘坐在车子上也没有感觉，即使坠落地上也不知道，死、生、惊、惧全都不能进入他的思想中，所以遭遇外物的伤害却全没有惧怕之感。那个人从醉酒中获得保全完整的心态尚且能够如此忘却外物，何况从自然之道中忘却外物而保全完整的心态呢？圣人藏身于自然，所以没有什么能够伤害他。复仇的人并不会去折断曾经伤害过他的宝剑，即使常存忌恨之心的人也不会怨恨那偶然飘来、无心伤害到他的瓦片，这样一来天下也就太平安宁了。没有攻城野战的祸乱，没有残杀戮割的刑罚，全因为遵循了这个道理。

"不要开启人为的思想与智巧，而要开发自然的真性。开发了自然的真性则随遇而安，获得生存；开启人为的思想与智巧，就会处处使生命受到残害。不要厌恶自然的禀赋，也不忽视人为的才智，人们也就几近纯真无伪了。"

不要说庄子是反对"养形"的，庄子反对的是纯粹的养形，庄子也是主张借假修真的。

【本节链接】

【列子原文】燕人生于燕，长于楚，及老而还本国。过晋国，同行者诳之；指城曰："此燕国之城。"其人愀然变容。指社曰："此若里之社。"乃谓然而叹。指舍曰："此若先人之庐。"乃涓然而泣。指垅曰："此若先人之冢。"其人哭不自禁。同行者哑然大笑，曰："予昔绐若，此晋国耳。"其人大惭。及至燕，真见燕国之城社，真见先人之庐冢，悲心更微。（《列子·周穆王》）

【大意】一个燕国人，虽然出生在燕国，却长在楚国。年老时回燕国，在路过晋国的时候，同行人逗他玩，指着一堵城墙说，这是燕国的城墙，他的脸色就变得凄楚；看到一座庙宇，说是他家的家庙，他就悲叹不已；看见一个空房子，说是他家的祖宅，他就哭；看见一座坟墓，说是他的先人的坟墓，他就大哭不止。同行人哈哈大笑，告诉他是骗他玩的，这里是晋国，还没到燕国呢。

等到了燕国，见到了真的城墙、庙宇、房舍和坟冢，他反而没有那么悲伤了。

你的心是不是总是被外物所左右而从未有一刻停息？

庖丁解牛

庄子赞成杀生吗？呵呵，想什么呢你？

说实话，笔者有时也觉得这个寓言有点问题：要想让人知道养生的道理，可以举的例子多的是，怎么偏偏举了一个如何杀牛的例子？结果，有一天晚上，我也像庄子梦见骷髅那样梦见了庄子，庄子蹙着眉头对我说："我用了这个寓言，实在是因为我的邻居是一个杀牛的高手，他解牛的动作美妙极了，就像跳舞一样。结果有人就问他了：

'你的技巧怎么这么高明啊？'他的回答给了我很大启发，所以就有了这段寓言故事。"

其实，拿牛来做例子，讲明修行的道理并非只有庄子一人，比庄子还早的是佛陀，佛用牧牛来比喻牧心，通俗易懂，请参阅《赠一阿含经·放牛品第四十九》。

这个屠夫说了什么？这是需要我们密切注意的。

庖丁在文慧君夸赞之后，主要说了这么几个重点：第一，初解牛时，所见无非牛者；第二，三年后，未尝见全牛；第三，而今二十年了，能以神遇而不以目视，故游刃有余矣；第四，每至于族，怵然为戒；第五，提刀四顾，踌躇满志。

这是什么呀？这是一个人的修行阶段：开始时，眼里只见牛、只有牛，而牛是怎么回事却全然不清楚；一段时间以后，再看牛则了解到了牛的结构；现今呢，根本就不用眼睛去看了，也不用其他感官去感知了，完全能心领神会了，这时我的刀该走哪里都十分清楚，故游刃有余；虽然我已经做到了这个程度，但每当到了比较难的地方，我还是会小心翼翼的。最后，无论多么复杂的情形我都能处置，我已经轻车熟路，已经能举重若轻了。这与禅宗的"见山是山，见山不是山，见山仍是山"的三重境界是否相似？

人间世事多矣，哪一件不影响我们的心？我们如何对待这些事情？庖丁之言给了我们答案：开始时，事情对我们的影响是巨大的，然后我们认识到了它的虚幻不实的本质，它们对我们的影响也就减小了。但这还不行，功夫不到家，一旦遇到情况，我们还会旧病复发。我们要修到对任何事情都不动心，无论毁誉，无论名利，都不动心。但这时功夫还是没有到家，我们虽然能够看破这些，但还有这个看破没有放下，所以可能有反复，需要密切注意。我们一定要修到真正放下才行，那时我们才真正地自由自在，真正地踌躇满志了。正因为庖丁在割牛时能够凝神不动，小心翼翼地动刀，他的刀才能保持"刀刃若新发于硎"，才能游刃有余。你呢？如果在修行的路上不小心翼翼，你的佛性早被覆盖了去也，也就不得自在了。

没有什么能够影响我们了，我们的身和心岂能不健康呢？

干吗要追求健康啊？不是说我们的身体是个臭皮囊吗？是的，我们的身体仅仅是个宾馆，它为佛性提供了一个临时住所（其实，佛性是无处不在，但又不在一处的），是临时的，也是虚幻的。但是，要想悟得大道，没有了这个身体还真不行，所以我们要借助于这个身体来修，这叫"借假修真"。如果整天病病怏怏的，就算你是大根人，能发起出离心（这已经相当难得了），但你也很难修行了。此是第一层意思。

第二层意思乃是指我们修道也要像庖丁解牛一样小心翼翼。修道的路上岔路很多，很容易走火入魔，甚至进入地狱。

石巩慧藏禅师在马祖道一禅师门下修行，有一天，他在厨房帮忙，马祖来到厨房，见他在工作，马祖问道："你在干什么？"石巩回答："牧牛。"马祖又问："子如何牧牛？"石巩道："一回入草去，便把鼻拽来。"马祖赞许地说："子真牧牛！"

诸君，禅师们说话是不是很有意思？马祖明明看见徒弟在厨房干活，在厨房里不是烧火就是做饭，还能有什么活？可是马祖却偏偏问他在干什么，你怎么想？徒弟呢，明明是在厨房里，厨房里怎么牧牛啊？哪里有草啊？牧的是什么牛啊？偏偏马祖还问你怎么牧牛啊？石巩禅师回答：牛要是吃草，我就把它鼻子给拽回来。真真奇了怪了，明明说是牧牛，牛要吃草又不让，哪有如此牧牛的呢？

禅宗牧牛是牧心，石巩禅师虽然在厨房干活，但不能忘了调心，不能心生杂念，一旦有杂念，立刻用智慧观照。正因为石巩禅师时时刻刻在用功，因此马祖表扬了他。为说明此道理，禅宗有牧牛图十颂，最重要的牧牛十颂有两种：其一是普明禅师的牧牛图颂；另一是廓庵师远禅师的牧牛十颂。现均列于下面，读者可与庄子本段相互参看。

普明禅师之牧牛图颂：

（一）未牧
生狞头角恣咆哮，奔走溪山路转遥。
一片黑云横谷口，谁知步步犯佳苗。

（二）初调
我有芒绳蓦鼻穿，一回奔竞痛加鞭。
从来劣性难调制，犹得山童尽力牵。

（三）受制
渐调渐伏息奔驰，渡水穿云步步随。
手把芒绳无少缓，牧童终日自忘疲。

（四）回首
日久功深始转头，颠狂心力渐调柔。
山童未肯全相许，犹把芒绳且系留。

（五）驯伏
绿杨阴下古溪边，放去收来得自然。
日暮碧云芳草地，牧童归去不须牵。

（六）无碍
露地安眠意自如，不劳鞭策永无拘。
山童稳坐青松下，一曲升平乐有余。

（七）任运
柳岸春波夕照中，淡烟芳草绿茸茸。
饥餐渴饮随时过，石上山童睡正浓。

（八）相忘

白牛常在白云中，人自无心牛亦同。
月透白云云影白，白云明月任西东。

（九）独照

牛儿无处牧童闲，一片孤云碧嶂间。
拍手高歌明月下，归来犹有一重关。

（十）双泯

人牛不见杳无踪，明月光舍万象空。
若问其中端的意，野花芳草自丛丛。

廓庵师远禅师的牧牛十颂：

（一）寻牛

茫茫拨草去追寻，水阔山遥路更深。
力尽神疲无处觅，但闻枫树晚蝉吟。

（二）见迹

水边林下迹偏多，荒草离披见也么？
纵是深山更深处，撩天鼻孔怎藏他？

（三）见牛

黄鹂树上一声声，日暖风和岸柳青。
只此更无回避处，森森头角画难成。

（四）得牛

竭尽精神获得渠，心狂力壮卒难除。
有时才到高原上，又入烟霞深处居。

（五）牧牛

鞭索时时不离身，恐伊纵步入埃尘，
相将牧得纯和也，羁锁无拘自逐人。

（六）骑牛归家

骑牛迤逦欲还家，羌笛声声送晚霞。
一拍一歌无限意，知音何必鼓唇牙！

（七）忘牛存人

骑牛已得到家山，牛也空兮人也闲。
红日三竿犹作梦，鞭绳空顿草堂间。

（八）人牛俱忘

鞭锁人牛尽属空，碧天寥廓信难通，

红炉焰上争容雪？到此方能合正宗。

(九) 返本还源
返本归源已费功，争如直下若盲聋。
庵中不见庵前物，水自茫茫花自红。

(十) 入廛垂手
露胸跣足入廛来，抹土涂灰笑满腮。
不用神仙真妙诀，直教枯木放花开。

还有虚云禅师的和偈，在拙作《禅解道德经》中有录，有兴趣者可自行参看，本书就不重复录入了。

其实，"养生"一词意义很深，在这个问题上，我们众生可起码以分为五类。试析如下。

第一类是认为人生苦短，要及时行乐之人。他们破罐破摔，整天灯红酒绿，醉生梦死，追逐享乐。他们宁可花下死，做鬼也风流，出入酒色场所，趁着年轻身体好时胡作非为，放任自流。此类人我叫作"作死之人"。

第二类是过于紧张之人。他们过于担心自己的身体，整天因此而惴惴不安，他们对于吃穿用度过于认真仔细，唯恐饭菜不绿色；他们看什么都觉得很脏，不停地洗手；对于蛋白、脂肪和糖的摄入，他甚至都要精细计算，唯恐吃得不合适而伤及自身；他们一旦有点不舒服，就紧张得不行，经常看医药书籍，而且会对症联系自己，盲目给自己诊断；他们走在路上怕树叶掉下来砸破头，怕被蚂蚁绊倒摔伤自己；他们活得很累，斤斤计较，如履薄冰。此类人我叫作"过敏之人"。

这两类人都是极端的，他们对待自己的身体的态度都是不正确的，前者不及，后者过之，过犹不及，两者皆错，且错得离谱。

第三类人是大多数的普通人。这类人有欲望，或强些或弱些，但都不会太出格，能够自我限制在社会道德规范之内。属于此类的人数众多，不明自心，有的甚至浑浑噩噩，稀里糊涂地度过了一生。此类人我叫作"放逸之人"，也就是没有目标、散乱地生活，其中绝大多数能比较平稳地活到平均年龄。

第四类是懂得一些医药知识的人。他们也能够做到淡泊名利，不争不急；一旦身体出现症状，他们也能正确地判断并进行调理；他们吃喝有度，有高雅的爱好，或乐山或乐水，或绘画或写字，"刚日读经，柔日读史；喜而绘兰，怒而画竹"；他们会调节自己的情绪，能够做到喜怒有度；他们经常运动，或散步或太极；他们身体可以很健康，甚至可以长命百岁。但他们不知道自己的心，不知道自己的本来面目，只知道养自己的肉身。庄子叫这种人为只懂"熊经鸟伸"的"养形"之人，此类人我叫作"养肉之人"，他们只知养身却不知养心。

第五类人则是既懂得保养自己的身体，同时也发心修道、寡欲蕴德、去除私欲、开发本心、不被外物所左右、与大道合而为一的人。这类人知道如何涵养自己的肉身，也知道涵养自己的本心，既会养身也会养心（养心也可以说成"养神"或"养主"）。此类人才是庄子所说的"养生主"，即是下面链接之"若夫不刻意而高……"所指之人。请仔细阅读下面的链接，尤其是后半段的文字，可以说字字珠玑，一字万金而不换。

【本节链接】

【本经原文】刻意尚行，离世异俗，高论怨诽，为亢而已矣；此山谷之士，非世之人，枯槁赴渊者之所好也。语仁义忠信，恭俭推让，为修而已矣；此平世之士，教诲之人，游居学者之所好也。语大功，立大名，礼君臣，正上下，为治而已矣；此朝廷之士，尊主强国之人，致功并兼者之所好也。就薮泽，处闲旷，钓鱼闲处，无为而已矣；此江海之士，避世之人，闲暇者之所好也。吹呴呼吸，吐故纳新，熊经鸟申，为寿而已矣；此道引之士，养形之人，彭祖寿考者之所好也。

若夫不刻意而高，无仁义而修，无功名而治，无江海而闲，不道引而寿，无不忘也，无不有也。澹然无极，而众美从之。此天地之道，圣人之德也。

故曰，夫恬惔寂漠，虚无无为，此天地之平，而道德之质也。

故曰，圣人休休焉，则平易矣。平易则恬惔矣。平易恬惔，则忧患不能入，邪气不能袭，故其德全而神不亏。

故曰，圣人之生也天行，其死也物化；静而与阴同德，动而与阳同波。不为福先，不为祸始，感而后应，迫而后动，不得已而后起。去知与故，循天之理。故无天灾，无物累，无人非，无鬼责。其生若浮，其死若休。不思虑，不豫谋。光矣而不耀，信矣而不期。其寝不梦，其觉无忧，其神纯粹，其魂不罢。虚无恬淡，乃合天德。

故曰，悲乐者，德之邪；喜怒者，道之过；好恶者，德之失。故心不忧乐，德之至也；一而不变，静之至也；无所于忤，虚之至也；不与物交，惔之至也；无所于逆，粹之至也。

故曰，形劳而不休则弊，精用而不已则劳，劳则竭。水之性，不杂则清，莫动则平，郁闭而不流，亦不能清，天德之象也。

故曰，纯粹而不杂，静一而不变，惔而无为，动而以天行，此养神之道也。（《刻意》）

【大意】磨砺心志崇尚修养，超脱尘世不同流俗，谈吐不凡，抱怨怀才不遇而讥评世事无道，算是孤高卓群罢了；这样做乃是避居山谷的隐士，是愤世嫉俗的人，正是那些洁身自好、宁可以身殉志的人所一心追求的。宣扬仁爱、道义、忠贞、信实和恭敬、节俭、辞让、谦逊，算是注重修身罢了；这样做乃是意欲平定治理天下的人，是对人施以教化的人，正是那些游说各国而后退居讲学的人所一心追求的。宣扬大功，树立大名，用礼仪来划分君臣的秩序，并以此端正和维护上下各别的地位，算是投身治理天下罢了；这样做乃是身居朝廷的人，尊崇国君强大国家的人，正是那些醉心于建立功业开拓疆土的人所一心追求的。走向山林湖泽，处身闲暇旷达，垂钓钓鱼来消遣时光，算是无为自在罢了；这样做乃是闲游江湖的人，是逃避世事的人，正是那些闲暇无事的人所一心追求的。嘘唏呼吸，吐却胸中浊气吸纳清新空气，像黑熊攀缘引体、像鸟儿展翅飞翔，算是善于延年益寿罢了；这样做乃是舒活经络气血的人，善于养身的人，正是像彭祖那样寿延长久的人所一心追求的。

若不需磨砺心志而自然高洁，不需倡导仁义而自然修身，不需追求功名而天下自然得到治理，不需避居江湖而心境自然闲暇，不需舒活经络气血而自然寿延长久，没有什么不忘于身外，而又没有什么不据于自身。宁寂淡然而且心智从不滞留一方，而世上一切美好的东西都汇聚在他的周围。这才是像天地一样的永恒之道，这才是圣人无为的无尚之德。

所以说，恬淡、寂漠、虚空、无为，这是天地赖以均衡的基准，而且是道德修养的最高境界。

所以说，圣人总是停留在这一境域里，停留在这一境域也就平坦而无难了。安稳恬淡，那么忧患不能进入内心，邪气不能侵袭机体，因而他们的德行完整而内心世界不受亏损。

所以说，圣人生于世间顺应自然而运行，他们死离人世又像万物一样变化而去；平静时跟阴气一样宁寂，运动时又跟阳气一道波动。不做幸福的先导，也不为祸患的起始，外有所感而后内有所应，有所逼迫而后有所行动，不得已而后兴起。抛却智巧与事故，遵循自然的常规。因而没有自然的灾害，没有外物的牵累，没有旁人的非议，没有鬼神的责难。他们生于世间犹如在水面漂浮，他们死离人世就像疲劳后的休息。他们不思考，也不谋划。光亮但不刺眼，信实却不期求。他们睡觉不做梦，他们醒来无忧患，他们心神纯净精粹，他们魂灵从不疲惫。虚空而且恬淡，方才合乎自然的真性。

所以说，悲哀和欢乐乃是背离德行的邪妄，喜悦和愤怒乃是违反大道的罪过，喜好和憎恶乃是忘却真性的过失。因此内心不忧不乐，是德行的最高境界；持守专一而没有变化，是寂静的最高境界；不与任何外物相抵触，是虚豁的最高境界；不跟外物交往，是恬淡的最高境界；不与任何事物相违逆，是精粹的最高境界。

所以说，形体劳累而不休息那么就会疲乏不堪，精力使用过度而不止歇那么就会元气劳损，元气劳损就会精力枯竭。水的本性，不混杂就会清澈，不搅动就会平静，闭塞不流动也就不会纯清，这是自然本质的现象。

所以说，纯净精粹而不混杂，静寂持守而不改变，恬淡而又无为，运动则顺应自然而行，这就是养神的道理。

庄子批评的几类人有没有你？这几类人是"山谷之士、平世之士、朝廷之士、江海之士和道引之士"，别看他们或气质高雅，或谈吐不俗，或行为与众不同，或故意表现出不食人间烟火，其实都是不懂得"自然养神"的人。

【本节链接】

【本经原文】夫有干越之剑者，柙而藏之，不敢用也，宝之至也。精神四达并流，无所不极，上际于天，下蟠于地，化育万物，不可为象，其名为同帝。纯素之道，惟神是守；守而勿失，与神为一；一之精通，合于天伦。野语有之曰："众人重利，廉士重名，贤人尚志，圣人贵精。"故素也者，谓其无所与杂也；纯也者，谓其不亏其神也。能体纯素，谓之真人。（《刻意》）

【大意】今有吴越地方出产的宝剑，用匣子秘藏起来，不敢轻意使用，因为是最为珍贵的。精神可以通达四方，没有什么地方不可到达，上接近苍天，下遍及大地，化育万物，却又不可能捕捉到它的踪迹，它的名字就叫同于天帝。纯粹素朴的道，就是持守精神，持守精神而不失却本真，跟精神融合为一，浑一就使精智畅通无碍，也就合于自然之理。俗语有这样的说法："普通人看重私利，廉洁的人看重名声，贤能的人崇尚志向，圣哲的人重视素朴的精神。"所以，素就是说没有什么与它混杂，纯就是说自然赋予的东西没有亏损。能够体察纯和素，就可叫他"真人"。

笔者说读庄子一定要用心仔细体会才是，这里庄子用宝剑做比喻，如果我们有一把上好宝剑，我们肯定不会轻易用之的。然而，每个人都有比宝剑贵重不知多少倍的"精神（即佛性）"，我们不但不知爱惜，反而随意糟蹋，实在是愚蠢至极呀。怎么爱惜呢？庄子告诉我们，要"守而勿失，与神为一"。

【本节链接】

【本经原文】正考父一命而伛，再命而偻，三命而俯，循墙而走，孰敢不轨！如而夫者，一命而吕钜，再命而于车上儛，三命而名诸父，孰协唐许！（《列御寇》）

【大意】正考父首次被任命为士逢人便躬着背，再次任命为大夫便深深地弯着腰，第三次任命为卿更谦恭地俯下身子，总是让开大道顺着墙根快步急走，态度如此谦下谁还敢干出不轨之事！如果是凡夫俗子，首次任命为士就会傲慢矜持，再次任命为大夫就会在车上手舞足蹈，第三次任命为卿就要人呼叔称伯了，像这样谁还会成为唐尧、许由那样谦让的人呢？

本段告诉我们要谦虚谨慎，为人处事要低调，才能保全自身，才能借假修真。

不畜樊中

如果我们不按照上面所说的去做，会怎么样？就会像右师一样伤害自己的身心！右师放任逐物，贪得无厌，不知道"止"，以有涯随了无涯，结果被砍了脚！庄子告诫我们，不要被这些欲望所困住，如果看不破这些欲望，就像被关进笼子里的美丽的鸟一样，你是不会愉快的。尽管在笼子中的鸟儿有好吃好喝，可鸟儿还是愿意在外面自由自在地生活，哪怕吃的喝的不那么及时和可口，但精神是自由的、愉快的。

一匹野马驰骋在草原上，喝着矿泉水，吃着鲜美的青草，体格健壮，威武英俊。

但有一天，它突然对自己日复一日的生活感到了厌倦，它开始羡慕起它曾经看见过的家马来，它觉得家马很幸福：日不晒，雨不淋，有人天天给饲料，还有屋子住，虽然要给主人干活或驮着主人到处跑，但毕竟不用像自己这样辛苦，而且每天还要担心食肉动物的威胁。可是它一想到从今以后再也不自由了，就觉得非常难以接受。怎么办？它想出了一个自认为绝妙的主意：趁着夜晚跳进马厩，与家马一同享受丰美的食物，然后再跑出来，不就两全其美了吗？

野马为自己的聪明非常得意，当晚就跳进了马厩。这食物太美味了，这条件太享受了，一天，两天，慢慢的，野马放弃了再跳出去的想法。主人装作视而不见，每天照样照顾他的马，当然也照顾了这匹野马。

野马每日享受着，不知不觉地，它的体重一天天增加，它的体能一天天下降。突然有一天，主人带来了一套缰绳，野马不想变成被束缚的家马，它想跳出马厩，但它的努力是徒劳的：它再也跳不出曾经易如反掌的高度了。

【本节链接】
庄子"宁曳尾于涂中"（《秋水》）一段。请参看第一章"逍遥"一节。

安时处顺

"安时处顺，哀乐不生"，这是一个极好的修行妙法。

你能做到"安时处顺"吗？就是无论什么时候，什么地点，发生什么事情，见到什么人，你都不会"动心"，你能吗？这需要功夫。

你能做到"哀乐不生"吗？就是佛教讲的"八风"不动，能吗？这也是修行的功夫。

再进一步，你能做到生死一如吗？这就更需要修行了。

我们的心总是随着境界跑，外界环境对我们的影响太大了，要想做到不受影响、不动心的确很难。当年王阳明去参加科考，没想到名落孙山，以王阳明的聪明智慧，这是不应该的，考官是否有舞弊行为我们现在已经无从考察了。笔者想说的是，从这件事上就可以看出王阳明先生的确是异于常人的：一同落榜的考生，都心情低落，极度哀伤。唯独王阳明处之泰然，神态自若。别的考生问："你怎么不悲伤呢？落榜了不感到羞耻吗？"阳明先生答道："我以落榜而动心感到耻辱。"落榜是耻辱，因为自己没学好嘛，但因之而动心则不是圣人所为了。佛说：

> 来者不欢喜，去亦不忧戚，
> 不染亦无忧，二心俱寂静，
> 我说是比丘，是真婆罗门。（《杂阿含经·八众诵第五》）
> 若失若复得，于我心不乱，
> 婆罗门当知，莫谓彼如我，
> 心计于得失，其心不自在。（《杂阿含经·八众诵第五》）

六祖说：

> 外若著相，内心即乱；外若离相，心即不乱。本性自净自定，只为见境思境即乱，若见诸境心不乱者，是真定也。（《六祖法宝坛经·坐禅品第五》）

岂止是我们凡夫要修这颗心，就是开悟后，还必须到红尘中去历练呢，这叫悟后起修，目的是使我们的功夫经受住考验，彻底地去除残余习气。但是，你如果没有这个功夫，可千万不要去试，这太危险了，你可能在玩火。

如果能做到像维摩诘大菩萨那样，你才可以去红尘中历练：

> 虽为白衣，奉持沙门清净律行；虽处居家，不著三界；示有妻子，常修梵行；现有眷属，常乐远离；虽服宝饰，而以相好严身；虽复饮食，而以禅悦为味；若至博弈戏处，辄以度人；受诸异道，不毁正信；虽明世典，常乐佛法；一切见敬，为供养中最；执持正法，摄诸长幼；一切治生谐偶，虽获俗利，不以喜悦；游诸四衢，饶益众生；入治政法，救护一切；入讲论处，导以大乘；入诸学堂，诱开童蒙；入诸淫舍，示欲之过；入诸酒肆，能立其志。（《维摩诘所说经·方便品第二》）

如果没有这个功夫，你进酒肆去试试？可能就是不醉不归了。你入淫舍去试试？更不得了了，欲火焚身那，不把你烧干才怪！

看开名利等各种欲望，你才能做到安时处顺。康熙年间有一个礼部尚书名叫张英，他的老家在安徽，老家人因为宅基地的问题与邻居发生了争执，"家境线"到底划在何处？两家人各不相让，都有个自认为充足的理由，谁也不肯让步。因为年代久远，都是祖传的家业，都有有利于自己的证据，而且关系到当朝大学士张英，谁都不想惹麻烦，弄得连父母官也判不明这个案子。

张英的家人就给张英写了一封信，让他给当地的官员打个招呼，摆平这件事。张英接到信就笑了，挥笔写就一首诗寄了回去。诗是这样写的：

  千里修书只为墙，让他三尺又何妨？

  万里长城今犹在，不见当年秦始皇。

  张家人接到书信，立刻明白了，主动后退了三尺。这样做的结果是邻居也主动后退了三尺，形成了一个六尺宽的巷子，人们把这条巷子就叫作"六尺巷"。一直到现在，"六尺巷"都是教育人们"后退一步，海阔天空"、"大肚能容"的活生生的教材。张英也正因为有这样的胸怀，赢得了满朝文武的一致钦佩，他的儿子也在他的影响教育下，终成一代名相，被人们誉为"父子双宰相"，成为后世楷模。

  这正是老子的"不争"的现实明证。

  然而名利很难看得开，甚至连出家人也会深陷其中。宋朝大学士苏东坡居士誉满天下，有一次他穿着普通百姓的衣服去一座寺庙参禅，方丈一见是一个普通人，就态度冷淡，爱理不理的对东坡居士说："坐。"然后对徒弟说："茶。"话语简单明了，若一直如此淡然处之，很可能这个方丈还是一个世外高僧呢。但接下来就露馅了，当他与居士谈了几句后，发现东坡居士谈吐不俗，对佛理领悟极深，立刻肃然起敬，请东坡居士进禅堂深谈，并对居士说："请坐。"又令小徒："敬茶。"又聊了一会，方丈问居士高姓大名，当得知是当朝名满天下的苏东坡的时候，立刻说："请上坐。"又对徒弟说："敬香茶。"

  居士临走时，方丈请东坡居士给庙里留一个墨宝，以壮名气。东坡笑了笑，挥笔写就一副对联：坐请坐请上坐，茶敬茶敬香茶。方丈见了，不由得脸红一阵白一阵。

  瞧瞧，方外之人都很难放下名利，何况我辈凡夫乎？这些欲望、执著不消除，我们没有开悟的可能，一点也没有！为什么？王阳明先生一个学生叫孟源，他有好虚名的毛病，自以为是，好为人师，而且病根很深，先生不止一次批评过他。一次，一个人向先生请教，先生还没说话，孟源便说，你问的这些事我老早就已经学过了。阳明先生老实不客气地批评说："尔病又发。"孟源不服气，想要辩解。阳明先生再次说：

  尔病又发！此是汝一生大病根。譬如方长地内种此一大树，雨露滋之，土脉之力，只滋养得这个大根，四傍纵要种些嘉谷，上面被此树叶遮覆，下面被此树根盘结，如何生长得成？须用伐去此树，纤根无留，方可种植嘉种，不然任汝耕耘培壅，只是滋养得此根。（《王阳明全集·传习录上》）

  阳明先生说得很明白：如果你不能去除这些欲望，你再用功只能是让这些欲望长得更大而已。不是吗？人们的野心不是随着自己的"能耐"、"知识"和"业绩"而变得越来越大了吗？君不见那些贪官到最后都已经变得老子天下第一、目中无人了吗？所以佛要求我们修道的第一步就是皈依，就是持戒！这就是持戒的意义之所在。

  欲望是非常害人的东西，曾经有一对非常要好的朋友，平日里不分你我，好到让人羡慕嫉妒恨，两个人也说这世界上没有什么能够让两人成为敌人。一天，几个神仙说，难道人类真能有这样的吗？我们试他一试。神仙变成一个凡人，来到这两个人中间，与他们朝夕相处了几天，每天神仙都显现奇迹给他们以惊喜。几天后，神仙与他们告别时说："我就要离开你们了，我想给你们一个礼物，就是你们向我许愿，无论什么愿望我都能满足你们，但规矩是第二个许愿的人得到的是第一个人的双倍。"

两个人你看看我，我看看你，然后开始互相谦让："你先来"，"不，你先来"。"还是你先来，你年纪大，理应你在先。""哪能呢？我更应该照顾小弟嘛……"

神仙说："再争执时间就到了，你们就什么也得不到了。"

结果其中一个立刻恶狠狠地说："好，我先许愿：我希望我马上瞎掉一只眼！"就在此时，另一个人的双眼也马上瞎了。

要想真正做到安时处顺，放下"我"的概念是关键，因为我们一旦有了"我"，烦恼也就随之而来了。一只白兔非常喜欢月亮，它每天夜晚都要欣赏月亮，不管月亮是圆是缺，它都非常喜欢，每次看着月亮它都感到自己是世界上最幸福的兔子了。

神仙得知了此事，便来到兔子身旁，对兔子说："你这么喜欢月亮，从今天起，我就把月亮交给你了，它是你的了。"

兔子一听，高兴得蹦了起来。可是没过多久，兔子就开始惶恐不安起来。别的兔子问它："怎么了你？你拥有了月亮，怎么反倒不高兴了呢？"

白兔说："现在我每天都担心我的月亮，看到月亮圆了，我就高兴；看到月亮缺了，我就郁闷；看到乌云遮住了月亮，我就哭泣。尤其令我担心的是，我怕我的月亮被别人偷去！"

有我即产生欲望，就有了各种执著。

生活中总是会出现各种选择，你如何对待？美国一个年轻人的故事能给我们一个有益的启示。

美国有一个青年叫莱克，在接到要他当兵的入伍通知后陷入了焦虑之中：当兵危险太大了，要是去中东战场怎么办？很有可能会死的。一连几天他都愁眉不展。

他爸爸看到了，对儿子说："你为什么焦虑？"

莱克说："当兵会很危险的。"

他父亲说："这有什么好担心的？当兵有两种可能，一是留在后勤，一是上前线，要是留在后勤，你担心什么？"

莱克说："那万一要是上前线了呢？不就危险了吗？"

"不，不，孩子。上前线也有两种可能：一是没受伤，一是受伤了。没受伤你还有什么担心的呢？"

莱克又说："可要是受伤了呢？"

"即使受伤也还是有两种可能：一个是不严重，一个是严重。如果不严重，你还有什么好担心的呢？"

莱克接着说："那万一要是严重呢？"

"严重也有两种可能：一是能保住生命，你还活着；另一是保不住命，你就死了。"

莱克说："万一死了怎么办？"

他父亲意味深长地说："人人都会死，你已经死了，你还担心什么呢？"

莱克一下子高兴起来，立刻参了军。在战场上，他英勇无畏，因为他知道他没有什么可怕的了。几年后莱克就升为少校，成为一名出色的军人。

能够做到"安时处顺，哀乐不生"的人，还有什么能够影响他？他不但能够恬淡顺物，而且能够该来则来，该去则去，生死一如。

安时处顺就要少欲知足。欲望太多太强，就不可能快乐和幸福。目前，社会上流行一个名叫"幸福感指数（Happiness Index）"的说法，是通过诸如心理的期望值、参照值、成就的大小、安全感、经济水平等几个指标综合考量的结果，比较复杂，而且有些指标很模糊，不好确定具体数值。但经济学上有一个计算方法，可以让我们一目了然地判断自己的幸福感到底有多大。这就是你的财富和你的期望的价值之间的比值。例如，假设一个人的一生最低需要 300 万元，那么，你有多幸福就主要看你的期望有多大了：如果你期望有别墅、有豪车，还有美女，合计算作 3000 万元吧，你的幸福感指数就是 300 万 /3000 万，也就是 0.1，你体会不到幸福；同样多的钱，如果你只想过着吃面条、冻不着、有地方住就行的话，即最低生活水平 300 万元的话，你的幸福感指数就是 300 万 /300 万 =1，你的幸福感就是前一个人的十倍，如此，你就比前面那个人幸福多了。同样的财富，因欲望的大小，幸福感差别极大，这就是为什么有的放羊的老汉却比很多富豪要幸福快乐得多的原因（本节不是讨论人生的目标、追求、事业、抱负什么的，仅仅讨论少欲知足的道理）。我们在物质第一性的教导下，过度地追求物质享受，忽视了精神，忽视了心灵，也就忘了本性，使我们原本湛然光明的本性覆盖上了灰尘。欲望少些，覆盖你的本性的灰尘就少些，擦起来也就容易一些。

本段同样是既养生又养主，少欲可以使我们身心安泰，身体健康，也可以使我们更加容易地见到自己的本性。

【本节链接】

【本经原文】骈拇枝指，出乎性哉！而侈于德。附赘县疣，出乎形哉！而侈于性。多方乎仁义而用之者，列于五藏哉！而非道德之正也。是故骈于足者，连无用之肉也；枝于手者，树无用之指也；多方骈枝于五藏之情者，淫僻于仁义之行，而多方于聪明之用也。

是故骈于明者，乱五色，淫文章，青黄黼黻之煌煌非乎？而离朱是已。多于聪者，乱五声，淫六律，金石丝竹黄钟大吕之声非乎？而师旷是已。枝于仁者，擢德塞性以收名声，使天下簧鼓以奉不及之法非乎？而曾史是已。骈于辩者，累瓦结绳窜句，游心于坚白同异之间，而敝跬誉无用之言非乎？而杨墨是已。故此皆多骈旁枝之道，非天下之至正也。

彼正正者，不失其性命之情。故合者不为骈，而枝者不为跂；长者不为有余，短者不为不足。是故凫胫虽短，续之则忧；鹤胫虽长，断之则悲。故性长非所断，性短非所续，无所去忧也。意仁义其非人情乎？彼仁人何其多忧也？

且夫骈于拇者，决之则泣；枝于手者，龁之则啼。二者，或有余于数，或不足于数，其于忧一也。今世之仁人，蒿目而忧世之患；不仁之人，决性命之情而饕贵富。故意仁义其非人情乎？自三代以下者，天下何其嚣嚣也？

且夫待钩绳规矩而正者，是削其性者也，待绳约胶漆而固者，是侵其德者也；屈折礼乐，响俞仁义，以慰天下之心者，此失其常然也，天下有常然。常然者，曲者不以钩，直者不以绳，圆者不以规，方者不以矩，附离不以胶漆，约束不以纆索。故天下诱然皆生，而不知其所以生；同焉皆得，而不知其所以得。故古今不二，不可亏也。则仁义又奚连连如胶漆纆索而游乎道德之间为哉？使天下惑也！

夫小惑易方，大惑易性。何以知其然邪？自虞氏招仁义以挠天下也，天下莫不奔命于仁义。是非以仁义易其性与？故尝试论之：自三代以下者，天下莫不以物易其性矣。小人则以身殉利；士则以身殉名；大夫则以身殉家；圣人则以身殉天下。故此数子者，事业不同，名声异号，其于伤性以身为殉，一也。臧与谷，二人相与牧羊而俱亡其羊。问臧奚事，则挟筴读书；问谷奚事，则博塞以游。二人者，事业不同，其于亡羊均也。伯夷死名于首阳之下，盗跖死利于东陵之上。二人者，所死不同，其于残生伤性均也，奚必伯夷之是而盗跖之非乎？！天下尽殉也：彼其所殉仁义也，则俗谓之君子；其所殉货财也，则俗谓之小人。其殉一也，则有君子焉，有小人焉。若其残生损性，则盗跖亦伯夷已，又恶取君子小人于其间哉！

且夫属其性乎仁义者，虽通如曾史，非吾所谓臧也；属其性于五味，虽通如俞儿，非吾所谓臧也；属其性乎五声，虽通如师旷，非吾所谓聪也；属其性乎五色，虽通如离朱，非吾所谓明也。吾所谓臧者，非仁义之谓也，臧于其德而已矣；吾所谓臧者，非所谓仁义之谓也，任其性命之情而已矣；吾所谓聪者，非谓其闻彼也，自闻而已矣；吾所谓明者，非谓其见彼也，自见而已矣。夫不自见而见彼，不自得而得彼者，是得人之得而不自得其得者也，适人之适而不自适其适者也。夫适人之适而不自适其适，虽盗跖与伯夷，是同为淫僻也。余愧乎道德，是以上不敢为仁义之操，而下不敢为淫僻之行也。（《骈拇》）

【大意】脚趾并生和歧指旁出，这是天生而成的吗？不过都多于常人之所得。附悬于人体的赘瘤，是出自人的形体吗？不过却超出了人天生而成的本体。采用多种方法推行仁义，比拟于身体不可或缺的五脏，却不是无所偏执的中正之道。所以，脚上双趾并生的，是连缀起无用的肉；手上六指旁出的，是树起了无用的手指；各种并生、旁出的多余的东西对于人天生的品性和欲念来说，好比迷乱而又错误地推行仁义，又像是脱出常态地使用人的听力和视力。

超出本体的"多余"对于一个视觉明晰的人来说，难道不是搅乱五色、迷滥文彩、绣制出青黄相间的华丽服饰而炫人眼目吗？而离朱就是这样。超出本体的"多余"对于听觉灵敏的人来说，难道不是搅乱五音、混淆六律，搅混了金、石、丝、竹、黄钟、大吕的各种音调吗？而师旷就是这样。超出本体的"多余"对于倡导仁义的人来说，难道不是矫擢道德、闭塞真性来捞取名声。而使天下的人们争相鼓噪信守不可能做到的礼法吗？而曾参和史䲡就是这样。超出本体的"多余"对于善于言辞的人来说，难道不是堆砌词藻、穿凿文句、将心思驰骋于"坚白"诡辩的是非之中，而艰难疲惫地罗列无数废话去追求短暂的声誉吗？而杨朱和墨翟就是这样。所以说这些都是多余的、矫造而成的不正之法，绝不是天下的至理和正道。

那所谓的至理正道，就是不违反事物各得其所而又顺应自然的真情。所以说合在一块的不算是并生，旁出枝生的不算是多余，长的不算是有余，短的不算是不足。因此，野鸭的小腿虽然很短，续长一截就有忧患；鹤的小腿虽然很长，截去一段就会痛苦。事物原本就很长是不可以随意截短的，事物原本就很短也是不可以随意续长的，这样各种事物也就没有必要去排除忧患了。噫！仁义恐怕不是人所固有的真情吧？那些倡导仁义的人怎么会有那么多担忧呢？

况且对于脚趾并生的人来说，分裂两脚趾他就会哭泣；对于手指旁出的人来说，咬断歧指他也会哀啼。以上两种情况，有的是多于正常的手指数，有的是少于正常的脚趾数，而它们对于所导致的忧患却是同一样的。如今世上的仁人，放目远视而忧虑人间的祸患；那些不仁的人，摒弃人的本真和自然而贪求富贵。噫！仁义恐怕不是人所固有的真情吧？从夏、商、周三代以来，天下又怎么会那么喧嚣竞逐呢？

况且依靠曲尺、墨线、圆规、角尺而端正事物形态的，这是损伤事物本性的做法；依靠绳索胶漆而使事物相互紧紧粘固的，这是伤害事物天然禀赋的做法；运用礼乐对人民生硬地加以改变和矫正，运用仁义对人民加以抚爱和教化，从而抚慰天下民心的，这样做也就失去了人的常态。天下的事物都各有它们固有的常态。所谓常态，就是弯曲的不依靠曲尺，笔直的不依靠墨线，正圆的不依靠圆规，端方的不依靠角尺，使离析的东西附在一起不依靠胶和漆，将单个的事物捆束在一起不依靠绳索。于是，天下万物都不知不觉地生长而不知道自己为什么生长，同样都不知不觉地有所得而不知道自己为什么有所得。所以古今道理并没有两样，不可能出现亏缺。那么仁义又为什么无休无止地像胶漆绳索那样人为地夹在天道和本性之间呢？这就使天下人大惑不解了！

小的迷惑会使人弄错方向，大的迷惑会使人改变本性。凭什么知道是这样的呢？自从虞舜拿仁义为号召而搅乱天下，天下的人们没有谁不是在为仁义争相奔走，这岂不是用仁义来改变人原本的真性吗？现在我们试着来谈论一下这一问题。从夏、商、周三代以来，天下没有谁不借助于外物来改变自身的本性。平民百姓为了私利而牺牲，士人为了名声而牺牲，大夫为了家族而牺牲，圣人则为了天下而牺牲。所以这四种人，所从事的事业不同，名声也有各自的称谓，而他们用生命做出牺牲以损害人的本性，却是同一样的。臧与谷两个家奴一块儿放羊却都让羊跑了。问臧在做什么，说是在拿着书简读书；问谷在做什么，说是在玩投骰子的游戏。这两个人所做的事不一样，不过他们丢失了羊却是同样的。伯夷为了贤名死在首阳山下，盗跖为了私利死在东陵山上。这两个人，致死的原因不同，而他们在残害生命、损伤本性方面却是同样的。为什么一定要赞誉伯夷而指责盗跖呢？天下的人们都在为某种目的而献身：那些为仁义而牺牲的，世俗称他为君子；那些为财货而牺牲的，世俗称他为小人。他们为了某一目的而牺牲是同样的，而有的叫君子，有的叫小人。倘若就残害生命、损伤本性而言，那么盗跖也就是伯夷了，又怎么能在他们中间区分君子和小人呢？

况且，把自己的本性缀连于仁义，即使如同曾参和史鲋那样精通，也不是我所认为的完美；把自己的本性缀连于甜、酸、苦、辣、咸五味，即使如同俞儿那样精通，也不是我所认为的完善；把自己的本性缀连于五声，即使如同师旷那样通晓音律，也不是我所认为的聪敏；把自己的本性缀连于五色，即使如同离朱那样通晓色彩，也不是我所认为的视觉敏锐。我所说的完美，绝不是仁义之类的东西，而是比各有所得更美好罢了；我所说的完善，绝不是所谓的仁义，而是放任天性、保持真情罢了。我所说的聪敏，不是说能听到别人什么，而是指能够内审自己罢了。我所说的视觉敏锐，不是说能看见别人什么，而是指能够看清自己罢了。不能看清自己而只能看清别人，不能安于自得而向别人索求的人，这就是索求别人之所得而不能安于自己所应得的人，也就是贪图达到别人所达到而不能安于自己所应达到的境界的人。贪图达到别人所达到而不安于自己所应达到的境界，无论盗跖与伯夷，都同样是滞乱邪恶的。我有愧于宇宙万物本体的认识和事物变化规律的理解，所以就上一层说我不能奉行仁义的节操，就下一层说我不愿从事滞乱邪恶的行径。

【本节链接】

【本经原文】参看第三章"庖丁解牛"之"夫恬淡寂寞"至"此养神之道也"一

段。笔者注：这一节文字极佳，言简而意赅，内涵极其丰富，希诸君仔细读之。

【本节链接】
【本经原文】郑人缓也，呻吟裘氏之地，祗三年而缓为儒，河润九里，泽及三族，使其弟墨。儒墨相与辩，其父助翟，十年而缓自杀。其父梦之曰："使而子为墨者，予也。阖胡尝视其良，既为秋柏之实矣？"夫造物者之报人也，不报其人而报其人之天。彼故使彼。夫人以己为有以异于人以贱其亲，齐人之井饮者相捽也。故曰今之世皆缓也。自是，有德者以不知也，而况有道者乎！古者谓之遁天之刑。（《列御寇》）

【大意】郑国有个名叫缓的人在裘氏地方吟咏诵读，只用了三年就成了儒生，像河水滋润沿岸的土地一样润泽着广远的地方，他的恩惠还施及三族，并且使他的弟弟成为墨家的学人。儒家、墨家不能相容而相互争辩，缓的父亲则站在墨家一边。过了十年缓愤而自杀，他的父亲梦见他说："让你的儿子成为墨家，还是我的功劳。怎么不看看我的坟墓，我已变成秋天的柏树而结出了果实！"造物者所给予人们的，不会赋予人的才智和能力而是赋予人们的自然本性。缓的弟弟具备了墨家的禀赋因而能使他成为墨家学人。缓总认为自己有什么与众不同的地方才这样轻侮他的父亲，就跟齐人自以为挖井有功而与饮水的人抓扯扭打一样，看来如今社会上的人差不多都是像缓这样贪天之功以为己有的人。自以为生活中总是这样，有德行的人却不知道这样的情况，更何况是有道的人啊！古时候人们称这种贪天之功的做法是违背自然规律而受到刑戮。

缓总是放不下自己，死了也还惦念着自己的功劳，真个是至死不悔啊。

【本节链接】
【本经原文】孔子游于匡，宋人围之数匝，而弦歌不惙。子路入见，曰："何夫子之娱也？"孔子曰："来，吾语女！我讳穷久矣，而不免，命也；求通久矣，而不得，时也。当尧、舜而天下无穷人，非知得也；当桀、纣而天下无通人，非知失也。时势适然。夫水行不避蛟龙者，渔父之勇也；陆行不避兕虎者，猎夫之勇也；白刃交于前，视死若生者，烈士之勇也；知穷之有命，知通之有时，临大难而不惧者，圣人之勇也。由，处矣！吾命有所制矣！"

无几何，将甲者进，辞曰："以为阳虎也，故围之；今非也，请辞而退。（《秋水》）"

【大意】孔子周游到匡地，卫国人一层又一层地包围了他，可是孔子不慌不乱，仍在不停地弹琴诵读。子路入内见孔子说："先生如此高兴是为什么呢？"孔子说："来，我告诉你！我遭遇困窘蔽塞已经很久很久了，可是始终不能免除，这是命运啊；我寻求通达也已经很久很久了，可是始终未能达到，这是时运啊。当尧、舜的时代，天下没有一个困顿潦倒的人,并非因为他们都才智超人;当桀、纣的时代,天下没有一个通达的人,并非因为他们都才智低下。这都是时运所造成的。在水里活动而不躲避蛟龙的,乃是渔夫的勇敢;在陆上活动而不躲避犀牛老虎的,乃是猎人的勇敢;刀剑交错地横于眼前,看待死亡犹如生还的,乃是壮烈之士的勇敢。懂得困厄潦倒乃是命中注定,知道顺利通达乃是时运造成,面临大难而不畏惧的,这就是圣人的勇敢。仲由啊,你还是安然处之吧!我命中注定要受制啊!"

没过多久,统带士卒的将官走了进来,深表歉意地说:"大家以为你是阳虎呢,所以包围了你;现在知道了你不是阳虎,请让我向你表示歉意并且撤离部队。"

薪尽火传

薪,指的是我们的肉身;火,指的是我们的佛性。我们的肉身早晚是要坏掉的,佛说"天地万物,无常存者"即是这个意思。但我们的佛性是不生不灭的,它没有开端,也没有结尾,你不可以使之增加,亦不可以使之减少,它就在那里,不曾丢失,亘古存在,故庄子说"不知其尽也"。

有人喜欢长寿,这本身没有什么不对。但人们却不会适可而止。人们不但要健康和长寿,更加妄想长生不老,如古代的帝王们,有多少是吃所谓的仙丹而丧命的?这就变成过分的执著了,过于看重我们的这个肉身,反而形成修道的障碍。关于这一点,已经在前面多次提及,故在此处不再赘言。

我们没有必要追求长生不死,有生必有死,这是自然的事。如果我们认真修道了,按照修道标准去做事、做人,那么,我们能够尽享天年也是很自然的事。也就是说,活到天年是修道的副产品。

注意,笔者没有用"长寿"一词,而是用了"尽享天年"这个词汇,庄子说的是"可以尽年",也没有说"长寿"。两者的区别是什么呢?"尽享天年"指的是一个人能够活到他应该活的年纪,不会夭折,而"长寿"则是指一个人的年龄超过平均年龄很多而言。也就是说,不是所有的修道人都一定能长寿,但只要是实修之士,就不会夭折,一定能活到该活的年纪,这叫"尽享天年"。有没有例外呢?有。有的禅师在特殊情况下,可以决定提前走,不再住世了。比如,光孝慧兰禅师,自号碧落道人。他在安徽的一个寺庙里修行,建炎末年(1130年),女真人进犯安徽,敌军把禅师抓住带到一个将军处。将军问道:"你听说过我的名字吗?"禅师答道:"我只听说过大宋天子的名字!"将军非常生气,命令手下人用铁锤殴打禅师,但是没想到的是,铁锤一触到禅师的身体,木柄就断了。将军很是惊异,于是令手下善待禅师。过了十几天,禅师向士兵们要柴薪,说要圆寂。没有人敢给他,于是,禅师就亲自去拾柴,拾了一大堆并堆成一个龛状,禅师坐在其中,神情安然,自己点燃柴薪,于大火中圆寂了。士兵们跪在周围，大火烧疼了面颊都不知道。

另一个例子与民族英雄岳飞有关。当年岳飞接到十二道金牌，令其罢兵还朝，在回兵路上，路过金山寺，寺庙当家和尚名叫道悦禅师，岳元帅与道悦禅师坐谈了一个晚上。当晚，岳飞做了一个奇怪的梦，他梦见有两只狗对着大叫不止，而且讲的是人话！

第二天，岳飞就把梦境告诉了道悦禅师，禅师说："二犬相对而言，是个'狱'字，元帅此次回去凶多吉少啊。"道悦禅师劝他仔细考虑考虑，可否出家以避灾祸，并说："苦海茫茫未有涯，岳君何必趋尘埃？不如早觅回头岸，免遭风波一旦休！"岳元帅虽然对即将到来的危险也有所警觉，但他仍然执意回朝述职，意在劝说君上，一鼓作气，直捣黄龙。道悦禅师知事情不可阻止，也就只得作罢。在岳飞离开的时候，道悦禅师送给岳元帅两首偈，其一为："风波亭下浪滔滔，千万留心舵把牢，谨防同船生恶意，将君推落于波涛。"其二为："年底不足，谨防天哭。奉下两点，将人害毒。老相腾挪，缠人奈何，谨慎把舵，留意风波。"再次暗示岳飞将要被秦桧所害。

等到岳元帅被害之后，秦桧知道了此事，便派何立带兵去金山寺捉拿道悦禅师，如有反抗，格杀勿论。何立带兵来到金山寺，禅师在讲经，忽见何立一干人马站在堂下，禅师当然知道是怎么回事，口出一偈道："吾年四十九，是非终日有，不为自己身，只为多开口！何立自东来，我向西边去，不是佛力大，岂非落人手！"言罢圆寂！

看，禅师们宁愿提前圆寂也不愿应召去皇宫或王府，说明禅师的修行功夫十分了得，也说明了禅师淡泊名利的高风亮节，还说明了禅师的慈悲精神。

对于一个生活在现代社会的人来说，如何才能尽享天年？我们深陷欲望之中无法脱身，怎么能够尽享天年？简直是痴人说梦。

但还是有人希望能够接近这个目标，那么，笔者认为做到以下几个方面，或许还能达到尽享天年的目标：

天天散步，顿顿茹素。日日弥陀，心有佛祖。

诸恶莫作，众善行笃。放下名利，寡欲知足。

焚香静坐，负暄读书。香茗一碗，吟诗作赋。

二三知己，写字画图。事来则应，事去则无。

寄情山水，不喜不怒。安时处顺，即是彭祖。

人一代一代在代谢，对于个体而言，总是要死的，但真理却可以一代又一代地永远传下去。禅宗把这个过程叫作"传灯"。灯可以照明，可以除暗，取义"一灯能除千年暗"之意，意思是用佛法照除我们的无明。

禅宗的传灯故事有时波澜不惊，有时精彩纷呈，有时惊心动魄。禅师们有时是冒着生命的危险在为众生传承佛法，遗憾的是现在的众生却不亲近佛法，甚至对佛法嗤之以鼻，可见众生之愚痴到了什么程度。禅宗的传灯故事太多了，有兴趣者只能自行去阅读了。

昔时,有僧问佛祖:"过去七佛在什么处?"

佛祖没有说话,却让僧人点燃了一支蜡烛。过了一会儿,蜡烛快要燃尽了,佛祖叫这个僧人用这支蜡烛再点燃另一只蜡烛,如是依次点下去,到了第八支时,佛问僧人:"前面七支蜡烛的光现在在哪里?"

佛祖是在告诉我们薪尽火传的道理。都是谁在传啊?

当年,持世菩萨修行时,天魔送给他一万二千魔女,持世菩萨不敢要,维摩诘居士接受了这些魔女,而后使其全部发起菩提心。魔王来要这些魔女,魔女们都不愿意回去了,因为她们体会到了法乐,远胜于五欲之乐。这时,维摩诘居士劝她们回去,居士说:

有法门名无尽灯,汝等当学。无尽灯者,譬如一灯,然百千灯,冥者皆明,明终不尽。如是诸姊!夫一菩萨开导百千众生,令发阿耨多罗三藐三菩提心,于其道意亦不灭尽,随所说法,而自增益一切善法,是名无尽灯也。汝等虽住魔宫,以是无尽灯,令无数天子天女,发阿耨多罗三藐三菩提心者,为报佛恩,亦大饶益一切众生。(《维摩诘所说经·菩萨品第四》)

你和我,每一位众生都是传人啊。

人间世第四

原　文

　　颜回见仲尼，请行。曰：奚之？曰：将之卫。曰：奚为焉？曰：回闻卫君，其年壮，其行独；轻用其国，而不见其过；轻用民死，死者以国量乎泽若蕉，民其无如矣。回尝闻之夫子曰：治国去之，乱国就之，医门多疾。愿以所闻思其则，庶几其国有瘳乎！

　　仲尼曰：嘻！若殆往而刑耳！夫道不欲杂，杂则多，多则扰，扰则忧，忧而不救。古之至人，先存诸己而后存诸人。所存于己者未定，何暇至于暴人之所行！

　　且若亦知夫德之所荡而知之所为出乎哉？德荡乎名，知出乎争。名也者，相轧也；知也者，争之器也。二者凶器，非所以尽行也。

　　且德厚信矼，未达人气，名闻不争，未达人心。而强以仁义绳墨之言术暴人之前者，是以人恶有其美也，命之曰菑人。菑人者，人必反菑之，若殆为人菑夫？且苟为悦贤而恶不肖，恶用而求有以异？若唯无诏，王公必将乘人而斗其捷。而目将荧之，而色将平之，口将营之，容将形之，心且成之。是以火救火，以水救水，名之曰益多。顺始无穷，若殆以不信厚言，必死于暴人之前矣！

　　且昔者桀杀关龙逢，纣杀王子比干，是皆修其身以下伛拊人之民，以下拂其上者也，故其君因其修以挤之。是好名者也。昔者尧攻丛枝、胥敖，禹攻有扈，国为虚厉，身为刑戮；其用兵不止，其求实无已。是皆求名实者也，而独不闻之乎？名实者，圣人之所不能胜也，而况若乎！虽然，若必有以也，尝以语我来！

　　颜回曰：端而虚，勉而一。则可乎？曰：恶，恶可！夫以阳为充孔扬，采色不定，常人之所不违，因案人之所感，以求容与其心，名之曰日渐之德不成，而况大德乎！将执而不化，外合而内不訾，其庸讵可乎！

　　然则我内直而外曲，成而上比。内直者，与天为徒。与天为徒者，知天子之与己皆天之所子。而独以己言蕲乎而人善之，蕲乎而人不善之邪？若然者，人谓之童子，是之谓与天为徒。外曲者，与人之为徒也。擎跽曲拳，人臣之礼也，人皆为之，吾敢不为邪？为人之所为者，人亦无疵焉，是之谓与人为徒。成而上比者，与古为徒，其言虽教，谪之实也；古之有也，非吾有也。若然者，虽直而不病，是之谓与古为徒。若是则可乎？

仲尼曰：恶，恶可！大多政，法而不谍，虽固亦无罪。虽然，止是耳矣，夫胡可以及化！犹师心者也。

颜回曰：吾无以进矣，敢问其方。仲尼曰：斋，吾将语若！有心而为之，其易邪？易之者，皞天不宜。颜回曰：回之家贫，唯不饮酒不茹荤者数月矣。如此，则可以为斋乎？曰：是祭祀之斋，非心斋也。回曰：敢问心斋。仲尼曰：若一志，无听之以耳而听之以心，无听之以心而听之以气！听止于耳，心止于符。气也者，虚而待物者也。唯道集虚。虚者，心斋也。

颜回曰：回之未始得使，实自回也；得使之也，未始有回也。可谓虚乎？夫子曰：尽矣。吾语若！若能入游其樊而无感其名，入则鸣，不入则止。无门无毒，一宅而寓于不得已，则几矣。绝迹易，无行地难。为人使易以伪，为天使难以伪。闻以有翼飞者矣，未闻以无翼飞者也；闻以有知知者矣，未闻以无知知者也。瞻彼阕者，虚室生白，吉祥止止。夫且不止，是之谓坐驰，夫徇耳目内通而外于心知，鬼神将来舍，而况人乎！是万物之化也，禹舜之所纽也，伏戏几蘧之所行终，而况散焉者乎！

叶公子高将使于齐，问于仲尼曰：王使诸梁也甚重，齐之待使者，盖将甚敬而不急，匹夫犹未可动，而况诸侯乎！吾甚慄之。子常语诸梁也曰：凡事若小若大，寡不道以懽成。事若不成，则必有人道之患；事若成，则必有阴阳之患。若成若不成而后无患者，唯有德者能之。吾食也执粗而不臧，爨无欲清之人。今吾朝受命而夕饮冰，我其内热与！吾未至乎事之情，而既有阴阳之患矣；事若不成，必有人道之患。是两也，为人臣者不足以任之，子其有以语我来！

仲尼曰：天下有大戒二：其一，命也；其一，义也。子之爱亲，命也，不可解于心；臣之事君，义也，无适而非君也，无所逃于天地之间。是之谓大戒。是以夫事其亲者，不择地而安之，孝之至也；夫事其君者，不择事而安之，忠之盛也；自事其心者，哀乐不易施乎前，知其不可奈何而安之若命，德之至也。为人臣子者，固有所不得已。行事之情而忘其身，何暇至于悦生而恶生！夫子其行可矣！

丘请复以所闻：凡交近则必相靡以信，远则必忠之以言，言必或传之。夫传两喜两怒之言，天下之难者也。夫两喜必多溢美之言，两怒必多溢恶之言。凡溢之类妄，妄则其信之也莫，莫则传言者殃。故法言曰：传其常情，无传其溢言，则几乎全。且以巧斗力者，始乎阳，常卒乎阴，泰至则多奇巧；以礼饮酒者，始乎治，常卒乎乱，泰至则多奇乐。凡事亦然：始乎谅，常卒乎鄙；其作始也简，其将毕也必巨。

言者，风波也；行者，实丧也。夫风波易以动，实丧易以危。故忿设无由，巧言偏辞。兽死不择音，气息茀然，于是并生心厉。剋核大至，则必有不肖之心应之，而不知其然也。苟为不知其然也，孰知其所终！故法言曰：无迁令，无劝成，过度益也。迁令劝成殆事，美成在久，恶成不及改，可不慎与！且夫乘物以游心，託不得已以养中，至矣。何作为报也！莫若为致命，此其难者！

颜阖将傅卫灵公大子，而问于蘧伯玉曰：有人于此，其德天杀。与之为无方，则危吾国；与之为有方，则危吾身。其知适足以知人之过，而不知其所以过。若然者，吾奈之何？

蘧伯玉曰：善哉问乎！戒之慎之，正女身也哉！形莫若就，心莫若和。虽然，之二者有患。就不欲入，和不欲出。形就而入，且为颠为灭，为崩为蹶。心和而出，且为声为名，为妖为孽。彼且为婴儿，亦与之为婴儿；彼且为无町畦，亦与之为无町畦；彼且为无崖，亦与之为无崖。达之，入于无疵。

汝不知夫螳螂乎？怒其臂以当车辙，不知其不胜任也，是其才之美者也。戒之，慎之！积伐而美者以犯之，几矣。汝不知夫养虎者乎？不敢以生物与之，为其杀之之怒也；不敢以全物与之，为其决之之怒也。时其饥饱，达其怒心。虎之与人异类而媚养己者，顺也；故其杀者，逆也。

夫爱马者，以筐盛矢，以蜄盛溺。适有蚉虻仆缘，而拊之不时，则缺衔毁首碎胸。意有所至而爱有所亡，可不慎邪！

匠石之齐，至于曲辕，见栎社树。其大蔽数千牛，絜之百围，其高临山，十仞而后有枝，其可以为舟者旁十数。观者如市，匠伯不顾，遂行不辍。弟子厌观之，走及匠石，曰：自吾执斧斤以随夫子，未尝见材如此其美也。先生不肯视，行不辍，何邪？曰：已矣，勿言之矣！散木也，以为舟则沈，以为棺椁则速腐，以为器则速毁，以为门户则液樠，以为柱则蠹。是不材之木也，无所可用，故能若是之寿。

匠石归，栎社见梦曰：女将恶乎比予哉？若将比予于文木邪？夫柤梨橘柚，果蓏之属，实熟则剥，剥则辱；大枝折，小枝泄。此以其能苦其生者也，故不终其天年而中道夭，自掊击于世俗者也。物莫不若是。且予求无所可用久矣，几死，乃今得之，为予大用。使予也而有用，且得有此大也邪？且也若与予也皆物也，奈何哉其相物也？而几死之散人，又恶知散木！

匠石觉而诊其梦。弟子曰：趣取无用，则为社何邪？曰：密！若无言！彼亦直寄焉，以为不知己者诟厉也。不为社者，且几有翦乎！且也彼其所保与众异，而以义喻之，不亦远乎！

南伯子綦游乎商之丘，见大木焉有异，结驷千乘，隐将芘其所藾。子綦曰：此何木也哉？此必有异材夫！仰而视其细枝，则拳曲而不可以为栋梁；俯而视其大根，则轴解而不可以为棺椁；咶其叶，则口烂而为伤；嗅之，则使人狂酲，三日而不已。

子綦曰：此果不材之木也，以至于此其大也。嗟乎神人，以此不材！

宋有荆氏者，宜楸柏桑。其拱把而上者，求狙猴之杙者斩之；三围四围，求高名之丽者斩之；七围八围，贵人富商之家求樿傍者斩之。故未终其天年，而中道之夭于斧斤，此材之患也。故解之以牛之白颡者与豚之亢鼻者，与人有痔病者不可以适河。此皆巫祝以知之矣，所以为不祥也。此乃神人之所以为大祥也。

支离疏者，颐隐于脐，肩高于顶，会撮指天，五管在上，两髀为胁，挫鍼治繲，足以糊口；鼓筴播精，足以食十人。上征武士，则支离攘臂而游于其间；上有大役，则支离以有常疾不受功；上与病者粟，则受三钟与十束薪。夫支离其形者，犹足以养其身，终其天年，又况支离其德者乎？

孔子适楚，楚狂接舆游其门曰：凤兮凤兮，何如德之衰也！来世不可待，往世不可追也。天下有道，圣人成焉；天下无道，圣人生焉。方今之时，仅免刑焉。福轻乎羽，莫之知载；祸重乎地，莫之知避。已乎已乎，临人以德！殆乎殆乎，画地而趋！迷阳迷阳，无伤吾行！吾行郤曲，无伤吾足。

山木自寇也，膏火自煎也。桂可食，故伐之；漆可用，故割之。人皆知有用之用，而莫知无用之用也。

白 话

颜回拜见老师孔夫子，向他辞行，请老师同意他出远门。

孔子说："你打算到哪里去呀？"

颜回说："我打算去卫国。"

孔子说："去卫国干什么呢？"

颜回说："我听说卫国的国君年轻气盛，行为独断专行；国事处理草率，却看不到自己的过失；轻率地役使百姓，致使人民大量死亡，死人遍及全国不可称数。（活着的）也如草芥一般，流离失所，无家可归。老师您教诲过我们：'如果一个国家治理得很好，那么你就可以离开它。如果一个国家治理得很糟，那么你反而要去这个国家，（什么道理呢？）这与医术高明的医生家门前病人也多是一个道理啊'。我希望根据先生的这些教诲思考一些治理卫国的办法，卫国也许还可以逐步恢复元气吧！"

夫子说："呵呵！你去到卫国恐怕就会遭到杀害！推行大道是不宜掺杂的，杂乱了就会事绪繁多，事绪繁多就会心生扰乱，心生扰乱就会产生忧患，忧患多了也就自身难保，还侈谈什么拯救国家？古时候道德修养高尚的至人，总是先使自己德行圆满，已臻化境方才去扶助他人。如今你自己的道德修养还远未达到圆满，哪里还有什么闲工夫到暴君那里去推行大道？你懂得道德衰败和聪明表露的原因吗？道德的衰败在于追求名声，聪明的表露在于争辩是非。而名声是互相倾轧的原因，聪明是互相争斗的工具。二者皆为凶器，不可以将它推行于世。

"一个人虽然德行纯厚，诚实笃信，可外人未必都知道；一个人虽然不争名，可外人未必都能了解。（如果）你在暴君面前高调推行仁义和规范，这就好比用别人的丑陋来显示自己的美德，这样的做法可以说是害人。而害人的人一定会被别人所害，你这样做恐怕会遭到别人的伤害呀！况且，假如说卫君喜好贤能而讨厌恶人，那么，哪里还用得着等待你去才有所改变？你果真去到卫国也只能不向卫君进言，否则卫君一定会紧紧抓住你偶然说漏嘴的机会快捷地和你展开争辩。你必将眼花缭乱，而面色佯作平和，你说话自顾不暇，容颜将被迫俯就，内心也就姑且认同卫君的所作所为了。这样做就像是用火救火、用水救水，可以称之为错上加错。有了依顺他的开始，以后顺从他的旨意便会没完没了，假如你未能取信便深入进言，那么一定会死在这位暴君面前。

"从前，夏桀杀害了敢于直谏的关龙逢，商纣王杀害了力谏的叔叔比干，这些贤臣都十分注重自身的道德修养而且能够替君上抚爱百姓，但是他们也同样以臣下的地位违逆了他们的国君，所以他们的国君就因为他们道德修养高尚而排斥他们、杀害了他们。这就是喜好名声的结果。当年帝尧征伐丛、枝和胥敖，夏禹攻打有扈，这几个国家的土地变成废墟，人民全都死尽，而其国君也遭受杀戮，其原因就是这几个国家不停地使用武力，贪求别国的土地和人口。这些都是求名求利的结果，你偏偏就没有听说过吗？名声和实利，就是圣人有时也很难超越，何况是你呢？虽然这样，但你必定有所想法，你就试着给我说说吧！"

颜回说："我外表端庄，内心虚豁，勤奋努力，持之以恒，这样还不可以吗？"

孔子说："不行，绝对不行！卫君刚猛暴烈盛气凌人，露于言表，而且喜怒无常，人们都不敢有丝毫违背他的地方，他也借此压抑人们的真实感受和不同观点，以此来放纵他的欲望。这真可以说是每日用道德来一点点地感化他都没有成效，更何况用大德来劝导呢？他必将固守己见而不会改变，即使表面赞同，也只能是敷衍罢了，他不会反省自己，你那样的想法怎么能行得通呢？"

颜回说："既然如此，那我就保持自己内心的正直，但外表委曲求全，处处以古代贤人为榜样。内心秉正诚直，就是与自然为伍。与自然为伍，就可知道国君与自己都是大自然的子女。（这就没有必要）把自己的言论宣之于外，（你宣传自己的主张）是希望人们赞同你的思想，还是不希望人们赞同你的思想呢？像这样做（不宣传自己的主张），人们就会称之为未失童心，这就是与自然为伍。外表委曲求全，就是与世人为伍。手拿朝笏躬身下拜，这是做臣子的礼节，别人都这样去做，我敢不这样做吗？做一般人臣都做的事，人们也就不会责难了吧？这就叫与世人为伍。心有主见而效法古代贤人，是与古人为伍。他们的言论虽然很有教益，指责世事才是真情实意。这样做自古就有，并不是从我才开始的。像这样做，虽然正直不阿却也不会受到伤害，这就叫跟古人为伍。这样做便可以了吗？"

孔子说："不行！绝对不行！太多的事情需要纠正，会有不妥当的情形发生，虽然固执本身并不算什么错。即使这样，也不过如此而已，又怎么能感化他呢？你太过于自信了。"

颜回说："我没有更好的办法了，求老师教我。"

孔子说："那你要斋戒清心，我才能告诉你。如果心有杂念去做，难道是容易的吗？如果这样做很容易的话，连苍天也会觉得不适宜哩。"

颜回说："我颜回家境贫穷，不喝酒不吃荤食已经好几个月了，像这样，可以说是斋戒了吧？"

孔子说："这是祭祀前的所谓斋戒，并不是'心斋。'"

颜回说："什么是'心斋'啊。"

孔子说："你必须摒除杂念，制心一处，不要用耳朵去听而要用心去领悟，不光是用心去领悟，还要凝寂虚无直接去感应实相！耳的功用只在于聆听，心的功用只在于感受外界事物。只有凝寂虚无的心境才能感应宇宙万物，（这样）大道才能汇集于凝寂虚无的心境。（所以）只有虚无空明的心境才叫作'心斋'啊。"

颜回说："我没有学会'心斋'的时候，确实存在一个颜回；当我学会了'心斋'以后，我便顿时感到不曾有过真实的颜回。这可以叫作虚无空明的境界了吗？"

孔子说："你对'心斋'的理解实在十分透彻。我再告诉你，假如能够身在名利的环境中却又不为名利所左右，（那你就能做到）卫君如能采纳你的观点，你就说；卫君不采纳你的观点，你就不说。既不投机取巧，也没有私心杂念，让自己的心处于空明无杂念的状态，这样去处理各种事情，就差不多符合于'心斋'的要求了。一个人不走路容易，走了路不在地上留下痕迹就很难。心有杂念，即是俗人，表现行为就不符合大道，心无杂念，即是悟者，其行为言谈举止就符合大道。听说过凭借翅膀才能飞翔，不曾听说过没有翅膀也能飞翔；听说过有智慧才能了解事物，不曾听说过没有智慧也可以了解事物。看一看那空旷的环宇，空明的心境顿时光明朗照，世间万物都那么和谐美妙地存于宇宙之中，无善恶的分别，就连停止善的思维也都停止了。如果没有达到这样的境界，就叫形坐神驰。倘若让耳目的感观向内通达而同时排除世智聪辩的干扰，那么鬼神都会前来归附，何况是人呢？这就是万物的变化，是禹和舜所把握的要领，也是伏羲、几蘧所遵循的道理，何况普通的人呢？"

叶公子高将要出使齐国，向孔子请教："楚王派我诸梁出使齐国，责任重大。齐国接待外来使节，总是表面恭敬而内心怠慢。平常老百姓尚且不易说服，何况是诸侯呢？对此我心里十分担心。您常对我说：'事情无论大小，很少有不符合道义而能成功者。事情如果办不成功，那么必定会受到国君惩罚；事情如果办成功了，那又一定会忧喜交集而酿出祸害。无论事情成功与否，都不会有祸患，那就只有道德高尚的人才能做到了。'我每天吃的都是粗糙不精美的食物，连烹任食物的人都不需要解凉散热。今天早上接受国君诏命，晚上我就饮用冰水了，恐怕是因为我内心焦躁担忧吧！我还不曾接触到此次使命的实相，就已经有了忧喜交加所导致的病患；事情假如办不成，那一定还会受到国君惩罚。成与不成这两种结果，做臣子的我都不足以承担，先生你大概有什么可以教导我吧？"

孔子说:"人世间有两条根本戒律:一是天命,一是道义。做儿女的敬爱双亲,这就是天命,(子女行孝道)要时刻不可忘怀;臣子侍奉国君,这就是道义,无论你走到哪里,都是君主的臣下,天地之间无论到什么地方都不会没有国君的统治。这就是根本大戒。所以侍奉双亲的人,无论什么样的境遇都要使父母安适,这是孝道之极致;侍奉国君的人,无论办什么样的事都要让国君放心,这是忠义之极致;注重自我修养的人,不受悲哀和喜乐的影响,知道世事艰难,无法人为干预但又能安于现状、顺应自然,这是道德之极致。做臣子的原本就会有不得已的时候,如能全身心地投入处理事情中去并忘掉自身,哪里还顾得上眷恋人生、厌恶死亡呢?你这样去做就可以了!

"不过我还是把我所听到的道理再告诉你:大凡与邻近的国家交往,一定要讲诚信,这样才能使两国关系亲近友好;而与较远的国家交往,(怎么样才能使人家知道你的诚信呢?)必须要用语言、文书等来表达相互间的诚信。(使者)传递两国国君喜怒的言辞,乃是天下最困难的事:两国国君喜悦的言辞必定添加了许多过分的夸赞,两国国君愤怒的言辞必定添加了许多过分的憎恶。大凡过度的话语都类似于虚构,虚构的言辞其真实程度也就值得怀疑,国君产生了怀疑,那么,传达信息的使者就要遭殃。所以古代格言说:'转达言辞要真实,不要添枝加叶,那么也就差不多可以保全自己了。'况且以智巧相互较量的人,开始时平和开朗,后来就常常暗使计谋,达到极点时则大耍阴谋、倍生诡计。按照礼节饮酒的人,开始时规规矩矩合乎人情,到后来常常就一片混乱大失礼仪,达到极点时则荒诞淫乐、放纵无度。无论什么事情恐怕都是这样:开始时相互信任,相互理解,到后来就互相欺诈,相互争斗;开始时单纯简约,临近结束时便变得纷繁巨大而复杂。

"言语犹如水波,行动则一定会有得失。风吹波浪容易动荡,有了得失则容易出现危难。所以愤怒发作没有别的什么缘由,就是因为言辞虚浮而又片面失当。野兽临死时什么声音都叫得出来,气息急促喘息不定,于是迸发伤人害命的恶念。大凡过分苛责,必会产生不好的念头来应付,而他自己也不知道这是怎么回事。假如一个人做了些什么而他自己却又不知道那是怎么回事,还有谁能知道他会有怎样的结果呢?所以古代格言说:'不要随意改变决定(朝令夕改)、不要勉强他人去做力不从心的事(强人所难),不要说过头的话、多余的话(言多必失)。'随意改变决定或强人所难都是危险的,成就一桩好事要经历很长的时间(好事多磨),事情一旦做糟了,悔改是来不及的。行为处世能不审慎吗?能够顺应自然而使心志自在遨游,一切都寄托于现状以养心神,这就是最好的办法了。不要患得患失,不要过多考虑结局,不如原原本本地传达国君所给的使命,这样做还有什么困难呢?"

颜阖将被请去做卫国太子的师傅,他向卫国贤大夫蘧伯玉求教:"如今有这样一个人,他的德行生就凶残嗜杀。跟他朝夕与共如果不符合法度与规范,势必危害自己的国家；如果合乎法度和规范，那又会危害自身。他的智慧足以了解别人的过失，却不了解为什么会出现过错。像这样的情况，我将怎么办呢？"

蘧伯玉说："问得好！要警惕，要谨慎，首先要端正你自己！表面上不如顺从依就以示亲近，内心里不如顺其秉性以暗暗疏导。即使这样，这两种态度仍有隐患。亲近他不要关系过密（深陷其中），疏导他不要心意太露（太过明显）。外表亲附到关系过密，会招致颠覆毁灭和崩溃失败。诱导显得太露，会被认为是为了名声和供养，形同妖孽（也会招致祸害）。他如果像个天真的孩子一样，你也姑且跟他一样像个无知无识的孩子；他如果同你不分你我（划界限），那你也就跟他不分你我。他如果跟你无拘无束，那么你也姑且跟他一样无拘无束。慢慢地将他思想疏通引入正轨，便可进一步达到不犯错的境界。

"你不知道螳螂吗？它奋起臂膀去阻挡滚动的车轮，不明白自己的力量全然不能胜任，还自以为才高智盛很有力量。警惕呀，谨慎呀！经常夸耀自己的才智而触犯了他，就危险了。你不了解那养虎的人吗？他从不敢用活物去喂养老虎，因为他担心扑杀活物会激起老虎凶残的怒气；他也从不敢用整个的动物去喂养老虎，因为他担心撕裂动物也会诱发老虎凶残的怒气。要知道老虎什么时候饥饿，也通晓老虎什么时候要发怒。老虎与人不同类却向饲养人摇尾乞怜，原因就是养老虎的人能顺应老虎的习性，而那些被老虎吃掉的人，是因为不了解老虎的脾气，触犯了老虎的缘故。

"爱马的人，以精细的竹筐装马粪，用珍贵的蛤壳接马尿。刚巧一只牛虻叮在马身上，爱马之人出于爱惜自己的马，随手拍击，没想到马儿受惊便咬断勒口、挣断辔头、弄坏胸络。意在爱马却适得其反，能不谨慎吗？"

匠人石去齐国，来到一个叫曲辕的地方，看见一棵被世人当作神社的栎树。这棵栎树树冠大到可以遮蔽数千头牛，用绳子绕着量一量树干，足有百尺粗，树梢高临山巅，离地面十仞以上才分出枝杈，用它来造船可造十余艘。观赏的人群像赶集似的涌来涌去，而这位匠人连瞧也不瞧一眼，不停步地往前走。他的徒弟站在树旁看了个够，跑着赶上了匠人石，说："自我拿起刀斧跟随先生，从不曾见过这样壮美的树木。可是先生却连看都不肯看一眼，不住脚地往前走，为什么呢？"匠人石回答说："算了，不要再说它了！这是一棵什么用处也没有的树，用它做成船定会沉没，用它做成棺椁定会很快朽烂，用它做成器皿定会很快毁坏，用它做成屋门定会流脂，用它做成屋柱定会被虫蛀蚀。这是一颗废树，毫无用处，所以它才能活到现在。"

匠人石回到家里，梦见社树对他说："你将用什么东西跟我相提并论呢？你打算拿可用之木来跟我相比吗？那楂、梨、橘、柚都属于果树，果实成熟就会被打落在地，打落果子以后枝干也就会遭受摧残，大的枝干被折断，小的枝丫被拽下来。这就是因为它们能结出鲜美果实才苦了自己的一生，所以常常不能终享天年而半途夭折，自身招来了世俗人们的打击。各种事物莫不如此。而且我寻求没有什么用处的办法已经很久很久了,几乎被砍死,这才保全住性命,无用也就成就了我最大的用处。假如我果真是有用,还能够获得延年益寿成为一颗神树吗?况且你和我都是'物',你这样看待事物怎么可以呢?你不过是几近死亡的没有用处的人,又怎么会真正懂得没有用处的树木呢?"

匠人石醒来后把梦中的情况告诉给他的弟子。弟子说:"意在求取无用,那么又为什么做社树让世人瞻仰呢?"匠人石说:"闭嘴,别说了!这只是它的简单而直接的自保方法罢了,反而招致不了解的人的辱骂和伤害。如果它不做社树的话,它还不遭到砍伐吗?它用来保全自己的办法这样与众不同,而我们想用常理来了解它,那就相去太远了!"

南伯子綦在商丘一带游玩,看见一棵出奇的大树,上千辆驾着四马的大车,荫蔽在大树树荫下歇息。子綦说:"这是什么树呢?这树一定有特异的材质啊!"仰头观看大树的树枝,弯弯扭扭的树枝不可以用来做栋梁;低头观看大树的主干,树心直到表皮旋着裂口不可以用来做棺椁;用舌舔一舔树叶,口舌溃烂受伤;用鼻闻一闻气味,人像喝多了酒,三天三夜还醒不过来。

子綦说:"这果真是什么用处也没有的树木,以至长到这么高大。唉,精神世界完全超脱物外的'神人',就像这不成材的树木呢!"

宋国有个叫荆氏的地方,很适合楸树、柏树、桑树的生长。树干长到一两把粗,做系猴子的木桩的人便把树木砍去;树干长到三四围粗,地位高贵名声显赫的人家寻求建屋的大梁便把树木砍去;树干长到七八围粗,达官贵人富家商贾寻找整幅的棺木又把树木砍去。所以它们始终不能终享天年,而是半道上被刀斧砍伐而短命。这就是材质有用带来的祸患。因此古人祈祷神灵消除灾害,总不把白色额头的牛、高鼻折额的猪以及患有痔漏疾病的人沉入河中去用作祭奠。这些情况巫师全都了解,认为他们都是很不吉祥的。不过这正是"神人"所认为的世上最大的吉祥。

有个名叫支离疏的人,下巴隐藏在肚脐下,双肩高于头顶,后脑下的发髻指向天空,五官的出口也都向上,两条大腿和两边的胸胁并生在一起。他给人缝衣浆洗,足够糊口度日;又替人筛糠簸米,足可养活十口人。国君征兵时,支离疏捋袖扬臂在征兵人面前走来走去;国君有大的差役,支离疏因身有残疾而免除劳役;国君向残疾人赈济米粟,支离疏还领得三钟粮食十捆柴草。像支离疏那样形体残缺不全的人,还足以养活自己,终享天年,何况那些连德行是什么都早已忘掉的人呢?!

孔子到楚国去,楚国隐士狂接舆在孔子门前唱道:"凤鸟啊,凤鸟啊!你为什么来到这衰败的国家呢!未来不可期待,过去无法追回。天下有道,圣人的主张就会成就;天下无道,圣人才出现于世。当今这个时代,怕就只能免遭刑辱。幸福比羽毛还轻,而不知道怎么取得；祸患比大地还重，而不知道怎么回避。算了吧，算了吧！不要在人前宣扬你的德行。危险啊，危险啊！人为地划出一条道路让人们去遵循。遍地的荆棘啊，不要妨碍我的行走。曲曲弯弯的道路啊，不要伤害我的双脚。"

山上的树木皆因材质可用而招致人们砍伐；油脂因能燃起烛火照明而被人们取去熔煎。桂树皮芳香可以食用，因而遭到砍伐；树漆因为可以派上用场，所以遭受刀斧割裂。人们都知道有用的用处，却不懂得无用的更大用处。

题 解

人间世：人心险恶，险于山川，如何在人世间保全自己？世事纷杂，如何处理？打铁还须自身硬；欲成佛道，先修人道。我们修道不是要离开红尘，而是要在悟道后积极入世，济度众生。

要点禅解

先存诸己

何谓先存诸己？就是先把自己照顾好。你说什么？自私？果真如此吗？

照顾好自己指的是首先要让自己的德行圆满，福慧双全，洞彻本源，只有这样的人才有能力有资格去教诲他人，所以要先存诸己，然后存诸人。佛家把这叫作"自利利他"。注意，是先要自利，然后才能利他。

我们接受的教育与此不同，我们从小就被要求"学雷锋，做好事"，而且是无条件地学雷锋做好事。这样问题也就随之而来了：小学生见义勇为与歹徒搏斗而牺牲的有之，未成年的孩子勇敢跳入激流救人而牺牲的有之，明知自己力量不逮还拼命以意志力坚持而至残疾者有之，明知大火无情局面已经无法控制仍然莽撞进入火海救人而牺牲者有之……这样的例子不胜枚举。

首先要肯定做好事的价值，社会必须充满正能量，这个毫无疑问。但不分时间地点场合和具体情况笼统地要求人们做好事，恐怕就存在许多问题。比如，一个人溺水了，在水中上下挣扎，头出头没，情形危急。这时恰巧被站在岸上的你看见了，而你却从来都没有下过水，这时非得要求你下水去救人，请问这是否符合人道呢？你下去的结果只能是多死一个而已，这不明摆着让你去送死吗？这与杀死你有何不同呢？再假设当时的你还是个未成年的孩子，这种不合情理的情形就更加突出了。

毕竟人的生命才是最宝贵的，我们没有理由让一个生命无辜死去。

那么，这种情形该怎么办？圣人告诉我们，要在平时练就一身本领，关键时刻就派上用场了。

把这个问题移到觉悟群迷上来就更加突出了:众生被无明覆盖,愚痴得紧,你怎么教导他们要放下执著?你有能力让愚痴的人生起信心吗?你有足够的智慧、善巧方便去度脱苦海中的众生吗?众生根基不同,各各差别巨大,你有能力分辨他们的细微差别而因材施教吗?如果你自己都没有悟道,就算有人愿意信你、愿意跟你学习,你将把他们引向何方?这岂不是"以己昏昏,使人昭昭"?

所以,欲要度人,必先自度,自己未度,何以度人?

所以,先存诸己不但不是自私的表现,相反,这恰恰是大慈悲的表现,也是大承担的表现!佛说:

> 若自有缚,能解彼缚,无有是处;若自无缚,能解彼缚,斯有是处。是故菩萨不应起缚。(《维摩诘所说经·文殊师利问疾品第五》)

昔时,五祖弘忍大师将衣钵传给大字不识的六祖慧能后,深知"自古传法,命若悬丝",于是连夜送六祖离开黄梅。师徒二人一直走到天蒙蒙亮,来到一条河边,需乘船渡过河去。

五祖早有准备,他已经在此藏好了一只小船。

五祖操桨说道:"上船,我度你。"

六祖一听,高声答道:"应该是我划船:迷时师度,悟时自度。"

五祖放心地大笑。

六祖借渡河向五祖表明了自己的悟境:我已经彻悟了,我能够渡己了,当然我也能渡人了,请师傅放心吧,我必将不辜负您老人家的期望,肩负起如来家业、弘扬佛法并济度众生的大业!有传人优秀若此,五祖岂有不大笑的理由?

为什么修道者要远离红尘进入山林?为的就是要外息诸缘,好用功办道,当自己一旦彻悟,在经过一番保任的功夫,确认自己不会再反复了,或经师傅印可,即可再入红尘,肩负起觉悟群迷的重任,这就是利他。有句话叫作"如如不动具足圆满普为利乐众生界"。你想"普为利乐众生界",这是大愿,也是大慈,当然值得赞叹,但前提必须是你得达到"如如不动,具足圆满"的境界才行。

有没有一个人开悟了,却未出山去普渡众生的情形呢?有。这样的人佛家叫作"自了汉",而不能叫作"菩萨"。

先存诸己不单是修行人的功课,就是活在俗世间,你也应该修"先存诸己"的功夫。比如孔夫子说"反求诸己":"射有似乎君子,失诸正鹄,反求诸其身"。(《中庸》)"躬自厚而薄责于人,则远怨矣"。(《论语·卫灵公》)孟子说"反身以诚";曾子说"格致诚正,修齐治平";连道家也说:

> 君子检身,常若有过。(《亢仓子·训道篇》)

也就是说，我们都要进行身心的修养，时刻检点自己哪里做得不对，遇事一定先想是自己错了，"吾日三省吾身"，"时时勤拂拭"。只有如此，你才能向圣人靠近，最后成为圣人。"君子之道，辟如行远，必自迩；辟如登高，必自卑。"（《中庸》）

"如果遇到挫折或障碍，一定是自己错了"，你可能觉得这太过分了，怎么都是自己的错呢？难道我就没有对的吗？是的，依世俗的眼光来看，你有对的时候；但如果依出世的角度来看，遇到困难、烦恼和挫折，那就是你错了。所以有此磨难，你就要从自身找原因，你要从心里认识到是自己错了，如此你才能进步。佛言：

> 人有众过，而不自悔，顿息其心，罪来赴身，如水归海，渐成深广。若人有过，自解知非，改恶行善，罪自消灭。（《四十二章经》）

真心地检讨自己，在开始时的确很难，我们习惯于死要面子，死也不认错，即使内心知道是自己错了，对外也绝不承认。孔老夫子说："吾未见能见其过而内自讼者也。"（《论语·公冶长》）做到正视自己的错误，真正从心里悔过并不容易，连古人也一样不愿意承认自己的错误。但唯有如此，我们才能真正进步，才能做到孔夫子说的"不贰过（《论语·雍也》）"。有错即改，而且不在一个地方摔倒两次，这样才能一步一步地接近圣人。

不贰过可以帮助我们理解福德和功德的区别。昔时，梁武帝见达摩大师时，问大师："朕一生造寺度僧无数，有何功德？"达摩祖师给了他当头一棒："实无功德！"这段公案导致后世很多人不理解，如早在唐朝就有人问六祖这个问题。六祖回答说：大家不要怀疑祖师所说，梁武帝的确没有功德。怎么理解呢？

不贰过，就是犯了一次错，从心里真正知道自己错了并发心悔改，以后永不再犯。真正做到了，这就叫"在自性上用功"，你的错误就会越来越少，你的心也就一点点地明亮起来，这叫"功德"；如果你认识到自己错了，也悔改，但过后还犯，这就是凡夫了。然而你的悔改仍然是可以消业的，倘若还能改过向善，说不定还有一点点福报呢，这就叫"福德"；设若你"犯了再改，改了再犯"，那就叫原地踏步；更严重的是如果一错再错而且越来越厉害，那就叫死不悔改，不可救药了。后两者就连福德也没有了。所以，是否在自性上用功，是区别福德和功德的标志。功德不会消亡；福德终会享尽。

例如，《红楼梦》里的林黛玉，天生美人，却命运多舛，大家都认为是天妒红颜。其实，林黛玉的命运完全是自己造成的，完全怪她自己。比如，一次别人给各位姑娘送花，当把花送到惜春和探春处，惜春和探春都向来人道谢，送花人也很高兴。但是，当这个下人在把花送给黛玉时，黛玉斜眼看了一下，问道："是单单我有呢？还是各位姑娘都有？"下人答道："各位姑娘都有。"黛玉便幽幽地说道："我说嘛，要不是别人挑剩下的也轮不到我。"这里便看出林黛玉的尖酸刻薄和小心眼，当场弄的下人好不高兴。《红楼梦》里面写林黛玉这样的情形多的是，你能说林黛玉的命运不是她自己一手造就的吗？所谓"一切唯心造"，她的命运与她的性格特点有着因果关系。假如林黛玉接到花后也高兴地接过花并道谢，她自己高兴，下人也欢乐，这不是更好吗？所以说，一切要找自己的毛病，自己修好了，外界环境也就好了。一个修行人，如果开始学佛了，周遭反而变得不如意了，那么就要检讨一下，看看自己是不是哪些地方做得不对了，切记不要一个劲地追问："怎么又是我倒霉？为什么又是我？我做错什么了？"这样问自己，只能把事情变得更糟，故古人常说：小人常无错，君子常有过。

【本节链接】

【本经原文】有孙休者，踵门而诧子扁庆子曰："休居乡不见谓不修，临难不见谓不勇。然而田原不遇岁，事君不遇世，宾于乡里，逐于州部，则胡罪乎天哉？休恶遇此命也？"扁子曰："子独不闻夫至人之自行邪？忘其肝胆，遗其耳目，芒然彷徨乎尘垢之外，逍遥乎无事之业，是谓为而不恃，长而不宰。今汝饰知以惊愚，修身以明污，昭昭乎若揭日月而行也。汝得全而形躯，具而九窍，无中道夭于聋盲跛蹇而比于人数，亦幸矣，又何暇乎天之怨哉！子往矣！"

孙子出，扁子入。坐有间，仰天而叹。弟子问曰："先生何为叹乎？"扁子曰："向者休来，吾告之以至人之德，吾恐其惊而遂至于惑也。"弟子曰："不然。孙子之所言是邪？先生之所言非邪？非固不能惑是；孙子所言非邪？先生所言是邪？彼固惑而来矣，又奚罪焉！"

扁子曰："不然。昔者有鸟止于鲁郊，鲁君说之，为具太牢以飨之，奏九韶以乐之。鸟乃始忧悲眩视，不敢饮食。此之谓以己养养鸟也。若夫以鸟养养鸟者，宜栖之深林，浮之江湖，食之以委蛇，则平陆而已矣。今休，款启寡闻之民也，吾告以至人之德，譬之若载鼷以车马，乐䲭以钟鼓也，彼又恶能无惊乎哉！"（《达生》）

【大意】有个叫孙休的人，有一天向扁庆子抱怨说："我为人不差，也勇敢，怎么我的田里却从未有过好收成呢？为国家出力也未遇上圣明的国君，还被乡里所摈弃，受地方官放逐，我究竟有什么罪过呢？我怎么会有如此的命运、这么倒霉呢？"

扁子说："你曾听说过那道德修养极高的人吗？他们什么都能忘了，自然活得开心潇洒。而你呢？你看看你自己，你把自己打扮得很有才干的样子用以惊吓众人，用修养自己的办法来反衬他人的污秽，毫不掩饰地炫耀自己，哎呀，你能得以保全形体和身躯，没有夭折或成为瞎子聋子，已经是万幸了。你哪还有资格抱怨上天呢？"

等孙休走后，扁子便长吁短叹。其弟子问道："先生你怎么了？"扁子说："刚才孙休进来，我把道德修养极高的人的德行告诉给他，我真担心他会吃惊以至迷惑更深啊。"弟子说："不对吧。假设孙休所说的是正确的，而先生所说是错误的话，错误的本来就不可能迷惑正确的。你担心什么？假设孙休所说是错误的，而先生所说是正确的，那他本来就因迷惑而来请教,你对他是有指导的,这又有什么过错呢?"这弟子好聪明啊,真是一个善辩之人呢。

而扁子说:"恐怕不是这样的吧。"接着扁子讲了一个爱鸟养鸟的故事:"孙休就是一个小鸟啊,他又怎么会不感到吃惊呢?!"

心 斋

一个人吃素,我们有时也说他"吃斋"。斋者,斋戒之意也,旧指祭祀前整洁身心,推而广之,一切有利于身心修养的行为都叫"斋"。

但我们往往只注重外在形式上的"斋",而忽视了内在的"斋"。例如,我们见人和颜悦色,说话温柔不高声,衣着整洁大方,举止得当不失礼节,行为规范合乎社会道德要求,洁身自好不涉黄赌毒,能够约束自己适可而止,不致让欲望泛滥成灾,行为高尚,助人为乐,帮助他人,甚至乐善好施,济度贫困,看望病患等等,这些都是斋,是修身心的必要功课。

对于一个世间人来说,能做到上面所列举的方方面面,已经是一个模范了。但如要修道见自本性,这就远远不够了。一个修行者,必须内外兼修,必须反观内视,检点内心,而且,返观内视更为重要。列子说:

务外游,不知务内观。外游者,求备于物;内观者,取足于身。取足于身,游之至也;求备于物,游之不至也。(《列子·仲尼》)

修道,必须内观,使杂念不生,既无恶念,也无善念,清净灵明,寂然不动。去除心内各种念头的功夫就叫"心斋"。

这和六祖说的"内不乱曰禅"是一个意思,我们修道就是要修到内心不乱的境界。真正的禅不在坐卧,也不著心,也不著净,只是息了妄想即可。六祖说:

此门坐禅,元不着心,亦不着净,亦不是不动。若言着心,心元是妄,知心如幻,故无所著也。若言着净,人性本净,由妄念故,盖覆真如。但无妄想,性自清净;起心着净,却生净妄。妄无处所,著者是妄;净无形相,却立净相。言是工夫,作此见者,障自本性,却被净缚。(《六祖法宝坛经·坐禅品第五》)

但这对于初学,尤其是身处末法时代的我们来说,这个直指的办法已经没有用了,毫无效果,怎么办?总得有个办法吧?于是乎,祖师爷们就创造了很多办法来引领我们进入禅的境界。庄子也深谙此道,他说:"若一志,无听之以耳而听之以心,无听之以心而听之以气!"这样你就忘了自己,就得到"心斋"了。"若一志",其实就是"以一念代万念"的方法,是最初下手处。这样说,好像很虚无缥缈,感到无从下口,有没有可以操作的办法呢?当然有的,笔者认为最好的办法莫过于禅修。

禅修既简单又高深,高深者令人丈二和尚摸不着头脑,毫无下手之处。但是,对于初学者来说，修"安那般那"禅法最为稳妥。这是佛祖教给他的儿子罗睺罗的方法，罗睺罗照此修习，最后证得阿罗汉果。我们与罗睺罗一样，都是佛祖的子孙，所以我们也可照此修习而证果。

安那般那即是数息观的修法，简单来说就是找一个安静处，坐在那里，把你的思想意识放在出息和入息上，别的什么也不要想，这样就行了。

这么简单？是的，看似简单，实则做起来相当不简单，因为你没有坐过，以为一坐就什么也不想了，其实坐一下试试看就知道，你的念头多得了不得，念头来来去去，永无止歇，要想停止它真的很困难。

把注意力放在出入息上，其实这也是一个妄念，但我们初学者，不把自己的意念系在一个地方，就会害怕，就会恐惧。所以佛祖要我们心系呼吸，以此一念代替纷飞的妄念，久久纯熟后，就可以不用心系呼吸了，到时自然就一念不生了，一念不生即全体现前。

安那般那法门功效不可思议，成就也不可思议，只要认真修习即可。南怀瑾说："修这个安那般那的法门，成就是非常快的，转变身心气质也非常快。安那般那。假使你把这个修好了，出入息修好了，八触的反应的作用马上出现了，八触的作用就出现了。身体的变体就很大了，可是你不要给身体拉去，走了，身体上感受都不是，所以叫做数、随，随则作两种解释，一是跟到出入息，知道在进出，出入之间，第二随，就是任运让他去，一呼一吸，可是头脑清清楚楚的。这个呼吸头脑清楚了以后，道家所讲的，炼精化气、炼气化神、炼神还虚，一步就可以做到了。就是一条路线就可以到达，安那般那有如此的神妙，佛法任何的修持，没有这个法门的神妙。"

实际上，安那般那有十六个步骤，并非想象得那样简单。这十六个步骤是：知息入；知息出；知息长短；知息遍身；除诸身行；受喜；受乐；受诸心行；心作喜；心作摄；心作解脱；观无常；观出散；观离欲；观灭尽和观弃舍。

这里涉及四禅八定，涉及五阴，涉及止观。复杂吧？那么，我国高僧智𫖮大师改良了此法，使之更适合国人。智𫖮大师把这一方法详尽地写在《六妙法门》之中。大师说：

> 六妙门者，盖是内外之根本，三乘得道之要道，故释迦诣道树，跏趺坐草，内思安般，一数二随三止四观五还六净，因此万行开发，降魔成道。当知佛为物轨，示迹若斯，三乘正士，岂不同游此路！（《六妙法门》）

又说：

> 于数息中，不得生死，不得涅槃可入。是故不住生死，既无二十五有系缚；不证涅槃，则不堕声闻、辟支佛地。以平等大慧，即无取舍心，入息中道，名见佛性，得无生忍，住大涅槃常乐我净。

妙名涅槃，此之妙法能通至涅槃，故名妙门，亦名六妙门。菩萨入六妙门，即能具一切佛法，故六妙门即是摩诃衍。

有兴趣者，可阅读大师原著。

另外，还可参看孙思邈的《存神炼气铭》，也有指导意义。孙思邈的铭文字不长，全文附在下面，请祝君仔细读之。

夫身为神气之窟宅，神气若存，身康力健，神气若散，身乃死焉。若欲存身，先安神气。即气为神母，神为气子，神气若俱，长生不死。若欲安神，须炼元气。气在身内，神安气海。气海充盈，心安神定。定若不散，身心凝静。静至定俱，身存年永。常住道源，自然成圣。气通神境，神通慧命。命住身存，合于真性。日月齐龄，道成究竟。依铭炼气，次第而行。欲学此术，先须绝粒。安心气海，存神丹田，摄心静虑，气海若具，自然饱矣。专心修者，百日小成，三年大成。初入五时，后通七候。神灵变化，出没自在。峭壁千里，去住无碍。气若不散，即气海充盈。神静丹田，身心永固。自然回颜驻色，变体成仙，隐显自由，通灵百变，名曰度世，号曰真人。天地齐年，日月同寿。此法不服气，不咽津，不辛苦。要吃但吃，须休即休，自在自由，无阻无碍。五时七候，入胎定观。

夫学道之人，入有五时。第一时：心动多静少，思缘万境，取舍无常，忌虑度量，犹如野马，常人心也；第二时：心静少动多，摄动入静，心多散逸，难可制伏，摄之勤策，追道之始；第三时：心动静相半，心静似摄，心常静散相半，用心勤策，渐见调熟；第四时：心静多动少，摄心渐熟，动即摄之，专注一境，失而遽得；第五时：心一向纯静，有事无事，触亦不动，由摄心熟，坚散准定。从此已后，处显而入七候。任运自得，非关作矣。第一候：宿疾并销，身轻心畅。停心入内，神静气安。四大适然，六情沉寂，心安悬境，抱一守中，喜悦日新，名为得道；第二候：超过常限，色返童颜，形悦心安，通灵彻视，移居别郡，拣地而安，邻里知人，勿令旧识；第三候：延年千载，名曰仙人，游诸名山，飞行自在，青童侍卫，玉女歌扬，腾摄烟霞，绿云捧足；第四候：炼身成气，气绕身光，名曰真人，存亡自在，光明自照，昼夜常明，游诸洞宫，诸仙侍立；第五候：炼气为神，名曰神人，变通自在，作用无穷，力动乾坤，移山竭海；第六候：炼神合色，名曰至人。神既通灵，色形不定。对机施化，应物现形；第七候：身超物外，迥出常伦。大道玉皇，共居灵境，圣贤集会，弘演至真，造化通灵，物无不达。修行至此，方到道源。万行休停，名曰究竟。今时之人，学造日浅，曾无一候，何得通灵？理守愚情，保持秽质。四时迁运，形妄色衰。体谢归空，称为得道，谬矣。此胎息定观，是留神驻形之道，术在口诀，不书于文。有德至人，方遇此法。细详留意，必获无疑。贤达之人，逢斯圣矣。

这都是引你入门的办法而已，还有看话头法门、持咒法门等都莫不如是。

有志习禅者，这些著作必须看，还有其他经书也必须详读，如《坐禅三昧经》《大佛顶首楞严经》《圆顿止观》等，限于篇幅，不再赘言。

【本节链接】

【本经原文】云将东游，过扶摇之枝，而适遭鸿蒙，鸿蒙方将拊脾雀跃而游。云将见之，倘然止，赞然立，曰："叟何人邪？叟何为此？"鸿蒙拊脾雀跃不辍，对云将曰："游。"云将曰："朕愿有问也。"鸿蒙仰而视云将曰："吁！"云将曰："天气不合，地气郁结，六气不调，四时不节。今我愿合六气之精，以育群生，为之奈何？"鸿蒙拊脾雀跃掉头曰："吾弗知，吾弗知。"云将不得问。又三年，东游，过有宋之野，而适遭鸿蒙。云将大喜，行趋而进曰："天忘朕邪，天忘朕邪？"再拜稽首，愿闻于鸿蒙。鸿蒙曰："浮游不知所求，猖狂不知所往。游者鞅掌，以观无妄。朕又何知！"云将曰："朕也自以为猖狂，而民随予所往。朕也不得已于民。今则民之放也，愿闻一言。"鸿蒙曰："乱天之经，逆物之情，玄天弗成。解兽之群，而鸟皆夜鸣，灾及草木，祸及止虫，意！治人之过也。"云将曰："然则吾奈何？"鸿蒙曰："意，毒哉！仙仙乎归矣！"云将曰："吾遇天难，愿闻一言。"鸿蒙曰："意，心养！汝徒处无为，而物自化。堕尔形体，吐尔聪明，伦与物忘，大同乎涬溟，解心释神，莫然无魂。万物云云，各复其根。各复其根而不知，浑浑沌沌，终身不离。若彼知之，乃是离之。无问其名，无窥其情，物故自生。"云将曰："天降朕以德，示朕以默，躬身求之，乃今也得。"再拜稽首，起辞而行。（《在宥》）

【大意】云将到东方巡游，经过神木扶摇的枝旁恰巧遇上了鸿蒙。鸿蒙正拍着大腿像雀儿一样跳跃游乐。云将见鸿蒙那般模样，惊疑地停下来，纹丝不动地站着，说："老先生是什么人呀！你老先生为什么这般动作？"鸿蒙拍着大腿不停地跳跃，对云将说："自在地游乐！"云将说："我想向你请教。"鸿蒙抬起头来看了看云将道："哎！"云将说："天上之气不和谐，地上之气郁结了，阴、阳、风、雨、晦、明六气不调和，四时变化不合节令。如今我希望调谐六气之精华来养育众生灵，对此将怎么办？"鸿蒙拍着大腿掉过头去，说："我不知道！我不知道！"云将得不到回答。

过了三年，云将再次到东方巡游，经过宋国的原野恰巧又遇到了鸿蒙。云将大喜，快步来到近前说："你老先生忘记了我吗？你老先生忘记了我吗？"叩头至地行了大礼，希望得到鸿蒙的指教。鸿蒙说："自由自在地遨游，不知道追求什么；漫不经心地随意活动，不知道往哪里去。游乐人纷纷攘攘，观赏那绝无虚假的情景；我又能知道什么！"云将说："我自以为能够随心地活动，人民也都跟着我走；我不得已而对人民有所亲近，如今却为人民所效仿。我希望能聆听您的一言教诲。"鸿蒙说："扰乱自然的常规，违背事物的真情，整个自然的变化不能顺应形成。离散群居的野兽，飞翔的鸟儿都夜鸣，灾害波及草木，祸患波及昆虫。唉，这都是治理天下的过错！"云将问："这样，那么我将怎么办？"鸿蒙说："唉，你受到的毒害实在太深啊！你还是就这么回去吧。"云将说："我遇见你实在不容易，恳切希望能听到你的指教。"

鸿蒙说："唉！修身养性。你只须处心于无为之境，万物会自然地有所变化。忘却你的形体，废弃你的智慧，让伦理和万物一块儿遗忘。混同于茫茫的自然之气，解除思虑释放精神，像死灰一样木然地没有魂灵。万物纷杂繁多，全都各自回归本性，各自回归本性却是出自无心，浑然无知保持本真，终身不得背违；假如有所感知，就是背离本真。不要询问它们的名称，不要窥测它们的实情，万物本是自然地生长。"云将说："你把对待外物和对待自我的要领传授给我，你把清心寂神的方法晓谕给我；我亲身探求大道，如今方才有所领悟。"叩头至地再次行了大礼，起身告别而去。

本节告诉我们心养的道理，也就是让心不住相，没有执著，道自来居。也即鸿蒙说的："堕尔形体，吐尔聪明，伦与物忘，大同乎涬溟，解心释神，莫然无魂。万物云云，各复其根。"不要让心躁动不已，"若彼知之，乃是离之"。

【本节链接】
【本经原文】贼莫大乎德有心而心有睫，及其有睫也而内视，内视而败矣。凶德有五，中德为首，何谓中德？中德也者，有以自好也而吡其所不为者也。(《列御寇》)
【大意】参见《人间世》之"彼出于是，是亦因彼"一节。

【本节链接】
【本经原文】圣人以必不必，故无兵；众人以不必必之，故多兵；顺于兵，故行有求。兵，恃之则亡。小夫之知，不离苞苴竿牍，敝精神乎蹇浅，而欲兼济导物，太一形虚。若是者，迷惑于宇宙，形累不知太初。彼至人者，归精神乎无始，而甘冥乎无何有之乡。水流乎无形，发泄乎太清。悲哉乎！汝为知在毫毛，而不知大宁。(《列御寇》)
【大意】圣哲的人对于必然的事物不持拗固执，所以总是没有争论；普通人却把非必然的东西看作必然，因而总是争论不休。曲从于纷争，总是因为一举一动都有所追求、纷争，依仗于它到头来只会自取灭亡。世俗人的聪明做法，离不开赠与酬答，在浅薄的事情上耗费精神，一心想着兼济天下疏导万物，满以为这就可以达到混沌初开、物我相融的境界。像这样的人，早已被浩瀚的宇宙所迷惑，身形劳苦拘累却不了解混沌初始的真谛。那些道德修养极高的人，让精神回归到鸿蒙初开的原始状态，甘愿休眠在没有任何有形事物的世界。像水流一样随顺无形，自然而然地流淌在清虚空寂的境域。可悲啊！世俗人把心思用在毫毛琐事上，却一点也不懂得宁静、自然和无为。

【本节链接】
【本经原文】
颜渊问仲尼曰："吾尝济乎觞深之渊，津人操舟若神。吾问焉，曰：'操舟可学邪？'曰：'可。善游者数能。若乃夫没人，则未尝见舟而便操之也。'吾问焉而不吾告，敢问何谓也？"

仲尼曰："善游者数能，忘水也。若乃夫没人之未尝见舟而便操之也，彼视渊若陵，视舟之覆犹其车却也。覆却万方陈乎前而不得入其舍，恶往而不暇！以瓦注者巧，以钩注者惮，以黄金注者殙。其巧一也，而有所矜，则重外也。凡外重者内拙。"（《达生》）

【大意】颜渊问孔夫子："我曾经在一个叫觞深的地方过河，摆渡的人操舟的技巧实在是高明神妙。我问他：'能学习如何操舟吗？'他说：'可以呀。善于游泳的人很容易就可以学会操舟，假如是善于潜水的人，那他不用见到舟都可以学会的。'我再问他，他却不回答我，请问这是什么意思呢？"

孔夫子说："善于游泳的人很快就能学会驾船，是因为他们对水的习性了如指掌的缘故。善于潜水的人不用学就会驾船，是因为他们已经达到了从容自得的境界，他们看深渊犹如土丘一样，看船翻了也与车子倒退一样，山崩于前而不能使他们变色，根本不能进入其内心，对他毫无影响，所以他们能够从容自得。用瓦赌注的人，他的技巧高超，用玉带钩做赌注的人，他的心就有恐惧了，要是用黄金做赌注的人，他的心一定是昏乱不已的了。赌博的技巧本来是一样的，因为有所牵挂，则表现就不一样了。大凡看重外物的人，其内心一定笨拙。"

咦！欲之害性大矣哉！

虚室生白，吉祥止止

心斋的功夫到家后，你就进入了"虚室生白"的境界，就是你的心灵明净，既没有杂念，也没有喜乐的状态。吉祥止止，天地合谐，万物自定的状态，一点人为也没有，自然而然，既没有恶念，也没有善念，甚至连停止善恶的念头也停止了。否则就是身坐而心驰，名曰坐驰，意念早跑到爪哇国去了，就不是心斋和坐忘了。

真的能虚室生白，这里的要点在于虚字。要使自己的"心"空出来，庄子把这个叫作"虚室"。真的能做到虚，内心将是光明一片，这个叫作自性光明，也就智慧大开了。

且看当今禅门第一泰斗虚云老和尚的开悟经历：老和尚为明生死大事，赶到扬州高旻寺参加禅七，高旻寺禅风高峻，不死不休。虚老被许可进入禅堂后，万念顿息，功夫落堂，昼夜如一，经行如飞。"一天，夜放晚香时，开眼一看，忽见大光明好像白昼一样，内外洞澈，隔墙见香灯师小解，又见西单师在圊中，远及河中行船，两岸树木形形色色，都能了见，那时才打三板。次日询问香灯师和西单师，果然不错。但老和尚不以为异，至腊月第八个七的第三晚，六枝香开静时，护七例冲开水，将水溅在老和尚手上，茶杯堕地，一声破碎，顿断疑根，庆快平生，如大梦初醒。"

老和尚开悟前，有一天夜晚心光发明，竟然不见黑暗，远近都可历历明见，隔物也不受影响，这就是心光开发的情景，是开悟的前兆，也就是庄子所说的"虚室生白"。

岂止老和尚能达此境界？你我均能！只要你修道足够虔诚，足够用功，我们都可以见自性光明。民国时期有一个老农，名叫王凤仪，是个文盲，虔诚修道，有一次黑夜走在小路上，就感得光明朗照，犹如白昼一般无二。

【本节链接】
【本经原文】宇泰定者，发乎天光。发乎天光者，人见其人，物见其物。人有修者，乃今有恒；有恒者，人舍之，天助之。人之所舍，谓之天民；天之所助，谓之天子。

学者，学其所不能学也；行者，行其所不能行也；辩者，辩其所不能辩也。知止乎其所不能知，至矣！若有不即是者，天钧败之。

备物以将形，藏不虞以生心，敬中以达彼，若是而万恶至者，皆天也，而非人也，不足以滑成，不可内于灵台。灵台者，有持而不知其所持，而不可持者也。不见其诚己而发，每发而不当，业入而不舍，每更为失。为不善乎显明之中者，人得而诛之；为不善乎幽闲之中者，鬼得而诛之。明乎人，明乎鬼者，然后能独行。

券内者，行乎无名；券外者，志乎期费。行乎无名者，唯庸有光；志乎期费者，唯贾人也，人见其跂，犹之魁然。与物穷者，物入焉；与物且者，其身之不能容，焉能容人！不能容人者无亲，无亲者尽人。兵莫憯于志，镆铘为下；寇莫大于阴阳，无所逃于天地之间。非阴阳贼之，心则使之也。（《庚桑楚》）

【大意】宇者，心也。泰定，安泰镇定。天光，自性光明。只有发出了自性的光明，人才成为真正的人，物也成为真正的物。真正的修道之人，才能保持寂然不动的状态；保持寂然不动的境界，人们就会自然地亲近他，上天也会帮助他。人们所亲近的，称他为天民；上天辅佐的，称他为天子。

学习的人愿意学习他不能学到的东西；实践的人想做他所做不到的事情；辩论的

人愿意辩论他所不知的东西。人的"知"一直到其所"不知"处才停止,这才是最高境界呀,如果不是这样,那他一定会失败的。

　　备足造化的事物而顺应成形,深敛外在情感不做任何思虑而使心境快活并富有生气,谨慎地持守心中的一点灵气用以通达外在事物,像这样做而各种灾祸仍然纷至沓来,那就是自然安排的结果,而不是人为所造成,因而不足以扰乱成性,也不可以纳入灵府。灵府,就是有所持守却不知道持守什么,并且不可以着意去持守的地方。不能表现真诚的自我而任随情感外驰,虽然有所表露却总是不合适宜,外事一旦侵扰心中就不会轻易离去,即使有所改变也会留下创伤。在光天化日下做了坏事,人人都会谴责他、处罚他;在昏暗处隐蔽地做下坏事,鬼神也会谴责他、处罚他。对于人群清白光明,对于鬼神也清白光明,这之后便能独行于世。

　　名分合乎自身,行事就不显于名声;名分超出自身,就是心思也总在于穷尽财用。行事不显名声的人,即使平庸也有光辉;心思在于穷尽财用的人,只不过是商人而已,人人都能看清他们在奋力追求分外的东西,还自以为泰然无危。跟外物顺应相通的人,外物必将归依于他;跟外物相互阻遏的人,他们自身都不能相容,又怎么能容纳他人!不能容人的人没有亲近,没有亲近的人也就为人们所弃绝。兵器没有什么能对人的心神做出伤害,从这一意义说良剑莫邪也只能算是下等;寇敌没有什么比阴阳的变异更为巨大,因为任何人也没有办法逃脱出天地之间。其实并非阴阳的变异伤害他人,而是人们心神自扰不能顺应阴阳的变化而使自身受到伤害。

　　本节主要论点有:第一,要我们安定心神,只有心定了,自性光明就会显现;第二,停止你的"知",知要止于不知,否则你的心永远在驰骋;第三,真正的修道者会做到不受外界环境的影响,顺应自然,能够恰如其分地泰然处之,所以不会受到伤害。并非是阴阳不能使之受到伤害,而是人心不缚物,故物不能害之矣。

安之若命,正女身

　　生活的诱惑太多了。人们说,社会是个大染缸,人们进去就被染成各种颜色。此说有一定道理,社会真的是个大染缸,你被什么所吸引,就被染上什么颜色。不但如此,这个染缸还十分危险,一不小心,还有可能被染黑,而且是彻头彻尾的黑,为此而丧命的不胜枚举:君不见被杀头的贪官吗?君不见在黑道上混的所谓老大,欠下的业债终究是要还的吗?君不见盗人钱财、淫人妻女者最终也逃不过恢恢法网吗?君不见为发财致富而不择手段残忍至极,阴德巨亏报应在子孙的吗?社会这个染缸就是这样可怕,可不慎哉!如何慎?就是"正汝身",也就是要我们修身修心。

　　古人这方面的论述可谓多矣!古代先贤特别重视修养。比如,老子说我们要向水学习:"上善若水。水善利万物而不争,处众人之所恶,故几于道。居善地,心善渊,与善仁，言善信，正善治，事善能，动善时。"水具有这样甘为人下、公平正直、虚怀若谷、利生万物等特质，这正是我们为人要学习的榜样。

孔子也一样，他非常推崇水的德行。"子贡问曰：'君子见大水必观焉，何也？'孔子曰：'夫水者，启子比德焉。遍予而无私，似德；所及生者，似仁；其流卑下，句倨皆循理，似义；浅者流行，深者不测，似智；其赴百仞之谷不疑，似勇；绵弱而微达，似察；受恶不让，似包；蒙不清以入，鲜洁以出，似善化；至量必平，似正；盈不求概，似度；其万折也必东，似意。是以君子见大水必观也。'"

孔子说君子要求别人之前，要先"反求诸己"；还说："不知命，无以为君子也；不知礼，无以立也；不知言，无以知人也。""吾日三省吾身"、"仁者，爱人"、"克己复礼"、"己所不欲勿施于人"、"忠恕"等，后来发展成了大学的"格致诚正，修齐治平"这样经典的表述，这些都是律己修身修心。

子曰："无欲速，无见小利。欲速则不达，见小利则大事不成。"子曰："质胜文则野，文胜质则史。文质彬彬，然后君子。"子曰："见贤思齐焉。见不贤而内自省也。"

孟子说"反身以诚"、"养浩然之气"，人人都要有"四端之心（恻隐之心，仁之端也；羞恶之心，义之端也；辞让之心，礼之端也；是非之心，智之端也）"。

王阳明讲的"大人"之学，要求我们要"致良知"，要"知行合一"。

道家也一样，要我们清心寡欲而蕴德，不要有那么重的欲望，要注重自己的道德修养。

这些与佛家的戒律都有着异曲同工之妙。佛家说："今生放逸不努力，他生未定此生休。"李叔同、印光大师等都是严于律己的楷模。

所以，我们要向优秀的祖国传统文化汲取营养，修心修身，提升自己的道德素养。中华优秀传统文化是极其丰富的宝库，是我们赖以修身修心的智慧源泉，我们要善于从优秀传统文化中汲取养料，来修正自身，提高我们的修养，使我们具备较高的人文精神和人文素养，这不但是现代社会的要求，也是修道者需要具备的起码资质。想修佛，先做人，人道成，即佛道成！不落实在实际行动上，心口不一，即使你天天打坐、日日念佛，也成不了佛。这就是正汝身的含义。

那么，安之若命是什么意思呢？是让我们逆来顺受吗？是让我们认命么？很多解庄的著作还真是这么解的。其实不是。这句话的意思是让我们安住在当下，不要让我们的思维意识随意攀缘。这才是"德之至也"！

不"安之若命"的情形比比皆是，俗话说"君子不与命争"就是这个意思。

什么？不是说要"天行健，君子以自强不息"吗？不是要跟命运抗争吗？不是不要向命运低头吗？怎么又要我们不与命争呢？我们何去何从啊？

其实，"君子不与命争"并不是要我们放弃奋斗和努力，这里有一个度的问题。正常的生活和工作是必须的，而且也必须认真努力地去做，要精益求精、好上加好才行。这在佛教里叫作"正命"，即用正确的、正常的、光明正大的知识、技能去谋生，这个是被允许的，也是应该的。连儒家也是这样认为的：

> 子曰：富与贵，是人之所欲也；不以其道得之，不处也。贫与贱，是人之所恶也；不以其道得之，不去也。（《论语·里仁》）

得财富要正当，去贫困也要正当，这才是君子的作为。

但世人总是对孔老夫子有所误解，认为夫子教人追求名利和当官。比如夫子这句话：

> 危邦不入，乱邦不居。天下有道，则见；无道，则隐。邦有道，贫且贱，耻也；邦无道，富且贵焉，耻也。（《论语·泰伯》）

"邦有道，贫且贱，耻也"很多人解释成："国家运行正常，你还没有官做，受穷低贱，这是耻辱。"完全不联系上下文来理解夫子的意思。其实，夫子的意思是：如果国家昏乱你却有地位有财产，那么不用说，你肯定是一个势利小人；如果国家政治清明，你有才能却不出来为国效力，为百姓服务，那说明你是一个自私自利的小人，这也是君子所不齿的。哪里是叫人当官发财的意思呢？有夫子的另两段话作为佐证：

> 宁武子，邦有道，则知；邦无道，则愚。其知可及也，其愚不可及也。（《论语·公冶长》）

> （阳货）曰："怀其宝而迷其邦，可谓仁乎？"曰："不可。""好从事而亟失时，可谓知乎？"曰："不可。""日月逝矣，岁不我与。"孔子曰："诺，吾将仕矣。"（《论语·阳货》）

这种愚，是大智若愚，岂是真的愚？你能说孔老夫子是教人变傻吗？第二段回答阳货的话更是说明孔子不是为了自己才出来做官的。《中庸》中说：

> 君子素其位而行，不愿乎其外。素富贵，行乎富贵；素贫贱，行乎贫贱；素夷狄，行乎夷狄；素患难，行乎患难。君子无入而不自得焉。

君子不与命争的意思是不要我们有过多过强的欲望，因为人们都是"欲而不知止"的。欲望这个大坑只要挖出来了，你就很难把它填满，因为你会越挖越深。

笔者的一个学生，家里非常贫穷，父母很辛苦地供养他上大学，他不但不知道感恩，反而对家庭充满了怨恨之情。他责怪父母为什么把他带到这个贫穷的家里来，他看到别的同学有电脑，有手机，而且花钱如流水，就越发不平衡，怨恨之情越来越重。他与别的同学攀比，自卑心理极强，他不能安之若命，正视现实，好好学习知识和本领，为将来改变生活做准备，反而铤而走险走捷径，从小偷小摸发展成了坑蒙拐骗，最后被学校开除，再后来进了监狱……这就是强与命争的结果，就是孔夫子说的"不知命则无以立"。

如果这个学生能够安下心来，正视现实，用功读书，业余时间也可以去打打工，用以改善生活，厚积薄发，以后的前途就完全是另外一个样子，这样做就叫"自强不息"。而他反其道而行之，这就超越了现实，不切实际了，那么结果就只能是失败。生活中我们无能为力的情形太多了，人类是渺小的，千万不要自大。有句话叫作"人定胜天"，鼓励人们去与天斗、与地斗、与自然斗、与人斗，其实是大错特错了！我们要顺应周遭的环境，爱护周遭的环境，对有些事情不可过分干预，这就叫"知其无可奈何而安之若命"。

【本节链接】
【本经原文】异日，桑雽又曰："舜之将死，真泠禹曰：'汝戒之哉！形莫若缘，情莫若率。缘则不离，率则不劳；不离不劳，则不求文以待形；不求文以待形，固不待物。'"（《山木》）
【大意】有一天，桑雽又说："舜将死的时候，用真道晓谕夏禹说：'你要警惕啊！身形不如顺应，情感不如率真。顺应就不会背离，率真就不会劳苦；不背离不劳神，那么也就不需要用纹饰来装扮身形；无须纹饰来矫造身形，当然也就不必有求于外物。'"

【本节链接】
【列子原文】可以生而生，天福也；可以死而死，天福也。可以生而不生，天罚也；可以死而不死，天罚也。可以生，可以死，得生得死，有矣；不可以生，不可以死，或死或生，有矣。然而生生死死，非物非我，皆命也，智之所无奈何。故曰，窈然无际，天道自会，漠然无分，天道自运。天地不能犯，圣智不能干，鬼魅不能欺。自然者，默之成之，平之宁之，将之迎之。（《列子·力命》）
【大意】应该生的生了，是天福；应该死的死了，也是天福；应该生的没有生，是天罚；应该死的没有死，也是天罚；可生的生了，可死的死了，这种情形是有的；不可生的生了，不可死的死了，这种情形也是有的。生生死死，既不是外物所决定，也不是自己所决定，决定的是命啊。所以说那没有边际、没有形迹的大道是自然运行的，天地、圣人和鬼魅都不能干预。自然的大道就是默默地成就这一切，平静而安宁，顺乎自然而无为。

【本节链接】
【本经原文】庄周游于雕陵之樊，睹一异鹊自南方来者，翼广七尺，目大运寸，感周之颡而集于栗林。庄周曰："此何鸟哉，翼殷不逝，目大不睹？"蹇裳躩步，执弹而留之。睹一蝉,方得美荫而忘其身,螳蜋执翳而搏之,见得而忘其形;异鹊从而利之,见利而忘其真。庄周怵然曰:"噫!物固相累,二类相召也!"捐弹而反走,虞人逐而谇之。

庄周反入,三月不庭,蔺且从而问之:"夫子何为顷间甚不庭乎?"庄周曰:"吾守形而忘身,观于浊水而迷于清渊。且吾闻诸夫子曰:'入其俗,从其令'。今吾游于雕陵而忘吾身,异鹊感吾颡,游于栗林而忘真,栗林虞人以吾为戮,吾所以不庭也。"(《山木》)

【大意】注意,庄子是因为园丁的责骂而不愉快吗?非也。

本段至少有两层含义:第一,印证了一个开悟的人也要时时保持觉察,要时刻观照自己的内心,这就叫"保任"的功夫。庄子被一个奇怪的鸟所吸引,刚开始没有觉察自己的心性已经动摇,后来看到螳螂立刻觉察到自己的心念已动,不但如此,庄子还反省了三个月。我们呢?早随物跑到爪哇国去了。王阳明说:

> 徒知静养而不用克己功夫,如此,临事便要颠倒。人须在事上磨,方立得住,方能"静亦定,动亦定。"
>
> 克己须要扫除廓清,一毫不存方是。有一毫在,则众恶相引而来。(《王阳明全集·传习录上》)

看看!保任才是真功夫,这就是悟后起修。悟后起修也不是容易的事,不可能一蹴而就。凡夫是念起不觉,随着念头跑;有功夫的是粗念起来而后觉,能够觉察到自己已经跟着跑了好久了;功夫再进一步,细微的念头起来也能察觉,并能立刻停止胡思乱想;功夫炉火纯青的人,能在念头还未动时即有觉察;而真正大彻大悟的觉者是处在涅槃境界的,他是寂静不动的。

第二,螳螂捕蝉黄雀在后的故事谁都知道,黄雀后面还有个拿弹弓的人在虎视眈眈知道的人就少了些,那么,这个拿弹弓的人是否就是终结者?这个知道的人就更少了。好一个食物链!但人并不是这个食物链的最顶端,更不是那个园丁。威胁拿弹弓的人生命的,乃是他内心的各种欲望,是它使我们失去了真正的自己。

【本节链接】

【本经原文】纪渻子为王养斗鸡。十日而问:"鸡已乎?"曰:"未也,方虚憍而恃气。"十日又问,曰:"未也,犹应向景。"十日又问,曰:"未也,犹疾视而盛气。"十日又问,曰:"几矣。鸡虽有鸣者,已无变矣,望之似木鸡矣,其德全矣,异鸡无敢应者,反走矣。"(《达生》)

【大意】本段甚好!庄子真是大智慧,他讲的故事太巧妙了,这个叫作"善巧",也叫"方便"。养斗鸡,这个鸡要与别的鸡不一样才行,我们是否可以把这只鸡叫做

"鸡中的至鸡"？如何才能成为"至鸡"？请注意纪渻子回答周宣王的问话，从"虚憍而恃气"到"犹应向景"，再到"犹疾视而盛气"，最后到"望之似木鸡矣"，这是什么？这就是我们修道的过程啊！修道就是要去掉这些毛病，我们的心总是被外境牵着鼻子走，这就叫"向景"。当你不被外境影响的时候，看起来像个木头人一样，这才可能见道啊（注意，庄子从来没有说你要真做个木头人），然后再向前进步，你就是人中的至人了。

随顺众生

圣者如何教化愚痴众生？庄子说了两句话："形莫若就，心莫若和"和"彼且为婴儿，亦与之为婴儿；彼且为无町畦，亦与之为无町畦；彼且为无崖，亦与之为无崖。达之，入于无疵"。这与佛家所说的"随顺众生"是一个意思。

什么是"行莫若就"？就是在外在行为上与他保持"相同或相近"；什么是"心莫若和"？就是在思想上与他保持"共振"，不要忤逆，要顺和。这就是"随顺众生"。

这叫随顺众生？莫不是要圣者与凡夫一样沾染上坏习气？这岂不是同流合污了吗？其实，随顺众生是诸佛菩萨为度化众生不得已而发明的一个方便法而已。

众生有多么难于教化？实在难以形容。君不见太多人把佛法斥之为迷信吗？君不见太多人对佛法嗤之以鼻吗？其排斥意愿之坚决实在难以想象！佛教把这样的众生叫做"刚强难化"的人。怎么办？不管他们了？这岂是诸佛菩萨的作为？佛氏门中，不舍一人。佛对每一位都是作罗睺罗（佛的儿子）想的。于是佛菩萨就用"引诱"的办法使我们走上觉悟之路，这就是方便法。

佛在开悟的时刻，就已经知道众生是难于度化的。佛在夜睹明星而开悟之后说的第一句话是：

奇哉，奇哉！大地一切众生皆具如来智慧德相！

那么，第二句话是什么？佛说：

止止不须说，我法妙难思。诸增上慢者，闻必不敬信。

宁愿不开演，急速入涅槃。

为什么佛宁愿快些入涅槃啊？实在是因为众生太难于相信这样的妙法的缘故。在《佛说阿弥陀经》中，佛说：

当知我于五浊恶世。行此难事。得阿耨多罗三藐三菩提。为一切世间说此难信之法。是为甚难。

于是，佛为众生，开创了以方便法度众生的先河。佛在《法华经》中就用了羊、鹿和牛车的办法，引诱身在火宅中毫不知情的众生：

如此种种羊车、鹿车、牛车，今在门外，可以游戏。汝等于此火宅，宜速出来，随汝所欲，皆当与汝。

这就是方便法。庄子也深谙此道：你如何去教化别人呢？喋喋不休地去宣讲？人家不听嘛，肯定效果不好。所以，庄子说：

  彼且为婴儿，亦与之为婴儿；彼且为无町畦，亦与之为无町畦；彼且为无崖，亦与之为无崖。

做到了这一步，再把他引入正途，这就是"达之，入于无疵"。

观世音菩萨为什么有三十二应身？这也是方便法，这是为度你我而方便示现的，你以为观世音菩萨没事情做整天变来变去的吗？这是菩萨大慈悲精神的体现啊。

前面提到随顺众生是一个方便法，千万不要以为这是究竟。而且，使用这一方法的人，前提是要有足够的定力或已经有一定的修行悟境才行，否则极有可能没有把别人教化了，反而被拖下了泥潭不能自拔，古来修道有成就的大德因此而退步的不在少数。换句话说，使用这一方法有一定的危险性，故而庄子紧接着就举了养虎和爱马的例子。这两个例子正是为了说明这个问题的：使用这一方法要像养虎那样小心翼翼，但也不要像爱马那样做过了头，两者都是危险的。看看，你想教化众生，有多难？前提不还得要"先存诸己"才行？因此，随顺众生的前提是要有足够的智慧！

本段最好与上一段的"正汝身"连起来看，"正汝身"是"随顺众生"的前提，倘若自身不正，你却硬要去随顺众生，结局只能是深陷泥潭不能自拔了。这也是"先存诸己"的意思。

螳臂当车

本段甚好解，螳臂以其小，却要挡住何其大的车，太不自量力了。这是提醒我们修道过程中，切不可有"我大"、"我慢"，这个"我"十分危险，可以危及自身啊。

美国有个著名的杂技演员名叫华伦达，他的拿手绝技是无保护走钢丝。他演出了几百场，都是非常精彩成功，遗憾的是，他的杂技团却总是惨淡经营，没有大的起色。有一次他获得了给美国的大人物表演的机会，这次表演如果成功的话，他的杂志团就会名声大震，就会赚得盆满钵满。直到表演之前，华伦达都一直说："这次表演太重要了，关乎我们的生死成败。"带着这样的心境，华伦达上场了，但这次他没能成功，他失足摔死了。事后，他的妻子说："我就知道这次他肯定会出事，因为他上钢丝的时候，心没在走钢丝上。"如果他能放下名利双收的执著，他就能全心全意地走钢丝，就不会出事。也就是说，华伦达根本没有放下自己，也没放下自己的事业，执着太多，出这样的悲剧是早晚的事。

有的"我"很粗大，很明显，让人一眼就可以看出来。比如，有的人看不起别人，认为只有自己是最聪明的；有的人好为人师，指手画脚，骨子里还是认为别人不如他；有的人物欲粗重，贪图享受；有的人名利心重，好听溢美之词、靡靡之音，一旦有人批评他，就好像眼中扎了刺一般不可接受；一旦讲话，句句不离"我"如何如何行，别人如何如何差；好面子，不合作，负气涉险，不听劝告，一意孤行……等等。这些粗重的"我"很容易识别，因此，只要下决心去改正，它们还是比较容易去除的。有时，师父会用各种手段来帮助你消掉这些粗大的"我"，如无缘无故地打骂你，当着众人的面故意让你难堪等。但是，在修行的路上，我们遇到的更多的是极其细微的"我"，不易察觉的"我"，这些"我"则主要是靠我们自己的觉察能力才能觉知。这些细微的"我"，师父只能提醒，而不能替我们消除，要靠自己的用功才行。这些细微的"我"不易识别，它们已经形成习惯，如同瀑布一样，一遇境况，自然而然地就随流而下了，根本察觉不到其中有"我"在！

比如，一次打坐如果很受用，你察觉到了里面的"我"了吗？某次读经，一旦有所悟入，欣喜异常，你察觉到有"我"了吗？名利在前，你知道不放下就是有"我"，可你知道你放下之后，后面还有一个沾沾自喜的"我"吗？等等，这些"我"既难于发现，更难于去除。而"我"是修道的巨大障碍，不除不能见道。佛说：

一切众生从无始来，由妄想我及我爱者，曾不自知念念生灭，故起爱憎，耽著五欲。(《圆觉经·卷上》)

一切众生从无始来，妄想执有我人众生与寿命，认四颠倒，实为我体。由此便生，憎爱二境，于虚妄体，重执虚妄，二妄相依，生妄业道，有妄业故，妄见流转。(《圆觉经·卷下》)

意即是说，我们都是因为有"我"的缘故，就会贪爱丛生，才流转生死的。《金刚经》所说的我相、人相、众生相和寿者相，其核心是我相。有我相故，便有憎爱两种境界产生，于是轮回于六道。

朽木之材，无用大用

无用就是没有用吗？这样理解好像已经成了我们的习惯，什么物品都要有功用，没有功用的就叫废物，不是吗？

但从道的角度来看，物皆有其用，根本没有废物。不是有一句话是这样说的吗？没有人不是人才，问题是你把他放错了地方。对于物也是一样，不是有"变废为宝"这样一句话吗？连粪便都有其作用，哪里有废物呢？可见，人们其实是知道万物皆有用的道理的。

我们都爱吃苹果，没有人爱吃苹果树的叶子，你能说苹果树的叶子没有用吗？

蚊子没有一个人不烦的，尽管是一只小小的家伙，但你的房间里只要有一只，就根本无法睡觉。小小的蚊子不但烦人，而且还是很多疾病的传播者，如疟疾、血吸虫、利士曼原虫、黄热病等等疾病都是蚊子传播的。有医学家说过：杀死人类最多的动物非蚊子莫属。总之，蚊子似乎没有一点好处，是一个令人十分讨厌的物种。有人早就想彻底消灭它，为此而想了好多法子，比如洒消毒剂，比如给蚊子绝育，直到现在要给蚊子改良DNA等等，恨不得除之而后快。

但，且慢！蚊子必须去除吗？是没用的废物吗？

否！在生态系统中，哪一种物种都不是可有可无的，大自然不会产生毫无用处的废物。蚊子在维护生态系统的完整中起到应有的作用。以前人们没有认识到这一点，动用了全世界的力量杀灭蚊子，使用了大量的"六六六"消毒剂。结果呢？蚊子是被杀死了好多好多，不到3年人们就观察到了蚊子消灭的恶果：生态平衡遭到严重破坏，首先是以蚊子为食的动物灭亡，进而引起食物链的破坏，最终导致老鼠的天敌急剧减少，老鼠大量繁殖，导致鼠疫等疾病流行。同时，全球的土壤和水体都被杀毒剂所污染，连南极也未能幸免！

幸好，人们及时发现了自己的错误，停止了这样愚蠢的行为，没有造成更为严重的后果。如果对蚊子的围剿继续进行下去，还能出现什么样的后果还真不好说，比如，蚊子的变异会是什么样的？比如，蚊子的空缺由什么来取代？人和这个新的物种会是什么关系？对其他动物的影响是什么？等等。所以，人们最好尊重自然，不要妄图人定胜天。

塞翁失马的故事谁都知道，故事是这样的："塞翁"的马丢了，人们都为此来宽慰他。他却说："这是一件好事啊。"过了几个月，那匹马带着好多良马跑回来了。人们又前来祝贺他。结果他却说："这不见得是一件好事呢。"果然，他的儿子骑马玩，从马上掉下来摔断了大腿。此时，人们来安慰他。他说："这也是一件好事啊。"一年后，胡人大举入侵边塞，壮年男子都被征去战，大部分人都战死了。而塞翁的儿子却因为腿瘸的缘故免于被征，从而得以保全性命。

故事是辩证的，好事可以转化为坏事，坏事也可以转化为好事。但，其实这里面包含着无用的思想：腿子瘸了，成了废人，却因此而保全了性命，你能说这不是无用的用处吗？

另一则故事也告诉了我们同样的道理：

一位乐观而有智慧的大臣，无论发生什么事，他都说是一件好事。

一天，国王出猎，围捕野兽时，不慎弄断了一只手指。他不但感到懊丧和疼痛，还怀疑这是不是什么不吉的先兆。于是，询问这位大臣。大臣说：不必为此烦恼，这是一件好事！

国王听了大怒，觉得他幸灾乐祸，立即下令把他关进监狱。

过了一段时间，国王手上的伤口愈合了，再次出猎。这一次，他误出国境，中了野人的埋伏,被捕了。按野人的惯例,要把被捕者的首领杀了来祭神。

国王被押上了祭坛,由巫师主持祭奠仪式。巫师忽然大叫起来:这个人不能用来做祭品!原来他发现国王缺了一只手指,因用残缺的人来做祭品,是对神不敬,神会降祸谴责。野人们赶紧换了一同被捕的一个大臣,代替国王。

国王被释放了,狼狈地逃回王宫。他想起了那位乐观而有智慧的大臣,立即下令把他放出监狱,并设宴款待,向他谢罪。

大臣不但原谅了国王,还说:我被关进了监狱,这是一件好事呀!国王听了,莫名其妙。

大臣解释说:假如我不是被关进监狱,这次也一定随伴你出猎,也肯定同时被捕。那么,代替你作为祭品的,也一定是我了。我因在监狱,不至于成为祭品,这岂不是好事吗?

实用主义、功利主义深入人心,使得我们都追求物的功用,而且要发挥到极致。不但要使物的效用发挥到极致,甚至使我们的每一个活动都要有其目标,这造成了现代社会普遍的浮躁心理,从而更加迷住了我们原本清净的心,导致我们忘了本源,忘了我们来到人间的目的了。

【本节链接】

【本经原文】庄子行于山中,见大木,枝叶盛茂。伐木者止其旁而不取也。问其故,曰:"无所可用。"庄子曰:"此木以不材得终天年。"夫子出于山,舍于故人之家。故人喜,命竖子杀雁而烹之。竖子请曰:"其一能鸣,其一不能鸣,请奚杀?"主人曰:"杀不能鸣者。"明日,弟子问于庄子曰:"昨日山中之木,以不材得终其天年;今主人之雁,以不材死。先生将何处?"庄子笑曰:"周将处乎材与不材之间。材与不材之间,似之而非也,故未免乎累。若夫乘道德而浮游则不然,无誉无訾,一龙一蛇,与时俱化,而无肯专为。一上一下,以和为量,浮游乎万物之祖。物物而不物于物,则胡可得而累邪!此神农、黄帝之法则也。若夫万物之情,人伦之传则不然,合则离,成则毁,廉则挫,尊则议,有为则亏,贤则谋,不肖则欺。胡可得而必乎哉!悲夫,弟子志之,其唯道德之乡乎!"(《山木》)

【大意】庄子说无用乃大用也,并用此来教导弟子。然而,有一天却被其弟子大大地呛了一次。原因是有一次庄子行走于山中,看见一棵大树枝叶十分茂盛,伐木的人停留在树旁却不去动手砍伐。问他们是什么原因,樵夫说:"这树没有什么用处。"庄子说:"这棵树就是因为不成材而能够终享天年啊!"

然而紧接着庄子走出山来到朋友家中借宿一晚。朋友高兴,叫童仆杀鹅款待他。童仆问主人:"一只能叫,一只不能叫,请问杀哪一只呢?"主人说:"杀那只不能叫的。"

结果其弟子就糊涂了，他问老师："昨日遇见山中的大树，因为不成材而能终享天年，如今主人的鹅，因为不成材而被杀掉。先生你将如何解释这件事呢？"

庄子是得道的大禅师，会者自然不忙，他笑道："我将处于成材与不成材之间！"

何必执著于某一个极端？其实，不但某一端不能执著，就连庄子所说的"材与不材之间"也不能执著，连庄子自己也说："材与不材之间，似之而非也。"此处又引出一则后世的禅宗公案：

沩山灵祐禅师与弟子仰山慧寂一同在田间干活。忽然，沩山对慧寂说："你看这丘田那头高，这头低。"

慧寂抬起头道："我看是这头高，那头低。"

沩山道："汝若不信，那么站在中间，再看两头。"

慧寂道："不必站在中间，也莫站两头。"

沩山道："若如此，且放水看，水能平物。"

慧寂道："水也无定性，在高则高，在低则低。"

沩山乃罢。

请诸君联系起来参看，必将大有获益。

【本节链接】

【本经原文】惠子谓庄子曰："子言无用。"庄子曰："知无用而始可与言用矣。天地非不广且大也，人之所用容足耳，然则厕足而垫之，致黄泉，人尚有用乎？"惠子曰："无用。"庄子曰："然则无用之为用也明矣。"（《外物》）

【大意】惠施对庄子说："你的话没有任何用处。"庄子说："知道无用才可以说有用。天地很广大啊，但人踩着的也就足底一点而已，但是把脚下以外的土地都刨去，一直挖到黄泉，你说那些土地对人来说还有用吗？"惠施说"无用。"庄子说："那么没用之用也就明了了呀。"

在《徐无鬼》中，这句话庄子是这样说的："故足之于地也践，虽践，恃其所不蹍而后善博也。"意思是我们是靠着脚底以外的大地才能走得更远，否则你就变成了钉子了。

【本节链接】

【本经原文】孔子围于陈蔡之间，七日不火食。大公任往吊之曰："子几死乎？"曰："然。""子恶死乎？"曰："然。"

任曰："子尝言不死之道。东海有鸟焉，其名曰意怠。其为鸟也，翂翂翐翐，而似无能；引援而飞，迫胁而栖，进不敢为前，退不敢为后；食不敢先尝，必取其绪。是故其行列不斥，而外人卒不得害，是以免于患。直木先伐，甘井先竭。子其意者饰知以惊愚，修身以明污，昭昭乎若揭日月而行，故不免也。昔吾闻之大成之人曰：'自伐者无功；功成者堕，名成者亏。'孰能去功与名而还与众人！道流而不明居，得行而不名处；纯纯常常，乃比于狂；削迹捐势，不为功名。是故无责于人，人亦无责焉。至人不闻，子何喜哉？"

孔子曰："善哉！"辞其交游，去其弟子，逃于大泽；衣裘褐，食杼栗；入兽不乱群，入鸟不乱行。鸟兽不恶，而况人乎！（《山木》）

【大意】孔子被围困在陈国、蔡国之间，七天七夜不能生火煮饭。太公任前去看望他，说："你快要饿死了吧？"孔子说："是的。"太公任又问："你讨厌死吗？"孔子回答："是的。"

下面太公任所说的话要注意了，他谈的是不死之术，我们不都是讨厌死吗？如何才能不死？太公任就讲了一个鸟的故事，这个鸟啊，名字叫意怠。它好像一点突出的地方也没有，它飞得很慢，好像不能飞行似的，它们总是要有其他鸟引领而飞，栖息时又都跟别的鸟挤在一起；前进时不敢飞在最前面，后退时不敢落在最后面；吃食时不敢先动嘴，总是吃别的鸟所剩下的，所以它们在鸟群中从不受排斥，人们也终究不会去伤害它，因此能够免除祸患。

这只鸟为什么叫"意怠"，需要你仔细琢磨一下，庄子的每一字都是有寓意的，不可疏忽看过。

紧接着太公任就直接说出了孔子的毛病：直木先伐，甘井先竭。你的名声太大了，为什么偏偏喜好名声呢？这是你遭受围困的原因啊，如能"去功与名而还与众人"，哪里还能有此困苦呢？

孔子感叹地说："你说得实在是太好了！"于是辞别朋友故交，离开众多弟子，逃到山泽旷野；穿兽皮麻布做成的衣服，吃柞树和栗树的果实；进入兽群兽不乱群，进入鸟群鸟不乱行。鸟兽都不讨厌他，何况是人呢？

庄子借孔夫子的故事，告诉我们不要锋芒毕露，要学会后退。老子也说：

> 我恒有三葆，持而宝之：一曰慈，二曰俭，三曰不敢为天下先。（《道德经·第六十六章》）

处处争先，必死矣。

然而，不争先就是窝囊废吗？很多人如此理解，这可真是冤枉诸位先师大德啊！你不要忘了老子还说过：

> 退其身而身先，外其身而身存。（《道德经·第七章》）

> 夫唯不争，故莫能与之争。（《道德经·第二十一章》）。

这里包含有极其深刻的智慧。

德充符第五

原　文

鲁有兀者王骀，从之游者与仲尼相若。常季问于仲尼曰：王骀，兀者也。从之游者与夫子中分鲁。立不教，坐不议；虚而往，实而归。固有不言之教，无形而心成者邪？是何人也？仲尼曰：夫子，圣人也，丘也直后而未往耳。丘将以为师，而况不若丘者乎！奚假鲁国！丘将引天下而与从之。

常季曰：彼兀者也，而王先生，其与庸亦远矣。若然者，其用心也独若之何？仲尼曰：死生亦大矣，而不得与之变，虽天地覆坠，亦将不与之遗。审乎无假而不与物迁，命物之化而守其宗也。常季曰：何谓也？仲尼曰：自其异者视之，肝胆楚越也；自其同者视之，万物皆一也。夫若然者，且不知耳目之所宜，而游心乎德之和；物视其所一而不见其所丧，视丧其足犹遗土也。

常季曰：彼为己以其知，得其心以其心。得其常心，物何为最之哉？仲尼曰：人莫鑑于流水而鑑于止水，唯止能止众止。受命于地，唯松柏独也在冬夏青青；受命于天，唯舜独也正，幸能正生，以正众生。夫保始之征，不惧之实；勇士一人，雄入于九军。将求名而能自要者，而犹若是，而况官天地，府万物，直寓六骸，象耳目，一知之所知，而心未尝死者乎！彼且择日而登假，人则从是也。彼且何肯以物为事乎！

申徒嘉，兀者也，而与郑子产同师于伯昏无人。子产谓申徒嘉曰：我先出则子止，子先出则我止。其明日，又与合堂同席而坐。子产谓申徒嘉曰：我先出则子止，子先出则我止。今我将出，子可以止乎，其未邪？且子见执政而不违，子齐执政乎？申徒嘉曰：先生之门，固有执政焉如此哉？子而说子之执政而后人者也？闻之曰：鑑明则尘垢不止，止则不明也。久与贤人处则无过。今子之所取大者，先生也，而犹出言若是，不亦过乎？子产曰：子既若是矣，犹与尧争善，计子之德不足以自反邪？申徒嘉曰：自状其过以不当亡者众，不状其过以不当存者寡。知不可奈何而安之若命，唯有德者能之。游于羿之彀中，中央者，中地也，然而不中者，命也。人以其全足笑吾不全足者多矣，我怫然而怒；而适先生之所，则废然而反。不知先生之洗我以善邪？吾与夫子游十九年矣，而未尝知吾兀者也。今子与我游于形骸之内，而子索我于形骸之外，不亦过乎？子产蹴然改容更貌曰：子无乃称！

鲁有兀者叔山无趾，踵见仲尼。仲尼曰：子不谨，前既犯患若是矣。虽今来，何及矣！无趾曰：吾唯不知务而轻用吾身，吾是以亡足。今吾来也，犹有尊足者存，吾是以务全之也。夫天无不覆，地无不载，吾以夫子为天地，安知夫子之犹若是也！孔子曰：丘则陋矣。夫子胡不入乎，请讲以所闻！无趾出。孔子曰：弟子勉之！夫无趾，兀者也，犹务学以复补前行之恶，而况全德之人乎！

无趾语老聃曰：孔丘之于至人，其未邪？彼何宾宾以学子为？彼且蕲以諔诡幻怪之名闻，不知至人之以是为己桎梏邪？老聃曰：胡不直使彼以死生为一条，以可不可为一贯者，解其桎梏，其可乎？无趾曰：天刑之，安可解！

鲁哀公问于仲尼曰：卫有恶人焉，曰哀骀它。丈夫与之处者，思而不能去也。妇人见之，请于父母曰与为人妻，宁为夫子妾者，十数而未止也。未尝有闻其唱者也，常和人而已矣。无君人之位以济乎人之死，无聚禄以望人之腹。又以恶骇天下，和而不唱，知不出乎四域，且而雌雄合乎前，是必有异乎人者也。寡人召而观之，果以恶骇天下。与寡人处，不至以月数，而寡人有意乎其为人也；不至乎期年，而寡人信之。国无宰，寡人传国焉。闷然而后应。氾而若辞，寡人丑乎，卒授之国。无几何也，去寡人而行，寡人卹焉若有亡也，若无与乐是国也。是何人者也？

仲尼曰：丘也尝使于楚矣，适见独子食于其死母者，少焉眴若皆弃之而走。不见己焉尔，不得类焉尔。所爱其母者，非爱其形也，爱使其形者也。战而死者，其人之葬也不以翣资；刖者之屦，无为爱之；皆无其本矣。为天子之诸御，不爪翦，不穿耳；取妻者止于外，不得复使。形全犹足以为尔，而况全德之人乎！今哀骀它未言而信，无功而亲，使人授己国，唯恐其不受也，是必才全而德不形者也。

哀公曰：何谓才全？仲尼曰：死生存亡，穷达贫富，贤与不肖毁誉，饥渴寒暑，是事之变，命之行也；日夜相代乎前，而知不能规乎其始者也。故不足以滑和，不可入于灵府。使之和豫，通而不失于兑，使日夜无郤而与物为春，是接而生时于心者也。是之谓才全。何谓德不形？曰：平者，水停之盛也。其可以为法也，内保之而外不荡也。德者，成和之修也。德不形者，物不能离也。

哀公异日以告闵子曰：始也吾以南面而君天下，执民之纪而忧其死，吾自以为至通矣。今吾闻至人之言，恐吾无其实，轻用吾身而亡其国。吾与孔丘，非君臣也，德友而已矣。

闉跂支离无脤说卫灵公，灵公说之；而视全人，其脰肩肩。瓮㼜大瘿说齐桓公，桓公说之；而视全人，其脰肩肩。故德有所长而形有所忘，人不忘其所忘而忘其所不忘，此谓诚忘。故圣人有所游，而知为孽，约为胶，德为接，工为商。圣人不谋，恶用知？不斲，恶用胶？无丧，恶有德？不货，恶用商？四者，天鬻也。天鬻者，天食也。既受食于天，又恶用人！有人之形，无人之情。有人之形，故群于人；无人之情，故是非不得于身。眇乎小哉，所以属于人也！謷乎大哉，独成其天！

惠子谓庄子曰：人故无情乎？庄子曰：然。惠子曰：人而无情，何以谓之人？庄子曰：道与之貌，天与之形，恶得不谓之人？惠子曰：既谓之人，恶得无情？庄子曰：是非吾所谓情也。吾所谓无情者，言人之不以好恶内伤其身，常因自然而不益生也。惠子曰：不益生，何以有其身？庄子曰：道与之貌，天与之形，无以好恶内伤其身。今子外乎子之神，劳乎子之精，倚树而吟，据槁梧而瞑，天选子之形，子以坚白鸣！

白　话

　　鲁国有个被砍掉一只脚的人，名叫王骀，可是跟从他学习的人却跟孔子的门徒一样多。孔子的学生常季问道："王骀是个被砍去了一只脚的人，然而在鲁国跟从他学习的人却和先生您的的弟子数量相当，平分秋色。他站起来不能教人，坐下去也不能议论大事；但弟子们却空怀而来，学成而归。难道确有不用语言教导，身残体缺却能使内心世界达到成熟的境界吗？这是什么样的人呢？"

　　孔子回答说："王骀先生是一位圣人，我的学识和品行都落后于他，只是还没有前去请教他罢了。我将把他当作老师，何况学识和品行都不如我孔丘的人呢！何止鲁国，我将引领天下的人跟从他学习。"

　　常季说："他是一个被砍去了一只脚的人，而学识和品行竟超过了先生，跟平常人相比相差更远了。像这样的人，他运用心智是怎样与众不同的呢？"

　　仲尼回答说："死或生都是人生变化中的大事了，可是死或生都不能使他随之变化；即使天翻地坠，他也不会因此而毁灭；他无为而不随物变迁；任凭事物变化而不离自己的本性。"

　　常季说："这是什么意思呢？"

　　孔子说："从事物千差万别的一面去看，邻近的肝胆虽同处于一体之中，也像是楚国和越国那样相距很远；从事物都有相同的一面去看，万事万物又都是同一的。像这样的人，他们不知道什么是耳朵、眼睛最适宜的声音和色彩，而是让自己的心神自由自在地遨游在忘形、忘情的浑同和谐的境域之中。从事物同一的方面去看，就看不到它失去的一面，因而他虽然丧失了一只脚就像是失落了一块土块一样。"

　　常季说："他运用智慧来提高自己的道德修养，运用智慧去追求自己的本性。如果达到了忘情、忘形的境界，众多的弟子为什么还聚集在他的身边呢？"

　　孔子回答说："一个人不能在流动的水面照见自己，而是在静止的水面上才能照见自己，只有静止的事物才能使别的事物也静止下来。各种树木都生长在地上，但只有松树、柏树无论冬夏都郁郁青青；每个人都受命于天，但只有虞舜道德品行最为端正，为所有人的楷模。幸而他们都善于端正自己的品行，因而能端正他人的品行。保全本初时的迹象，则能心怀无所畏惧的胆识；勇士只身一人，也敢入于千军万马之中。一心追逐名利而求索的人，尚且能够这样，何况那主宰天地、包藏万物，不过把躯体当作寓所,把耳目当作外表,掌握了自然赋予的智慧而通达天地万物,精神世界从不曾有过变化的人呢?!他定将在某一天升登最高的境界,人们将紧紧地跟随着他。他还怎么会把聚合众多弟子当成一回事呢?!"

申徒嘉是个被砍掉了一只脚的人,跟郑国的子产同拜伯昏无人为师。子产对申徒嘉说:"如果我先出去那么你就后走,如果你先出去那么我就后走(不愿与之为伍)。"到了第二天,子产和申徒嘉同在一个屋子里、同在一条席子上坐着。子产又对申徒嘉说:"我先出去那么你就留下,你先出去那么我就留下。现在我将出去,你打算留下抑或是不留下呢?你见了我这执掌政务的大官却不知道回避,你把自己看得跟执政大臣一样吗?"

申徒嘉说:"伯昏无人先生的门下,哪有你这样的执政大臣拜师从学的呢?你太看重自己执政大臣的身份,而不把别人放在眼里。我听说这样的话:'镜子明亮尘垢就没有停留在上面,尘垢落在上面镜子也就不会明亮。长久地跟贤人相处便会没有过错。'你拜师是为了学习知识,修养身心,提升道德,却说出这样的话,不是完全错了吗?"

子产说:"你已经如此形残体缺,还要跟唐尧争比善心,你估量你的德行,受过断足之刑还不足以使你有所反省吗?"

申徒嘉说:"自个儿陈述或辩解自己的过错,认为自己不应当形残体缺的人很多;不陈述或辩解自己的过错,认为自己不应当形整体全的人很少。懂得事物之现状,而安于自己的境遇,只有有德的人才能做到这一点。来到善射的后羿张弓搭箭的射程之内,中央的地方也就是最容易中靶的地方,如果没有被射中,这就是命啊。拥有完整双脚的人笑话我残缺不全,这样的人很多,我常常脸色陡变怒气填胸;可是只要来到伯昏无人先生的寓所,我便怒气消失回到正常的神态。真不知道先生用什么善道来洗刷我的呢?我跟随先生十九年了,可是先生从不曾感到我是个断了脚的人。如今你跟我心灵相通、以德相交,却用外在的形体来要求我,这不完全错了吗?"

子产听了申徒嘉一席话深感惭愧,脸色顿改而恭敬地说:"你不要再说下去了!"

鲁国有个被砍去脚趾的人,名叫叔山无趾,用脚后跟走路去拜见孔子。

孔子对他说:"你极不谨慎,早先犯了过错才留下如此的后果。虽然今天你来到我这里,可是怎么能够追回以往呢?"

叔山无趾说:"我只因不识事理而轻率作践自身,所以才失掉了脚。如今我来到你这里,是因为我还保有比双脚更为可贵的道德修养,所以我想竭力保全它。苍天没有什么不覆盖,大地没有什么不托载,我把先生看作天地,哪知先生竟是这样的人!"

孔子说:"我孔丘实在浅薄。先生怎么不进来呢,请把你所知晓的道理讲一讲。"叔山无趾走了。

孔子对他的弟子说:"你们要努力啊。叔山无趾是一个被砍掉脚趾的人,他还努力求学来补救先前做过的错事，何况道德品行乃至身形体态都没有什么缺欠的人呢？"

叔山无趾对老子说："孔子与道德修养至高的人相比，恐怕还远未能达到至人的标准吧？他为什么不停地来向你求教呢？他还在祈求奇异虚妄的名声能传扬于外，却不知道道德修养至高的人把这一切看作束缚自己的枷锁！"

老子说："怎么不直接让他把生和死看作齐一，把是与否看作齐一，从而解脱他的枷锁，这样做不行吗？"

叔山无趾说："这是上天加给他的处罚，哪里可以解脱？"

鲁哀公向孔子问道："卫国有个面貌十分丑陋的人，名叫哀骀它。男人跟他相处，常常想念他而舍不得离去。女人见到他便向父母提出请求，说'与其做别人的妻子，都不如做哀骀它先生的小妾'，这样的人已经十多个了而且还在增多。从不曾听说哀骀它倡导什么，只是常常附和别人罢了。他没有统治者的地位却能拯救他人于临近败亡的境地，他没有聚敛大量的财物却能使他人吃饱肚子。他面貌丑陋使天下人吃惊，令人害怕，又总是附和他人而从没首倡什么，他的才智也超不出他所生活的环境，但男男女女却都聚集在他的身边。他一定有什么不同于常人的地方。寡人把他召来看了看，果真相貌丑陋足以惊骇天下人。跟寡人相处不到一个月，我便对他的为人有了一定的了解；不到一年时间，我就十分信任他。国家没有主持政务的官员，我便把国事委托给他。他神情淡漠地回答，漫不经心又好像在加以推辞。我深感羞愧，硬是把国事交给了他。没过多久，他就离开我走掉了，我内心忧虑像丢失了什么，好像整个国家都找不出一个可以和我一道共欢乐的人一样。这究竟是什么样的人呢？"

孔子说："我孔丘也曾出使楚国，正巧看见一群小猪在吮吸刚死去的母猪的乳汁，不一会儿又惊惶地丢弃母猪跑掉了。因为母猪不像以前那样看它们了，也不像先前活着时的样子了。小猪爱它们的母亲，不是爱它的形体，而是爱支配形体的精神。战死沙场的人，他们埋葬时无须用带有饰物的棺木来送葬，砍掉了脚的人也不必再去爱惜原来穿过的鞋子，这都是因为失去了根本。做天子的御女，不剪指甲不穿耳眼；婚娶之人只在官外办事，不会再到官中服役。为保全形体尚且能够做到这一点，何况德性完美而高尚的人呢？如今哀骀它不说话也能取信于人，没有功绩也能赢得亲近，让人乐意授以国事，还唯恐他不接受，这一定是才智完备而德不外露的人。"

鲁哀公问："什么叫作才智完备呢？"孔子说："死、生、存、亡、穷、达、贫、富、贤能与不肖、诋毁与称誉、饥、渴、寒、暑，这些都是事物的变化，都是自然规律的运行；日夜的更替，再有智慧的人也看不到它们的起始。了解了这些，它们就不足以搅乱本性的谐和，也不足以侵扰人们的心灵了。要使心灵平和安适，通畅而不失怡悦，要使之日夜不间断地跟随万物融会在春天般的生气里，这样便会在接触外物时萌生顺应四时的感情。这就叫作才智完备。"

鲁哀公又问:"什么叫作德不外露呢?"

孔子说:"水平是水不流动的极致状态。它可以作为我们参照的准绳,内心里蕴含丰富而外表无所表露。所谓德,就是使事得以成功、物得以顺和。德不外露,外物自然就不能离开他了。"

有一天鲁哀公把孔子这番话告诉闵子,说:"起初我认为坐朝当政统治天下,掌握国家的纲纪而忧心人民的死活,便是治国的最高境界了,如今我听到至人的名言,真忧虑自己名不副实,轻率地领导国家而导致国家面临危亡的境地啊。我跟孔子不是君臣关系,而是以德相交的朋友呢。"

一个跛脚、伛背、缺嘴的人游说卫灵公,卫灵公十分喜欢他;再看看那些体形完整的人,他们的脖颈实在是太细太细了。一个颈瘤大如瓮盎的人游说齐桓公,齐桓公十分喜欢他;再看看那些体形完整的人,他们的脖颈实在是太细太细的了。所以,在德行方面有超出常人的地方,他的形体方面的缺陷别人就会有所遗忘,人们没有忘记应当忘记的东西,而忘记了所不应该忘记的东西,这就叫真正的遗忘。因而圣人总能自在悠游,智慧是祸根,盟约是约束,施以恩惠是交接外物的手段,工巧是商贾的行为。圣人从不谋虑,哪里用得着机巧呢?圣人从不割裂,哪里用得着约束呢?圣人从不感到缺损,哪里用得着推行恩惠呢?圣人从不做买卖以谋利,哪里用得着经商?这四种作法叫作天养。所谓天养,就是禀受自然的饲养。既然受养于自然,又哪里用得着人为!(圣人)有人的外形,没有人内在的欲望和感情。有人的形体,所以与一般人没有两样;没有人的内在欲望和感情,所以是与非都不会侵扰到他的身上。渺小呀,跟人同类的东西!伟大呀,他能超越人而合于自然。

惠子对庄子说:"人原本就应当没有情的吗?"庄子说:"是的。"惠子说:"一个人假若没有情,怎么还能称作人呢?"庄子说:"道赋予人容貌,天赋予人形体,怎么能不称作人呢?"惠子说:"既然已经称作人,又怎么能够没有情?"庄子回答说:"这并不是我所说的情呀。我所说的无情,是指人不能因为好恶而致伤害自身,而应该顺应自然而不增添任何东西。"惠子说:"不添加任何东西,靠什么来保有自己的身体呢?"庄子回答说:"道赋予人容貌,天赋予人形体,可不要因好恶而致伤害了自身。如今你外露心神,耗费精力,靠着树干吟咏,凭依几案闭目假寐。自然授予了你的形体,你却以'坚'、'白'的诡辩而自鸣得意!"

题 解

德充符:内德充盈,外忘其形;上德不德,乃为大德。本章说的是修道的基础,是前加行,属于资粮道。

要点禅解

兀者王骀，外忘其形

庄子喜欢残疾吗？答案当然不是，庄子是一个健全的人，却在本章例举了很多肢体残缺甚至是奇形怪状的人，这是为什么呢？其实，这是庄子的一种笔法，他故意创造了这些惊世骇俗的形象，目的就是使人产生强烈的对比。真正的悟道者，不是不美，而是十分庄严的美，这种美发自于内在，是不用外在装饰的美。庄子之用意在此：一个毫无内在修养的人，即使他再漂亮，也是丑陋的；一个肢体残缺的人，即使他非常丑陋，只要他内德充盈，也会散发出迷人的光辉。

《维摩诘所说经·佛国品第一》中有这样一段话：

> 功德智慧，以修其心；相好庄严，色身第一；舍诸世间，所有饰好；名称高远，踰于须弥。

第一句话说的是佛福德功德都圆满了，这是表示佛的内在功德；第二句话则说明佛的相貌十分庄严，这是佛的外在形象；第三句话说的是这种庄严不是靠世间的各种装饰物装饰出来的；第四句话则说明佛这样圆满庄严，所以才是"世尊"。看，这段话与庄子的思想是不是一样的？

高度重视内养其德，古来的大德莫不如是，即便是以入世学问著称的儒家也是如此。《大学》中说：

> 大学之道，在明明德，在亲民，在止于至善。知止而后有定，定而后能静，静而后能安，安而后能虑，虑而后能得。物有本末，事有终始，知所先后，则近道矣。
>
> 古之欲明明德于天下者，先治其国；欲治其国者，先齐其家；欲齐其家者，先修其身；欲修其身者，先正其心；欲正其心者，先诚其意；欲诚其意者，先致其知；致知在格物，物格而后知至，知至而后意诚，意诚而后心正，心正而后身修，身修而后家齐，家齐而后国治，国治而后天下平。

前面三句话是我们的人生目标，明德是佛性，是"体"，明明德是我们做功夫，使佛性现前；亲民则是指开悟后的"用"，自利利他，普渡众生；至善是彻悟，是"十方世界现全身"，不可留一点点尾巴，是古人所说的"非但有，无亦丧"的境界。那么，如何达到这个境界呢？那就是后面紧接着说的"定，静，安，虑"，然后就"得"了。这是一个做功夫的过程，也与佛家所说的"戒、定、慧"三学有异曲同工之妙。

再接下来，古德说的就更明确了：要普渡众生，那就先修好自己再说！这就是"修齐治平"。而修齐治平的前提是"意诚"，意诚则达，否则一切免谈。《中庸》说：

自诚明，谓之性；自明诚，谓之教。诚则明矣，明则诚矣。唯天下至诚，为能尽其性；能尽其性，则能尽人之性；能尽人之性，则能尽物之性；能尽物之性，则可以赞天地之化育；可以赞天地之化育，则可以与天地相参矣。

　　《列子》载商丘开的故事就说明了意诚的道理（附在链接中）。

　　在英国最古老的建筑物威斯敏斯特教堂（Westminster Abbey）旁边，矗立着一块墓碑，上面刻着一位教主的一段话（也有人说这段文字出自古希腊的一个皇帝）：

When I was young and free and my imagination had no limits, I dreamed of changing the world. As I grew older and wiser, I discovered the world would not change, so I shortened my sights somewhat and decided to change only my country. But it, too, seemed immovable. As I grew into my twilight years, in one last desperate attempt, I settled for changing only my family, those closest to me, but alas, they would have none of it.

And now, as I lie on my deathbed, I suddenly realize: If I had only changed myself first, then by example I would have changed my family. From their inspiration and encouragement, I would then have been able to better my country, and who knows, I may have even changed the world.

　　译文如下：

　　当我年轻的时候，我梦想改变这个世界；

　　当我成熟以后，我发现我不能够改变这个世界，我将目光缩短了些，决定只改变我的国家；

　　当我进入暮年以后，我发现我不能够改变我们的国家，我的最后愿望仅仅是改变一下我的家庭，但是，这也不可能。

　　当我现在躺在床上，行将就木时，我突然意识到：如果一开始我仅仅去改变我自己，然后，我就可能改变我的家庭；

　　在家人的帮助和鼓励下，我可能为国家做一些事情；

　　然后，谁知道呢？我甚至可能改变这个世界。

　　这段话正是《大学》的诠释，也是庄子的意思。先修自己？是不是自私？非也。这是"独善其身"，然后才能"力及他人"，先修自己是帮助他人的前提。

　　这一段有点类似于今天的"心灵美"的意思，我们不是经常说什么"一个人不是因为漂亮才可爱，而是因为可爱才漂亮"吗？不是经常说"最美的是人的心灵"吗？心灵美能看见吗？不能，但是却可以通过行为和态度表现出来，这就是修养了。可见提高自身修养，并不是出世修行的特立独行，即使是立足于世间，也是需要的啊。

德充符第五

【本节链接】

【列子原文】范氏有子曰子华,善养私名,举国服之;有宠于晋君,不仕而居三卿之右。目所偏视,晋国爵之;口所偏肥,晋国黜之。游其庭者侔于朝。子华使其侠客以智鄙相攻,疆弱相凌。虽伤破于前,不用介意。终日夜以此为戏乐,国殆成俗。

禾生、子伯、范氏之上客。出行,经坰外,宿于田更商丘开之舍。中夜,禾生、子伯二人相与言子华之名势,能使存者亡,亡者存;富者贫,贫者富。商丘开先窭于饥寒,潜于牖北听之。因假粮荷畚之子华之门。子华之门徒皆世族也,缟衣乘轩,缓步阔视。顾见商丘开年老力弱,面目黎黑,衣冠不检,莫不眲之。既而狎侮欺诒,攩㧙挨抌,亡所不为。商丘开常无愠容,而诸客之技单,愈于戏笑。遂与商丘开俱乘高台,于众中漫言曰:"有能自投下者赏百金。"众皆竞应。商丘开以为信然,遂先投下,形若飞鸟,扬于地,骪于毁。范氏之党以为偶然,未讵怪也。因复指河曲之淫隈曰:"彼中有宝珠,泳可得也。"商丘开复从而泳之,既出,果得珠焉。众昉同疑。子华昉令豫肉食衣帛之次。俄而范氏之藏大火。子华曰:"若能入火取绵者,从所得多少赏若。"商丘开往无难色,入火往还,埃不漫,身不焦。范氏之党以为有道,乃共谢之曰:"吾不知子之有道而诞子,吾不知子之神人而辱子。子其愚我也,子其聋我也,子其盲我也,敢问其道。"商丘开曰:'吾亡道。虽吾之心,亦不知所以。虽然,有一于此,试与子言之。曩子二客之宿吾舍也,闻誉范氏之势,能使存者亡,亡者存;富者贫,贫者富。吾诚之无二心,故不远而来。及来,以子党之言皆实也,唯恐诚之之不至,行之之不及,不知形体之所措,利害之所存也。心一而已。物亡迕者,如斯而已。今昉知子党之诞我,我内藏猜虑,外矜观听,追幸昔日之不焦溺也,怛然内热。惕然震悸矣。水火岂复可近哉?"自此之后,范氏门徒路遇乞儿马医,弗敢辱也,必下车而揖之,宰我闻之,以告仲尼。仲尼曰:"汝弗知乎?夫至信之人,可以感物也。动天地,感鬼神,横六合,而无逆者,岂但履危险,入水火而已哉?商丘开信伪物犹不逆,况彼我皆诚哉?小子识之!"(《列子·黄帝》)

【大意】贵族范氏子华喜欢养客,全国没有不怕他的势力的;他虽然不是官,但地位却在三卿之上;只要是他多看了几眼的人,国君立刻提拔重用;只要是他斜眼看的人,国君就立刻罢免其官爵(怎么看这个家伙都与现代黑社会老大很相似)。因门客人数众多,他的厅堂像朝堂一样。为了博取子华的好感,门客之间或进行武力攻击,或设计陷害对方,日日如此,慢慢的全国都受此风气的感染了。

禾生和子伯是子华的上等门客。有一次在外地留宿于一个老农家里,这个老农叫"商丘开",或者是商丘的一个叫"开"的老农吧(列子时有没有商丘这个地名也不知道)。半夜,两个人谈论起子华来,说子华的能量太大了,可以起死人肉白骨,让人富贵贫穷算什么鸡毛蒜皮的事。商丘开正受穷呢,他很想发财,于是就跑到子华那里去了。

那些门客看不起一个老农，经常戏弄他，欺负他，无所不用其极。但打闹够了，也就不再理他了。有一天，这些门客要捉弄商丘开，带他到一个高台之上，说，谁敢跳下去就赏谁百金。这么高的台子，谁跳都要摔死，于是大家怂恿商丘开跳。商丘开跳下高台，身轻如燕，如鸟儿一般轻轻落在地上，毫发无损。众人虽然大惊，却认为这是偶然的事件；大家于是指着深深的水潭说，水里有宝珠，会游泳的就能得到。水很深，漩涡大，入水者必死。但商丘开跳了进去，结果他真的找到了一颗大大的宝珠。这时大家才开始真正有点吃惊了。

子华这才高看他。有一天，子华家里发生了火灾，火势凶猛。子华对商丘开说："你能抢救出多少财物，我就奖给你多少财物。"商丘开二话不说，冲进火中，抱着丝绸等物就跑了出来，如此反反复复，可他身上一点灰尘也没有，更别提被火烧伤了。

大家认为这个老农是个懂道术的高人，非常惭愧，请罪说：您老是个神人啊，千万别和我们一般见识啊，您就把我们当作瞎子聋子耍耍吧，请您老收我们为徒吧，教我们这神奇的道术吧，等等。

商丘开说："我哪里有什么道术啊，其中的奥秘我也不懂。但我可以告诉你们，我只是非常相信你们罢了，你们的话我一点怀疑也没有，我只是真诚罢了。现在我知道你们是骗我的，我就不敢接近水火了。"

孔老夫子说："内里诚实，就可以感化外物，弟子们，要谨记啊。"

学道的诀窍在哪里？用心一也。

不与物迁

庄子借孔夫子之口，说出了一个极其深刻道理："死生亦大矣，而不得与之变，随天地覆坠，亦将不与之遗，审乎无假而不与物迁，命物之化而守其宗也。"这一段话，庄子将佛性这个道理和盘托出了，一点也没有隐瞒。

生死，是人生最大的事了，任谁也躲不过，你是平民百姓也罢，皇亲国戚也罢，在生死面前，真的是人人平等的。谁都有出生，谁也都有死亡，所以自古没有比生死再大的事情了，一切学问都是围绕着这个问题而展开的。

但确有另外一个东西在，这个东西不受生死的影响，不随生死而变化，一点也不！这就是我们的佛性，我们的真宰！哪怕天地都翻覆了，天崩地裂了，它也不变化，也不会丢失！世上万物生生化化，它也不随之而发生任何变化！

这不是"不生不灭、不垢不净、不增不减"的翻版吗？这不是万物都有道在的另一种说法吗？仔细思之，这里每一句话不都是"话头"吗？

一个人得了道，那他就是"两足尊"了，他就一定是内德充盈而外化于形的。他有极强的感染力,你与他在一起,即使他没有语言,没有行动,你也一样能感受到他周边强大的安详的气场。不用有收徒弟的想法,人们也会自动跟随他的。

注意,两足尊,不是"具有两只脚的圣人"。两足尊指的是福德和功德两个方面都具足圆满的人,不可偏废,少一点也不行,这才叫"两足尊"。这才是庄子所说的"德充符"!

唯止能止众止

第一个止是指你的心不再攀缘了,心若止水了;第二个止是动词,是"使……停止"的意思;使什么停止呢?使"众"停止。什么是"众"?就是我们的各种心,各种攀缘,各种念头,太多太多了,数不过来那么多,有的粗些,可能感觉得到,更多的极其细微,根本感觉不到。这些杂念,庄子用了一个"众"字就解决了。

一旦做到了"众止",你的佛性必定现前无疑。如何做到呢?关键就是让自己的心"止"下来,只有"心"止了,"众"才能止。

止心是悟道的诀窍,各门各派莫不如是。

如何止心?佛说有"八万四千法门"之多!尽管止心的法门很多,但"理"却是一个,万变不离其宗。《法华经·方便品第二》说:

十方佛土中,唯有一乘法,无二亦无三,除佛方便说。

但以假名字,引导于众生。说佛智慧故,诸佛出于世,

唯此一事实,余二则非真,终不以小乘,济度于众生。

成佛的道路本来就一个,这就是告诉你:"你就是佛",放下,转身即是,没有什么特别的。道理是这样,但是现实中这可能吗?根本不可能。因为我们众生无始劫以来的无明烦恼和执著太多了,太复杂了。每一个人的根器、业报和福慧差异又极大,故此需要很多法门来适应众生的差异,所以产生了佛教的各个宗派,有显有密,有宗门有教下等等区别。

这么多法门,哪个适合你?其实只要一门深入,莫换题目,不疑、不弃、老老实实去修,总会有所成就。不要这山望见那山高,到头不知哪山好,那样你就算把所有法门都学了一遍,你仍然是一个一年级的小学生,永远也长不大。

我国的佛教门派很多,从总体来看,有显教和密宗两大派别。密宗有藏密和唐密两大门派;汉传佛教又分为上座部和大众部两大部派,细一些的划分则有净土、天台、贤首、华严、三论、禅宗等八大宗派,其中影响最大的是净土和禅宗两大门派。有门派就有争论,你高还是我高?你优还是我优?其实这正是人心不平等的显现:门门都是佛法,没有高下之分。

尽管法门众多,门门都离不开"止"的功夫,佛教叫作"制心一处,无事不办"。

《大佛顶首楞严经·卷四》云：

> 如澄浊水，贮于净器，静深不动，沙土自沉，清水现前，名初伏客尘烦恼；去泥纯水，名为永断根本无明。

《圆觉经》说众生修习三法可以成佛，分别为奢摩他、三摩钵提和禅那。其中奢摩他法为：

> 先依如来奢摩他行，坚持禁戒，安处徒众，宴坐静室。（《圆觉经·卷上》）

> 取静为行，由澄诸念，觉识烦动，静慧发生，身心客尘，从此永灭，便能内发寂静轻安。由寂静故，十方世界诸如来心，于中显现，如镜中像，此方便者，名奢摩他。（《圆觉经·卷下》）

《四十二章经》也有此说法：

> 人怀爱欲不见道者，譬如澄水，致手搅之，众人共临，无有睹其影者。人以爱欲交错，心中浊兴，故不见道。当舍爱欲，爱欲垢尽，道可见矣。

这就是"止"的功夫了，清水现前时，就是你的心初步止了，所以叫作"初伏客尘烦恼"；泥沙全都去掉了，这时是"众止"，所以叫作"永断根本无明"。

但是制心一处要看你制在何处，以及怎样去制，错了会万劫不复。昔时，王阳明的学生徐澄就问过这个问题：先生你不是说要"主一"吗？那么，是不是不管什么事，只要我注意力集中就是主一了呢？王阳明的回答我们可要仔细了：

> 徐澄问："主一之功，如读书则一心在读书上，接客则一心在接客上，可以为主一乎？"

> 先生曰："好色则一心在好色上，好货则一心在好货上，可以为主一乎？是所谓逐物，非主一也。主一是专主一个天理。"（《王阳明全集·传习录上》）

注意：阳明先生一针见血地指出了这样的功夫是白搭的，是"心在逐物"。徐澄充其量只是精力高度集中而已。阳明先生的"主一"是要我们在自性上用功，是要我们明心见性，心不随物跑，这才是心的本来的样子，这才合了"天理"。阳明先生果然是一代宗师，凭此一段话即可奠定他在禅宗的地位。

想要心止，静坐无疑是最好的方法。为什么要静坐？因为我们的心太好动了，它无时不思、无时不想，没有一刻停止过，心如猿、意如马，所以叫作"心猿意马"，永无止息。列子说：

> 人有亡铁者，意者邻之子，视其行步，窃铁也；颜色，窃铁也；言语，窃铁也；作动态度，无为而不窃铁也。俄而抇其谷而得其铁，他日复见其邻人之子，动作态度，无似窃铁者。（《列子·说符》）

瞧瞧我们的心，胡思乱想到何种地步了。

要想静心，首先要让自己的身体静下来，身体静了，心才能静（当然这是对我们凡夫而言的）。因此静坐是很多宗教都采用的修行方法，比如道家、印度教等都有静坐的修习，儒家也是讲究学习前要静坐的，王阳明就教导学生说："日间功夫，觉纷扰，则静坐。"就连基督教的礼拜忏悔也可以看作是一种静坐的特殊形式，所以佛把打坐叫作"共法"。也就是说，打坐不是佛教所特有的修行法门，而是很多宗教都有的修持方法。甚至《大学》也说：

知止而后有定，定而后能静，静而后能安，安而后能虑，虑而后能得。物有本末，事有终始。知所先后，则近道矣。

也是主张由"止"开始，经过努力，一步步升阶，最后就能达到"得"的境界，这个"得"就是把自己的佛性找回来了，就是开悟，就是了解了世间万物的实相，知道了宇宙万物运转的规律，就十分接近道了。

如何打坐？有很多书籍和经典专门讲解这个问题，如果你有志学习打坐的话，笔者推荐读者一定要看这几本书：《静坐入门》、《六妙法门》、《童蒙止观》、《坐禅三昧经》、《大佛顶首楞严经》、《圆觉经》、《维摩诘所说经》等。当然还有很多应当读的，比如《金刚经》、《心经》和一些高僧大德的传记等。

心若不止，就是流水；心若止了，就是止水。流水能照什么呢？什么也照不了，它本身纷纷扰扰，波涛汹涌，没有一刻止息，水面上就会是一片乱象；水要是静下来了，山河大地，蓝天白云，都能在水面倒映出来。我们的佛性也是如此，你的心不静，就如流动的水一般，无论如何也体会不到你的佛性的。只要把自己的心静下来，就会看到你的佛性，从来不曾丢失。

达摩祖师指示学人时说"外息诸缘，内心无喘，心如墙壁，可以入道"，也是让你的心静下来啊。昔时二祖断臂求法，然而还是有所疑惑，他胳膊断了，雪红了，可是他疼啊，他对祖师说："我心不安，请师与我安心。"达摩大师把手一下子伸到二祖的眼前，大喝一声："把你的心拿来，我给你安！"二祖一下子愣在了当场！我的心呢？在哪里？遍寻不着啊，二祖于是说："觅心了不可得。"达摩大师说："与你安心竟！"

你的心若不动，何用别人来安呢？所以这个"止"也是一个方便法而已，目的是为"止小儿啼"而设之。

【本节链接】

【本经原文】缮性于俗，俗学以求复其初；滑欲于俗，思以求致其明；谓之蔽蒙之民。

古之治道者，以恬养知。知生而无以知为也，谓之以知养恬。知与恬交相养，而和理出其性。夫德，和也；道，理也。德无不容，仁也；道无不理，义也；义明而物亲，忠也；中纯实而反乎情，乐也；信行容体而顺乎文，礼也。礼乐偏行，则天下乱矣。彼正而蒙己德，德则不冒。冒则物必失其性也。

古之人，在混芒之中，与一世而得淡漠焉。当是时也，阴阳和静，鬼神不扰，四时得节，万物不伤，群生不夭，人虽有知，无所用之，此之谓至一。当是时也，莫之为而常自然。（《缮性》）

【大意】在世俗的流习范围内修治性情，想复归原始的真性，一心希望能达到明彻与通达，这就叫作蔽塞愚昧的人。

古人如何修道？庄子的"以恬养知，以知养恬，知与恬交相养"的办法真是高明。这与佛家的说法不谋而合：我们修道习定，目的是什么？是开发我们的般若，就是大智慧；开发了大智慧干什么？不是用来投机取巧，那就不是大智慧了，是耍小聪明。开发了大智慧，用它来涵养我们的本性，这就叫"知与恬交相养也"。这样的人既能回归自己的本性，也不会违反世俗的道德礼仪，这才叫自然啊。

怎么叫自然呢？庄子接着说：古人生活在混沌鸿蒙、淳风未散的境况中，跟整个外部世界混为一体而且人们彼此都恬淡无为、互不交往。因此，阴与阳谐和而又宁静，鬼神也不会干扰，四季的变化顺应时节，万物不会受伤害，各种有生命的东西都能尽享天年，人们即使内存心智，也没处可用，这就叫作最为完满的浑一状态。正是这个时候，人们不知道需要去做什么而保持着天然。

【本节链接】

【本经原文】古之行身者，不以辩饰知，不以知穷天下，不以知穷德，危然处其所而反其性已，又何为哉？

道固不小行，德固不小识。小识伤德，小行伤道。故曰：正己而已矣。乐全之谓得志。古之所谓得志者，非轩冕之谓也，谓其无以益其乐而已矣。今之所谓得志者，轩冕之谓也。轩冕在身，非性命也。物之傥来，寄者也。寄之，其来不可圉，其去不可止。故不为轩冕肆志，不为穷约趋俗，其乐彼与此同，故无忧而已矣！今寄去则不乐。由是观之，虽乐，未尝不荒也。故曰：丧己于物，失性于俗者，谓之倒置之民。（《缮性》）

【大意】古时候的得道之人，用得着用辩说来粉饰自己的智慧吗？用得着显示自己博学多知吗？用得着使用心智使人知道自己德高望重吗？他们只是安然处其所处，回归了其本性而已，又何须一定得去做些什么呢？

得道的人没有什么欲望，没有什么执著，他们只是做回了自己而已（正己而已矣），这才叫作得志之人。

这个得志可不是现在说的加官进爵，古时的得志指的是"无以益其乐而已矣"。现在人们所说的得志，是指高官厚禄地位显赫。而这些东西绝非我们的本性，只是临时寄托的东西罢了。外物寄托，它们到来不必加以阻挡，它们离去也不必加以劝止。对待这些东西不可过分看重，要顺其自然，这样才不会忧愁。而如今的人呢，一旦失去这些，就会觉得郁闷不快，由此观之，即使有过快意也未尝不是迷乱了真性啊。

世俗间的快乐，如加官进爵发大财，都是小乐，一旦失去就会痛苦。我们要追求的是出世间的大乐，这个乐非是世间乐所能比拟，这个快乐无大无小，你不能使之增加，亦不能使之减少，所以叫作"无以益其乐而已矣"。

本节总的来说是告诉我们，不要追求外物而丧失自身，由于流俗而失却本性，这样做的人，就叫作颠倒了本末的人。"无以益其乐"就是佛说的"法喜充满"。

【本节链接】

【本经原文】仲尼适楚，出于林中，见痀偻者承蜩，犹掇之也。

仲尼曰："子巧乎，有道邪？"曰："我有道也。五六月累丸二而不坠，则失者锱铢；累三而不坠，则失者十一；累五而不坠，犹掇之也。吾处身也，若橛株拘；吾执臂也，若槁木之枝。虽天地之大，万物之多，而唯蜩翼之知。吾不反不侧，不以万物易蜩之翼，何为而不得！"

孔子顾谓弟子曰："用志不分，乃凝于神。其痀偻丈人之谓乎！"（《达生》）

【大意】一个弯腰驼背的老人，用竿子粘蝉，其动作就好像在地上拾取一样简单容易。这让孔老夫子大为惊叹，一个残疾人怎么会有这样神技呢？于是乎，孔子就发问了，哈哈，孔老夫子真是好学呀。

夫子问："先生你怎么这么神乎其技呢？"驼背老人说："我有我的办法。经过五六个月的练习，在竿头累迭起两个丸子而不会坠落，那么失手的情况已经很少了；迭起三个丸子而不坠落，那么失手的情况十次不会超过一次了；迭起五个丸子而不坠落，也就会像在地面上拾取一样容易。我立定身子，犹如临近地面的断木，我举竿的手臂，就像枯木的树枝；虽然天地很大，万物品类很多，我一心只注意蝉的翅膀，从不思前想后左顾右盼，绝不因纷繁的万物而改变对蝉翼的注意，为什么不能成功呢！"

孔子转身对弟子们说："运用心志不分散，就是高度凝聚精神，恐怕说的就是这位驼背的老人吧！"

【本节链接】

【本经原文】梓庆削木为鐻，鐻成，见者惊犹鬼神。鲁侯见而问焉，曰："子何术以为焉？"对曰："臣，工人，何术之有！虽然，有一焉：臣将为鐻，未尝敢以耗气也，必齐以静心。齐三日，而不敢怀庆赏爵禄；齐五日，不敢怀非誉巧拙；齐七日，辄然忘吾有四肢形体也。当是时也，无公朝，其巧专而外骨消，然后入山林，观天性形躯，

至矣,然后成见镶,然后加手焉,不然则已。则以天合天,器之所以疑神者,其是与!"(《达生》)

【大意】梓庆能削刻木头做镶,镶做成以后,看见的人无不惊叹好像是鬼神的工夫。鲁侯见到便问他,说:"你用什么办法做成的呢?"梓庆回答道:"我是个做工的人,会有什么特别高明的技术!虽说如此,我还是有一种本事。我准备做镶时,从不敢随便耗费精神,必定斋戒来静养心思。斋戒三天,不再怀有庆贺、赏赐、获取爵位和俸禄的思想;斋戒五天,不再心存非议、夸誉、技巧或笨拙的杂念;斋戒七天,已不为外物所动仿佛忘掉了自己的四肢和形体。正当这个时候,我的眼里已不存在公室和朝廷,智巧专一而外界的扰乱全都消失。然后我便进入山林,观察各种木料的质地;选择好外形与体态最与镶相合的,这时业已形成的镶的形象便呈现于我的眼前,然后动手加工制作;不是这样我就停止不做。这就是用我木工的纯真本性融合木料的自然天性,制成的器物疑为神鬼工夫的原因,恐怕也就出于这一点吧!"

子齐执政乎

子产是个官,现在我们很难准确知道执政的位置具体有多高,但似乎不会太高,又似乎不会太低。《左传》中记载子产曾经是郑国的外交官,周游于晋国等国家之间。那么,这个官阶可能大概相当于现在的外交部长吧。但当时的所谓"国家"放到今天不比一个"地级市"大多少,有的还很小如一个县。郑国就不大,因此,这个官位我估计也就相当于今天的一个县长或副市长。但子产却自视甚高,架子不小,他看不起一只脚的申徒嘉,不想与之同行、同坐。其实,如果子产对申徒嘉有这样的想法,那么,他对健全的人也会有这样的想法,看见长相很丑的人更会有这样的想法,可见官民不平等自古就有。

这只是子产一个人的毛病吗?我们不都是如此吗?在生活工作中,与人打交道,不总是戴着有色眼镜去看人吗?不是总觉得别人不如我吗?尤其是自己有点社会地位,就会更加看不起平民百姓,再有点钱,就更加看不起穷人。现代社会中同工不同酬、同命不同价、欺凌弱小等现象都是这样想法的延伸啊。再往大了说,民族压迫、种族歧视等也与此有关。

其实,每个人都是平等的,只是随自身业力不同、果报有差异而已,在大道面前,我们是绝对平等的。

歧视别人,高看自己的原因是因为有"我"在。

怎么去除"我"呢?庄子紧接着说:"鉴明则尘垢不止,止则不明也。久与贤人处则无过。"这就是修德的办法呀!这也是神秀大师的"身是菩提树,心如明镜台,时时亲拂拭,莫使惹尘埃"的出处。

去除了我，众生才是真正平等的。

有一个故事，说的是古时有个裁缝，手艺很好，专门给大小官员做朝服，他做的朝服每个人都觉得十分合体，因而生意十分火爆。奇怪的是，他在给做衣服的对象量尺寸之前，必定要知道这个人的官职大小、从政时间等信息。这使很多人感到十分奇怪，一位官员终于忍不住问裁缝这到底是为什么。裁缝的回答令人深思：一般来说，刚担任某个职位的时候，踌躇满志，目空一切，走路是仰着头的。所以，这时候裁衣服，要前长后短；当了一两年以后，想往上升，大概没这么快，心态平和了，身子就是直的，这时候裁衣服，就要前后一样长；若是当了三四年还在这个职位上，要么上升无望，要么被上面的人压着，为了能够更进一步，不得不表现低姿态，见人点头哈腰。所以，裁衣服的时候，需要前短后长。如此才能量体裁衣，所以我的衣服每个人穿着都合适。

【本节链接】

【本经原文】吴王浮于江，登乎狙之山，众狙见之，恂然弃而走，逃于深蓁。有一狙焉，委蛇攫抓，见巧乎王。王射之，敏给搏捷矢。王命相者趋射之，狙执死。王顾谓其友颜不疑曰："之狙也，伐其巧，恃其便，以敖予，以至此殛也。戒之哉！嗟乎！无以汝色骄人哉！"颜不疑归而师董梧，以锄其色，去乐辞显，三年而国人称之。（《徐无鬼》）

【大意】吴王乘船沿江而下，途中弃船登岸，来到一座山上，这座山中猴子非常多，猴子见了大队人马，全部作鸟兽散。只有一只猴子，身形矫健而灵活，东跳西跳，毫不避让。吴王举箭射之，这只猴子竟然能抓住吴王射来的箭把玩。你说吴王能不生气吗？一生气，后果严重了，吴王让随从万箭连发，猴子中箭而亡。吴王回过头来对颜不疑说："这只猴子倚仗自己灵巧，向我显摆，导致自己丧命。人也一样，不要过分骄傲。"颜不疑回去后就向老师学习低调，三年后，大家都夸赞他了。

生死一条，解其桎梏

本章中，庄子再一次提到了死，为什么总是离不开死呢？

可以说，生死问题是人生的最大问题，这个问题不解决，我们就永远处在轮回之中。

但，真的有生死吗？

其实，根本没有生和死。生和死的只是我们这个肉身而已，生命是如环无端的，永远没有生死这一说。

人们不信这个说法，都认为人是一死百了，什么都没有了。真是这样吗？

哲学的三大问题：我是谁？我从哪来？我到哪去（这其实也就是宇宙的基本问题）？困扰着无数的哲人，累劫以来也找不到答案。但佛祖早就告诉我们了：我们是不生不灭、不垢不净、不增不减的。

以前，没人研究人死后究竟发生了什么，也不信有什么"六道轮回"。但现在不同了，已经有相当多的研究表明，我们死后是存在一个"生命体"的，而且也有越来越多的证据证明六道轮回是实实在在存在的（读者切莫误会这个"生命体"就是生命的本源了，其实这仍然是六道轮回中的生命现象而已，每个人都随自身业力在六道中头出头没，受报不已，即使你能清清楚楚知道自己在轮回，这也并不说明你已经觉悟成佛了，而恰恰说明你还在六道之中，仍是迷惑的凡夫。佛是超越六道轮回的）。

维吉尼亚大学有个教授叫斯蒂文森，他用40年的时间收集了数千个儿童的转世案例，无一例外的，这些孩子都知道远在千百里之外的另一个村镇的具体情况和发生在十几年前甚至更久以前的事情的具体细节，甚至还有的孩子知道一些现代人无法知道的过去的秘密。也有很多孩子可以流利地说出其他种族的语言。这些案例都被仔细认真地核实过，毫无疑问地证明了轮回转世。请参看斯蒂文森的专著《具有前世记忆的儿童：关于转世的问题》(Children Who Remember Previous Lives. A Question of Reincarnation)。

这证明我们的确在死后有"生命体"存在，而且在因果律的支配下轮回着。另一个支持性的研究就是濒死研究（NDE，Near-Death-Experience）。NED研究只有在现代才能出现，因为以前的医疗技术，甚少使人死而再活。

现代医疗技术的发展，给我们创造了这样的观察机会。在不惜一切代价抢救患者的理念的支配下，有太多的人被从死亡线上拉了回来，而这些死而复生的人，讲述了令我们极其震惊的经历。

国际知名的生死学大师伊莉莎白·库柏勒·罗丝观察了大量的死亡案例，她提出死亡可分为三个阶段：

第一个阶段：经历死亡的痛苦，失去生命迹象。

第二个阶段：濒死经验者的"灵魂"出体，肉体已没有血压、脉搏，"灵魂"犹如旁观者一样知觉到现场所有人的情绪、想法与行为；如医生抢救的动作、周遭发生的琐碎小事，都一清二楚，犹如一位"全知"者。伊莉莎白建议，如果此时有来不及告诉亡者的话，尽可对他说，他会知道的。此时，濒死体验者能随自己心念所到达任何地方，只要一动念想着某人、某地，瞬间就能到达。此时还会看到已死去、关系亲近的人前来迎接自己，如父母、亲友等等，成为濒死体验者引路人的角色。

第三个阶段：体会永恒。在这个阶段，会迅速回顾自己的一生、看到耀眼却毫不刺目的光芒，感受到无与伦比的爱。濒死体验的人理解到自己在地球上的一生是为了学习并提升灵性，好回到天上真正的家。

继伊丽莎白之后，雷蒙·穆迪博士进行了更为深入的观察，是他首次提出的"濒死体验"的概念。雷蒙博士收集了几百例濒死体验的实例，归纳出濒死的主要过程，成为濒死体验研究的经典作品。如亲耳听到医生或是在场的其他人宣告自己的死亡；发觉自己悬浮在一个黑暗的空间，体会到前所未有的安详宁静；灵魂出体，漂浮或是站在体外的某一处，观察自己的躯壳……此时的时间、空间与距离感都消失了，感官能力不可思议地增强，迅速无比地回顾一生、体会到神圣美好的亮光，感受到无比的幸福和巨大的爱……等等。并非所有的濒死体验都会经历上述所有的过程，但是这些濒死经验都有着高度、惊人的"相似性"。穆迪总结说："濒死经验彻底消除了人们对死亡的恐惧。"他强调，现代社会是建立在科学主义的基础上，但是仍有许多现象是科学方法论所不能及的。如果我们忽视这些现象，所认识到的将是一个错误的世界。这些现象显示人类生命可能的真实状态。雷蒙·穆迪的研究，使濒死体验研究进入了崭新的阶段。

濒死体验都包括什么呢？以下是穆迪博士的总结。

奇怪的声音：在感觉到死亡时，有一种嗡嗡或者铃铛一样的声音。

宁静和没有痛苦：很多临死的人都可能是有强烈病痛的，但是当他们离开身体时，那种痛苦就消失了，他们会体验到难以形容的喜悦和宁静。

离体体验：死亡的过程常常包括升起来，漂浮在自己的身体之上，从上面向下看，看到很多医护人员围着自己的身体，同时感觉到很舒服。他们会体验到自己在灵魂体（spiritual body）里面，这个身体就像是一个活的能量场。

隧道体验：接下来的体验就是被吸进一片黑暗之中，以极高的速度通过一个隧道，直到进入一片金色和白色光芒之中。另外，虽然有些人在此过程中会感到惊恐，但是不会有其他不好的感觉。

升进光中：有些人没有经历隧道，而是直接升起来，进入光中，看到地球和其他的星体，就象我们在太空中往下看到的样子。

光的存在（Light Beings）：之后死者常常会遇到一个或几个散发纯然的爱与光、拥有灵性力量的伟大的光之存在。

召唤光与指导灵：在一些情况下，如果死者有恐惧，看见黑暗，那么他只需要召唤耶稣、观音菩萨或者自己的指导灵等来帮助自己，他们就会到来将死者带入光中。

生命回顾：这个光之存在会帮助死者以一种360°视角的全景方式瞬间回顾自己的一生，其中包括他所经历的所有事情。他们会体验自己一生对他人所做过的每一件事，最后会感觉到生命中最重要的事就是无条件的爱。

不愿回来：这个光之存有有时候会告诉死者必须再回到地球。有时死者是被告知他们可以选择。不过他们都会不愿回来。那些选择回来的人往往是因为对亲友的爱或有其他使命尚未完成。

濒死经验中的人，会钜细靡遗地回顾自己行为影响的真相，不论当时他是有心还是无意做出这些事，也无论这些伤害多么轻微，这样的体验充分证明了报应不爽的理论。一位有过濒死体验的人说："画面上有数不清的我认识或见过的人，还有千百个我从未见过却间接被我伤害的人。……很显然的，我所做的错事没有一件可以逃过这种可怕的梦魇。最可怕的事是，我对他人造成的每一个痛苦和折磨，现在都轮到我自己来承受。"他在那个片刻，认知到原来自己一向认为"以牙还牙"的道理，是千错万错的想法："如果你能感受别人的感受，一切都变了，感受到这些，使我对人与人之间的关系有了一个全新的认识。"

最能证明濒死经历的是濒死者"复生"后的改变。这些改变包括：

· 不再惧怕死亡，世界观开始改变。
· 感觉人生美好，他们的狂喜类似热恋的效果，看什么都顺眼。
· 重视精神生活，他们历经狂喜，物质享受变得微不足道。
· 乐于助人，他们物欲少且自认有重大任务要完成，比如传播福音。
· 主观上超能力增强，他们认为自己能看穿他人心意，而且还出现所谓遥视、预感之类的能力。心思变得比较单纯，能去除先入为主的观念。
· 相信有死后世界，相信有神灵存在。
· 不愿意再回来，包括被迫回来者，也包括因放不下世间亲人而自愿回来者，都有不想离开那个美妙的地方的想法。
· 有的感到内疚，因为原来没有想到或关心他人，也就是没有学会爱。

提到死，有必要用一点点笔墨说说生命教育的问题。生命教育也叫生死教育，是指通过教育的方式，围绕生与死这两个主题，使人们正确认识生命，了解从生到死的整个生命过程，解决生死困顿，从而珍惜生命，尊重生命，善待生命，既做到"优生"又做到"优死"，最后达到超越生命的目的。这是一个新兴的学科，它涉及哲学、医学、心理学、教育学、社会学、历史学、民俗学、宗教学等多个学科。

国外多数大学都有死亡学课程，如耶鲁大学、哈佛大学、巴黎大学等。在美国，甚至小学都有了死亡课程。1987年调查结果表明，全美有85%的学校（包括小学中学和大学）开设了死亡教育课程。美国还成立了ADEC，Assosiation for Death Education and Counseling，即"死亡教育及咨询协会"。欧洲国家也一样，陆续开设了死亡学这门课程，甚至有的国家在幼儿园阶段就已经开始了死亡教育，出版了许多专著，生命教育体系已经十分成熟。但是在我国，生命教育才刚刚起步。我国港台地区是最早引进死亡学的地区。1973年台湾引进美国学者有关死亡的著作，开始了死亡教育。1993年旅美学者傅伟勋提出了"生死学"这个概念。死亡学进入我国大陆的初期阶段主要集中在安乐死的讨论上。嗣后，死亡学的研究开始受到关注，一批研究人员进行了有意义的探索，如在大学里以选修课的形式开设了生命教育课程，发表了很多学术论文，也出版了一些学术专著。有的大学成立了专门的研究机构，比如，北京师范大学在全国率先成立了"生命教育研究中心"，2013年，北京还成立了"生前预嘱推广协会"等。尽管我国的部分院校开展了探索性的工作，迈出了最艰难的一步，但与西方发达国家相比，我国的死亡学研究相对落后得多，远没有形成系统的科学教育体系。

国民生命教育严重缺失，亟需补课。流行病学调查结果表明，我国目前死因前四位为心脑血管疾病、肿瘤、肺部疾患和意外，说明由意外造成的死亡已经上升到了不可忽视的程度。如果我们把中青年人群单独拿出来分析的话，意外致死这个因素就更加突出了：它是中青年人群死亡的第一位原因！

意外致死包括车祸、地震、火灾、水灾、海啸、战争、跌落、溺水、自杀和他杀等。其中除了自然灾害和战争外，其他因素所致死亡，或多或少都可经生命教育的努力而减少或者避免。例如，目前我国自杀率为20/10万，高于世界平均水平。他杀就更加令人痛惜，在他杀事件中很多年轻而无辜的生命戛然而止，深深地刺痛大众的神经，如马加爵事件、药家鑫事件、林森浩事件；还有刘海洋伤熊事件、年轻人虐猫事件等等。这些漠视生命、游戏生命、不尊重生命的现象层出不穷，虚度生命、娇纵生命、放任生命的现象比比皆是，均说明我国生命教育的严重缺失，是落后于实际需求的。

另外，我国总人口已经达到14亿左右，其中老年人口比例超过12%，随着人口出生率的不断下滑，我国人口结构过早地变成"橄榄型"结构，正在向"倒金字塔型"结构过渡。这意味着年轻一代人口比例偏低，他们的肩上承担着比以往任何一代都要沉重的担子。除却保家卫国、振兴民族大业等历史使命外，他们还承担着人口数量庞大的老年人的养老问题，也必须频繁直面养老送终事件，这些都给他们带来了前所未有的困顿。据测算，我国人口年死亡率在今后一段时期内将逐步升高，在2020年以后将达到1000-1200万人/年以上。而每一个死亡的人至少会给6位直系亲属带来严重的生死困顿和心理问题，给10人带来间接的困扰。也就是说，每年因直接和间接面对死亡而产生生死困顿的人高达2亿人以上。因此，生命教育是一门亟需补课的课程，期望有识之士能投身到这个领域中来，深入持续地开展生命教育，为整体提升国民素质做出贡献。

生命教育的重要意义在于以下几点：

· 尊重生命，热爱生命。
· 解决生死困顿，解决死亡恐惧和焦虑。
· 安宁而有尊严地离开。

・随时迎接死亡的到来，不至于大限临头而手忙脚乱。
・活得更有目的，更加积极。
・可以给即将濒死的人以帮助。

这个时期的生命体有点类似于西藏生死书中所说的"中阴体"，而中阴阶段是一个非常重要的时期。在这一阶段我们可以"很容易"地获得解脱，因为此时可以直观地感受到佛性的存在。说是"很容易"，其实是很危险，因为我们可以在此阶段直超生死，但也十分容易堕入深渊。差异这么大，与何有关？与平日里的修行功夫密切相关，例如你修念佛法门，到了这一时期，还能不能净念相继？还能不能意不散乱？还能不能心无颠倒？能，立刻生西；不能，随业流转。

为什么中阴界段可以立超三界呢？西藏密宗认为我们的佛性被身体给隐藏起来了，一旦身体被舍弃了，我们的佛性将大放光明。因此，在西藏人们十分重视死亡的时刻，终其一生都在为死亡做着认真的准备。每个人都会死，你不准备，大限来临就会手忙脚乱。怎么准备？佛陀是过来人，听从佛陀的召唤，按佛陀说的去做就是了。

六道轮回真的存在吗？老实告诉你，六道轮回本不存在，它是我们众生的"共同妄想"所创造的，只要众生都觉悟了，不再妄想了，六道轮回也就消失不见了。此理深奥，非几句话就能说明白，留待以后有机会再详细论述吧。

【本节链接】
【本经原文】芴漠无形，变化无常，死与生与，天地并与，神明往与！芒乎何之。忽乎何适，万物毕罗，莫足以归，古之道术有在于是者。庄周闻其风而悦之。以谬悠之说，荒唐之言，无端崖之辞，时恣纵而不傥，不以觭见之也。以天下为沉浊，不可与庄语，以卮言为曼衍，以重言为真，以寓言为广，独与天地精神往来，而不敖倪于万物，不谴是非，以与世俗处。其书虽瑰玮而连犿无伤也。其辞虽参差而诚诡可观。彼其充实，不可以已，上与造物者游，而下与外死生无终始者为友。其于本也，弘大而辟，深闳而肆；其于宗也，可谓稠适而上遂矣。虽然，其应于化而解于物也，其理不竭，其来不蜕，芒乎昧乎，未之尽者。（《天下》）

【大意】空寂广漠无形是道的本体，变化无常是道的运用，死呀生呀，与天地并存，与神明同位！惚惚恍恍向什么地方去，万物与我为一，不知哪里是归宿，古代的道术有属于这方面的。庄周听到这种治学风气就很喜好它。以迂远的说教，以荒唐的言论，以无头绪和无边际的言词，时常恣意发挥而不片面，从不以为标新立异。庄周以为天下是深沉污浊的，不能用庄重的语言交谈，而是以无心的言论委曲随顺，以为人所重视的言论使人信以为真，以寄寓他人他物的言论来广泛阐述道理，唯独与天地精神往来而不轻视万物，不谴责谁是谁非，以此和世俗相处。他的书虽然不平凡，随和无有伤害。书中的言辞虽然参差不齐但却奇异变幻可观可赏。他的书充实而无止境,上与造物者同游,而下与超脱死生无终始分别的人做朋友。书中对道的阐述既弘大而又透僻,深遂而广阔;书中讲到道的主宰作用,可说是相吻合而上达真理了。虽然如此,它在顺应变化和解释事物时,道理是讲不完的,它来不蜕变,恍惚芒昧,没有尽头。

【本节链接】
【本经原文】冉求问于仲尼曰:未有天地可知邪?仲尼曰:"可。古犹今也"。冉求失问而退。明日复见,曰:"昔者吾问:'未有天地可知乎?'夫子曰:'可。古犹今也。'昔日吾昭然,今日吾昧然。敢问何谓也?"仲尼曰:"昔之昭然也,神者先受之;今之昧然也,且又为不神者求邪!无古无今,无始无终。未有子孙而有孙子可乎?"冉求未对。仲尼曰:"已矣,末应矣!不以生生死,不以死死生。死生有待邪?皆有所一体。有先天地生者邪?物物者非物,物出不得先物也,犹其有物也。犹其有物也。无已!圣人之爱人也,终无已者,亦乃取于是者也。"(《知北游》)
【大意】冉求求教于夫子:"天地未生之前的状况可以知道吗?"孔夫子说:"可以的,古时就像今天一样啊。"冉求好像明白了,欲言又止。第二天,冉求又问夫子:"昨天我好像明白了一点,今天又糊涂了,怎么回事呢?"夫子说:"昨天你明白了,是因为你昨天心领神受了,今天你糊涂了,是因为你的心又被外物牵跑了"。接着,孔夫子就给冉求讲了天地万物实为一体的大道理,不可为了生而使死者活,也不可为了死而使活者亡,生死也是一体的啊。

【本节链接】
【列子原文】齐景公游于牛山,北临其国城而流涕曰:"美哉国乎!郁郁芊芊,若何滴滴去此国而死乎?使古无死者,寡人将去斯而之何?"史孔梁丘据皆从而泣曰:"臣赖君之赐,疏食恶肉可得而食,怒马棱车,可得而乘也,且犹不欲死,而况吾君乎?"晏子独笑于旁。公雪涕而顾晏子曰:"寡人今日之游悲,孔与据皆从寡人而泣,子之独笑,何也?"晏子对曰:"使贤者常守之,则太公桓公将常守之矣;使有勇者而常守之,则庄公灵公将常守之矣。数君者将守之,吾君方将被蓑笠而立乎畎亩之中,唯事之恤,行假今死乎?则吾君又安得此位而立焉?以其迭处之,迭去之,至于君也,而独为之流涕,是不仁也。见不仁之君,见诌谀之臣;臣见此二者,臣之所为独窃笑也。"景公惭焉,举觞自罚;罚二臣者,各二觞焉。(《列子·力命》)
【大意】齐景公在牛山游览,看着自己的国土,十分伤感地说:"我的国家多么美好啊,可是我不得不像流水一样死去而停不下来啊,这是为什么呢?世上为什么会有死这回事呢？"他的两个侍臣也跟着哭，只有晏子在一旁发笑。齐景公十分生气地问："我今日心中忧伤，我的臣子理应与我一同悲泣，你不像他们两个那样哭也就罢了，你为什么笑？这是什么道理？说出来免你一死，否则，哼！"

晏子不慌不忙地说："如果一个贤明的国君永远掌管这个国家，那么这个国家就永远是太公或桓公的；如果一个英武的国君永远掌管这个国家，那么这个国家就永远是庄公或灵公的。如果他们永远掌管这个国家，哪能轮到你呢？你为了能永远地掌管这个国家而痛哭流涕，这是你不仁德的表现，两个臣子对你阿谀奉承，却不指出你的过错。所以你和你的臣子都是有缺陷的人，故而我才发笑。"

晏子的话令齐景公十分惭愧。

贪生怕死或乐生恶死是我们常犯的毛病，我们都想长命百岁，其实这是违背了道的自然规律的，生死都是道的体现，我们只要顺其自然就是了。

【本节链接】

【列子原文】魏人有东门吴者，其子死而不忧。其相室曰："公之爱子，天下无有。今子死不忧，何也？"东门吴曰："吾常无子，无子之时不忧。今子死，乃与向无子同，臣奚忧焉？"（《列子·力命》）

【大意】魏国一个叫东门吴的人，他儿子死了，他却毫不悲伤。他的管家十分不解，因为这个人平时里非常爱他的儿子。于是问道："您十分爱惜您的儿子，我都没见过像您这样爱儿子的人，为什么您儿子死了，您却不悲伤呢？"

东门吴答道："我原先没有儿子，那个时候我不悲伤；现在我儿子死了，就如同我从来没过儿子一样，我只不过回到了原来的状态而已，我有什么好悲伤的呢？"

非爱其形

母猪如果死了，猪崽会惊恐地逃离它母亲的肉体，为什么？这个肉身没变，还是它母亲的肉身，猪崽为什么会惊恐呢？什么发生了改变？是猪的"灵魂"离开了，不在了。

猪崽爱的是什么？爱的是活生生的母亲，爱的是猪的"灵魂"，没有了"灵魂"的母亲，只是一堆物质而已，不再是他们的母亲了。

禅宗有很多这样的公案，让我们思考：你死后的眼睛还在呀，你的神经系统、大脑等都在呀，为什么不能看了呢？你的耳朵也一样啊，为什么不能听了呢？是什么东西让我们能看能听呢？是谁在念佛啊？你念一句"阿弥陀佛"，然后问自己"是谁在念"？我们修佛，就是找这个东西啊。

我们照顾过自己的灵魂吗？灵魂容易引起一些人的误解，其实这只是个代词而已，换成佛性、基督也未尝不可。

我们平时所做的好像都是为了这个肉身，我们吃，我们穿，拼命挣钱买房买车，无穷无尽的物质享受欲望驱使着我们，使我们疲于奔命而根本停不下来。直到我们被医生宣布得了不治之症，才开始停下来仔细思考：这样活着究竟是为了什么？王均瑶，不是中国首富，也是中国二富，事业不可谓不大，成就不可谓不突出，然而他在36岁就离开了这个世界。临死前，他感叹自己的一生忽视了太多的东西，例如，没有好好看看自己的内心，没有更多的陪伴一下自己的亲人，没有时间给予亲人们爱，而他所追求的东西却又一点儿也带不走。

这么活是不是颠倒了？该放下的没放下，不该忘记的却偏偏忘记了。

【本节链接】

【列子原文】秦人逄氏有子，少而惠，及壮而有迷罔之疾。闻歌以为哭，视白以为黑，飨香以为朽，尝甘以为苦，行非以为是：意之所之，天地、四方，水火、寒暑，无不倒错者焉。杨氏告其父曰："鲁之君子多术艺，将能已乎？汝奚不访焉？"其父之鲁，过陈，遇老聃，因告其子之证。老聃曰："汝庸知汝子之迷乎？今天下之人皆惑于是非，昏于利害。同疾者多，固莫有觉者。且一身之迷不足倾一家，一家之迷不足倾一乡，一乡之迷不足倾一国，一国之迷不足倾天下。天下尽迷，孰倾之哉？向使天下之人其心尽如汝子，汝则反迷矣。哀乐、声色、臭味、是非，孰能正之？且吾之此言未必非迷，而况鲁之君子迷之邮者，焉能解人之迷哉？荣汝之粮，不若遄归也。"（《列子·周穆王》）

【大意】秦国人逄氏有一个儿子，幼时很聪明，可是长大了反而变傻了，成了精神分裂的人。他看什么都是颠倒的，比如看见白色说是黑的，听人唱歌说是哭的，闻见香味说是臭的，等等。一个邻居说，鲁国有很多读书人，本事大得很，或许可以治好他的病。于是父亲带着儿子上路了，路过陈国时，遇到了老子。老子说："你怎么知道你儿子是精神分裂了呢？天下的人都分不清是非利害，根本就没有什么清醒的人。再说了，一个人迷乱不足以坏全家，一家人迷乱不足以坏乡里，一乡人迷乱不足以坏国家，一国家人迷乱不足以坏天下。现在天下的人都已经迷乱了，已经没有什么可担忧的（指天下）。如果所有的人都如你儿子一般，你就是不正常的。喜怒哀乐，声音气味和是非，谁能正确区分呢？我说的这番话也不见得是精神正常的话啊。鲁国的人都是精神错乱最严重的人，他们怎么能治好别人的毛病呢？白搭粮食，还是回家去吧。"

才全德不形

什么是"才全"？庄子借孔夫子之口举了穷达、富贵、贤与不肖、毁誉、饥渴、寒暑等几个方面，其实还可以加上什么名利、得失、是非等等，甚至可以加上生死，只有这些东西都不能影响你的心的时候，才叫"才全"。如何对待这些东西？要像对待日夜更替那样不动于心才行，你对日夜的更替操过心吗？没有啊，这是自然而然的事啊，什么时候你能把什么名利、富贵乃至生死看成与日夜更替一样自然的事情的时候，你就达到了这些事情"不足以滑和，不入于灵府"的境界了，你的心不动，这就叫才全。

关于才全，林希逸先生说得非常好："不入于灵府者，不动其心也。这就是释氏所言的'无所住而生其心'。《金刚经》云'是故须菩提，诸菩萨摩诃萨应如是生清净心，不应住色生心，不应住声香味触法生心，应无所住而生其心'。""大珠慧海禅师《顿悟入道要门论》释曰：'不住一切处者，不住善恶有无内外中间，不住空，亦不住不空，不住定，亦不住不定，即是不住一切处。只个不住一切处，即是住处也。得如是者，即名无住心也。无住心者即是佛心。'"

什么都能影响你，你的心如一团乱麻，佛性怎能显现？

那么，什么是德不形呢？包含两层意思：其一是内无德而重外形。只要你返观内视，自己的内心就是整个宇宙，你就是完整的。如果你不能专注于内心，内里有缺，你就会在意自己的外形是否完整，也会在意别人的外形是否完整。一个开悟的人，他内德充盈，福德功德圆满，他的意识是不动的、湛然常寂的，他哪里还会在意外表呢？

其二就是德不外露。德是什么样子的？你看得到吗？看不到嘛！但偏偏有人却要你看到，他道貌岸然、夸夸其谈，其实这样的人恰恰是德亏之人。君不见太多的贪官在台上道貌岸然，在台下男盗女娼？君不见大贪作报告、小贪吓一跳？这样的人叫作德形之人，他放不下德的样子、德的外表，其实这样做根本就没有什么德了。这就是老子所说的："下德不失德，是以无德。"

真正德不形的人，就像静止的水一样，内含其德，但外表平静安详，庄子把这叫作"内保之而外不荡"，他是内敛的，这才是真正的有德者。

什么都不入于心，像止水一样，是不是就变成了木头石块？不是的，真正得道之人，他不是死的，不入顽空，他是活泼泼的，他的佛性是起用的，他一样要待人接物，一样要处理日常事务，区别是他的心不动，不随着外部境界跑。古人说"愚者除事不除心，智者除心不除事"说的就是这个意思。你的心不动，何妨万物相围绕？你的心不静，无物围绕也会胡思乱想的。昔者，灵峰藕益大师住在灵峰山中，偶病，答客问如下，可视为智者调心的最佳诠释：

灵峰有五美四恶。何谓五美？一者泉甘且多；二者黜陟不闻；三者暑不酷；四者寒烧柴火；五者蛊少。何谓四恶？一者病时医药难；二者贫时借贷难；三者大风能飘瓦；四者地瘠多砂，所生谷菜味皆劣。客曰："敢问四恶亦可屏乎？"山曰："可。"客曰："请闻厥方。"山曰："节口腹，慎寒暑，则少病。斯屏医药矣；少欲知足，则不贫。斯屏借贷矣；紧覆茅，泥治壁，糊窗闭户。斯屏风矣；依佛教戒，于美恶食勿妄分别，趣疗形枯。斯屏劣味矣。"客拜曰："善哉受教。请毕世依君住。"（《灵峰宗论·山客问答病起偶书》）

才全德不形，其实与禅宗的"外离相，内不乱"是一个意思，才全即内不乱，德不形即外离相。你看，老庄与禅宗是不是一个鼻孔出气？

轻用其身

庄子在内七篇中一共四次提到"轻用吾身"的问题，分别是在《人间世》和《德充符》当中，说明庄子十分重视这个问题。第一次和第二次是在《人间世》中，庄子写道："轻用其国"和"轻用民死"；第三次和第四次是在《德充符》中："吾唯不知务而轻用吾身，吾是以亡足"和"轻用吾身而亡其国"。

轻用即轻率、草率之意，也有糟蹋、折腾、不珍惜等含义。我们对待身体好走两种极端：一是过分看重自己的身体，过分小心翼翼，拿不起，放不下，过于敏感，过于紧张，生怕身体受到伤害，这样的态度反而导致身心的戕害；另一是过分忽视自己的身体，胡乱糟蹋，不爱惜，不珍视，故意折磨自己的肉身。这两种态度都是错误的。

为什么不可以"轻用其身？"原因就是一个：这个身体是修道的物质基础，你没有任何理由胡乱折腾自己！不爱惜自身，就等于杀佛！其果报极其严重。

爱惜自己的肉身，目的就是要借此生来修佛，如果你把自己搞得连身体都没了，还谈什么修佛啊？！

看来不爱惜自身的现象在古代就有，所以庄子才提出这个问题。记得古时有两个勇士，其实应该叫"莽士"，他们轻用其身已经到了令人不可理解的程度：为了显示自己的勇敢，两个人相对而坐，自己用刀割自己的肉，不但要面不改色、神色自若，还要拿起自己的肉蘸着调料和酒吃下去！谁先停止就算输了。结果两个人你一刀我一刀，割得自己血流成河，最后死去。这算什么勇敢？

再有就是所谓的苦行的修行方式，信奉这一理论的人认为肉身是有罪的，必须通过苦行来消除业障，嗣业障消尽，自己才有可能开悟得道。基于这种信念，他们想着各种方法折磨自己，比如有的人肋不沾席，有的人永远单脚站立，有的人举起一只胳膊永不放下，有的人坐在火上烤自己，有的人睡在荆棘上、牛粪上等等，五花八门，不一而足，有些苦行的方式你想都想不到。

苦行在古代的修行人当中曾经十分流行，尤在古印度，即使到了现在仍然有人数众多的人在终身奉行苦行的修行方式。当年佛陀也曾苦行过六年，最后发现这不是能够觉悟的修行，是错误的。所以佛陀放弃了苦行的修行方式，最终觉悟成佛。

佛陀有一个弟子，原来在家时是一个乐师，跟随佛陀出家后，知道自己耽误了太多宝贵的时间和生命，害怕自己来不及见性就死掉了，于是他非常精进，精进到了不吃不睡的地步，把所有的时间和精力都花在修行上了。可是结果却适得其反：他把自己搞得骨瘦如材，精神恍惚，以至于根本就不能修行了。佛陀见了，很慈悲地开示他说："你以前是个乐师，你说琴弦太松或太紧能弹奏出美妙的音乐吗？"这个人恍然大悟，立刻证得了阿那含果。

社会发展到了今天，"轻用其身"的问题不但没有减轻，反而变得更多、更严重了。君不见天天混迹于灯红酒绿的人吗？君不见整天胡吃海喝把自己弄成大腹便便的人吗？君不见宁愿花下死做鬼也风流的色鬼吗？君不见倚门卖笑不知廉耻的花瓶吗？君不见吸毒的瘾君子吗？君不见为了"出名"连衣服都可以不穿的人吗？更让人哭笑不得的是现在竟然还出现了什么"几斤哥，几斤姐"的比赛！你不是能喝酒吗？我敢喝农药、吃屎、吃刀片！这个社会越来越让人看不懂了，这都是轻用其身的现象呀。

即使是用世间法的观点来看，轻用其身的危害也极其巨大。为什么？连自己都不爱惜，你还指望他能爱别人吗？轻用其身的人如果是个领导人，这个危害就更大了，他就会"轻用民死"，最后导致"轻用其国"，不搞个国破家亡才怪呢！所以才说："贵以身于为天下，则可以托天下；爱以身为天下，则可以寄天下。"（《在宥》）

诚　忘

人们应该忘记的是什么？不应该忘记的是什么？我们应该忘记的恰恰是现在我们天天都在追求的，什么名利，什么珠宝，什么绫罗绸缎，什么香车宝马，什么美女俊男，等等，这些都是我们应该忘记的，但恰恰是所忘不了的、放不下的。

我们的本性应该是我们所不能遗忘的，但恰恰是我们所遗忘了的。

我们就是生活在这样一个本末倒置的状态下，所以佛说这是"颠倒梦想"。

生活当中有什么是我们能带走的？仔细想一下，根本没有啊。有一副对联说得好：

握拳而来，撒手而去，一场空也；

即死之后，未生之前，两相同乎？

去医院妇产科看看新生儿，刚刚出生的小孩子都是紧紧攥着拳头出生的，不肯放手，代表着我们生来就想紧紧抓住什么东西不放；你再到医院的太平间去看看，死去的人没有一个手不是张开的，手里什么也没有，代表着我们直到死时才明白，没有什么是能带走的。

可是活着的人却看不开、放不下，为了名利欲望等绞尽脑汁，使出全身解数，甚至不惜落井下石、设计陷害他人，更有甚者为了一己之私可以以暴力清除路上的障碍。这样的人，虽未死去，却早已身在地狱中了。

如何修道？就是要把颠倒了的生活再颠倒过来，把已经遗忘的再找回来，把现在没有忘掉的东西统统"忘掉"。你做到了这点，离大道也就不远了。

【本节链接】

【列子原文】宋阳里华子中年病忘，朝取而夕忘，夕与而朝忘；在途则忘行，在室而忘坐；今不识先，后不识今。阖室毒之。谒史而卜之，弗占；谒巫而祷之，弗禁；谒医而攻之，弗已。鲁有儒生自媒能治之，华子之妻子以居产之半请其方。儒生曰："此固非封兆之所占，非祈请之所祷，非药石之所攻。吾试化其心，变其虑，庶几其瘳乎！"

于是试露之，而求衣；饥之，而求食；幽之，而求明。儒生欣然告其子曰："疾可已也。然吾之方密，传世不以告人。试屏左右，独与居室七日。"从之。莫知其所施为也，而积年之疾一朝都除。

华子既悟，乃大怒，黜妻罚子，操戈逐儒生。宋人执而问其以。华子曰："曩吾忘也，荡荡然不觉天地之有无。今顿识既往，数十年来存亡、得失、哀乐、好恶，扰扰万绪起矣。吾恐将来之存亡、得失、哀乐、好恶之乱吾心如此也，须臾之忘；可复得乎？"

子贡闻而怪之，以告孔子。孔子曰："此非汝所及乎！"顾谓颜回纪之。（《列子·周穆王》）

【大意】华子到了中年得了一种怪病，就是健忘。找了医生看不好，找人跳大神也不好。鲁国有个儒生毛遂自荐，说自己能治好这个病。华子老婆很爱丈夫，居然拿出一半家产给这个儒生要其治好自己的丈夫。儒生说：这个病不是祷告和药石所能治好的，要治其心、改变他的思维方式才可能奏效。

于是儒生扒光华子的衣服，华子果然要穿衣；不给他饭吃，他果然要吃的；关在黑屋子里，他果然要见太阳。儒生高兴地说，华子的病可以治好，但我的方法是不传之秘，别人都离场，让我单独和他住七天。谁也不知道儒生用的是什么方法，反正七天后，华子正常了。

正常了的华子却又做出了不正常的举动：打骂妻子和儿子，操起棍棒把儒生赶跑了。宋人问华子，这是怎么回事啊？华子说："以前我什么都不记得，连天地有没有我也不知道。今天我好了，可不得了了，喜怒哀乐、得失、毁誉、好坏等等事情把我的心搞得好乱。我现在想享受一个短短的时刻忘记这些烦恼都不可能了。"

子贡听到这件事感到很奇怪，就告诉了自己的老师。孔子说："这不是你所能明白的事。"回过头对颜回说，把这件事记下来。

【本节链接】

【本经原文】夫子问于老聃曰:"有人治道若相放,可不可,然不然。辩者有言曰:离坚白,若悬寓。若是则可谓圣人乎?"老聃曰:"是胥易技系劳形怵心者也。执留之狗成思,猿狙之便,自山林来。丘,予告若而所不能闻与而所不能言。凡有首有趾、无心无耳者众,有形者与无形无状而皆存者尽无。其动,止也;其死,生也;其废,起也。此又非其所以也。有治在人,忘乎物,忘乎天,其名为忘己,忘己之人,是之谓入于天。"(《天地》)

【大意】孔子向老聃请教:"有人研修和体验大道却好像跟大道相悖,把不认可的看作认可,把错误的认为是正确的。善于辩论的人说:'离析石的质坚和色白就好像高悬于天宇那样清楚醒目。'像这样的人可以称作圣人吗?"

没想到老子给了孔夫子当头一棒:"这只不过是小聪明罢了,免不了为技艺所拘系、劳苦身躯担惊受怕!"老子接着说:我告诉你听不见而又说不出的大道吧,四肢健全却不知道大道的人很多,与道并存的人却几乎没有。真正的得道之人就是忘己之人,真正的忘记之人就是与大道融为一体的人。

这一棒打是在孔夫子头上吗?你的头痛不痛?

【本节链接】

【原文】工倕旋而盖规矩,指与物化而不以心稽,故其灵台一而不桎。忘足,履之适也;忘腰,带之适也;知忘是非,心之适也;不内变,不外从,事会之适也;始乎适而未尝不适者,忘适之适也。(《达生》)

【大意】工倕随手画来就胜过用圆规与矩尺画出的,手指跟随事物一道变化而不须用心留意,所以他心灵深处专一凝聚而不曾受过拘束。忘掉了脚,便是鞋子的舒适;忘掉了腰,便是带子的舒适;知道忘掉是非,便是内心的安适;内不乱,外无物欲,便是遇事的安适。本性常适而从未有过不适,也就是忘掉了安适的安适。

本节很短,但确实是极高明的禅法。"知忘是非,心之适也",这是已见道;"不内变,不外从",这是极高明的禅定功夫;"忘适之适也",这是"百尺竿头更进步,十方世界现全身"。

不以好恶内伤其身

这句话是修道之诀窍,如何悟道成佛,精要尽在本句矣。

内心无好无恶,这就是本来天真佛。

无恶好理解,有善也不行吗?是的。内心如果充满了善,你是一个世间的大好人、大善人,也会有极大的福报,这毫无疑问。但对于修道来说,这就是不究竟,这就是不解脱。以老子和庄子的眼光来看，你为什么善？那是因为你看到了恶，这说明你还有分别心，你就会被善蒙蔽住本性，你不会开悟。真正的佛的境界是涅槃寂静，那里既无善，也无恶，这才是实相，才是你的本来面目。

我们的心太不老实了，从来不安分守己，自从有了"我"的概念以后，我们的心就一直是躁动不安的。如前文所举的"丢斧子"的例子，本来无事，你却能创造出许多想法来，推而广之，我们任何时候不都是如此吗？这真是"庸人自扰之"啊。

几乎生活中所有的东西都在消耗着我们的精气神，无论高雅的嗜好还是低俗的毛病，都使我们的精气神耗散，只不过低俗的毛病消耗精气神更快一些罢了。低俗的如黄赌毒，吸烟喝酒大吃大喝，脾气暴躁，性格怪癖等等，都会快速地消耗我们的生命，这样的例子比比皆是，不用例举也能明白。但高雅的嗜好怎么也能消耗精气神呢？无论是多么高雅的嗜好，你都得投入，你不钻进去怎么叫嗜好？所以你一定会废寝忘食地钻研、修习，怎么能不消耗精气神？有句话叫作"有好咸能累此身"就含有这个意思。所以《淮南鸿烈·原道训》告诉我们要静下来：

> 夫精神气志者，静而日充以壮，躁而日耗以老。

一个人生下来，只要不是早产儿或剖腹产的，那么每个人的精气神都是饱满的，都是百分之百的。但是，随着人生之路的展开，人和人的差异就越来越明显了：有的人身体健壮，有的人弱不禁风；有的人长寿，有的人夭折；有的人总是生病，有的人很少生病等等。既然我们出生时都是一样的精气神，在生长过程中，为什么会出现这样大的差别呢？

区别在于，在人生的过程中，精气神的消耗速度是不一样的，精、气、神几个部分消耗的比例也不一样。尽管我们出发时是站在同一起跑线上，犹如在银行里的存款都一样多，但随着岁月的逝去，花的速度不一样，余款也就千差万别了，所以生活中的差别就显现出来了。《淮南鸿烈·精神训》说：

> 是故五色乱目，使目不明；五声哗耳，使耳不聪；五味乱口，使口爽伤；趣舍滑心，使性飞扬。此四者，天下之所养性也，然皆人累也。故曰：嗜欲者使人之气越，而好憎者使人之心劳，弗疾去则志气日耗。

所以一定要过得简单一些为好，欲望要减少再减少，需求要尽量简单，衣食温饱解决了就可以了。如不知止，你就掉进了无底的深渊，永无出头之日了。佛说：

> 一切诸众生，不得大解脱，皆由贪欲故，堕落于生死。
>
> 若能断憎爱，及与贪嗔痴，不因差别性，皆得成佛道。（《圆觉经·卷上》）

老子则说：

> 罪莫厚乎甚欲；咎莫险乎欲得；祸莫大乎不知足。知足之为足，此恒足矣。

（《道德经·第四十三章》）

寡欲即简单，知足即养德，这样我们才不至于损耗自身。

所以，如果见到一个百岁老人，你一定要从心里尊重他。为什么？因为他之所以能够如此高寿，必有其原因。这个原因除却遗传因素以外，他本身的德的修养是不可或缺的重要因素。这就是俗话说的"德高者寿"的意思，因此你要尊重这样的人瑞，给自己增加一些福报。

中医也十分强调内养的重要性。中医认为，得病的原因可以分为六淫致病、七情致病等，其中喜怒哀思悲恐惊等情绪变化都会导致我们身体生病。如果我们把自己的欲望减少，七情便寂然不动，也就不会生病了。即便是外部因素导致的疾病，也要通过内部的因素起作用。所以，中医认为知足、平衡、合于四时、法于阴阳等是保障健康的关键。

身体是修道的载体，没有了人身，我们就不可能悟道，所以人身是最可宝贵的。天道的众生因为其只有享乐，没有苦恼，他们耽着快乐，根本发不起出离之心；地狱众生因为被众苦逼迫，虽然知道痛苦，但根本无暇发心；畜生界众生因为愚痴，根本想不到发心出离。只有人身，苦乐参半，有机会听闻佛法，才可能发起出离之心。一旦发起出离之心，就要有一个健康的肉身保证你的修行，这就是我们照顾此一肉身的唯一原因和理由。但照顾此身切不可过，过则会陷入享乐的深渊不能自拔。

读到这里，你可能会说，这个很简单啊，不就是要一个健康的身体吗？其实，能有此福报还真的不是那么容易达成的事情。为了修行这个目的，从肉身方面来说，我们至少需要以下三个方面的保障：第一是不能有严重的智力缺陷，不可以是先天智障；第二是必须诸根完具，也就是说不能缺胳膊少腿，不能是盲聋暗哑；第三没有慢性病。这个容易吗？非常不容易，非得具极大福报的人才行！

【本节链接】
【本经原文】不累于俗，不饰于物，不苟于人，不忮于众，愿天下之安宁以活民命，人我之养，毕足而止，以此白心。古之道术有在于是者，宋钘、尹文闻其风而悦之。作为华山之冠以自表，接万物以别宥为始；语心之容，命之曰"心之行"，以聏合欢，以调海内，请欲置之以为主。见侮不辱，救民之斗，禁攻寝兵，救世之战。以此周行天下，上说下教，虽天下不取，强聒而不舍者也，故曰上下见厌而强见也。虽然，其为人太多，其自为太少，曰："请欲固置五升之饭足矣。"先生恐不得饱，弟子虽饥，不忘天下，日夜不休，曰："我必得活哉！"图傲乎救世之士哉！曰："君子不为苛察，不以身假物。"以为无益于天下者，明之不如已也。以禁攻寝兵为外，以情欲寡浅为内。其小大精粗，其行适至是而止。

公而不党，易而无私，决然无主，趣物而不两，不顾于虑，不谋于知，于物无择,与之俱往。古之道术有在于是者,彭蒙、田骈、慎到闻其风而悦之。齐万物以为首,曰:"天能覆之而不能载之,地能载之而不能覆之,大道能包之而不能辩之。"知万物皆有所可,有所不可,故曰:"选则不遍,教则不至,道则无遗者矣。"是故慎到弃知去己,而缘不得已。泠汰于物,以为道理。曰:知不知,将薄知,而后邻伤之者也。謑髁无任,而笑天下之尚贤也;纵脱无行,而非天下之大圣;椎拍輐断,与物宛转;舍是与非,苟可以免,不师知虑,不知前后,魏然而已矣。推而后行,曳而后往。若飘风之还,若羽之旋,若磨石之隧,全而无非,动静无过,未尝有罪。是何故?夫无知之物,无建己之患,无用知之累,动静不离于理,是以终身无誉。故曰:"至于若无知之物而已,无用贤圣。夫块不失道。"豪桀相与笑之曰:"慎到之道,非生人之行,而至死人之理,适得怪焉。"田骈亦然,学于彭蒙,得不教焉。彭蒙之师曰:"古之道人,至于莫之是,莫之非而已矣。其风窢然,恶可而言?"常反人,不见观,而不免于魭断。其所谓道非道,而所言之韪不免于非。彭蒙、田骈、慎到不知道。虽然,概乎皆尝有闻者也。(《天下》)

【大意】不受世俗所牵累,不以外物来掩饰,不苟从别人。不违逆众志,希望天下安稳宁静以保全人民的性命,别人和自己的奉养都知足就够了,以这种观点纯洁内心,古时的道术,有属于这方面的。宋钘、尹文听到这种治学风气就喜欢它。制作像华山上下均平那样的帽子来表明平等,应接万物,以除去成见为开端;称道内心的包容,称作内心的行为,以柔和态度迎合别人的欢心,用来调和海内,请求以此作为建立学说的指导思想。受欺侮不以为耻辱,以解救人民的争斗;禁绝互相攻伐,停止战事用兵,平息社会战乱。以此周游天下,上劝君主下劝臣民,虽然天下的人不采取,还要说个不停而不舍弃其主张。所以说上下都显现厌烦却强求相见。虽然这样,他们为别人做得太多,为自己想得太少。说:"如取俸禄,五升足矣。"宋尹先生恐怕也吃不饱,弟子们处在饥饿中,也不忘天下人。他们日日夜夜不知道休止。他们说:"我们得救世人呀!"多么高大的救世的人啊!他们还说:"君子不用过分苛察,不使自身受外物的役使。"认为对天下没有益处的,阐明它还不如停止不做。他们把禁止攻伐、停止战争作为对外的活动,以减少情欲作为内心的修养。他们学说有的小大精粗,及其所述所行也就如此罢了。

公正而不偏党,平易而无私欲,随和而无主见,随物而趋不有二意,不虑过去,不谋未来,对事物无选择,参与事物的变化,古代道术有属于这方面的。彭蒙、田骈、慎到听到这种治学风气而喜好它。齐同万物以为首要,说:"天能覆盖万物而不能承载万物,地能承载万物而不能覆盖万物,大道能包容万物而不能分辨万物。他们认识到万物都有可以肯定的,也有可以否定的,所以说选择就不能周全,教化就不能备至,按照道就不会有遗漏了。"所以慎到主张抛弃知识和主观成见,却因顺于不得已,任其自然，作为他的道理，说知识就是无知，要鄙薄知识然后把它毁掉。随随便便无能为力而讥笑天下的尚贤，放任解脱不修德行而非难天下的大圣；椎朴顺遂无棱无角，顺从事物婉曲相应变化；舍弃是与非，且可免于拖累。不用智巧谋虑，不知什么是前后，巍然独立不动就是了。推动而后前进，拖曳而后前往，像飘风的往还，像羽毛的旋转，象磨石的转动，自全而无非难，动静而无过失，未曾有什么罪责。这是什么原因呢？没有智慧的东西，也就没有树立自己之敌的忧患，没有使用智慧的拖累，运动和静止是离不开规律的，因此要终身去掉名誉。所以说达到像没有智虑的东西罢了，用不着圣贤，连土块都有自己的规律。"豪杰们都讥笑他说："慎到的学说，不但不能活人，反能致人呆傻，应该遭到责怪。"田骈也是这样，求学于彭蒙，学得不言之教。彭蒙说："古代得道的人，达到无所谓是非罢了。好象风迅速刮过一样，哪还用得着说什么呢？"经常违反人的意愿，不为人欣赏，仍然不免于无棱无角。他们所宣扬的道并非是道，而所肯定的东西也不免于错误。彭蒙、田骈、慎到不知道的实质是道。虽然如此，他们还是知道一些道的概要的。

本节所列宋钘、尹文、彭蒙、田骈、慎到等人，尽管心有所悟，但仍然差那么一点点，仍未臻化境，即未至善也。

【本节链接】
【本经原文】见《人间世》之"虚室生白，吉祥止止"一节"备物以将形……心则使之也。(《庚桑楚》)

【本节链接】
【本经原文】彻志之勃，解心之谬，去德之累，达道之塞。贵富显严名利六者，勃志也；容动色理气意六者，谬心也；恶欲喜怒哀乐六者，累德也；去就取与知能六者，塞道也。此四六者不荡胸中则正，正则静，静则明，明则虚，虚则无为而无不为也(《庚桑楚》)。

【大意】我们修道就是要去除意志的干扰，解除心灵的束缚，不受道德的牵累，打通大道的阻碍。都有什么阻碍我们悟道呢？庄子太有生活了，他一口气列出了以下各项：

高贵、富有、尊显、威严、声名、利禄是扰乱意志的因素；
容貌、举止、美色、辞理、气调、情意是束缚心灵的因素；
憎恶、欲念、欣喜、愤怒、悲哀、欢乐是牵累道德的因素；
离去、靠拢、贪取、施与、智虑、技能是堵塞大道的因素。
把这些去除，内心就会正，内心正就会静，静就会明，明就会虚，虚就能恬适顺应无所作为而又无所不为。

其实这几类阻碍我们悟道的因素并非是严格划分的,其间没有明显的界限,庄子的目的只是告诉我们哪些是错误的,以及如何做才是正确的而已。

【本节链接】

【本经原文】知士无思虑之变则不乐;辩士无谈说之序则不乐;察士无凌谇之事则不乐;皆囿于物者也。

招世之士兴朝;中民之士荣官;筋力之士矜难;勇敢之士奋患;兵革之士乐战;枯槁之士宿名;法律之士广治;礼教之士敬容;仁义之士贵际。农夫无草莱之事则不比;商贾无市井之事则不比;庶人有旦暮之业则劝;百工有器械之巧则壮。钱财不积则贪者忧,权势不尤则夸者悲,势物之徒乐变。遭时有所用,不能无为也,此皆顺比于岁,不物于易者也。驰其形性,潜之万物,终身不反,悲夫!(《徐无鬼》)

【大意】知士、辩士和察士,都免不了被物所困。

下面庄子一连说了一大堆人,什么建功立业的人啊,乐于当官的人啊,身强体健的人啊,英勇善战的人啊,乃至农民、商人等等,无不被物所牵引,从而使其身体与精神过分奔波驰骛。而且这些人沉溺于物欲之中,一辈子也不曾醒悟,实在是可悲至极啊!

大宗师第六

原　文

　　知天之所为，知人之所为者，至矣。知天之所为者，天而生也；知人之所为者，以其知之所知以养其知之所不知，终其天年而不中道夭者，是知之盛也。虽然，有患。夫知有所待而后当，其所待者特未定也。庸讵知吾所谓天之非人乎？所谓人之非天乎？

　　且有真人而后有真知。何谓真人？古之真人不逆寡，不雄成，不谟士。若然者，过而弗悔，当而不自得也。若然者，登高不慄，入水不濡，入火不热。是知之能登假于道者也若此。古之真人，其寝不梦，其觉无忧，其食不甘，其息深深。真人之息以踵，众人之息以喉。屈服者，其嗌言若哇。其耆欲深者，其天机浅。古之真人，不知说生，不知恶死；其出不䜣，其入不距；翛然而往，翛然而来而已矣。不忘其所始，不求其所终；受而喜之，忘而复之，是之谓不以心捐道，不以人助天。是之谓真人。若然者，其心志，其容寂，其颡頯；凄然似秋，煖然似春，喜怒通四时，与物有宜而莫知其极。

　　故圣人之用兵也，亡国而不失人心；利泽施乎万世，不为爱人。故乐通物，非圣人也；有亲，非仁也；天时，非贤也；利害不通，非君子也；行名失己，非士也；亡身不真，非役人也。若狐不偕、务光、伯夷、叔齐、箕子、胥余、纪他、申徒狄，是役人之役，适人之适，而不自适其适者也。

　　古之真人，其状義而不朋，若不足而不承；与乎其觚而不坚也，张乎其虚而不华也；邴邴乎其似喜乎，崔乎其不得已乎！滀乎进我色也，与乎止我德也；厉乎其似世乎！謷乎其未可制也；连乎其似好闭也，悗乎忘其言也。以刑为体，以礼为翼，以知为时，以德为循。以刑为体者，绰乎其杀也；以礼为翼者，所以行于世也；以知为时者，不得已于事也；以德为循者，言其与有足者至于丘也，而人真以为勤行者也。

　　故其好之也一，其弗好之也一。其一也一，其不一也一。其一与天为徒，其不一与人为徒。天与人不相胜也，是之谓真人。

　　死生，命也，其有夜旦之常，天也。人之有所不得与，皆物之情也。彼特以天为父，而身犹爱之，而况其卓乎！人特以有君为愈乎己，而身犹死之，而况其真乎！

　　泉涸，鱼相与处于陆，相呴以湿，相濡以沫，不如相忘于江湖。与其誉尧而非桀也，不如两忘而化其道。夫大块载我以形，劳我以生，佚我以老，息我以死。故善吾生者，乃所以善死也。

夫藏舟于壑，藏山于泽，谓之固矣。然而夜半有力者负之而走，昧者不知也。藏小大有宜，犹有所遁。若夫藏天下于天下而不得所遁，是恒物之大情也。特犯人之形而犹喜之，若人之形者，万化而未始有极也，其为乐可胜计邪？故圣人将游于物之所不得遁而皆存。善妖善老，善始善终，人犹效之，又况万物之所系而一化之所待乎！

夫道，有情有信，无为无形；可传而不可受，可得而不可见；自本自根，未有天地，自古以固存；神鬼神帝，生天生地；在太极之先而不为高，在六极之下而不为深，先天地生而不为久，长于上古而不为老。狶韦氏得之，以挈天地；伏戏氏得之，以袭气母；维斗得之，终古不忒；日月得之，终古不息；堪坏得之，以袭昆仑；冯夷得之，以游大川；肩吾得之，以处大山；黄帝得之，以登云天；颛顼得之，以处玄宫；禺强得之，立乎北极；西王母得之，坐乎少广。莫知其始，莫知其终。彭祖得之，上及有虞，下及五伯；傅说得之，以相武丁，奄有天下，乘东维，骑箕尾，而比于列星。

南伯子葵问乎女偊曰：子之年长矣，而色若孺子，何也？曰：吾闻道矣。南伯子葵曰：道可得学邪？曰：恶！恶可！子非其人也。夫卜梁倚有圣人之才而无圣人之道，我有圣人之道而无圣人之才，吾欲以教之，庶几其果为圣人乎！不然，以圣人之道告圣人之才，亦易矣。吾犹守而告之，参日而后能外天下；已外天下矣，吾又守之，七日而后能外物；已外物矣，吾又守之，九日而后能外生；已外生矣，而后能朝彻；朝彻，而后能见独；见独，而后能无古今；无古今，而后能入于不死不生。杀生者不死，生生者不生。其为物，无不将也，无不迎也；无不毁也，无不成也。其名为撄宁。撄宁也者，撄而后成者也。

南伯子葵曰：子独恶乎闻之？曰：闻诸副墨之子，副墨之子闻诸洛诵之孙，洛诵之孙闻之瞻明，瞻明闻之聂许，聂许闻之需役，需役闻之於讴，於讴闻之玄冥，玄冥闻之参寥，参寥闻之疑始。

子祀、子舆、子犁、子来四人相与语曰：孰能以无为首，以生为脊，以死为尻，孰知死生存亡之一体者，吾与之友矣。四人相视而笑，莫逆于心，遂相与为友。

俄而子舆有病，子祀往问之。曰：伟哉夫造物者，将以予为此拘拘也！曲偻发背，上有五管，颐隐于齐，肩高于顶，句赘指天。阴阳之气有沴，其心闲而无事，跰𰢄而鑑于井，曰：嗟乎！夫造物者又将以予为此拘拘也！

子祀曰：女恶之乎？曰：亡，予何恶！浸假而化予之左臂以为鸡，予因以求时夜；浸假而化予之右臂以为弹，予因以求鸮炙。浸假而化予之尻以为轮，以神为马，予因以乘之，岂更驾哉！且夫得者，时也，失者，顺也；安时而处顺，哀乐不能入也。此古之所谓县解也，而不能自解者，物有结之。且夫物不胜天久矣，吾又何恶焉？

俄而子来有病，喘喘然将死，其妻子环而泣之。子犁往问之，曰：叱！避！无怛化！倚其户与之语曰：伟哉造化！又将奚以汝为，将奚以汝适？以汝为鼠肝乎？以汝为虫臂乎？

子来曰：父母于子，东西南北，唯命之从。阴阳于人，不翅于父母；彼近吾死而我不听，我则悍矣，彼何罪焉！夫大块载我以形，劳我以生，佚我以老，息我以死。故善吾生者，乃所以善吾死也。今之大冶铸金，金踊跃曰我且必为镆铘，大冶必以为不祥之金。今一犯人之形，而曰人耳人耳，夫造化者必以为不祥之人。今一以天地为大炉，以造化为大冶，恶乎往而不可哉！成然寐，蘧然觉。

子桑户、孟子反、子琴张三人相与友，曰：孰能相与于无相与，相为于无相为？孰能登天游雾，挠挑无极，相忘以生，无所终穷？三人相视而笑，莫逆于心，遂相与为友。

莫然有间而子桑户死，未葬。孔子闻之，使子贡往侍事焉。或编曲，或鼓琴，相和而歌曰：嗟来桑户乎！嗟来桑户乎！而已反其真，而我犹为人猗！子贡趋而进曰：敢问临尸而歌，礼乎？二人相视而笑曰：是恶知礼意！

子贡反，以告孔子，曰："彼何人者邪？修行无有，而外其形骸，临尸而歌；颜色不变，无以命之。彼何人者邪？"

孔子曰：彼，游方之外者也；而丘，游方之内者也。外内不相及，而丘使女往吊之，丘则陋矣。彼方且与造物者为人，而游乎天地之一气。彼以生为附赘县疣，以死为决疯溃痈，夫若然者，又恶知死生先后之所在！假于异物，托于同体；忘其肝胆，遗其耳目；反覆终始，不知端倪；芒然彷徨乎尘垢之外，逍遥乎无为之业。彼又恶能愦愦然为世俗之礼，以观众人之耳目哉！

子贡曰：然则夫子何方之依？孔子曰：丘，天之戮民也。虽然，吾与汝共之。子贡曰：敢问其方。孔子曰：鱼相造乎水，人相造乎道。相造乎水者，穿池而养给；相造乎道者，无事而生定。故曰，鱼相忘乎江湖，人相忘乎道术。子贡曰：敢问畸人。曰：畸人者，畸于人而侔于天，故曰，天之小人，人之君子；人之君子，天之小人也。

颜回问仲尼曰：孟孙才，其母死，哭泣无涕，中心不戚，居丧不哀。无是三者，以善处丧盖鲁国。固有无其实而得其名者乎？回壹怪之。

仲尼曰：夫孟孙氏尽之矣，进于知矣。唯简之而不得，夫已有所简矣。孟孙氏不知所以生，不知所以死；不知就先，不知就后；若化为物，以待其所不知之化已乎！且方将化，恶知不化哉？方将不化，恶知已化哉？吾特与汝，其梦未始觉者邪！且彼有骇形而无损心，有旦宅而无情死。孟孙氏特觉，人哭亦哭，是自其所以乃。且也相与吾之耳矣，庸讵知吾所谓吾之乎？且汝梦为鸟而厉乎天，梦为鱼而没于渊。不识今之言者，其觉者乎，其梦者乎？造适不及笑，献笑不及排，安排而去化，乃入于寥天一。

意而子见许由。许由曰：尧何以资汝？意而子曰：尧谓我：汝必躬服仁义而明言是非。许由曰：而奚来为轵？夫尧既已黥汝以仁义，而劓汝以是非矣，汝将何以游夫遥荡恣睢转徙之途乎？意而子曰：虽然，吾愿游于其藩。

许由曰：不然。夫盲者无以与乎眉目颜色之好，瞽者无以与乎青黄黼黻之观。意而子曰：夫无庄之失其美，据梁之失其力，黄帝之亡其知，皆在炉捶之间耳。庸讵知夫造物者之不息我黥而补我劓,使我乘成以随先生邪?

许由曰:噫!未可知也。我为汝言其大略。吾师乎!吾师乎!鳖万物而不为义,泽及万世而不为仁,长于上古而不为老,覆载天地刻雕众形而不为巧,此所游已。

颜回曰:回益矣。仲尼曰:何谓也?曰:回忘仁义矣。曰:可矣,犹未也。他日复见,曰:回益矣。曰:何谓也?曰:回忘礼乐矣。曰:可矣,犹未也。他日复见,曰:回益矣。曰:何谓也?曰:回坐忘矣。仲尼蹴然曰:何谓坐忘?颜回曰:堕肢体,黜聪明,离形去知,同于大通,此谓坐忘。仲尼曰:同则无好也,化则无常也,而果其贤乎!丘也请从而后也。

子舆与子桑友,而霖雨十日。子舆曰:子桑殆病矣!裹饭而往食之。至子桑之门,则若歌若哭,鼓琴曰:父邪?母邪?天乎?人乎?有不任其声而趋举其诗焉。

子舆入,曰:子之歌诗,何故若是?曰:吾思夫使我至此极者而弗得也。父母岂欲吾贫哉?天无私覆,地无私载,天地岂私贫我哉?求其为之者而不得也。然而至此极者,命也夫!

白　话

既知道自然的作为,也知道人的作为,这是认识的极致。知道自然的作为,是懂得事物出于自然;知道人的作为,就是用人的智慧去认识那些不知道的事物,而且还能发展智慧去认识那些不知道的的事物,(就这样)直至自然死亡而不至于中途夭折,这就是认识的最高境界了。虽然这样,还是存在忧患。人们的知识、智慧一定要有所依赖才能认定是否正确和恰当,而人们依赖的对象却是变化不定的。怎么知道我所说的本于自然的东西不是出于人为呢?怎么知道我所说的人为的东西又不是出于自然呢?

有"真人"才有真知。什么叫"真人"呢?古时候的"真人",不拒绝微小,也不自恃伟大,也不图谋思索。能够做到这一步,(那么即使)错过时机也不会后悔,(即便)赶上机遇也不会得意。这样,登上高处不颤栗,下到水里不会沾湿,进入火中不觉热。只有智慧通达大道境界的人方才能做到这一步。古时候的"真人",睡觉时不做梦,醒来时不忧愁,吃东西不求甘美,呼吸气息深沉。"真人"呼吸用的是脚跟,而一般人呼吸则靠的只是喉咙。所以被人制服时,言语在喉前吞吐就像受阻碍一般。那些嗜好和欲望太深的人,他们天生的智慧也就很浅。

古时候的"真人",不喜悦生存,也不厌恶死亡;出生不欣喜,入死不拒绝;只是无拘无束地去,无拘无束地来罢了。不忘记自己从哪儿来,也不寻求自己往哪儿去,无论什么事情来了都承受,而且欢欢喜喜,忘掉死生回复本然,这就叫作不用心智去损害大道,也不要人为去助力自然。这就叫"真人"。像这样的人,他的内心忘掉了周围的一切,他的容颜淡漠安闲,他的面额质朴端严;寂静时像秋天,温暖时像春天,高兴或愤怒跟四时更替一样自然无饰，和外界任何事物都合宜相称，因而没有谁能测知他的全貌（其深邃、不可思议若是）。

（有人认为下面一段是窜入的：所以古代圣人使用武力，灭掉敌国却不失掉敌国的民心；利益和恩泽广施于万世，却不是为了偏爱什么人。乐于交往取悦外物的人，就不是圣人；有偏爱就算不上是"仁"；伺机行事，审时度势，就不是贤人；不能看到利与害是相辅相成的关系，就算不上是君子；为求名而失掉自己，就不是有识之士；丧失身躯，忘掉本性，就不能领导他人。像狐不偕、务光、伯夷、叔齐、箕子、胥余、纪他、申徒狄，这样的人都是被役使世人的人所役使，都是被安适世人的人所安适，而不能使自己得到安适的人。）

古时候的"真人"，其外表应随万物而不偏倚，好像不足却又无所承受；态度安闲自然、特立超群但又不执着顽固，襟怀宽阔如虚空而不浮华；怡然欣喜像是格外地高兴，一举一动又像是出自不得已。内心充实、和颜悦色令人喜欢接近，德行宽和让人乐于归依；气度博大像是宽广的世界。高放自得从不受什么礼法的制约，沉默深远好像封闭了自己，心不在焉的样子好像忘记了要说的话。（有人认为下面一段是窜入的：把刑律当作主体，把礼仪当作羽翼，用已掌握的知识去等待时机，用道德来遵循规律。把刑律当作主体的人，那么杀了人也是宽厚仁慈的；把礼仪当作羽翼的人，用礼仪的教诲在世上施行；用已掌握的知识去等待时机的人，是因为对各种事情出于不得已；用道德来遵循规律，就像是说大凡有脚的人就能够登上山丘，而人们却真以为是勤于行走的人。）

（天地是一体的）人们喜好也是浑然为一的，人们不喜好也是浑然为一的。那些同一的东西是浑一的，那些不同一的东西也是浑一的。认为同一的人就跟自然同类，认为不同一的人就跟人同类。不把自然与人看作是相互对立的，具有这种认识的人就叫作"真人"。

死和生均非人为之力所能安排，犹如黑夜和白天交替那样永恒地变化，完全出于自然。有些事情人是不可能参与和干预的，这都是事物自身变化的实情。人们总是把天看作生命之父，而且终身爱戴它，何况那特立高超的"道"呢？人们还总认为国君是一定超越自己的，而且终身愿为国君效死（舍身效忠），又何况应该宗为大师的"道"呢？

泉水干涸了，鱼儿困在陆地上相互依偎，互相大口出气来取得一点湿气，以唾沫相互润湿，（即使这样）也不如根本不认识而在江湖里自由自在的生活。与其赞誉唐尧的圣明而非议夏桀的暴虐，不如把他们都忘掉而融化混同于"道"。大道使我有了形体可以托载，并且用生存来劳苦我，用衰老来闲适我，用死亡来安息我。所以，既然把存在看作好事，也就可以把死亡一样看作是好事。

将船儿藏在大山沟里，再将山藏在深水里，可以说是十分牢靠了。然而半夜里有个大力士把它们一块儿背着跑了，睡梦中的人们还丝毫无察觉。将小东西藏在大东西里是适宜的，不过还是会有丢失。假如把天下藏在天下里就不会丢失，这就是事物固有的真实之情。人们只要承受了人的形体便十分欣喜，至于像人的形体的情况，在万千变化中从不曾有过穷尽，那快乐之情难道还能够加以计算吗？所以圣人将生活在各种事物都不会丢失的环境里而与万物共存亡。以少为善以老为善，以始为善以终为善，人们尚且加以效法，又何况那万物所联缀、各种变化所依托的"道"呢？

"道"是真实而又确凿可信的，然而它又是无为和无形的；"道"可以感知却不可以口授，可以领悟却不可以面见；"道"自身就是本、就是根，还未出现天地的远古时代"道"就已经存在；它产生鬼神、上帝，也产生天地；它在太极之上却不算高，它在六极之下不算深，它先于天地存在还不算久，它长于上古还不算老。（有人认为下面一段是后人所加：狶韦氏得到它，用来统驭天地；伏羲氏得到它，用来调合元气；北斗星得到它，永远不会改变方位；太阳和月亮得到它，永远不停息地运行；堪坏得到它，用来入主昆仑山；冯夷得到它，用来巡游大江大河；肩吾得到它，用来驻守泰山；黄帝得到它，用来登上云天；颛顼得到它，用来居处玄宫；禺强得到它，用来立足北极；西王母得到它，用来坐阵少广山。没有人能知道它的开始，也没有人能知道它的终结。彭祖得到它，从远古的有虞时代一直活到五伯时代；傅说得到它，就做宰相来辅佐商王武丁，统辖整个天下，死后乘驾东维星，骑坐箕尾星，而永远排列在星神的行列里。）

南伯子葵向女偊问道："你的岁数已经很大了，可是你的容颜却像孩童，这是什么缘故呢？"女偊回答："我得'道'了。"南伯子葵说："'道'可以学习吗？"女偊回答说："不！怎么可以呢？你不是可以学习'道'的人。卜梁倚有圣人的聪明才气却没有圣人的悟性和根器，我有圣人的悟性和根器却没有圣人的才气，我想教导他，恐怕他果真能成为圣人哩！但没有做到，虽然如此，把圣人的大道讲给具有圣人才气的人，应该还是很容易的。（于是）我静默持守着并告诉他，三天之后便能遗忘外界；既已遗忘外界，我又凝寂持守，七天之后能遗忘万物；既已遗忘外物，我又凝寂持守，九天之后便能遗忘自身的存在（忘记生死）；既已遗忘自身的存在，心就如朝阳一般清新明彻；心如朝阳般清新明彻，才能够感受到绝对的真理——'大道'；既已感受了'道'，而后就能超越古今的时限；既已能够超越古今的时限，而后便进入无所谓生、无所谓死的境界。抛弃了生的观念也就没有了死的概念，执着留恋于生的概念也就有了死的概念（或曰：大道使万物生发，而万物生长最后都会死亡，这是大道的规律，但大道本身却没有死亡；大道能够使万物生长，但大道本身却是没有开端的，大道从没有生过，因而大道是不生不死的）。作为事物，'道'无不有所送，也无不有所迎；无不有所毁，也无不有所成，这就叫作'撄宁'。撄宁，意思就是不受外界事物的纷扰，而保持心境的宁静。"

南伯子葵又问："你偏偏是怎么得'道'的呢？"

女偊又回答说："我从副墨（文字）的儿子那里听到的，副墨的儿子从洛诵（语言或读诵）的孙子那里听到的，洛诵的孙子从瞻明（目明，目视明晰）那里听到的，瞻明从聂许（耳闻，附耳私语）那里听到的，聂许从需役（修行，勤行不息）那里听到的，需役从於讴（咏叹，吟咏领会）那里听到的，於讴从玄冥（寂静，深远虚静）那里听到的，玄冥从参寥（空无，高旷寥远）那里听到的，参寥从疑始（好像大道之初，迷茫而无所本）那里听到的。"

子祀、子舆、子犁、子来四个人在一块相互谈论说："谁能够把无当作头，把生当作脊柱，把死当作尾巴，谁能够通晓生死存亡浑为一体的道理，我们就可以跟他交朋友。"四个人都会心地相视而笑，心心相契却不说话，于是相互交往成为朋友。

不久子舆生了病，子祀前去探望他。子舆说："伟大啊，造物者！把我变成如此曲屈不伸的样子！"腰弯背驼，五脏穴口朝上，下巴隐藏在肚脐之下，肩部高过头顶，弯曲的颈椎形如赘瘤朝天隆起。阴阳二气不和酿成如此灾害，可是子舆的心里却十分闲逸好像没有生病似的，蹒跚地来到井边对着井水照看自己，说："哎呀，造物者竟把我变成如此曲屈不伸！"

子祀说："你讨厌这曲屈不伸的样子吗？"子舆回答："不啊，我怎么会讨厌这个样子呢！假令造物者逐渐把我的左臂变成公鸡，我便用它来报晓；假令造物者逐渐把我的右臂变成弹弓弹丸，我便用它来打斑鸠烤熟了吃。假令造物者把我的臀部变化成为车轮，把我的精神变化成骏马，我就用来乘坐，难道还要更换别的车马吗？至于生命的获得，是因为适时，生命的丧失，是因为顺应；安于适时而处之顺应，悲哀和欢乐都不会侵入心房。这就是古人所说的解脱了倒悬之苦，然而不能自我解脱的原因，则是受到了外物的束缚。况且事物的变化不能超越自然的力量已经很久很久，我又怎么能厌恶自己现在的变化呢？"

不久子来也生了病，气息急促将要死去，他的妻子儿女围在床前哭泣。子犁前往探望，说："嘿，走开！不要惊扰他由生而死的变化！"子犁靠着门跟子来说话："伟大啊，造物者！又将把你变成什么，把你送到何方？把你变化成老鼠的肝脏吗？把你变化成虫蚁的臂膀吗？"

子来说："父母对于子女，无论东西南北，子女都只能听从父母吩咐调遣。自然的变化对于人，则不啻于父母；它使我靠拢死亡而我却不听从，那么我就太蛮横了，而它有什么过错呢？大道赋予我形体，用生存来劳苦我，用衰老来闲适我，用死亡来安息我。所以存在是好事，死亡也是好事。现在如果有一个高超的冶炼工匠铸造金属器皿，金属熔解后跃起说'一定要把我铸成良剑莫邪'，冶炼工匠必定认为这是不吉祥的金属。如今人一旦受"范"而成了人的外形，便说'成人了成人了'，造物者也一定会认为这是不吉祥的人。如今把整个浑一的天地当作大熔炉，把造物者当作高超的冶炼工匠，无论到哪里（无论怎么样）都是可以的呀。"子来说完，就安然入睡，（一会儿）又开心自在地醒来。

子桑户、孟子反、子琴张三人是好朋友，有一次他们在一起谈话："谁能够相互交往出于无心？谁能相互有所帮助却不着痕迹？谁能登上高天巡游雾里，循环升上无穷的太空，忘掉自己的存在，而永远没有终结和穷尽？"三人会心地相视而笑，心心相印于是成为好友。过不多久子桑户死了，还没有下葬。孔子知道了，派弟子子贡前去帮助料理丧事。孟子反和子琴张却一个在编曲，一个在弹琴，相互应和着唱歌："哎呀，子桑户啊！哎呀，子桑户啊！你已经返归本真，可是我们还是凡人呀！"子贡听了快步走到他们近前，说："我冒昧地请教，对着死人的尸体唱歌，这合乎礼仪吗？"二人相视笑了笑，不屑地说："这种人怎么会懂得'礼'的真实含意！"

子贡回来后把见到的情况告诉给孔子，问道："他们都是些什么样的人呢？不看重德行的培养而无有礼仪，把自身的形骸置于度外，面对着死尸还要唱歌，容颜和脸色一点也不改变，简直无法形容。他们究竟是些什么样的人呢？"

孔子说："他们都是些摆脱礼仪约束而逍遥于人世之外的人，我却是生活在具体的世俗环境中的人。人世之外和人世之内彼此毫不相干，可是我却让你前去吊唁，我实在是浅薄呀！他们正跟造物者结为伴侣，而逍遥于天地浑一的元气之中。他们把人的生命看作像赘瘤一样多余，他们把人的死亡看作是毒痈化脓后的溃破，像这样的人，又怎么会知道死生先后的存在呢！凭借于不同的物类，聚合成同一的整体；忘掉了体内的肝胆，也忘掉了体外的耳目；终结即是开始，开始即是终结，从来就不知道开端；茫茫然彷徨于人世之外，逍遥自在地生活在无为的境地。他们又怎么会不厌其烦地拘守世俗的礼仪，而故意炫耀于众人的耳目之前呢（表演给众人看）！"

子贡说："如此，那么先生认为怎么做是对的呢？"

孔子说："我孔丘，乃是苍天所惩罚的罪人。虽然如此，我跟你们还是共同去追求至高无尚的'道'吧。"

子贡问："请问追求'道'的方法。"

孔子回答："鱼争相投水，人争相求道。争相投水的鱼，掘地成池便给养充裕；争相求道的人，漠然无为便心性平适安然。所以说，鱼相忘于江湖里，人相忘于大道中。"

子贡说："再冒昧地请教'畸人（异乎常人的人）'的问题。"

孔子回答："所谓'异乎常人的人'，就是不同于世俗但等同于自然的人。所以说，从大道的观点来看,毫不起眼的人就是人世间的君子;而人世间有名望地位的君子反而是大道的小人。"

颜回请教孔子说:"孟孙才这个人,他的母亲死了,哭泣时没有一滴眼泪,心中不觉悲伤,居丧时也不哀痛。这三个方面没有任何悲哀的表现,可是却因善于处理丧事而名扬鲁国。难道真会有名不符实的情况吗?颜回我实在觉得奇怪。"

孔子说:"孟孙才处理丧事的做法确实是尽善尽美了,大大超过了懂得丧葬礼仪的人。人们总希望从简治丧却不能办到,而孟孙才已经做到从简办理丧事了。孟孙才不过问人因为什么而生,也不去探寻人因为什么而死;不去追寻先后;他顺应自然的变化,以应对那些自己所不知晓的变化而已。况且即将出现变化,怎么知道不变化呢?即将不再发生变化,又怎么知道已经有了变化呢?我和你呀,才是做梦似的没有一点儿觉醒的人呢?那些死去了的人自身形骸有变化但他们的精神却无变化,就像是宅舍朝夕可以改变,但人的精神却不会真正死亡。唯独孟孙才觉醒了,人们哭他也跟着哭,这就是他如此居丧的原因。况且人们交往总借助形骸而称述自我,又怎么知道我所称述的躯体一定就是我呢?而且你梦中变成鸟便振翅直飞蓝天,你梦中变成鱼便摇尾潜入深渊。不知道现在正在说话的我们,算是醒悟的人呢,还是做梦的人呢?心境快适却来不及笑出声音,内心自然快意发出笑声也不必事先刻意安排,安于自然的推移而顺应事物的变化,于是就进入寂寥虚空、自然浑然成的一体的境界。"

意而子拜访许由。

许由说:"尧都教了你什么?"

意而子:"尧对我说:'你一定得亲身实践仁义并且要明辨是非。'"

许由说:"那你还来我这里干什么呢?尧已经用'仁义'在你的额上刻下了印记,又用'是非'割下了你的鼻子,你还能凭借什么游处于逍遥自在、无拘无束、辗转于变化的境界呢?"

意而子说:"虽然这样,我还是希望能游处于如此的境域,哪怕游处在边缘也好啊。"

许由说:"不对。盲人(有眼睛却看不见的人)没法让他观赏佼好的眉目和容颜,瞎子(没有眼睛的人)没法让他赏鉴礼服上各种不同颜色的花纹。"

意而子说:"无庄不再打扮忘掉自己的美丽,据梁不再逞强忘掉自己的孔武有力,黄帝闻'道'之后忘掉自己的世智聪辨,他们都是经过'大道'的冶炼和锻打而有所成就的。怎么知道那造物者不会养护我受黥刑的伤痕和补全我受劓刑所残缺的鼻子,使我得以恢复而跟随先生呢?"

许由说:"唉!这可是不可能知道的。我还是给你说个大概吧。我伟大的宗师啊!我伟大的宗师啊!调和万物不是为了某种道义,恩泽万世不是出于仁,长于上古不算老，囊括天地、雕创众物之形也不以为巧。这就是游心的境界啊。"

颜回说："我进步了。"

孔子问道："你的进步指的是什么？"

颜回说："我已经忘却仁义了。"

孔子说："好哇，不过还不够。"

过了几天颜回再次拜见孔子，说："我又进步了。"

孔子问："你的进步指的是什么？"

颜回说："我忘却礼乐了。"

孔子说："好哇，不过还不够。"

过了几天颜回再次拜见孔子，说："我又进步了。"

孔子问："你的进步指的是什么？"

颜回说："我'坐忘'了"。

孔子惊奇不安地问："什么叫'坐忘'？"

颜回答道："我忘掉了强健的肢体，忘掉了聪明和思考，脱离了自己的身躯并抛弃了智慧，从而与大道浑同为一体，这就是'坐忘'。"

孔子说："与万物同一就没有偏好，顺应变化就不执滞常理。你果真成了贤人啊！我希望能跟随你学习。"

子舆和子桑是好朋友，连绵的阴雨下了十日，子舆说："子桑恐怕已经快要饿死了。"便包了一包饭食送给他吃。来到子桑门前，就听见子桑好像在唱歌，又好像在哭泣，而且还弹着琴："是父亲呢？还是母亲呢？是天呢？还是人呢？"声音微弱，急促地吐露着歌词。

子舆走进屋子说："你歌唱的诗词，为什么这样？"

子桑回答说："我在探寻是什么原因使我达到如此的极度困乏和窘迫，然而没有找到。父母难道会希望我贫困吗？苍天没有偏私地覆盖着整个大地，大地没有偏私地托载着所有生灵，天地难道会单单让我贫困吗？寻找使我贫困的原因可是我却没能找到。然而已经达到如此极度的困乏，这就是'命'啊！"

题　解

大宗师：觉者度化众生，可为人师，然而人人可以大觉；众生皆应以道为师。庄子为我们树立了一个榜样。

要点禅解

真 人

这一大段描述的是什么是"真人",可谓字字珠玑,切不可颟顸看过,要仔细认真阅读方可。

真人,也就是佛教所说的开悟见性之人,就是觉悟之人,就是佛。

佛教在传入的初期,曾经有一段时间是以玄学来解释佛法的,叫作"格义佛教"时期,为使汉地大众更加易于接受佛法,这段时期很多高僧即使用"真人"来诠释梵语的"浮屠"和"佛陀"。

关于真人,庄子说:"真人不逆寡,不雄成,不谟士。若然者,过而弗悔,当而不自得也。若然者,登高不慄,入水不濡,入火不热。是知之能登假于道者也若此。古之真人,其寝不梦,其觉无忧,其食不甘,其息深深。真人之息以踵,众人之息以喉。屈服者,其嗌言若哇。其耆欲深者,其天机浅。古之真人,不知说生,不知恶死;其出不䜣,其入不距;翛然而往,翛然而来而已矣。不忘其所始,不求其所终;受而喜之,忘而复之,是之谓不以心捐道,不以人助天。是之谓真人。若然者,其心志,其容寂,其颡頯;凄然似秋,煖然似春,喜怒通四时,与物有宜而莫知其极。"这段话其实与老子的话如出一辙,老子是怎样描述得道的人的呢? 老子说:

长古之善为士者,必微妙玄达,深不可志。是以为之容:豫呵! 若冬涉川;猷呵! 其若畏四邻;俨呵! 其若客;涣呵! 其若凌释;敦呵! 其若朴;混呵! 其若浊。(《道德经·第十五章》)

孔德之容,唯道是从。道之为物,唯恍唯惚。惚呵! 恍呵! 中有象呵。恍呵! 惚呵! 中有物呵。幽呵! 冥呵! 中有情呵。其情甚真,其中有信。自今及古,其名不去,以顺众父。(《道德经·第二十章》)

那么,佛是怎样描述一个开悟了的人的呢?《涅槃经》中这样说:

如来之身非身是身,不生不灭,不习不修,无量无边无有足迹,无知无形毕竟清净无有动摇,无受无行不住不作,无味无杂非是有为,非业非果非行非灭非心非数不可思议,常不可思议无识离心亦不离心,其心平等无有亦有,无有去来而亦去来,不破不坏不断不绝,不出不灭非主亦主,非有非无非觉非观,非字非不字,非定非不定,不可见了了见,无处亦处,无宅亦宅,无闇无明,无有寂静,而亦寂静,是无所有不受不施,清净无垢,无诤断诤,住无住处,不取不堕,非法非非法,非福田非不福田,无尽不尽离一切尽,是空离空,虽不常住非念念灭无有垢浊,无字离字,非声非说亦非修习,非称非量,非一非异,非像非相,诸相庄严,非勇非畏,无寂不寂,无热不热,不可睹见无有相貌,如来度脱一切众生，无度脱故能解众生，无有解故觉了众生，无觉了故如实说法，无有二故不可量，无等等，平如虚空无有形貌同无生性，不断不常，常行一乘，众生见三，不退不转断一切结，不战不触非性住性，非合非散，非长非短，非圆非方，非阴入界亦阴入界，非增非损，非胜非负，如来之身成就如是无量功德，无有知者无不知者，无有见者无不见者，非有为非无为，非世非不世，非作非不作，非依非不依，非四大非不四大，非因非不因，非众生非不众生，非沙门非婆罗门，是师子大师子，非身非不身，不可宣说，除一法相不可算数，般涅槃时不般涅槃，如来法身皆悉成就如是无量微妙功德。(《大般涅槃经卷三·金刚身品第二》)

《维摩诘所说经》这样描写得道之人：

> 已供养无量诸佛，深植善本，得无生忍；辩才无碍，游戏神通，逮诸总持；获无所谓，降魔老怨；入深法门，善于智度，通达方便，大愿成就；明了众生心之所趣，又能分别诸根利钝；久于佛道，心已纯淑，决定大乘；诸有所作，能善思量；住佛威仪，心如大海……奉戒清净，摄诸毁禁；以忍调行，摄诸恚怒；以大精进，摄诸懈怠；一心禅寂，摄诸乱意；以决定慧，摄诸无智。(《维摩诘所说经·方便品第二》)

他们说的有什么区别吗？

道家所说的"真人"，就是修道的最高境界，就是觉悟。与佛家的"佛"是同一的，只是所用的词不同而已。佛家最高境界就是成佛，就是解脱烦恼，放下颠倒，不再迷惑。而且佛还说，众生本来就是佛，想成佛没有难处，只要你放下，只要你转身，不再执着世间的虚幻的一切，你就会当下解脱而成佛。我们总是觉得这个理论太过神奇而玄妙了，尤其我们本身就是佛这个理论，太让人震撼了，我们怎么可能就是佛呢？我们一直不信。其实，不光佛教和道教有这样的理论，就连儒教也有这样的理论。怎么？你不信？让我告诉你纯正的、与佛教这种思想完全一致的儒家理论吧。佛家的最高境界是成佛，而众生也都是佛。儒家的最高境界是什么呢？是"仁"，仁是什么？孔老夫子和孟子说：

> 仁者，爱人（《论语·颜渊》）；仁也者，人也。(《孟子·尽心下》)

看看，仁就是人，但他不是凡夫众生，而是一个真正的人。达到了"仁"这个境界的人，是不舍众生、慈悲为怀的呀。这与佛就是人、就是觉悟了的人有什么不同？怎样才算做到了"仁"呢？孔夫子接着说：

> 君子无终食之间违仁，造次必于是，颠沛必于是。(《论语·里仁》)

佛家说，人一旦悟到自己的佛性，则不论身处何地何时，都不会再迷惑了，叫作"抡刀上阵，亦得见之"。这与老夫子说的君子"无终食之间违仁，造次必于是，颠沛必于是"不是一样的吗？而且，孔老夫子还说：

> 仁远乎哉？我欲仁，斯仁至矣。(《论语·述而》)

这句话简直就是佛家说的"立地成佛"的翻版！仁离我们很远吗？孔老夫子说，一点也不！只要我们想成仁，仁就达成了。就这么简单。而且，老夫子还说人人都可成仁：

> 有能一日用其力于仁矣乎？我未见力不足者。(《论语·里仁》)

到了王阳明那里，他说得就更直接了，完全与佛家的"众生是佛"说法一样了：

> 愚夫愚妇与圣人同。(《王阳明全集·传习录中》)

> 各个人心有仲尼。(《王阳明全集·传习录下》)

> 满街都是圣人。(《王阳明全集·传习录下》)

其实，王阳明的"心学"，是一个披了儒学外衣的佛学，心学是阳明先生在继承陆象山的学说的基础上发展起来的，可能王阳明为了照顾儒学的面子，别出心裁地给他的学说起了一个新的名字叫"心学"。可是明眼人一看便知，佛家早有所谓"心即佛，佛即心，心佛不二"等说法，阳明先生的主张如"夫万事万物之理不外于吾心"等也与佛学毫无二致，说"只说'明明德'，而不说'亲民'，便似老、佛(《王阳明全集·传习录上》)"。王阳明解答弟子萧惠的三段话，更是禅宗祖师话语的翻版（太长，有兴趣者自行翻阅《传习录上》即可）。如果阳明先生现身于释家，披上袈裟，则他一定是"心宗"的开山祖师，是一位明心见性的得道高僧。

有人认为成佛有秘密法门，是不会轻易公开的，大众是不会得到这个秘密的。真的这样吗？如果是这样的，那佛陀就不是慈悲的觉者。佛早就把成佛的秘密和盘托出了，一点也没有保留。这一点，孔老夫子与佛祖达成了完全的一致，如何达到仁的境界？夫子早就做到了，而且一点也没隐瞒。他说：

> 二三子，以我为隐乎？吾无隐乎尔。吾无行而不与二三子者，是丘也。(《论语·述而》)

仅仅这几句就已经证明了，无论是什么教派，宇宙中最高的绝对真理是一致的，是没有差别的。孟子说："合而言之，道也。"(《孟子·尽心下》)

等等！你千万别以为"啊，我就是佛啊，我不需要修行了，我也不需要学习了，原来我与佛陀是一样的啊"。如果你真这样认为，那就犯了大妄语罪，是要下地狱的。因为你只是因地佛，还远远不是果地佛，差得何止十万八千里呀，那是数不清的大劫的时间的差别，是"算数譬喻所不能及"的那么长时间的差别！孔老夫子在"有能一日用其力于仁矣乎？我未见力不足者"之后，紧接着说："盖有之矣，我未之见也！"看到这，你又没信心了是吧？再等等！我们的确差得太远太远了，似乎成佛毫无可能了。但这个距离虽然遥远，却是可以不用一刻就可以超越的。只要我们觉悟，这个距离立刻消失！期间没有一点迟滞，一点也没有。

如观世音菩萨发愿偈中说：

> 我若向刀山，刀山自摧折；我若向火汤，火汤自枯竭；
> 我若向地狱，地狱自消灭；我若向饿鬼，饿鬼自饱满；
> 我若向修罗，恶心自调伏；我若向畜生，自得大智慧。

有人觉得"哎呀，菩萨真是万能呀，只要菩萨一到，什么问题都能解决"，把菩萨看作无所不能的大神。这样看似乎也没有什么问题。但是，笔者觉得如果一个学佛人这样去思维的话，那根本就不能算作一个真正的学佛人。为何？我们学佛是要找到自己，不要向外求，这个偈子里的"我"是真正的我，不是肉身我，指的是我们的佛性，只要找到自己的佛性，那么，这些"刀山，火汤，地狱，饿鬼，修罗，畜生"等等自然就消灭了；反过来说也一样，这些不消灭你怎么能找到自己呢？找到自己，这才是"观自在"，这才能离二障。什么是二障？就是"烦恼障、所知障"，也可以是"我、所"二障，也可以是外道"断、常"二边，也可以是小乘"假、实"二边，也可以是大乘"空、有"二边。有人可能还有疑问："找到自己了，这些不好的东西就会消灭了？"是的，一旦认识了自己的佛性，这些东西统统都会消灭，就像一间没有灯光、只有黑暗的屋子，只要把灯点亮，黑暗就立刻消失得无影无踪的道理是一样的。试想，智慧出现了，哪里还有愚痴的立足之地呢？佛说：

> 夫见道者，譬如持炬入冥室中，其冥即灭，而明独存。学道见谛，无明即灭，而明常存矣。（《四十二章经》）

凡夫到觉悟的距离怎么才能超越呢？你自己摸索可不成，太危险了。人生短暂，而且在摸索的路上邪路、陷阱等极多，永明延寿大师在《宗镜录》中就列举了120种邪见！你不会成佛，肯定不会。但你绝对会成魔。为了避免走错路，需要一个导师，这就是为什么要皈依佛陀、礼敬开悟的觉者的原因，也只有这样的人才是庄子所说的大宗师。六祖慧能说：

> 若自不悟，须觅大善知识，解最上乘法者，直示正路……不能自悟，须求善知识指示方见。（《六祖法宝坛经·般若品第二》）

一个开悟的觉者，外表上看起来与普通人没有什么两样，他也有喜怒哀乐等情绪的感觉，也会生病，但他不会让自己随着这些情绪漂流，自己的本性是不动的。

昔时有个禅师叫祖玠侍者，是绍琦禅师之法嗣。祖玠侍者出家后，一直执侍绍琦禅师左右，殷勤备至。丛林大众皆惮其严厉，而敬其慧识，因而把他比作香林澄远禅师。

一日，祖玠侍者生病，绍琦禅师前往探视。当时心上座（大心真源禅师）亦在场。绍琦禅师看着祖玠侍者，问道："如何是心？"

祖玠侍者道："开口不容情。"

绍琦禅师道："未在。"

祖玠侍者于是回头看了心上座一眼，说道："何不礼拜和尚？"心上座便礼拜。

祖玠侍者道："呈似了也。"

绍琦禅师道："子既如是，还能亲体颂出乎？"

祖玠侍者遂应声颂道："祖师心印若为传，有语分明不在言。能向机前亲领得，海门撑出钓鱼船。"

绍琦禅师一听，非常高兴，于是嘱咐道："珍调四大，饶益将来。"说完便离开。

后来，祖玠侍者的病情加重了，不停地发出痛苦的呻吟。

绍琦禅师又来探望，问道："子平日得力句，到此还用得着么？"

祖玠侍者道："用得着。"

绍琦禅师道："既用得着，叫苦作么？"

祖玠侍者道："痛则叫，痒则笑。"

绍琦禅师道："叫与笑者复是阿谁？"

祖玠侍者道："四大无我，叫者亦非真，空寂体中，实无受者。"

绍琦禅师道："主人公即今在甚么处？"

祖玠侍者道："秋风不扇，桂蕊飘香。"

绍琦禅师道："那么则遍界绝遮藏也。"

祖玠侍者道："有眼觑不见。"

绍琦禅师道："只如三寸气消时，向甚处安身立命？"

祖玠侍者道："雨过天晴，青山仍旧。"

绍琦禅师道："从今别后，再得相见否？"

祖玠侍者道："旷劫不违，今何有间（分别、离别）？"

绍琦禅师道："子不病耶？"

祖玠侍者道："病与不病，总不相干。"

绍琦禅师于是握着祖玠侍者的手，问道："此是甚么？"

祖玠侍者道："是祖玠手。"

绍琦禅师道："祖玠是谁？"

祖玠侍者道："玠固非我，亦不离我。"

绍琦禅师听了，便赞叹道："善哉！妙契无生，彻证真常。子虽妙年，死亦何憾！"

祖玠侍者遂合掌礼谢，并说道："与祖玠趣将龛子来。"

绍琦禅师于是命人将龛子抬到祖玠侍者的床前。

祖玠侍者环顾了一下左右，说道："吾当行矣！"

说完，便整衣龛坐而化。

且问：祖玠侍者禅师到底有没有感受到病痛？

再比如昙照禅师每日对信徒说法，第一句话总是"快乐呀，快乐呀！人生好快乐呀"！

但有一次他生病了，躺在床上不断地叫唤道："痛苦呀！痛苦呀！好痛苦呀！"

住持和尚老远就听到了，过来责备他道："你是一个得道高僧，生了点小病，就不住地叫苦喊痛，成何体统？！"

昙照说："健康时快乐，生病时痛苦，这是自然的事，我为什么不能叫苦呢？"

住持说："以前你不是这样的呀。我记得有一次你被节度使扔进水里，快要淹死了，后来被人救起，仍是面不改色心不跳。当时你那种视死如归、无惧无畏的样子，令全院的和尚很是佩服。而现在，你怎么变得这么娇气呢？况且，你平时不住地讲快乐、快乐的，怎么生了这么点小病，就毫顾忌地大叫痛苦呢？"

昙照对住持和尚道："你过来一下，到我的床前来！"

住持到了他床边，昙照禅师轻声问道："住持和尚，你刚才说我以前讲快乐呀、快乐呀！现在又不住地叫痛苦呀、痛苦呀！请你告诉我，究竟是讲快乐对呢，还是讲痛苦对呢？"

住持登时无语。

那么，昙照禅师感受到了病痛吗？

何止是禅师如此啊，连大哲学家也能做到这点。前面提到的苏格拉底就是典型的代表，他不但做了情绪的主人，更为惊奇的是，在哲学家中，能够彻底看开生死的可能也就是他了。他没有一点惊慌、焦虑的负面情绪，主动放弃生的机会，真正做到了坦然地面对生死，死得那么震撼人心，那么令人敬仰。

既然如此，那么我们凡夫众生该如何判断一个人是否开悟了呢？这还真是一个难题。

其实还是可以看出来一个人是否真的开悟了，否则这些觉者岂不与我们凡夫一样了吗？显然这是不可能的！前面说的开悟者在外表上看起来好像与我们"一样"，注意，这里仅仅是"好像"而已，本质上是大相径庭的。也就是庄子所说的"有人之形，故群于人；无人之情，故是非不得于身"的意思。

一个人是否觉悟，主要是他的内在发生了天翻地覆的变化，他自己是很清楚这种变化的（有少数人知道自己的内在变化，但不能肯定自己是否真的已经彻悟了，如永嘉禅师即是如此，他必须找一个明眼人来印证；也有的人虽然内在发生了巨大变化，但尚未彻悟，由于没有遇到明眼人的指点，他误认为自己已经开悟，而且他是"真的"以为自己已经开悟了。不论哪种情形，他们都十分清楚自己的内在变化的）。在当今社会里，邪师说法多如恒沙，有的发大妄语、诳语，说自己业已开悟，我们凡夫众生有时候还真的真假莫辨。

有什么办法吗？有！

关于是否开悟的判断，宋朝永明延寿禅师提出过十条标准（看来那个时候也有遇不到明师，而自己是否真的开悟拿不准的情形发生啊）：

1. 还得了了见性，如昼观色，似文殊等否？
2. 还逢缘对镜，见色闻声，举足下足，开眼合眼，悉得明宗，与道相应否？
3. 还览一代时教，及从上祖师言句，闻深不怖，皆得谛了无疑否？
4. 还因差别问难，种种征诘，能具四辨，尽决他疑否？
5. 还于一切时一切处智照无滞，念念圆通，不见一法能为障碍，未曾一刹那中暂令间断否？
6. 还于一切逆顺好恶境界现前之时，不为间隔，尽识得破否？
7. 还于百法明门心境之内，一一得见微细体性根原起处，不为生死根尘之所惑乱否？
8. 还向四威仪中行住坐卧，钦承只对，着衣吃饭，执作施为之时——辩得真实否？
9. 还闻说有佛无佛，有众生无众生，或赞或毁，或是或非，得一心不动否？
10. 还闻差别之智，皆能明达，性相俱通，理事无滞，无有一法不鉴其源，乃至千圣出世，得不疑否？（《宗镜录·卷一》）

诸君对照一下，即可知自己是否开悟。需要注意的是，这十条标准，每一条都要十分肯定，不能含糊的，有一丁点的含糊，那你就还没有彻悟。

那么，如何判断别人是否觉悟了呢？对于已经开悟的人来说，判断一个人是否开悟没有什么困难，在言谈举止中即可明了。也就是打个机锋，或者做个动作，即可以明确知道这个人的境界了。但对于我们普通凡夫来说，这个就有点难度了，不是悟者故意隐藏，而是因为我们心眼没开。

但还是有特征可以被我们感知的，比如上文老子和庄子所说的那些特征即是。但他们二位说的有点太让人难以把握了，还有什么我们比较熟悉的表述形式吗？也是有的。比如，一个觉者的信念和行为是一致的，他不会说一套做一套；一个觉者是慈悲的，你可以感知到他的大慈大悲；一个觉者的气质是与众不同的，尽管他"泯然众人"，但是你如果细心的话，还是可以感知；他的神态自若，不论身处什么情形之下，都不会惊慌失措、举止失常，真的做到泰山崩于前而不变色，而且这是自然的毫不做作的；与他在一起，你会明显感到一种宁静，一种安适；他有一种特别的感染力和凝聚力，你说不清楚为什么，就是喜欢和他在一起；你有疑难问题，在他那里都能得到满意的答案；你读不懂的禅宗公案，请教他，他会举重若轻地用一两句话使你的疑问涣然冰释；在修行的路上，无论有什么疑惑，他都能给你指导；他从不说自己已经开悟，这点与邪师有本质不同；他对众生一视同仁，没有远近亲疏；他总是处在大定之中；他从不撒谎，不饮酒、不杀生，绝无做作，而是自然而然……等等，不一枚举，你需要仔细用心才能做出正确的判断。

其实，庄子已经在此把大觉者的两个最根本特征和盘托出了，这就是本段的第一句和最后一句，分别是："知天之所为，知人之所为者，至矣"和"天与人不相胜也，是谓真人"。前一句是说，觉者对于实相洞然明白，无论是天还是人，真人都了了明明，不再被迷惑了。这才是知的极致，即觉悟；后一句则是说真人消除了二元对立，没有了我执和法执，达到了涅槃寂静的境界。

这里笔者再啰嗦几句废话，笔者认为，我们凡夫切记不要好高骛远，我们的毛病总是心比天高，妄想着一步到位，立马找到一个开悟者做自己的老师。这种想法真的过于理想化，太天真了，其实大可不必这样做。当今的我们，还有谁能闻一言而开悟？没有！那么，我们在修行的路上就不会是顿悟式的一下子觉悟了，而是有一个渐进的修行过程。在这个渐进的过程中，每一个阶段都需要老师指导，这个能指导你的老师，即使他还没有开悟，但在此阶段，他就是你的师傅，他就能指导你进步。当你进阶到他也不能指导的时候，你会遇到又一个老师，甚至你会与你原来的老师一起遇到更高层次的老师。这样你就一步一步地进步了，接下来，等待你的一定是开悟。

末法时代，邪师说法，多如恒沙。有的邪师很会伪装，令我们凡夫俗子很难辨别，大感迷惑，这个尤其危险。如何判断一个人是否邪师呢？其实很简单。真正开悟者从不说自己已经开悟；真正开悟者虚怀若谷，不会恶意攻击别人、突出自己；真正开悟者不会借机敛财，追求名闻利养；真正开悟者不会阻止你去看病；真正的开悟者不会鼓励邪淫；真正开悟者不会让你去和政府作对等等。

【本节链接】

【本经原文】以本为精，以物为粗，以有积为不足，澹然独与神明居。古之道术有在于是者，关尹、老聃闻其风而悦之。建之以常无有，主之以太一，以濡弱谦下为表，以空虚不毁万物为实。关尹曰："在己无居，形物自著。其动若水，其静若镜，其应若响。芴乎若亡，寂乎若清。同焉者和，得焉者失。未尝先人而常随人。"老聃曰："知其雄，守其雌，为天下豀；知其白，守其辱，为天下谷。"人皆取先，己独取后。曰受天下之垢；人皆取实，己独取虚。无藏也故有余。岿然而有余。其行身也，徐而不费，无为也而笑巧。人皆求福，己独曲全。曰苟免于咎。以深为根，以约为纪，曰坚者毁矣，锐则挫矣。常宽容于物，不削于人。可谓至极。关尹、老聃乎，古之博大真人哉！（《天下》）

【大意】把天德看作精要,把具体的物视作粗旷,把积蓄看作不足,无牵无挂的样子单独与神明共处一体,古代道术有属于这方面的。关尹、老聃听到这种治学风气就喜好。建立常有常无的观点,归之于道,以柔弱谦下为表现,以空虚不毁弃万物为实质。关尹说:"在主观上不囿于成见,有形的物体让其自行显露。其运动像水,其静止像镜,其反应像回声。恍惚像无有,寂郁像清虚。有得就等于有失。未曾争在人先,而经常随在人后。"老聃说:"认识雄性之强,不如坚守雌性之弱,成为天下的沟壑;认识光彩不如坚守黑暗,成为天下的山谷。"别人都争先,自己独居后,叫作甘受天下的垢辱。别人都求实际,独有自己求空虚,没有储藏因而就是有余。高大独立而充实,他全身行事,舒缓而不浪费,无所作为却讥笑机巧;别人祈求福佑,自己独委曲求全,叫作苟且免于祸害。以深藏为根本,以隐约为纲纪,叫作坚硬就是毁坏,锐利就会受挫折。经常宽容对待事物,不损害别人,可以说达到最高境界了。关尹、老聃啊!古代的博大真人呀!

【本节链接】

【本经原文】广成子南首而卧,黄帝顺下风,膝行而进,再拜稽首而问曰:"闻吾子达于至道,敢问,治身奈何而可以长久?"广成子蹶然而起,曰:"善哉问乎!来!吾语女至道。至道之精,窈窈冥冥;至道之极,昏昏默默。无视无听,抱神以静,行将自正。必静必清,无劳女形,无摇女精,乃可以长生。目无所见,耳无所闻,心无所知,女神将守形,形乃长生。慎女内,闭女外,多知为败。我为女遂于大明之上矣,至彼至阳之原也。为女入于窈冥之门矣,至彼至阴之原也。天地有官,阴阳有藏;慎守女身,物将自壮。我守其一以处其和,故我修身千二百岁矣,吾形未常衰。"黄帝再拜稽首,曰:"广成子之谓天矣!"

广成子曰:"来,余语女。彼其物无穷,而人皆以为有终;彼其物无测,而人皆以为有极。得吾道者,上为皇而下为王;失吾道者,上见光而下为土。今夫百昌皆生于土而反于土,故余将去女,入无穷之门,以游无极之野。吾与日月参光,吾与天地为常。当我,缗乎!远我,昏乎!人其尽死,而我独存乎!"(《在宥》)

【大意】广成子头朝南躺着,黄帝则顺着下方,双膝着地匍匐向前,叩头行大礼后问道。看看,古人为了求道,一定是谦卑志诚的,就连黄帝也不例外。

黄帝问的是如何才能治身长久,是想长生不死吗?

广成子告诉他:"无视无听,抱神以静,行将至正。必静必清,无劳女形,无摇女精,乃可以长生。目无所见,耳无所闻,心无所知,女神将守形,形乃长生。慎女内,闭女外,多知为败。"这是修道的诀窍啊!如此才能达到最光明的境地,直达那阳气的本原;才能进入幽深渺远的境界,直达那阴气的本原。才能守着浑一的大道而又处于阴阳二气调谐的境界，这样你怎么不会长生呢？是谁长生啊？广成子接着说："来，我告诉你。宇宙间万物都是生于土地而又返归土地的，没有什么可以长存。但'我'可以进入那没有穷尽的大门，从而遨游于没有极限的原野。'我'将与日月同光，'我'将与天地共存。向着'我'而来，'我'无所觉察！背着'我'而去，'我'无所在意！人们都要死去，而'我'是不会死的！"

本节庄子借广成子之口告诉我们，虚无恬淡，无思无欲，就能与道合一，进入无为之境，而达先天本性，即为大宗师矣。这个"我"即为我们的佛性，佛性无生无灭，是为长生。

【本节链接】
【本经原文】贱而不可不任者，物也；卑而不可不因者，民也；匿而不可不为者，事也；粗而不可不陈者，法也；远而不可不居者，义也；亲而不可不广者，仁也；节而不可不积者，礼也；中而不可不高者，德也；一而不可不易者，道也；神而不可不为者，天也。故圣人观于天而不助；成于德而不累；出于道而不谋；会于仁而不恃；薄于义而不积；应于礼而不讳；接于事而不辞；齐于法而不乱；恃于民而不轻；因于物而不去。物者莫足为也，而不可不为。不明于天者，不纯于德；不通于道者，无自而可。不明于道者，悲夫！何谓道？有大道，有人道。无为而尊者，天道也；有为而累者，人道也。主者，天道也；臣者，人道也。相去远矣，不可不察也。（《在宥》）

【大意】本节告诉我们要顺应自然，万事万物均不可强为，但又不可不为。不明白自然的演变和规律，也就不会具备纯正的修养；不通晓道的人，没有什么事情可以办成。不通晓道的人，可悲啊！

什么叫作道？有天道，有人道。天道自然，人道人为。天道跟人道比较，相差实在太远，不能不细加体察啊。

【本节链接】
【本经原文】夫子曰："夫道，于大不终，于小不遗，故万物备。广广乎其无不容也，渊乎其不可测也。形德仁义，神之末也，非至人孰能定之！夫至人有世，不亦大乎，而不足以为之累；天下奋棅而不与之偕；审乎无假而不与利迁；极物之真，能守其本。故外天地，遗万物，而神未尝有所困也。通乎道，合乎德，退仁义，宾礼乐，至人之心有所定矣！"（《天道》）

【大意】大道，从大的方面说它无穷无尽，从小的方面说它无遗无缺，所以说天下万物无不有道。所以大道无所不容，深不可测。及至推行德化与仁义，这已经是道之末也。唯有至人能做到外天地、遗万物、通乎道、合乎德，而神未尝有所困也！

【本节链接】

【本经原文】见《养生主》之"庖丁解牛"一节"刻意尚行……圣人之德也"(《刻意》)。

【本节链接】

【本经原文】见《养生主》之"庖丁解牛"一节"夫有干越之剑者……谓之真人"(《刻意》)。

【本节链接】

【本经原文】见《逍遥游》之"小大与无用"一节之"河伯曰:'世之议者皆曰……反要而语极"(《秋水》)。

【本节链接】

【本经原文】庄子见鲁哀公。哀公曰:"鲁多儒士,少为先生方者"。庄子曰:"鲁少儒。"哀公曰:"举鲁国而儒服,何谓少乎?"

庄子曰:"周闻之,儒者冠圜冠者,知天时;履句屦者,知地形;缓佩玦者,事至而断。君子有其道者,未必为其服也;为其服者,未必知其道也。公固以为不然,何不号于国中曰:'无此道而为此服者,其罪死!'"

于是哀公号之五日,而鲁国无敢儒服者,独有一丈夫儒服而立乎公门。公即召而问以国事,千转万变而不穷。庄子曰:"以鲁国而儒者一人耳,可谓多乎?"(《田子方》)

【大意】庄子到鲁国去拜见鲁哀公,想宣传推广自己的学说。鲁哀公说:"我们鲁国都是学儒的儒士,没有谁会信你的那一套啊。"庄子说:"你们那有很多儒士?依我看很少啊。"

鲁哀公说:"我们全鲁国的人都穿着儒士的服装,怎么说儒士很少呢?"

庄子说:"我听说,儒士戴圆帽的知晓天时;穿着方鞋的,熟悉地形;佩带用五色丝绳系着玉玦的,遇事能决断。君子身怀那种学问和本事的,不一定要穿儒士的服装;穿上儒士服装的人,不一定会具有那种学问和本事。不信你发一个布告试试:'没有儒士的学问和本事而又穿着儒士服装的人,杀无赦!'"

哀公真的发了布告,五天后,整个鲁国除了一个男子穿着儒士服装站立于朝门之外以外,再也没有穿儒服的人了。鲁哀公立即召这个人进来以国事征询他的意见,无论多么复杂的问题他都能做出回答。庄子说:"鲁国儒者只有一人而已,怎么能说是很多呢?"

俗话说,包子有肉不在褶上。真正的能力和水平岂在外表?

其耆欲深者,其天机浅

天机是什么?就是我们的悟性,就是我们觉悟的敏感度。

本来我们的悟性是没有差别的,没有一点差别。但由于我们的业力不同、习气不同,悟性也就有着千差万别的表现:有的大根大利,有的大愚大痴,有的慧根中等,千差万别。

这种差异是怎么造成的?庄子告诉我们:其嗜欲深者,天机浅。又曰:不能自解者,物有结之!欲望越多越深,就离佛性越远。不能解脱的人,全是因为被物欲所缠缚了。注意,是你离佛性越来越远,佛性从来没有离开过你。

有人理解这里的"欲望"是指男女之欲。这不算错,但不全面。

我们的欲望何其大?何其多?何其深?何其顽固?简直是罄竹难书。

欲望包括粗的,如名利,如地位,如衣食,如居所,如珠宝……这些欲望显而易见;更包括细的和极细微的,这些欲望就极难被我们察觉到。这些极细微的欲望,凡夫根本察觉不到,即使是有了很深修行功夫的人,有时也是在不知不觉中就落入了欲望之中,待他觉醒时,已经被欲望牵着鼻子走了好远了。其实能做到这一步的人,已经相当了不起了,他已经能够保持灵台净明,能够及时觉醒,这离开悟已经不远了。

欲望这个东西一出现,我们的佛性就被它给覆盖了,欲望越多越重,佛性被覆盖得越深越暗,我们的心地光明就隐而不显了,这就是天机浅。我们的欲望必须去除,否则是见不了佛性的。阳明先生说:

> 虽未相著,然平日好色、好利、好名之心原未尝无。既未尝无,即谓之有;即谓之有,则亦不可谓无偏倚。譬之病疟之人,虽有时不发,而病根原不曾除,则亦不得谓之无病之人矣。须是平日好色、好利、好名等项一应私心扫除荡涤,无复纤毫留滞,而此心全体廓然,纯是天理,方可谓之喜怒哀乐未发之中,方是天下之大本。(《王阳明全集·传习录上》)

对于修道而言,众生是有差别的,欲望极低而少的人,慧根深厚,极易开悟,甚至根本不用老师指导,自己就悟了,这叫作独觉;欲望重重的人,如犯了五逆重罪的人,如一阐提,其慧根丧失殆尽,尽管他们在理论上还是可以成佛的,但那是要多劫以后的事了,当生根本就没有可能成佛了。所以这两类人几乎已经定型:大根基者不用教,无根基者教不成。连儒家也说:

> 唯上知与下愚不移。(《论语·阳货》)

如此一来,修道路上绝大多数就是中等根基之人了。而事实也的确如此,中等根基之人才是教化的重点人群。通过教化，已生起信心者令其坚固，未生起信心者令其生起，这才是觉者的首要任务（觉者是不舍一众生的。说中等根基之人是重点人群，并不是说其余的人就被觉者遗忘了，切莫误解）。

所以也可以说，我们修道的过程就是去除欲望的过程，随着欲望的减少，你的佛性光明也就逐渐显现，直至彻底消除欲望，你的佛性光明大显。此时此刻，你是谁？永明延寿大师说：

如来藏中法性之体，从本已来性自满足。处染不垢修治不净，故云自性清净；性体遍照无幽不瞩，故曰圆明。又随流加染而不垢，返流除染而不净；亦可在圣体而不增，处凡身而不减；虽有隐显之殊，而无差别之异；烦恼覆之则隐，智慧了之则显；非生因之所生，唯了因之所了。斯即一切众生自心之体，灵知不昧寂照无遗。（《宗镜录·卷一》）

是佛是心，是心是佛，念念佛心，心心念佛。欲得早成，戒心自律，净戒律心，净心即佛，除此心王，更无别佛。欲求万法，莫染一物，心性虽空，含真体实，入此法门，端坐成佛。（《宗镜录·卷六》）

心净佛现，则云佛来，佛亦不来；心垢不现，即云佛去，佛亦不去。斯即来而非来，去而非去。佛即无来去，心亦不生灭。如是解者可见真佛矣。（《宗镜录·卷六》）

【本节链接】

【本经原文】子贡南游于楚，反于晋，过汉阴，见一丈人方将为圃畦，凿隧而入井，抱瓮而出灌，搰搰然用力甚多而见功寡。子贡曰："有械于此，一日浸百畦，用力甚寡而见功多，夫子不欲乎？"为圃者卬而视之曰："奈何？"曰："凿木为机，后重前轻，挈水若抽。数如泆汤，其名为槔。"为圃者忿然作色而笑曰："吾闻之吾师，有机械者必有机事，有机事者必有机心。机心存于胸中，则纯白不备；纯白不备，则神生不定；神生不定者，道之所不载也。吾非不知，羞而不为也。"子贡瞒然惭，俯而不对。

有间，为圃者曰："子奚为者邪？"曰："孔丘之徒也。"为圃者曰："子非夫博学以拟圣，于于以盖众，独弦哀歌以卖名声于天下者乎？汝方将忘汝神气，堕汝形骸，而庶几乎！而身之不能治，而何暇治天下乎！子往矣，无乏吾事！"

子贡卑陬失色，顼顼然不自得，行三十里而后愈。其弟子曰："向之人何为者邪？夫子何故见之变容失色，终日不自反邪！"曰："始吾以为天下一人耳，不知复有夫人也。吾闻之夫子，事求可，功求成。用力少，见功多者，圣人之道。今徒不然。执道者德全；德全者形全；形全者神全；神全者，圣人之道也。托生与民并行而不知其所之，汇乎淳备哉！功利机巧必忘夫人之心。若夫人者，非其志不之，非其心不为。虽以天下誉之，得其所谓，謷然不顾；以天下非之，失其所谓，傥然不受。天下之非誉，无益损焉，是谓全德之人哉！我之谓风波之民。"

反于鲁，以告孔子。孔子曰："彼假修浑沌氏之术者也；识其一，不知其二；治其内，而不治其外。夫明白入素，无为复朴，体性抱神，以游世俗之间者，汝将固惊邪？且浑沌氏之术，予与汝何足以识之哉！"（《天地》）

【大意】子贡可能受其老师的影响，也喜欢到处跑。有一次他游历楚国，返回晋国的途中经过汉阴，看见一老头正在给菜园浇水，他抱着一个大水瓮打水灌地，来来往往，一次也浇不了多大地方。子贡看了不忍，心想，这老头也太可怜了，于是想帮帮他。子贡说："如今有一种机械，每天可以浇灌上百个菜畦，用力很少而功效颇多，老先生你不想试试吗？"老头问："怎么做呢？"子贡说："做个抽水机就可以了。"

没想到好心不得好报，子贡掉入老头的陷阱，老头讥笑说："你那是有'机心'，有机心的人，大道就弃之而去了。我不是不知道你所说的办法，只不过感到羞耻而不愿那样做罢了。"子贡满面羞愧，低下头去不能作答。

紧接着，老头子又批评了孔夫子的做法，连自己的身心都治理不好，还谈什么治理天下呀？真可谓振聋发聩啊！

本节第一层意思是告诉我们不要有机心，第二层意思则可以放到"浑沌之死"一节中去。

【本节链接】

【本经原文】列御寇之齐，中道而反，遇伯昏瞀人，伯昏瞀人曰："奚方而反？"曰："吾惊焉。"曰："恶乎惊？"曰："吾尝食于十浆，而五浆先馈。"伯昏瞀人曰："若是，则汝何为惊已？"曰："夫内诚不解，形谍成光，以外镇人心，使人轻乎贵老，而齑其所患。夫浆人特为食羹之货，无多余之赢，其为利也薄，其为权也轻，而犹若是，而况于万乘之主乎！身劳于国而知尽于事，彼将任我以事而效我以功，吾是以惊。"伯昏瞀人曰："善哉观乎！女处己，人将保女矣！"

无几何而往，则户外之屦满矣。伯昏瞀人北面而立，敦杖蹙之乎颐，立有间，不言而出。宾者以告列子，列子提屦，跣而走，暨乎门，曰："先生既来，曾不发药乎？"曰："已矣，吾固告汝曰人将保汝，果保汝矣。非汝能使人保汝，而汝不能使人无保汝也，而焉用之感豫出异也！必且有感摇而本才，又无谓也。与汝游者又莫汝告也，彼所小言，尽人毒也；莫觉莫悟，何相孰也！巧者劳而知者忧，无能者无所求，饱食而敖游，汎若不系之舟，虚而敖游者也。"（《列御寇》）

【大意】列御寇到齐国去，半路上又折了回来，遇上伯昏瞀人。伯昏瞀人问他为什么回来了,列御寇说我去喝点豆浆(那时还没有豆浆,姑妄言之吧),十家倒有五家提前就给我送来了,为什么这样呢?一定是我的外表和行动让他们感觉我与众不同,他们才如此做的。这使我有点害怕了:一点点利益就使店家如此,那么,国君会怎么对待我呢?伯昏瞀人说:"你很会观察!你安处自身吧,人们一定会归附于你!"

没有多久伯昏瞀人前去看望列御寇,看见门外摆满了鞋子。伯昏瞀人面朝北方站着,竖着拐杖撑住下巴。站了一会儿,一句话也没说就走出去了。接待宾客的人员告诉了列御寇,列御寇提着鞋子,光着脚就跑了出来,赶到门口,说:"先生已经来了,竟不说一句批评指教的话吗?"伯昏瞀人说:"算了算了,我本来就告诉你说人们将会归附于你,果真都归附你了。你还是表现得与众不同了,这说明你本性一定是动摇了。这才会出现人们归附你的情形,你能使人们围着你转(能耐吧),但你却不能使人们不围着你转(更高明)。"

注意,伯昏瞀人不是在批评列御寇,而是在批评我们。本段中心思想是"心有所动,外有所显,机心一动,必不自然矣"。什么样子是自然呢?本节中有一句话叫作"汎若不系之舟",没有用缆绳系住的小船是什么样子?参一下。

相忘于江湖

两条鱼儿在一个马上就要干涸了的水坑里相互吐着泡沫,以此来滋润对方,以使彼此都能多苟延残喘一会儿。这在我们看来是一幅多么有爱的图画啊。可是,庄子的目的是告诉我们,再怎么有爱,都比不上根本就不认识来得好!两条在江湖里自由自在的鱼,不比在干涸的水坑里秀恩爱好吗?

人们总是追求仁义道德,但在老子和庄子来看,这正是人们远离大道的原因。老子说:"失道而后德;失德而后仁;失仁而后义;失义而后礼。夫礼者,忠信之泊也,而乱之首也。"你不用吃惊,老庄并不是反对善行。

有的人很不理解庄子这段话,难道庄子是要我们每个人都坚壁清野,与他人严格划清界限,老死不相往来吗?如果这个样子,人类社会就不成其为社会了。

这里庄子显然是比喻。比喻什么呢?庄子是告诉我们,人与人之间发生关系就会滋生无穷无尽的烦恼,因为人是复杂的动物,人与人之间的关系极其复杂,这会扰乱我们的身心,使我们无法宁静。因此庄子要我们过简单的生活,并不是要我们彻底与别人决裂。

什么是简单生活啊?

简单生活也有人把它叫作简约生活。简单生活是"我所想要的只是我所必需的,其他任何超出的东西都是累赘和负担"。更有美国现今流行的"新简单主义",所宣扬的"简单生活"现在已风行全球,影响越来越大。它提倡:不看电视、不上网、不大规模购物、不驾车等，以避免产生不必要的经济压力，甚至到没人的山野，除了吃饭、睡觉享受自然风光外什么也不做……

生活本来并不复杂，是我们自己把它搞复杂了，甚至搞得乌烟瘴气，充满邪恶与暴力。

这种情形必须改变，因此现在很多人提倡简约生活，这是一个大浪淘沙的过程，是你舍弃的过程，就是去欲的过程。

简单生活就是寡欲蕴德，就是返璞归真，就是回归自然，就是佛性显现的过程。

真正的简单生活就只剩下了安详和快乐，只剩下了宁静与慈悲。

这与修道有何差别？

简单生活并不容易。（此段可与薪尽火传段相参看。）

因此，此段的意义在于提醒我们：不思善，不思恶。能做到这一点，你就处于道中了。

【本节链接】

【本经原文】是故古之明大道者，先明天而道德次之，道德已明而仁义次之，仁义已明而分守次之，分守已明而形名次之，形名已明而因任次之，因任已明而原省次之，原省已明而是非次之，是非已明而赏罚次之。赏罚已明而愚知处宜，贵贱履位，仁贤不肖袭情。必分其能，必由其名。以此事上，以此畜下，以此治物，以此修身；知谋不用，必归其天，此之谓大平，治之至也。

故书曰："有形有名。"形名者，古人有之，而非所以先也。古之语大道者，五变而形名可举，九变而赏罚可言也。骤而语形名，不知其本也；骤而语赏罚，不知其始也。倒道而言，迕道而说者，人之所治也，安能治人！骤而语形名赏罚，此有知治之具，非知治之道；可用于天下，不足以用天下，此之谓辩士，一曲之人也。礼法数度，形名比详，古人有之，此下之所以事上，非上之所以畜下也。（《天道》）

【大意】本节告诉我们要无为而治，不要过分人为干预，人为的干预离道远矣。

【本节链接】

【本经原文】马，蹄可以践霜雪，毛可以御风寒，龁草饮水，翘足而陆，此马之真性也。虽有义台路寝，无所用之。及至伯乐，曰："我善治马。"烧之，剔之，刻之，雒之，连之以羁馽，编之以皂栈，马之死者十二三矣。饥之，渴之，驰之，骤之，整之，齐之，前有橛饰之患，而后有鞭笞之威，而马之死者已过半矣。陶者曰："我善治埴，圆者中规，方者中矩。"匠人曰："我善治木，曲者中钩，直者应绳。"夫埴木之性，岂欲中规矩钩绳哉？然且世世称之曰"伯乐善治马"而"陶、匠善治埴、木"，此亦治

天下者之过也。(《马蹄》)

【大意】哪有马愿意被人套住的？哪有土愿意被烧成陶器的？哪有树木愿意被雕刻的？不自然也。但我们不是世世代代地称赞伯乐、陶匠和木匠吗？

【本节链接】

【本经原文】故绝圣弃知，大盗乃止；摘玉毁珠，小盗不起；焚符破玺，而民朴鄙；掊斗折衡，而民不争；殚残天下之圣法，而民始可与论议。擢乱六律，铄绝竽瑟，塞瞽旷之耳，而天下始人含其聪矣；灭文章，散五采，胶离朱之目，而天下始人含其明矣。毁绝钩绳而弃规矩，攦工倕之指，而天下始人有其巧矣。故曰：大巧若拙。削曾史之行，钳杨墨之口，攘弃仁义，而天下之德始玄同矣。彼人含其明，则天下不铄矣；人含其聪，则天下不累矣；人含其知，则天下不惑矣；人含其德，则天下不僻矣。彼曾、史、杨、墨、师旷、工倕、离朱，皆外立其德，而以爚乱天下者也，法之所无用也。(《胠箧》)

【大意】这段很有意思，庄子的办法太搞笑了。庄子说："堵住瞎了眼睛的师旷的耳朵，天下人方能保全他们原本的听觉；粘住离朱的眼睛，天下人方才能保全他们原本的视觉；弄断工倕的手指，天下人方才能保有他们原本的智巧。"然而，你不要一笑了之啊。庄子的要旨在于要我们回归自然本性，不要被外物所迷惑。因为曾参、史鳅、杨朱、墨翟、师旷、工倕和离朱，都外露并炫耀自己的德行，以此来治理天下，反而会迷乱天下。这就是圣治之法没有用处的原因。

藏于天下

人们有了宝贝东西就担心被人偷去，总喜找地方欢藏起来，这是凡夫的通病。庄子以此为例，告诉我们修大道的道理。庄子说：即使是藏宝贝，其境界也有很大不同，"藏"有三种境界：第一是小藏，找个隐秘的地方，现代如保险柜，古时如山洞里等，这些是小藏，很容易被别人找到。第二是大藏，藏舟于壑，藏山于泽，这是大藏。然而还是不保险，有神人还是可以偷走的。第三是无藏之藏，即藏天下于天下之藏。这个藏法高明，谁也偷不去，你再也不会丢了你的宝贝。

然而，什么是你的宝贝呀？金银珠宝是否？古董字画是否？

你的最宝贵的宝贝就是你自己！你也知道这个道理，却不知道把自己藏在什么地方才不会丢失。那么，第三种藏是什么意思呢？藏天下于天下，就是让我们回归生命的本源啊！回到最初的源头，这就是我们的本来面目，这就是宇宙生命的实相！就是你不生不灭、不垢不净、不增不减的佛性啊！这才是真正的藏！找到自己的本性再不丢失，再不疑惑，生命之花彻底绽放，永不凋零，这才是人生的意义之所在啊，这时你才真正地享受生命的喜悦和美妙。否则，总是生活在患得患失的恐惧之中，无论你是善于小藏，还是善于大藏，都不得自在，不得解脱。

王梵志说：

> 世无百岁人，强做千年调。打铁作门限，鬼见拍手笑。

什么意思呢？王梵志指出：我们芸芸众生啊，都想着长命百岁，都非常怕死，把自家的门用铁栓插死，妄想把死神挡在门外。你能挡住吗？你能藏住吗？只要你流浪于生死，你就根本不能啊！这些都是小藏，只有你活出真正的自己了，这才叫无藏之藏！无藏之藏，就是佛家所说的"住无所住"啊，能够住在无所住处，才能无处不住。

【本节链接】

【本经原文】濡需者，豕虱是也，择疏鬣自以为广宫大囿，奎蹄曲隈，乳间股脚，自以为安室利处，不知屠者之一旦鼓臂布草操烟火，而己与豕俱焦也。此以域进，此以域退，此其所谓濡需者也。(《徐无鬼》)

【大意】猪身上的虱子，在稀疏的鬣毛处安身，猪大腿的皱褶处、乳房下，它都认为是最好的宫殿了，殊不知屠夫杀起猪来，放一把火，则濡需就和猪一起烧焦了。这就是依赖环境而安身，也会依赖环境而丧身。

我们不做濡需，要认识自己，要不被环境所左右，要不为外物所羁绊。

道可传可得

什么是道？庄子说：

> 我为汝言其大略。吾师乎！吾师乎！鳌万物而不为义，泽及万世而不为仁，长于上古而不为老，覆载天地刻雕众形而不为巧，此所游已。

又说：

> 夫道，有情有信，无为无形；可传而不可受，可得而不可见；自本自根，未有天地；自古以固存；神鬼神帝，生天生地；在太极之先而不为高；在六极之下而不为深；先天地生而不为久；长于上古而不为老。

这一段文字读者必须一字一字地读，且不可疏忽看过。庄子真是大哲，用这样简短的几十字就把无法描述的大道给和盘托出了。

这其实是老子下面话语的翻版，故而庄子是继承老子的，他们是一脉相承的。老子说：

> 道，冲而用之，有弗（不）盈也。渊呵！似万物之宗。锉其兑，解其纷；和其光，同其尘。湛呵！似或存，吾不知其谁之子也，象帝之先。(《道德经·第四

章》)

　　有状混成，先天地生。悦呵！穆呵！独立不改，可以为天下母。未知其名，字之曰道。(《道德经·第二十三章》)

　　道恒，无名。(《道德经·第三十章》)

道是什么样子？老庄说了上面的话，但我们还是不得要领是不是？

其实，道是如下的样子。

其一，道无名；其二，道无形无相；其三，道无处不在，无时不在；其四，道生发万物，万物离不开道，道存在于万物之中；其五，道可传而不可受，可得而不可见；其六，道永远存在，无头无尾；其七，道永不变化，无老无少。等等。

正因为道有这些特征，我们才可能悟道，这就是庄子所说的"可传，可得"，但觉者又不能直接把道像一个东西一样交到你的手里，你也不可能看见道是什么样子，这就是"不可受"、"不可见"。在《天运》中，庄子说："使道而可献，则人莫不献之于其君；使道而可进，则人莫不进之于其亲；使道而可以告人，则人莫不告其兄弟；使道而可以与人，则人莫不与其子孙。"

我们能得人身，真的很不容易，得了人身，又不去悟道，而用来花天酒地、灯红酒绿实在是太可惜了。

人身极可宝贵，其意有二：其一为"只有人身可成佛"；其二为"一失人身难再得"。

这两个特征告诉我们，人必须修道，必须找到自己的本来面目，回到生命的本初，这才是人生的真正目的。

然而，当真是每个人都可以见道、得道吗？非也。得是那块料才行！

肯定有读者会不以为然：佛经上都说一阐提都有佛性，都可以成佛，这岂不是说每个人都可以见道、得道吗？你怎么给否定了呢？你以为你是谁呀？

是的，两者看似矛盾，但其实不矛盾。

一阐提可以成佛，这是在理上而言的。于理而言，任何人，包括坏透腔了的人都有佛性，而且，理论上讲，有佛性者皆可成佛，甚至也有大恶人放下屠刀立地成佛的可能，这点毫无疑问。但在实践上，理论并不能完全实现，比如，你出佛身血试试看当生能否成佛？你弑父杀母试试看当生能否成佛？

生活当中不也如此？你没听过"人人平等"的话吗？对于生命而言，从理论上讲，人人的确是平等的，但自古及今，有哪个社会做到了人人平等？

不唯如是，在悟道的问题上，我们凡夫也是分三六九等的，即所谓上根人、小根人之差别。别不服气，六祖闻一言即能悟道，你我就是不行。连儒家也有"中人以上，可以语上也；中人以下，不可以语上也"的说法。

何谓小根人？闻法不生信即为小根人。若闻法"不惊不怖不畏，当知是人甚为希有"，此人即是大根人。

六祖说：

> 此法门是最上乘，为大智人说为上根人说，小根小智之人闻心生不信。何以故？譬如天龙下雨于阎浮提，城邑聚落悉皆漂流如漂枣叶，若雨大海不增不减……小根人闻此顿教，犹如草木根性小者，若被大雨悉皆自倒，不能增长。小根之人亦复如是。（《六祖法宝坛经·般若品第二》）

庄子说道不可见，的确，你不能像见一株大树那样见到"大道"，但你却能感知"道"、证得"道"。如果"道"不能感知，不能证得，那么，圣人出现于世，为我们讲经说法也就成为笑谈了。

道如何感知呢？其实，道不离生活，在日常生活中，在我们的举手投足之间，都有道的作用、道的身影。有一个禅师说得好：在眼曰见；在耳曰闻；在鼻曰嗅；在舌曰尝；在身曰触；在手执捉；在足运奔……只要你静下心来，停止妄念，道就与你同在，从来没有离开过你。"行于万物者，道也。"

【本节链接】

【本经原文】天地虽大，其化均也；万物虽多，其治一也；人卒虽众，其主君也。君原于德，而成于天。故曰：玄古之君天下，无为也，天德而已矣。

以道观言，而天下之君正；以道观分，而君臣之义明；以道观能，而天下之官治；以道泛观，而万物之应备。故通于天地者，德也；行于万物者，道也。上治人者，事也；能有所艺者，技也。技兼于事，事兼于义，义兼于德，德兼于道，道兼于天。故曰：古之畜天下者，无欲而天下足，无为而万物化，渊静而百姓定。记曰：通于一而万事毕，无心得而鬼神服。

夫子曰：夫道，覆载万物者也。洋洋乎大哉！君子不可以不刳心焉。无为为之之谓天，无为言之之谓德，爱人利物之谓仁，不同同之之谓大，行不崖异之谓宽，有万不同之谓富。故执德之谓纪，德成之谓立，循于道之谓备，不以物挫志之谓完。君子明于此十者，则韬乎其事心之大也，沛乎其为万物逝也。若然者，藏金于山，藏珠于渊，不利货财，不近贵富，不乐寿，不哀夭，不荣通，不丑穷，不拘一世之利以为己私分，不以王天下为己处显，显则明。万物一府，死生同状。

夫子曰：夫道，渊乎其居也，漻乎其清也。金石不得，无以鸣。故金石有声，不考不鸣。万物孰能定之？夫王德之人，素逝而耻通于事，立之本原，而知通于神，故其德广。其心之出，有物采之。故形非道不生，生非德不明。存形穷生，立德明道，非王德者邪？荡荡乎！忽然出，勃然动，而万物从之乎！此之谓王德之人。视乎冥冥，听乎无声。冥冥之中，独见晓焉。无声之中，独闻和焉。故深之又深，而能物焉。神之又神，而能精焉。故其与万物接也，至无而供其求，时骋而要其宿，大小、长短、修远。(《天地》)

【大意】天和地虽然很大，不过它们的运动和变化却是有规律可循的的。这个规律就是自然啊。

用道的观点来看待称谓，那么天下所有的国君都是名正言顺的统治者；用道的观点来看待职分，那么君和臣各自承担的道义就分明了；用道的观念来看待才干，那么天下的官吏都尽职尽力；从道的观念广泛地观察，万事万物全都自得而又自足。所以，贯穿于天地的是顺应自得的"德"；通行于万物的是听任自然的"道"；善于治理天下的是各尽其能各任其事；能够让能力和才干充分发挥的就是各种技巧。技巧归结于事务，事务归结于义理，义理归结于顺应自得的"德"，"德"归结于听任自然的"道"，听任自然的"道"归结于事物的自然本性。所以说，古时候养育天下百姓的统治者，无所追求而天下富足，无所作为而万物自行变化发展，深沉宁寂而人心安定。《记》这本书上说："通晓大道因而万事自然完满成功，无心获取因而鬼神敬佩贴服。"

先生说："道，是覆盖和托载万物的，多么广阔而盛大啊！君子不可以不敞开心胸排除一切有为的杂念。用无为的态度去做就叫作自然，用无为的态度去说就叫作顺应，给人以爱或给物以利就叫作仁爱，让各各不同的事物回归同一的本性就叫作伟大，行为不与众不同就叫作宽容，心里包容着万种差异就叫作富有。因此持守自然赋予的禀性就叫纲纪，德行形成就叫作建功济物，遵循于道就叫作修养完备，不因外物挫折节守就叫作完美无缺。君子明白了这十个方面，也就容藏了立功济物的伟大心志，而且像滔滔的流水汇聚一处成为万物的归往。像这样，就能藏黄金于大山，沉珍珠于深渊，不贪图财物，也不追求富贵；不把长寿看作快乐，不把夭折看作悲哀，不把通达看作荣耀，不把穷困看作羞耻；不把谋求举世之利作为自己的职分，不把统治天下看作自己居处于显赫的地位，显赫就会彰明，然而万物最终却归结于同一，死与生也并不存在区别。"

先生还说："道，它居处沉寂犹如幽深宁寂的渊海，它运动恒洁犹如明澈清澄的清流。金石制成钟、磬的器物不能获取外力，没有办法鸣响，所以钟磬之类的器物即使存在鸣响的本能，也不敲不响。万物这种有感才能有应的情况谁能准确地加以认识！具有盛德而居于统治地位的人，应该是持守素朴的真情往来行事而以通晓琐细事务为羞耻，立足于固有的真性而智慧通达于神秘莫测的境界。因此他的德行圣明而又虚广，他的心志即使有所显露，也是因为外物的探求而做出自然的反应。所以说，形体如不凭借道就不能产生，生命产生了不顺德就不会明达。保全形体维系生命，建树盛德彰明大道，这岂不就是具有盛德而又居于统治地位的人吗？浩渺伟大啊！他们无心地有所感，他们又无心地有所动，然而万物都紧紧地跟随着他们呢！这就是具有盛德而又居于统治地位的人。道，看上去是那么幽暗深渺，听起来又是那么寂然无声。然而幽暗深渺之中却能见到光明的真迹，寂然无声之中却能听到万窍唱和的共鸣。幽深而又幽深能够从中产生万物，玄妙而又玄妙能够从中产生精神。所以道与万物相接，虚寂却能满足万物的需求，时时驰骋纵放却能总合万物成其归宿，无论是大还是小，是长还是短，是高还是远。"

【本节链接】

【本经原文】天道运而无所积，故万物成；帝道运而无所积，故天下归；圣道运而无所积，故海内服。明于天，通于圣，六通四辟于帝王之德者，其自为也，昧然无不静者矣！圣人之静也，非曰静也善，故静也。万物无足以铙心者，故静也。水静则明烛须眉，平中准，大匠取法焉。水静犹明，而况精神！圣人之心静乎，天地之鉴也，万物之镜也。夫虚静恬淡寂漠无为者，天地之平而道德之至，故帝王圣人休焉。休则虚，虚则实，实者伦矣。虚则静，静则动，动则得矣。静则无为，无为也，则任事者责矣。无为则俞俞。俞俞者，忧患不能处，年寿长矣。

夫虚静恬淡寂漠无为者，万物之本也。明此以南向，尧之为君也；明此以北面，舜之为臣也。以此处上，帝王天子之德也；以此处下，玄圣素王之道也。以此退居而闲游江海，山林之士服；以此进为而抚世，则功大名显而天下一也。静而圣，动而王，无为也而尊，朴素而天下莫能与之争美。夫明白于天地之德者，此之谓大本大宗，与天和者也。所以均调天下，与人和者也。与人和者，谓之人乐；与天和者，谓之天乐。

庄子曰："吾师乎，吾师乎！䪠万物而不为戾；泽及万世而不为仁；长于上古而不为寿；覆载天地、刻雕众形而不为巧。"此之谓天乐。故曰：知天乐者，其生也天行，其死也物化。静而与阴同德，动而与阳同波。故知天乐者，无天怨，无人非，无物累，无鬼责。故曰：其动也天，其静也地，一心定而王天下；其鬼不祟，其魂不疲，一心定而万物服。言以虚静推于天地，通于万物，此之谓天乐。天乐者，圣人之心，以畜天下也。（《天道》）

【大意】自然规律的运行从不曾有过停留和积滞，所以万物得以生成；帝王统治的规律也从不曾有过停留和积滞，所以天下百姓归顺；思想修养臻于圣明的人对宇宙万物的看法和主张也不曾中断和停留，所以四海之内人人倾心折服。明白于自然，通晓于圣哲，对于了解帝王之德的人来说，上下四方相通和四季的畅达，全都是自身的运动，晦迹韬光不露形迹从不损伤静寂的心境。圣明的人内心宁寂，不是说宁寂美好，所以才去追求宁寂；各种事物都不能动摇和扰乱他的内心，因而心神才虚空宁寂犹如死灰。水在静止时便能清晰地照见人的须眉，水的平面合乎水平测定的标准，高明的工匠也会取之作为水准。水平静下来尚且清澄明澈,又何况是人的精神!圣明的人心境是多么虚空宁静啊!可以作为天地的明镜,可以作为万物的明镜。虚静、恬淡、寂寞、无为,是天地的基准,是道德修养的最高境界,所以古代帝王和圣明的人都停留在这一境界上。停留在这一境界上便心境空明虚淡,空灵虚淡也就会显得充实,心境充实就能合于自然之理了。心境虚空才会平静宁寂,平静宁寂才能自我运动,没有干扰地自我运动也就能够无不有所得。虚静便能无为,无为使任事的人各尽其责。无为也就从容自得,从容自得的人便不会身藏忧愁与祸患,年寿也就长久了。虚静、恬淡、寂寞、无为,是万物的根本。明白这个道理而居于帝王之位,就象唐尧作为国君;明白这个道理而居于臣下之位,就象虞舜作为臣属。凭借这个道理而处于尊上的地位,就算是帝王治世的盛德;凭借这个道理而处于庶民百姓的地位,就算是通晓了玄圣素王的看法和主张。凭借这个道理退居闲游于江海,山林的隐士就推心折服;凭借这个道理进身仕林而安抚世间百姓,就能功业卓著名扬四海而使天下大同。清静而成为玄圣,行动而成为帝王,无为方才能取得尊尚的地位,保持淳厚素朴的天性天下就没有什么东西可以跟他媲美。明白天地以无为为本的规律,这就叫作把握了根本和宗原,而成为跟自然谐和的人;用此来均平万物、顺应民情,便是跟众人谐和的人。跟人谐和的,称作人乐;跟自然谐和的,就称作天乐。

庄子说:"我的宗师啊!我的宗师啊!碎毁万物不算是暴戾,恩泽施及万世不算是仁爱,生长于远古不算是寿延,覆天载地、雕刻众物之形不算是智巧,这就叫作天乐。所以说:'通晓天乐的人,他活在世上顺应自然地运动,他离开人世混同万物而变化。平静时跟阴气同宁寂,运动时跟阳气同波动。'因此体察到天乐的人,不会受到天的抱怨,不会受到人的非难,不会受到外物的牵累,不会受到鬼神的责备。所以说:'运动时合乎自然的运行,静止时犹如大地一样宁寂,内心安定专一统驭天下;鬼魔不会作祟,神魂不会疲惫,内心专一安定万物无不折服归附。'这些话就是说把虚空宁静推及天地,通达于万物,这就叫作天乐。所谓天乐,就是圣人的爱心,用以养育天下人。"

本节告诉我们,虚静是通向大道的必由之途。

【本节链接】

【本经原文】孔子问于老聃曰:"今日晏闲,敢问至道。"

老聃曰:"汝齐戒,疏瀹而心,澡雪而精神,掊击而知!夫道,窅然难言哉!将为汝言其崖略。

"夫昭昭生于冥冥,有伦生于无形,精神生于道,形本生于精,而万物以形相生,故九窍者胎生,八窍者卵生。其来无迹,其往无崖,无门无房,四达之皇皇也。邀于此者,四肢彊。思虑恂达,耳目聪明,其用心不劳,其应物无方。天不得不高,地不得不广，日月不得不行，万物不得不昌，此其道与！

"且夫博之不必知，辩之不必慧，圣人以断之矣。若夫益之而不加益，损之而不加损者，圣人之所保也。渊渊乎其若海，魏魏乎其终则复始也，运量万物而不匮。则君子之道，彼其外与！万物皆往资焉而不匮，此其道与！"（《知北游》）

【大意】孔子对老聃说："今天安居闲暇，我冒昧地向你请教至道。"

老聃说："你先得斋戒静心，再疏通你的心灵，清扫你的精神，破除你的才智！大道，真是深奥神妙难以言表啊！不过我将为你说个大概。

"明亮的东西产生于昏暗，具有形体的东西产生于无形，精神产生于道，形质产生于精微之气。万物全都凭借形体而诞生，所以，具有九个孔窍的动物是胎生的，具有八个孔窍的动物是卵生的。大道找不到来处，也没有去处，无处进出，无处停留，却四面八方无处不在。遵循这种情况的人，四肢强健，思虑通达，耳目灵敏，运用心思不会劳顿，顺应外物不拘定规。天得道才会高远，地得道才会广大，太阳和月亮得道才会运行，万物得道才会昌盛，这恐怕就是道啊！

"再说博学的人不一定有智慧，善于辩论的人不一定就格外聪明，圣人因而断然舍弃上述种种做法；你学得再多再博，大道也不增加一分，你少知少学，大道也不减少一分，这才是圣人所要持守的东西。深邃莫测呀，它像大海一样；高大神奇呀，它没有终结也没有开始。万物的运行全在它的范围之内，而且从不曾缺少什么。完全不像世俗君子所谈论的大道那样，他们谈论的都是些皮毛！万物都从大道那里获取生命的资助，而且从不匮乏，这恐怕就是道啊！"

【本节链接】

【本经原文】东郭子问于庄子曰："所谓道，恶乎在？"庄子曰："无所不在。"东郭子曰："期而后可。"庄子曰："在蝼蚁。"曰："何其下邪？"曰："在稊稗。"曰："何其愈下邪？"曰："在瓦甓。"曰："何其愈甚邪？"曰："在屎溺。"东郭子不应。

庄子曰："夫子之问也，固不及质。正获之问于监市履狶也，每下愈况。汝唯莫必，无乎逃物。至道若是，大言亦然。周徧咸三者，异名同实，其指一也。尝相与游乎无何有之宫，同合而论，无所终穷乎！尝相与无为乎！澹而静乎！漠而清乎！调而闲乎！寥已吾志，无往焉而不知其所至，去而来而不知其所止，吾已往来焉而不知其所终；彷徨乎冯闳，大知入焉而不知其所穷。物物者与物无际，而物有际者，所谓物际者也；不际之际，际之不际者也。谓盈虚衰杀，彼为盈虚非盈虚，彼为衰杀非衰杀，彼为本末非本末，彼为积散非积散也。"（《知北游》）

【大意】本节分为两部分，第一部分是东郭子向庄子请教什么是道，庄子的回答令东郭子吃惊，因为庄子越说越低贱，甚至说道在屎溺。禅宗也有"道是干屎橛"的说法。就连号称古佛的赵州禅师也亲自去尿尿，哪里没有道在？故而庄子说："大道无所不在。"

第二部分则是庄子对东郭子的布道。庄子说："你呀，根本就没有触及道的本质！你不要固执地只是在某一事物里寻找道，万物没有什么东西可以逃离它。'至道'就是这样的，再能说的伟大的言论也是如此。"

想要向不知道"道"的人讲道，实在是太难了，因为言语道断嘛！但，过来人不会不管凡夫，还是要讲的。怎么办？庄子就说：来，让我们试着想像一下我们处在一个什么也没有的地方，什么也不去想，什么也不去做，试着用大道的观点来看这个问题，你会发现我们的本性是"澹而静，漠而清，调而闲"的，你会发现它是无所从来，又无所从去的，它来来往往，无始无终，就连大智的人也不能完全知道啊。物与物有区别，但从大道来看，根本就没有差异和区别，差异和区别只是表面现象而已。哪里没有道呢？！

【本节链接】
【本经原文】见《逍遥游》"小大与无用"一节之"秋水时至……不似尔向之自多于水乎？"（《秋水》）

女偊闻道

女偊，庄子虚拟的人物。

《庄子》一书中的人和事可分为以下四种情况：第一种是真人真事，如庄子与惠施；第二种是真人假事，如梁惠王观庖丁解牛；第三种是假人真事，如关于神巫季咸的描述，历史上有没有季咸这个人谁也不知道，但这样的算卦相面先生历史上肯定存在过；第四种是假人假事，即庄子虚拟的人物。这最后一种情形又分为历史上有传说的人物和纯粹是庄子自己创造的人物两种，前者如许由，后者如子祀、子舆、子来、子犁、子桑户等。

但读者切不可认为庄子是随便虚拟人物和事，这些都是庄子精心设计安排的故事情节，都是为了这部书的主题而设的。

女偊就属于第四种情况，而且是庄子创造的人物。

偊，有两种含义，一是指小心谨慎的样子，另一是指佝偻着身子独自前行的样子。女，即"你"的意思。所以，女偊合起来就是"你要小心谨慎啊"，这是庄子在告诫我们这些后学，修道要认真仔细着，步步如履薄冰才行。这与老子告诫我们"豫呵，若冬涉川"是一样的。

女偊闻道这一段相当重要，这是庄子为我们把大道和盘托出的一节，可以说是庄子泄露了天机。

这里有两处必须注意：一个是两个人物，女偊和卜梁倚；一个是修道的各阶段标志用词，包括"外天下，外物，外生，朝彻，见独，无古今，不死不生"。

想修道吗？那你要有卜梁倚的"才"，然后遇上如女偊这样有"道"的师父，这样就比较容易了。

这是两个重要的条件，而其中最重要的是你能否有卜梁倚的"才"。至于能否遇到"明师"姑且不论，即使你福报很大，遇到了真正的明师，没有"才"一样白搭。

那么卜梁倚的"才"都包括什么？包括很多，比如，是否真正发起了出离心？信心是否足够？能否为消业障甘受大苦，百折不回？是否有足够的悟性？有否足够的时间和其他条件？所谓"法、侣、财、地"等等。

但笔者认为最重要的还是在于发心和修心这两条。

发心要真、正、切。真是指内心的真实愿望，没有虚假；正是指动机要正，不为名利，不为神通；切是指迫切，要认识到生命短暂，自己可能明天就会死，要抓紧一切时间来修行方可。发心若不真、不正、不切，不是为了真正的成就道业、普渡众生，而是为了什么名闻利养等，那么，一切免谈。不惟如此，这样的发心还可种下恶因，后世可能不妙。如弘忍大师说：

> 汝等终日只求福田，不求出离生死苦海。自性若迷，福何可救？（《六祖法宝坛经·行由品第一》）

所以不能为求福田而学佛，学佛是为要解决生死大事的，有如是因，才能有解脱果。

但这还不是大菩萨的发心，大菩萨的发心不住于相。维摩诘居士说：

> 夫求法者，非有色受想行识之求，非有界入之求，非有欲色无色之求。唯，舍利弗！夫求法者，不著佛求，不著法求，不著众求；夫求法者，无见苦求，无断集求，无造尽证修道之求。所以者何？法无戏论，若言我当见苦、断集、证灭、修道，是则戏论，非求法也。唯，舍利弗！法名寂灭，若行生灭，是求生灭，非求法也；法名无染，若染于法，乃至涅槃，是则染著，非求法也；法无行处，若行于法，是则行处，非求法也；法无取舍，若取舍法，是则取舍，非求法也；法无处所，若著处所，是则著处，非求法也；法名无相，若随相识，是则求相，非求法也；法不可住，若住于法，是则住法，非求法也；法不可见闻觉知，若行见闻觉知，是则见闻觉知，非求法也；法名无为，若行有为，是求有为，非求法也。是故舍利弗！若求法者，于一切法，应无所求。（《维摩诘所说经·不思议品第六》）

修心要狠、恒、专，狠是指有大决心，不达开悟见性的目的誓不罢休；恒是指要有持之以恒的耐心和毅力，不可一曝十寒；专是指选择了一门修道的方法就要一门深入，不要朝三暮四，如念佛就老老实实念佛，莫换题目，一直念下去，念到一心不乱，往生自然有份。打坐就一直坐下去，不要今天打坐明天持咒，换来换去，最后一无所成。明藕益智旭大师云：

> 念佛法门，别无奇特，只深信力行为要耳……可惜今人，将念佛看做浅近勾当，谓愚夫愚妇工夫。所以信既不深，行亦不力，终日悠悠，净功莫克。设有巧设方便，欲深明此三昧者，动以参究谁字为向上。殊不知现前一念能念之心，本自离过绝非，不消作意离绝。即现一句所念之佛，亦本自超情离计，何劳说妙谭玄？祗贵信得及，守得稳，直下念去。或昼夜十万，或五万三万，以决定不缺为准。毕此一生，誓无变改，若不得往生者，三世诸佛，便为诳语。一得往生，永无退转，种种法门，咸得现前。切忌今日张三，明日李四。(《灵峰宗论·示念佛法门》)

只有具备了卜梁倚的"才"，才有可能一步步深入到下面所讲的七个层次中去，这七个层次都是什么意思呢？

外天下是指你在坐的时候，感觉到自己的身体没有了，不存在了，四肢躯干、手足包括脑袋都消失了，只剩下思维还在。这个阶段你会生起八触的感受，即冷热、痒麻、轻安、舒适、蚁行等感受，其中的轻安舒适感受令人十分受用，有人可能因此堕入其中出不来了，这是需要注意的，千万不要贪图快乐的感受，要顺其自然，任其自然发生，也任其自然消逝。

外物是指天人合一的状态，你与外部世界完全合二为一，甚至可以感受到自己变成了树木花草、山河土石等，没有分别。只有到此阶段，你才能真正体会到什么是整体。

外生是指做功夫到了一定境界时，会生出一个意生身。

朝彻是指你已经开悟，见到了大道，属于见道位。但此时你还没能究竟，只是刚刚破了初关，还有后期的保任功夫要做。

见独是指找到了自己的佛性，认识了自己的本来面目，不再失去。你也知道了自己的本性是不生不灭的，这就是庄子紧接着所说的"无古今，不死不生"的境界。是为得道位。

下面紧接着庄子又列举了9个虚拟人物，这九个人物是：副墨、洛诵、瞻明、聂许、需役、於讴、玄冥、参寥、疑始。这9个人物是什么含义呢？安排的顺序有什么深意呢？这里大有学问。

简单地说，这段大意如下：副墨即文字，而且还不是现代的"复印版"的文字，彼时没有复印机，这是指当时人们手工抄录的经典而言的。我们是怎么知道"大道"

的呢？绝大多数人得之于文字啊，而文字又是从别人的读诵（洛诵）转换来的，这些读诵又来自哪里？它来自于聪明人（瞻明）那里，聪明人学到的东西又是从更聪明的人那里得到的，怎么得到的呢？后者总是喋喋不休地在他的耳畔述说着大道的道理（聂许），所以聪明人就得到了。这个更聪明的人，他的道又来自于哪里？来自于亲身的实践（需役，就是修行），而这种亲身的实践就和大道建立起了联系，会生起出离之心（於讴，反复吟咏、学习领会之意，是为资粮道），更深一步就能感知到那个存有（道），它的确存在，但看不见摸不着（玄冥）。再进一步，就得道了，与道合一了（参寥），与道合一还没有到家，行满保任的功夫，就知道了宇宙人生的真相了（疑始）。

这是什么呀？这是我们修行的历程呀。

想修道的人，或是从别处听来，或是从书本看来。而且在你犹犹豫豫的时候，总是有人孜孜不倦地给你解说，教化你，引你入门，这个引你入门的人就是瞻明。什么是瞻明啊？上文用聪明人来代替，其实，瞻明不是聪明，而是具有智慧的人，也就是宗教所说的具有慧根之人。这些具有慧根的人需要大菩萨来教诲，大菩萨的教诲总是不厌其烦，总是诲人不倦，禅师言之曰：老婆心切是也。

前半段是菩萨度众生的过程，当我们接受了教化，建立起了对修行的信心后，再接下来就是我们做功夫的过程了，这个过程就是：积累资粮（於讴）、入门见道（玄冥）、得道（参寥）和有余涅槃（疑始）的过程。

【本节链接】

【本经原文】颜成子游谓东郭子綦曰："自吾闻子之言，一年而野，二年而从，三年而通，四年而物，五年而来，六年而鬼入，七年而天成，八年而不知死、不知生，九年而大妙。"

"生有为，死也，劝公。以其死也，有自也；而生阳也，无自也。而果然乎？恶乎其所适？恶乎其所不适？天有历数，地有人据，吾恶乎求之？莫知其所终，若之何其无命也？莫知其所始，若之何其有命也？有以相应也，若之何其无鬼邪？无以相应也，若之何其有鬼邪？"（《寓言》）

【大意】颜成子游对东郭子綦说："自从我听了你的谈话，一年之后就返归质朴，两年之后就顺从世俗，三年豁然贯通，四年与物混同，五年神情自得，六年灵会神悟，七年融于自然，八年就忘却生死，九年之后便达到了玄妙的境界。"

东郭子綦说："生前驰逐外物恣意妄为，必然要走向死亡，劝诫人们事事求取平正。生命的终结，有它一定的原因；可是生命的产生却是感于阳气，并没有什么显明的迹象。你果真能够这样认识人的生与死吗？那么生与死何处算是适宜？又何处不算适宜呢？天有日月星辰和节气的变化，地有人们居住区域和寓所的划分，我又去哪里追求什么呢？没有人能够真正懂得生命的归向与终了，怎么能说没有命运安排？没有人能够真正懂得生命的起始与形成，又怎么能说存在命运的安排？有时候可以跟外物形成相应的感召，怎么能说没有鬼神主使呢？有时候又不能跟外物形成相应的感召，又怎么能说是存在鬼神的驱遣呢？"

【本节链接】

【本经原文】黄帝游乎赤水之北，登乎昆仑之丘而南望，还归，遗其玄珠。使知索之而不得，使离朱索之而不得，使喫诟索之而不得也。乃使象罔，象罔得之。黄帝曰："异哉，象罔乃可以得之乎？"（《天地》）

【大意】黄帝在视察赤水的北方地区，登上昆仑山，向南眺望，回来时把玄珠丢了。黄帝派"聪明"去找，没找到；派"千里眼"去找，没找到；派"能言善辩"去找，也没找到。最后派了"糊里糊涂"去，他马上就把玄珠给找回来了。皇帝很吃惊：咦，奇怪啊，怎么反而是个糊涂蛋找到的呢？

玄珠是什么？是我们的本性啊。怎么找我们的本性啊？用知识不可以，用聪明不可以，用眼不可以，用语言文字不可以！只有用我们的原本的"心"才可以！而这个心有什么特征？没有特征，就是象罔嘛。

【本节连接】

【列子原文】有生不生，有化不化。不生者能生生，不化者能化化。生者不能不生，化者不能不化，故常生常化。常生长化者，无时不生，无时不化。阴阳尔，四时尔，不生者疑独，不化者往复。往复，其际不可终；疑独，其道不可穷。黄帝书曰："谷神不死，是为玄牝。玄牝之门，是为天地之根。绵绵若存，用之不勤。"故生物者不生，化物者不化。自生自化，自形自色，自智自力，自消自息。谓之生化、形色、智力、消息者，非也。（《列子·天瑞》）

【大意】宇宙间有生发之物就有不生发之物，有变化之物就有不变化之物。那不生发的却能使其他物生发，那不变化的却能使其他物变化。这个是什么？就是大道啊，大道是不生不灭的，永无变化的。它能使万物生发和变化，但本身却无变化、无生灭。

大道是不变的（疑独），万物的生发和变化是无时无刻不在进行的（往复）。这些生化、形色、智力和消息等变化是自然而然的，是大道使之变化的，但你如果说大道有心而成之的话，就大错特错了。

【本节链接】

【列子原文】陈大夫聘鲁，私见叔孙氏。叔孙氏曰："吾国有圣人。"曰："非孔丘邪？"曰："是也。""何以知其圣乎？"叔孙氏曰："吾常闻之颜回，曰：'孔丘能废心而用形。'"陈大夫曰："吾国亦有圣人，子弗知乎？"曰："圣人孰谓？"曰："老聃之弟子有亢仓子者，得聃之道，能以耳视而目听。"鲁侯闻之大惊，使上卿厚礼而致之。亢仓子应聘而至。鲁侯卑辞请问之。亢仓子曰："传之者妄。我能视听不用耳目，不能易耳目之用。"鲁侯曰："此增异矣。其道奈何？寡人终愿闻之。"亢仓子曰："我体合于心，心合于气，气合于神，神合于无。其有介然之有，唯然之音，虽远在八荒之外，近在眉睫之内，来干我者，我必知之。乃不知是我七孔四支之所觉，心腹六脏之知，其自知而已矣。"鲁侯大悦。他日以告仲尼，仲尼笑而不答。(《列子·仲尼》)

【大意】这是两个人比较自己国家有圣人的故事。"陈大夫"是陈国人，官位大夫，出使鲁国，官事办完后，他私下里见了鲁国的大夫叔孙氏，没想到两个人就比起谁的国家有圣人来了。

先是叔孙氏非常自傲地说，我们有圣人，你们没有。没想到陈大夫说，我们不但有圣人，而且比你们的还厉害呢。鲁国有孔子，众所周知，孔子能够处理事情不露心迹。但陈大夫说，他们国家有一个叫亢仓子的人，是老子的徒弟，更神奇了，他可以用耳朵看，用眼睛听。特异功能啊。

鲁国国君知道了这件事，就把亢仓子请了过来，没想到亢仓子说："别听那些人瞎说，我没有这个功能。我不能互换眼耳的功用，但我能不用眼就能看到，不用耳就能听到。"鲁侯更吃惊了："这更加神奇了，这是怎么做到的呢？"亢仓子说："我体合于气，气合于神，神合于无，所以就能办到了。"

鲁侯非常高兴，过了几天，他把这件事告诉了孔子，孔子笑了笑，没有说话。

请问：孔子和亢仓子谁更高明？亢仓子真是悟道者吗？此处孔子一笑与佛祖拈花一笑可有一比。

坐 忘

坐忘坐忘，要坐要忘，这是两个阶段的功夫。

坐忘的过程就是我们修心的过程，就是要我们明心见性的过程，目的就是要我们的佛性现前。

有人总是有糊涂认识，他们认为我们的佛性是可以修出来的，可以一点点地积累，积累到了一定程度，我们就见到佛性了。这是大错特错的！佛性不可修，它就在那里，从来没有丢失，只是被我们无始劫以来的无明给覆盖了，越来越厚，根本就看不见了，我们只要把覆盖上面的无明去掉即可，只要去掉灰尘，佛性自然现前，你就会发现，原来它就在那里，既没有丢失，也没有减少。

怎么明心见性呢？参话头是适应末法时期众生的好方法，其实，本来不需要参什么话头，只是我们的佛性已经被覆盖得太久了，直指人心的办法已经不灵了，无奈，古德才想出了这么个法子，叫我们好有个拄杖子，帮助我们一步步走向大道。虚云老和尚说：

> 宋代以后，人们的根器陋劣了，讲了做不到，譬如说"放下一切"、"善恶莫思"，但总是放不下，不是思善，就是思恶，到了这个时候，祖师们不得已，采取以毒攻毒的办法，教学人参公案。初是看话头，甚至于要咬定一个死话头，教你咬得紧紧，刹那不要放松，如老鼠啃棺材相似，咬定一处，不通不止，目的在以一念抵制万念。这实在是不得已的办法，如恶毒在身，非开刀疗冶，难以生效。（《虚云老和尚法汇》）

怎么参话头呢？过来人的话不可不听，离我们最近的过来人就是虚云老和尚了，这段话比较长，但对于习禅之人来说特别重要，所以录在下面。他老人家是这样说的：

> 古人的公案多得很，后来专讲看话头，有的"看拖死尸的是谁"，有的"看父母未生之前，如何是我本来面目"，晚近诸方多用"看念佛是谁"这一话头。其实都是一样，都很平常，并无奇特。如果你要说看念经的是谁，看持咒的是谁，看拜佛的是谁，看吃饭的是谁，看穿衣的是谁，看走路的是谁，看睡觉的是谁，都是一个样子，谁字下的答案，就是心。
>
> 话从心起，心是话之头；念从心起，心是念之头；万法皆从心生，心是万法之头。其实话头，即是念头，念之前头就是心。直言之，一念未生以前就是话头。由此你我知道，看话头就是观心，父母未生以前的本来面目就是心，看父母未生以前的本来面目，就是观心。
>
> 性即是心，"反闻闻自性"，即是反观观自心，"圆照清净觉相"，清净觉相即是心。照即观也，心即是佛，念佛即是观佛，观佛即是观心。所以说"看话头"，或者是说"看念佛是谁"，就是观心，即是观照自心清净觉体，即是观照自性佛。
>
> 心即性，即觉，即佛，无有形相方所，了不可得，清净本然，周遍法界，不出不入，无往无来，就是本来现成的清净法身佛。
>
> 行人都摄六根，从一念始生之处看去，照顾此一话头，看到离念的清净自心，再绵绵密密，恬恬淡淡，寂而照之，直下五蕴皆空，身心俱寂，了无一事。从此昼夜六时，行住坐卧，如如不动，日久功深，见性成佛，苦厄度尽。
>
> 昔高峰祖师云："学者能看个话头，如投一片瓦块在万丈深潭，直下落底，若七日不得开悟，当截取老僧头去。"同参们，这是过来人的话，是真语实语，不是骗人的诳语啊。

然而为什么现代的人看话头的多，而悟道的人没有几个呢？这是由于现代的人，根器不及古人，亦由于学者对参禅看话头的理路，多是没有摸清，有的人东参西访，南奔北走，结果闹到老，对一个话头还没有弄明白，不知什么是话头，如何才算看话头，一生总是执着言句名相，在话尾上用心。

"看念佛是谁"呀，"照顾话头"呀，看来看去，参来参去，与话头东西背驰，哪里会悟此本然的无为大道呢？如何到得这一切不受的王位上去呢？金屑放在眼里，眼只有瞎，那里会放大光明呀！可怜啊可怜啊，好好的儿女，离家学道，志愿非凡，结果空劳一场，殊可悲悯！

若是参禅看话头，就看"念佛是谁"，你自己默念几声"阿弥陀佛"，看这念佛的是谁？这一念从何处起的？当知这一念不是从我口中起的，也不是从我肉身起的。若是从我身或口起的，我若死了，我的身口犹在，何以不能念了呢？当知这一念是从我心起的，即从心念起处，一觑觑定，蓦直看去，如猫捕鼠，全副精神集中于此，没有二念。但要缓急适度，不可操之太急，发生病障。行住坐卧，都是如此，日久功深，瓜熟蒂落，因缘时至，触着碰着，忽然大悟。此时如人饮水，冷暖自知，直至无疑之地，如十字街头见亲爷，得大安乐。

那么疑情又是怎样生起来的呢？当你把话头照顾到没有妄想的时候，你那个心就静下来了。那时，你再反问这个念佛的究竟是谁？就好像有一样很贵重的东西遗失了，不知道丢到哪里去，那么心里面就老是在思维这件事，当下就自然地产生了疑情。但是必须要注意，这个疑情只是一念，就是一个念头；并不是要你思量卜度的、东想西想的思维念佛是谁、究竟是谁，那样就不是在做工夫了，也不是起疑情啊！那时根本就在打妄想了。你只能在你的妄想心没有了，在不明白处生起这个疑情，当疑情一起，那么外面就没有世界了，对你自己来说，也不知道身心了，就只是这一念疑情在啊！好比那个冷火抽烟，一线绵延不断，在这个时候才叫真疑情现前。如果空空洞洞，清清净净，非常舒服，也没有话头疑情在，那个只是无记境界，它不是疑情，也不是工夫，这是用功的人要特别注意的。

一旦真疑现前，就会不分昼夜，不分闲忙，也不分病时，只是单单注意疑念，二六时中，不间不断，久而久之，若碰到因缘，就咚的一声开悟了，到那个时候，你就见到自己的本来面目了。最低限度，你就是证到见道位了，在宗门下就是破了本参，生死了了一大半，你的道眼也就打开了。所以说宗门下这一法，你要是真实行持，当生就能了脱生死！

古来这一法，了生死的人很多很多！祖师们说的话不是骗人的，就是我们信心不足，如果信心具足呢，一定能够办得到（《虚云老和尚法汇》）。

起疑情并不简单，试问面对"念佛者谁"这一话头你如何起疑情？疑情发不起来，你的妄想就断不了，你的功夫也不进步。憨山大师在参禅时，发起疑情来，整个人都变成了一个木头人相似，他与同参的僧人虽然每天见面，那些僧人也说话交流，但憨山大师却不认识他们,也不知道他们整天在说什么,心里只有一个大大的疑问,横亘在心中,挥之不去,为此憨山大师的头都肿了起来。这才叫发疑情,如此才有发明大事的可能。明朝方以智论述做学问的方法时说:"善疑者,不疑人之所疑,而疑人之所不疑。"这句话对于起疑情到有很好的启示。比如,人们普遍怀疑我们是否能成佛?我们真的能见性吗?这是大众的疑处,那修道者就不要怀疑,要有坚定的信心,自信我的自性与佛一般无二,一定能够成佛的。那么,大众所不疑的是什么呢?念佛是谁?大众毫不怀疑:"是我呀。"而我们修道者就要在这里起疑,哪个是我?我是谁?这就叫作"不疑人之所疑,而疑人之所不疑"。如此才叫"起疑情"。

坐忘的最高境界是什么样的呢?《维摩诘所说经·弟子品第三》中有这样一段描述:

夫宴坐者,不于三界现身意,是为宴坐;不起灭定而现诸威仪,是为宴坐;不舍道法而现凡夫事,是为宴坐;心不住内亦不在外,是为宴坐;于诸见不动,而修行三十七道品,是为宴坐;不断烦恼而入涅槃,是为宴坐;若能如是坐者,佛所印可。

这才是真正的"坐"了,是功夫到家了,也即六祖所说的"外离相为坐,内不乱为禅"的境界。

应帝王第七

原　文

　　齧缺问于王倪，四问而四不知。齧缺因跃而大喜，行以告蒲衣子。

　　蒲衣子曰：而乃今知之乎？有虞氏不及泰氏。有虞氏，其犹藏仁以要人，亦得人矣，而未始出于非人。泰氏，其卧徐徐，其觉于于，一以己为马，一以己为牛；其知情信，其德甚真，而未始入于非人。

　　肩吾见狂接舆。狂接舆曰：日中始何以语女？肩吾曰：告我君人者以己出经式义度，人孰敢不听而化诸？

　　狂接舆曰：是欺德也；其于治天下也，犹涉海凿河而使蚊负山也。夫圣人之治也，治外乎？正而后行，确乎能其事者而已矣。且鸟高飞以避矰弋之害，鼷鼠深穴乎神丘之下以避熏凿之患，而曾二虫之无知！

　　天根游于殷阳，至蓼水之上，适遭无名人而问焉，曰：请问为天下。无名人曰：去！汝鄙人也，何问之不豫也！予方将与造物者为人，厌，则又乘夫莽眇之鸟，以出六极之外，而游无何有之乡，以处圹埌之野。汝又何帠以治天下感予之心为？又复问。无名人曰：汝游心于淡，合气于漠，顺物自然而无容私焉，而天下治矣。

　　阳子居见老聃，曰：有人于此，向疾强梁，物彻疏明，学道不勌。如是者，可比明王乎？老聃曰：是于圣人也，胥易技系，劳形怵心者也。且也虎豹之文来田，猨狙之便执嫠之狗来藉。如是者，可比明王乎？阳子居蹴然曰：敢问明王之治。老聃曰：明王之治，功盖天下而似不自己，化贷万物而民弗恃；有莫举名，使物自喜；立乎不测，而游于无有者也。

　　郑有神巫曰季咸，知人之死生存亡、祸福寿夭，期以岁月旬日，若神。郑人见之，皆弃而走。列子见之而心醉，归，以告壶子，曰：始吾以夫子之道为至矣，则又有至焉者矣。壶子曰：吾与汝既其文，未既其实，而固得道与？众雌而无雄，而又奚卵焉！而以道与世亢，必信，夫故使人得而相汝。尝试与来，以予示之。

　　明日，列子与之见壶子。出而谓列子曰：嘻！子之先生死矣！弗活矣！不以旬数矣！吾见怪焉，见湿灰焉。列子入，泣涕沾襟以告壶子。壶子曰：乡吾示之以地文，萌乎不震不正。是殆见吾杜德机也。尝又与来。

明日，又与之见壶子。出而谓列子曰：幸矣，子之先生遇我也！有瘳矣，全然有生矣！吾见其杜权矣。列子入，以告壶子。壶子曰：乡吾示之以天壤，名实不入，而机发于踵。是殆见吾善者机也。尝又与来。

明日，又与之见壶子。出而谓列子曰：子之先生不齐，吾无得而相焉。试齐，且复相之。列子入，以告壶子。壶子曰：乡吾示之以太冲莫胜。是殆见吾衡气机也。鲵桓之审为渊，止水之审为渊，流水之审为渊。渊有九名，此处三焉。尝又与来。

明日，又与之见壶子。立未定，自失而走。壶子曰：追之！列子追之不及，反，以报壶子曰：已灭矣，已失矣，吾弗及已。壶子曰：乡吾示之以未始出吾宗。吾与之虚而委蛇，不知其谁何，因以为弟靡，因以为波流，故逃也。

然后列子自以为未始学而归，三年不出。为其妻爨，食豕如食人。于事无与亲，雕琢复朴，块然独以其形立。纷而封哉，一以是终。

无为名尸，无为谋府；无为事任，无为知主。体尽无穷，而游无朕；尽其所受乎天，而无见得，亦虚而已。至人之用心若镜，不将不迎，应而不藏，故能胜物而不伤。

南海之帝为儵，北海之帝为忽，中央之帝为浑沌。儵与忽时相与遇于浑沌之地，浑沌待之甚善。儵与忽谋报浑沌之德，曰：人皆有七窍以视听食息，此独无有，尝试凿之。日凿一窍，七日而浑沌死。

白 话

齧缺向王倪求教，问了四个问题，王倪四次都不能答。齧缺于是跳了起来，高兴极了，转身去告诉蒲衣子。

蒲衣子说："你如今知道了这种情况吗？有虞氏比不上泰氏。有虞氏心怀仁义以笼络人心，获得了百姓的拥戴，不过他还是不曾超脱外物的束缚。泰氏睡卧时舒缓安适，觉醒时悠游自得；他听任有的人把自己看作马或者看作牛；他的智慧真实无伪，他的德行纯实可信，从不曾受到过外物的束缚。"

肩吾拜会狂接舆。狂接舆说："你的老师日中始用什么来教导你？"

肩吾说："他告诉我，做国君的一定要凭借自己的意志来推行法度，人们谁敢不听从而随之感化呢？"

狂接舆说："这是欺诳的做法，那样治理天下，就好像在大海里开凿河道，让蚊虫背负大山一样（怎们能治理得好呢）。圣人治理天下，难道去治理社会外在的表象吗？圣人先正已而后感化他人，使人们能各尽所能罢了。鸟儿尚且懂得高飞躲避弓箭的伤害，鼹鼠尚且知道深藏于神坛之下的洞穴以逃避烟薰挖地的祸患，难道人还不如这两种小动物吗？！"

天根闲游于殷山的阳面,来到蓼水河边,正巧遇上无名人,便向他求教,天根问:"请问如何治理天下。"

无名人说:"走开,你是个见识浅薄的人,怎么一张口就问令人讨厌的问题呢(令人不愉快)?!我正打算跟造物者结成伴侣,厌烦时便乘坐那状如飞鸟的清虚之气,超脱于'六极'之外,生活在什么也不存在的地方,居处于旷达无垠的环境。你又怎么能用梦呓般的所谓治理天下的话语来扰乱我的心呢?"

天根又再次提问。无名人说:"你应游心于恬淡之境,与造物合一,顺应事物的自然而不掺杂半点儿个人的思想和欲望,天下也就能得到治理了。"

阳子居拜见老聃,说:"倘若现在有这样一个人,他办事迅疾敏捷、强干果决,对待事物洞察准确、了解透彻,学'道'专心勤奋从不厌怠。这样的人,可以跟圣哲之王相比并列吗?"

老聃说:"这样的人在圣人看来,只不过就像小吏供职办事时为技能所拘系、劳苦身躯担惊受怕的情况。况且虎豹因为美丽的花纹而招来众多猎人的围捕,猕猴因为跳跃敏捷、狗因为会捕狐狸,都招致绳索的捆绑。这样的动物,也可以跟圣哲之王并列吗?"

阳子居听了这番话脸色顿改,惭愧不安地问:"冒昧地请教圣哲之王怎么治理天下呢?"

老聃说:"圣哲之王治理天下,功绩普盖天下却又像不是自己的努力,教化施及万物而百姓却好像不需要他一样;功德无量,没有什么语言可以称述赞美,使万事万物各居其所而欣然自得;他是那样的高深莫测,像是生活在什么也不存在的世界里。"

郑国有个神巫名叫季咸,他善于相面,能够看出人的生死存亡和祸福寿夭,所预卜的年、月、旬、日都十分准确,仿佛是神人。郑国人见到他,都担心预卜死亡和凶祸而急忙跑开。列子见到他却内心折服如醉如痴,回来后把见到的情况告诉老师壶子,并且说:"起先我总以为先生的道行最为高深,如今又有更为高深的了。"壶子说:"我教给你的全是道的外在的东西,还未能教给你道的实质,你难道就已经得道了吗?只有众多的雌鸟而没有雄鸟,又怎么能生出(受精的)蛋来呢!你所学到的道的皮毛就跟世人周旋,而且一心想求取别人的信任,因而让人家洞察了你的底细。你把他带来(试着跟他一块儿来),把我介绍给他,让他给我看看相吧。"

第二天,列子跟神巫季咸一道拜见壶子。季咸走出门来就对列子说:"呀!你的先生快要死了!活不了了,用不了十来天了!我观察到他形色怪异,神情像遇水的灰烬一样。"

列子进到屋里，痛哭流涕，泪水弄湿了衣襟，伤心地把季咸的话告诉给壶子。

壶子说："刚才我给他看的是让我的心如同大地那样寂然不动的状态，茫茫然既没有震动也没有止息。他看到的只是我的闭塞的生机。再叫他来看看。"

第二天，列子又跟神巫季咸一道拜见壶子。季咸走出门来就对列子说："幸运啊，你的先生遇上了我！有生机了，症兆减轻了，完全有救了。我已经观察到闭塞的生机中神气微动的情况了。"

列子进到屋里，把季咸的话告诉给壶子。壶子说："刚才我将天与地的生气显露给他看，名利等一切杂念都排除在心外，而生机从脚跟发起。所以他看到了我的一线生机。再叫他来看看。"

第二天，列子又跟神巫季咸一道拜见壶子。季咸走出门来就对列子说："你的先生心迹不定，神情恍惚，我无从给他看相。等到你先生心迹稳定，我再来给他看相吧。"

列子进到屋里，把季咸的话告诉给壶子。壶子说："刚才我示现的是没有任何征兆的太虚境界。他只能感受到我内气平和的征兆。大鱼盘桓逗留的地方叫深渊，静止的河水聚积的地方叫深渊，流动的河水滞留的地方也叫深渊。渊有九种称呼，我这里给他看的只是上面的三种。你再跟他一块儿来看看。"

第二天，列子又跟神巫咸季一道拜见壶子。季咸还未站定脚跟，就惊慌失措地跑了。壶子说："追上他！"列子没能追上，回来告诉壶子，说："已经没有踪影了，让他跑掉了，我没能赶上他。"

壶子说："我还没给他看我真正的大道呢（他就吓跑了）。我跟他随意应付，他弄不清我的究竟，就像小草随风披靡、水随波逐流一样，所以他逃跑了。"

这之后，列子深深感到像从来不曾拜师学道似的回到自己的家里，三年不出门。他帮助妻子烧火做饭、喂猪就像侍侯人一样。对于各种世事不分亲疏没有偏私，过去的雕琢和华饰已恢复到原本的质朴和纯真，像大地一样木然忘情地存于世上。虽然涉入世间的纷扰却能固守本真，并将之贯穿终生。

不要受名声所累，不要殚精竭虑地去谋略；顺应世事（事来则应，去则灭），不要让世智聪辨成为你的主宰。（而要）去体验无穷无尽的大道而不留下任何踪迹（尤其不要有我成功了而沾沾自喜的念头）；这就是心境清虚淡泊的状态啊。修养高尚的"至人"心思就象一面镜子，对于外物是来者即照去者不留（不将不迎），应合事物本身从不有所隐藏（如实显现），所以能够反映外物而又不因此损心劳神。

南海之帝名叫儵，北海之帝名叫忽，中央之帝名叫浑沌。儵与忽常常相会于浑沌之处，浑沌对待他们十分友好。儵和忽在一起商量报答浑沌的深厚情谊，说："人人都有眼耳口鼻七个窍孔用来视、听、吃和呼吸，唯独浑沌没有，我们试着为他凿开七窍。"他们每天凿出一个孔窍，凿了七天浑沌也就死去了。

题 解

应帝王：无为而治，顺物自然，浑然一体，不失本真。真正的"王者"，顺乎大道而不人为。本章是内七篇中次短的一篇，同样也说明本章不是庄子的重点，因为一个人一旦开悟，在世间该怎么做会无师自通的。正如王阳明所说：人要是悟了，便"光光只是心之本体，看有甚思虑？此便是寂然不动，便是未发之中，便是廓然大公，自然感而遂通，自然发而中节，自然物来顺应"（《王阳明全集·传习录上》）。本章主要是庄子亮出自己的观点和主张而已，但我们未悟的凡夫还是要仔细认真读之。

要点禅解

不知为上

生活中人们总爱刨根问底，问个为什么，被人们称之为"敏学好问"，是聪明、好学、上进的体现。但对于大道，怎么回答呢？大道如何描述呢？根本没有办法。这也正是禅宗"不立文字，教外别传"的原因。

学佛过程中，常见的障碍有两种，叫作烦恼障和所知障。

烦恼障每个人都有，而且在现代社会中，严重程度每个人也都差不多，无非什么名啊，利啊，房子啊，权利啊，美女啊，汽车啊等等。但所知障就不同了，有的人严重，有的人轻微。而且，严重的还往往是那些"满腹经纶"的"学者"，他们被各种概念、逻辑、框架、习气给限制死了，无法突破。这些东西根深蒂固，很难放下。然而，你不放下，怎么能见大道呢？

比如，禅本不可言说，本无文字，无有定法，只有以心印心，代代相传，却精神不灭。而具有所知障的人却把大好的禅变成了"文化"，成了文字游戏。这样做久了，于是焉，禅消亡殆尽矣。

《列子中·说符》中邻人亡羊的故事很有启发性：

> 杨子之邻人亡羊，既率其党，又请杨子之竖追之。杨子曰："嘻！亡一羊何追者之众？"邻人曰："多歧路。"既反，问："获羊乎？"曰："亡之矣。"曰："奚亡之？"曰："歧路之中又有歧焉。吾不知所之，所以反也。"杨子戚然变容，不言者移时，不笑者竟日。门人怪之，请曰："羊贱畜，又非夫子之有，而损言笑者何哉？"杨子不答。门人不获所命。
>
> 弟子孟孙阳出，以告心都子。心都子他日与孟孙阳偕入，而问曰："昔有昆弟三人，游齐鲁之间，同师而学，进仁义之道而归。其父曰：'仁义之道若何？'伯

曰：'仁义使我爱身而后名。'仲曰：'仁义使我杀身以成名。'叔曰：'仁义使我身名并全。'彼三术相反，而同出于儒。孰是孰非邪？"杨子曰："人有滨河而居者，习于水，勇于泅，操舟鬻渡，利供百口。裹粮就学者成徒，而溺死者几半。本学泅，不学溺，而利害如此。若以为孰是孰非？"心都子嘿然而出。孟孙阳让之曰："何吾子问之迂，夫子答之僻？吾惑愈甚。"

心都子曰："大道以多歧亡羊，学者以多方丧生。学非本不同，非本不一，而末异若是。唯归同反一，为亡得丧。子长先生之门，习先生之道，而不达先生之况也，哀哉！"

大意是杨朱邻居丢了羊，好多人去找，因为岔路多，无功而返。杨朱得知这一情形后，陷入了深深的思考，其门人不懂。

这段话给了我们什么提示？就是大道多歧路！儒学大师带徒弟，老大学到的是"爱身而后名"，老二学到的是"杀身以成名"，老三则学到了"身名并全"。老师是一个，所教的也一样，为什么学徒学到的却大相径庭呢？原因就是每个人都加上了自己的理解、自己的知啊！其结果就导致真正的儒学丧失了。

到了王阳明那里，他的心学由于弟子的理解不同而产生了不同的学术流派，主要有七个分支。其实阳明学说早在守仁先生还在世时就已经分成两大派别了。

禅也一样，建立起来之后很快就发扬光大，影响面极广，在唐至宋的这段时期甚是可以说是一统佛门，甚至是文人墨客见面必谈禅，影响不可谓不大矣，迅速形成了五家七宗的局面。然而，凡事必有两面性，禅学的发展壮大是必然，但从另一方面来看，五家七宗的形成也正是禅师们对六祖禅法理解的不同而导致的，即在禅的发展过程中，一代一代的禅师加入了自己的理解，很难说禅学的式微与此毫无关系。

【本节链接】

【本经原文】世之所贵道者，书也。书不过语，语有贵也。语之所贵者，意也，意有所随。意之所随者，不可以言传也，而世因贵言传书。世虽贵之，我犹不足贵也，为其贵非其贵也。故视而可见者，形与色也；听而可闻者，名与声也。悲夫！世人以形色名声为足以得彼之情。夫形色名声果不足以得彼之情，则知者不言，言者不知，而世岂识之哉！

桓公读书于堂上，轮扁斫轮于堂下，释椎凿而上，问桓公曰："敢问公之所读者，何言邪？"公曰："圣人之言也。"曰："圣人在乎？"公曰："已死矣。"曰："然则君之所读者，古人之糟魄已夫！"桓公曰："寡人读书，轮人安得议乎！有说则可，无说则死！"轮扁曰："臣也以臣之事观之。斫轮，徐则甘而不固，疾则苦而不入，不徐不疾，得之于手而应于心，口不能言，有数存焉于其间。臣不能以喻臣之子，臣之子亦

不能受之于臣，是以行年七十而老斫轮。古之人与其不可传也死矣，然则君之所读者，古人之糟魄已夫！"（《天道》）

【大意】世上人们所看重和称道的就是书。书并没有超越言语，而言语确有可贵之处。言语所可看重的就在于它的意义，而意义又有它的出处。意义的出处，是不可以用言语来传告的，然而世人却因为看重言语而传之于书。世人虽然看重它，我还是认为它不值得看重，因为它所看重的并不是真正可以看重的。所以，用眼睛看而可以看见的，是形和色；用耳朵听而可以听到的，是名和声。可悲啊，世上的人们满以为形、色、名、声就足以获得事物的实情！形、色、名、声实在是不足以获得事物的实情，而知道的不说，说的不知道，世上的人们难道能懂得这个道理吗？

齐桓公在堂上读书，轮扁在堂下砍削车轮，他放下椎子和凿子走上朝堂，问齐桓公说："冒昧地请问，您所读的书说的是些什么呢？"齐桓公说："是圣人的话语。"轮扁说："圣人还在世吗？"齐桓公说："已经死了。"轮扁说："那么国君所读的书，全是古人的糟粕啊！"齐桓公说："寡人读书，制作车轮的人怎么敢妄加评议呢！有什么道理说出来还可以原谅，没有道理可说那就得处死。"轮扁说："我用我所从事的工作观察到这个道理。砍削车轮，动作慢了松缓而不坚固，动作快了涩滞而不入木。不慢不快，手上顺利而且应合于心，口里虽然不能言说，却有技巧存在其间。我不能用来使我的儿子明白其中的奥妙，我的儿子也不能从我这儿接受这一奥妙的技巧，所以我活了七十岁如今老子还在砍削车轮。古时候的人跟他们不可言传的道理一块儿死亡了，那么国君所读的书，正是古人的糟粕啊！"

【本节链接】
【本经原文】见《齐物论》"恶乎知之"一节之"知北游……以黄帝为知言。（《知北游》）

【本节链接】
【本经原文】见《齐物论》"辩也者有不见也"一节之"于是泰清问乎无穷……不游乎太虚。"（《知北游》）

【本节链接】
【本经原文】宋元君夜半而梦人被发窥阿门，曰："予自宰路之渊，予为清江使河伯之所，渔者余且得予。"元君觉，使人占之，曰："此神龟也。"君曰："渔者有余且乎？"左右曰："有。"君曰："令余且会朝。"明日，余且朝。君曰："渔何得？"对曰："且之网得白龟焉，其圆五尺。"君曰："献若之龟。"龟至，君再欲杀之，再欲活之。

心疑，卜之。曰："杀龟以卜，吉。"乃刳龟，七十二钻而无遗筴。仲尼曰："神龟能见梦于元君，而不能避余且之网；知能七十二钻而无遗筴，不能避刳肠之患。如是则知有所困，神有所不及也。虽有至知，万人谋之。鱼不畏网而畏鹈鹕。去小知而大知明，去善而自善矣。婴儿生，无石师而能言，与能言者处也。"（《外物》）

【大意】宋元君半夜里梦见有人披散着头发在侧门旁窥视，说："我来自名叫宰路的深渊，我作为清江的使者出使河伯的居所，渔夫余且捕捉了我。"宋元君醒来，派人占卜，说："这是一只神龟。"宋元君问："渔夫有名叫余且的吗？"左右侍臣回答："有。"宋元君说："叫余且来朝见我。"第二天，余且来朝。宋元君问："你捕捞到了什么？"余且回答："我的网捕捉到一只白龟，周长五尺。"宋元君说："献出你捕获的白龟。"白龟送到，宋元君一会儿想杀了，一会儿又想养起来，心理正犯疑惑，卜问吉凶，说："杀掉白龟用来占卜，一定大吉。"于是把白龟剖开挖空，用龟板占卜数十次推断起来也没有一点失误。孔子知道后说："神龟能显梦给宋元君，却不能避开余且的鱼网；才智能占卜数十次也没有一点失误，却不能逃脱剖腹挖肠祸患。如此说来，才智也有困窘的时候，神灵也有考虑不到的地方。即使存在最高超的智慧，也敌不了万人的谋算。鱼儿即使不畏惧鱼网也会害怕鹈鹕。摒弃小聪明方才显示大智慧，除去矫饰的善行才能使自己真正回到自然的善性。婴儿生下来没有高明的老师指教也能学会说话，因为跟会说话的人自然相处。"

本段也可以放在"恶乎知之"一节。

【本节链接】
【本经原文】荃者所以在鱼，得鱼而忘荃；蹄者所以在兔，得兔而忘蹄；言者所以在意，得意而忘言。吾安得夫忘言之人而与之言哉！（《外物》）

【大意】竹筍是用来捕鱼的，捕到鱼后就忘掉鱼筍；兔网是用来捕捉兔子的，捕到兔子后就忘掉兔网；言语是用来传告思想的，领会了意思就忘掉言语。我怎么能寻找到忘掉言语的人而跟他谈一谈呢！

为牛为马，顺物自然

这一段描写了得道之人的特征。以俗人的眼光来看，有虞氏已经是相当难得的道德楷模了，但与泰氏比起来还是差得太远了。得道者的特征是"其卧徐徐，其觉于于，一以己为马，一以己为牛；其知情信，其德甚真，而未始入于非人"。即无论他是睡着还是醒着，他的心态、神情都是泰然安宁的，从不散乱的，故而叫"泰氏"。无论人们怎样看他（看作马牛也无所谓），都不会影响他的内心，他已经达到了毁誉皆不变于己、时刻安住当下的境界。他的神情态度总是自然纯真而实在的，总是与万物合为一体的，从来就没有进入分裂的状态，所以他才能够影响别人，才能够教化众生。

庄子说的是别人把你看成牛马，而禅师是自己要变成牛马：

> 一日，沩山和尚上堂曰："老僧百年后，向山下作一水牯牛，左胁下书五字——沩山僧某甲。当恁么时，唤作沩山僧，又是水牯牛，唤作水牯牛，又是沩山僧，唤什么即得？"无人作答，唯仰山出，礼拜而退。

且问，和尚为什么要做牛？仰山见了什么道理出来礼拜？

自然无为，不加以人为的干预，这是最佳的状态。如果用人为的法治去治理其他人，狂接舆认为是"欺德"的做法，这样的人也不能够做大宗师，自然也不能教化众生。老子说：

> 为者败之，执者失之。物或行或随，或嘘或吹，或强或挫，或陪或隳。是以圣人去甚，去大，去奢。（《道德经·第二十七章》）

一有人为，就破坏了自然，即使我们认为的"善意之举"也不行。下面这个饿死的天鹅的故事就说明了过分干预的错误之处：天鹅是候鸟，冬天飞往南方，夏天飞往北方。由于路途遥远，中间需要休息，补充体力，然后继续飞行，年年若是。但有一群天鹅在冬季飞往南方的途中，看见一个大湖，正好也需要休息了，天鹅就落在湖中，准备吃饱休息后再次南飞。一对老年夫妇刚巧住在湖边，见了天鹅很是欢喜，他们拿出粮食来喂养天鹅，又给天鹅们搭建了一个温暖的窝。天鹅有吃有喝又有窝，便再也不走了。冬季很快就过去了，天气一暖和，天鹅们又回北方去养育后代了。第二年冬季，天鹅们又回来了，老年夫妇一如既往地饲养天鹅。就这样，一连几年都是如此，天鹅们终于养成了习惯。终于有一年，老年夫妇魂归天国了，而天鹅依然来到这个湖泊，等着老夫妇来喂养他们，一直等啊等啊，不肯离开继续南飞，最后湖面冰冻了，天鹅们没有食物，没有温暖的窝，一个个全都冻死在了湖面上。

毫无疑问，老夫妇是有爱心的。但这种爱心的结局是不是有点残酷？天鹅本身有其自身的习性，人为干预只能带来这样惨痛的结局。

《在宥》中是这样描写至人的行为的："世俗之人，皆喜人之同乎己而恶人之异于己也。同于己而欲之，异于己而不欲者，以出乎众为心也。夫以出乎众为心者，曷常出乎众哉！因众以宁，所闻不如众技众矣。而欲为人之国者，此揽乎三王之利而不见其患者也。此以人之国侥幸也，几何侥幸而不丧人之国乎！其存人之国也，无万分之一；而丧人之国也，一不成而万有余丧矣。悲夫，有土者之不知也。夫有土者，有大物也。有大物者，不可以物；物而不物，故能物物。明乎物物者之非物也，岂独治天下百姓而已哉！出入六合，游乎九州，独往独来，是谓独有。独有之人，是谓至贵。大人之教，若形之于影，声之于响。有问而应之，尽其所怀，为天下配。处乎无响，行乎无方。挈汝适复之挠挠，以游无端；出入无旁，与日无始；颂论形躯，合乎大同，大同而无己。无己，恶乎得有有！睹有者，昔之君子；睹无者，天地之友。"

这一段可以分为三个段落，第一段的意思是：世俗人都喜欢别人跟自己相同而讨厌别人跟自己不一样。希望别人跟自己相同，不希望别人跟自己不一样的人，总是把出人头地当作自己主要的内心追求。那些一心只想出人头地的人，何尝又能够真正超出众人呢！随顺众人之意当然能够得到安宁，可是个人的所闻总不如众人的技艺多才智高。希图治理邦国的人，必定是贪取夏、商、周三代帝王之利而又看不到这样做的后患的人。这样做是凭借统治国家的权力贪求个人的侥幸，而贪求个人的侥幸而不至于丧失国家统治权力的又有多少！他们中能够保存国家的，不到万分之一，而丧失国家的，自身一无所成而且还会留下许多祸患。可悲呀，拥有土地的统治者是何等的不聪明！

第二段的大意如下：拥有土地的国君，必然拥有众多的物品。拥有众多的物品却不可以受外物所役使，使用外物而不为外物所役使，所以能够主宰天下万物。明白了拥有外物又能主宰外物的人本身就不是物，岂只是治理天下百姓而已啊！这样的人已经能往来于天地四方，游乐于整个世界，独自无拘无束地去，又自由自在地来，这样的人就叫作拥有万物而又超脱于万物。拥有万物而又超脱于万物的人，就称得上是至高无尚的贵人。

第三段的大意如下：至贵之人的教诲，就好像躯体对于身影，传声对于回响。有提问就有应答，竭尽自己所能，为天下人的提问做出应答。处心于没有声响的境界，活动在变化不定的地方，引领着人们往返于纷扰的世界，从而遨游在无始无终的浩渺之境，或出或进都无须依傍，像跟随太阳那样周而复始地没有尽头；容颜、谈吐和身形躯体均和众人一样，大家都是一样也就无所谓自身。无所谓自身，哪里用得着据有各种物象！看到了自身和各种物象的存在，这是过去的君子；看不到自身的各种物象的存在，这就跟永恒的天地结成了朋友。

理解这一段话的关键有两处：一处是"物而不物，故能物物"；另一个是"处乎无响，行乎无方"。正确理解这两部分，也就对整段内容了然于胸了。

什么是"物而不物，故能物物"呢？前一句是，我们要与万物合一，而不能被万物所驱使；后一句是，不被万物所驱使，我们才能真正摆脱物质对我们的控制，从而自由自在、乘物以游心矣。

不被万物所驱使，即要我们消除对立，摆脱物欲的控制，因而我们与万物不是一个对立的关系，而是一个合二为一的过程和境界，万物与我一体，你才能自在，你就是"睹无者，天地之友"了。

西方有一句话，叫作摩西密码，困扰了西方学者很多年，搞不清楚是什么意思。这句话很简单，即"I am that I am"。奇怪的是，这么简单的一句话，却在几千年里没有一个准确的解释，引起很多争论。世上的事往往如此，越是简单的，其内涵反而越深奥。终于在 21 世纪初的某一天，美国一个学者无意中把这句话读成了："I am that, I am!"读完之后，他大吃一惊，豁然开悟："这才是摩西密码的原意！"什么意思呢？这句话的正确翻译如下："我即是万物，的确是！"或"我即是万物，真的是"！摩西密码传达了一个信息：我们与万物是一体的。我们不是对立的，我们是平等的，我们是合一的。

什么"是处乎无响，行乎无方"呢？前一句是，圣人是行不言之教的，他如一口大钟一样，不叩不鸣，小叩小鸣，大扣大鸣。也就是说，圣人教导我们时时因材施教，他会对不同根基的众生施以不同的教法。后一句是，开悟的人行为没有棱角，不是特立独行的，泯然与大众相同（当然这仅仅是"看起来"相同，实则觉悟了的人内在世界与我们凡夫是天地悬隔的）。开悟的人就是这样无为无不为地教化着我们。

【本节链接】
【本经原文】见《养生主》"安时处顺"一节之"骈拇枝指……使天下之惑也。"（《骈拇》）

【本节链接】
【本经原文】吾意善治天下者不然。彼民有常性，织而衣，耕而食，是谓同德。一而不党，命曰天放。故至德之世，其行填填，其视颠颠。当是时也，山无蹊隧，泽无舟梁，万物群生，连属其乡，禽兽成群，草木遂长。是故禽兽可系羁而游，鸟雀之巢可攀援而窥。夫至德之世，同与禽兽居，族与万物并，恶乎知君子小人哉！同乎无知，其德不离；同乎无欲，是谓素朴。素朴而民性得矣。

及至圣人，蹩躠为仁，踶跂为义，而天下始疑矣；澶漫为乐，摘僻为礼，而天下始分矣。故纯朴不残，孰为牺尊！白玉不毁，孰为圭璋！道德不废，安取仁义！性情不离，安用礼乐！五色不乱，孰为文采！五声不乱，孰应六律！夫残朴以为器，工匠之罪也。毁道德以为仁义，圣人之过也。

夫马，陆居则食草饮水，喜则交颈相靡，怒则分背相踶，马知已此矣！夫加之以衡扼，齐之以月题，而马知介倪、闉扼、鸷曼、诡衔、窃辔。故马之知而态至盗者，伯乐之罪也。夫赫胥氏之时，民居不知所为，行不知所之，含哺而熙，鼓腹而游，民能以此矣。及至圣人，屈折礼乐以匡天下之形，悬跂仁义以慰天下之心，而民乃始踶跂好知，争归于利，不可止也。此亦圣人之过也（《马蹄》）。

【大意】我认为善于治理天下的人就不是这样。黎民百姓有他们固有不变的本能和天性，织布而后穿衣，耕种而后吃饭，这就是人类共有的德行和本能。人们的思想和行为浑然一体没有一点儿偏私，这就叫作任其自然。所以上古人类天性保留最完善的时代，人们的行动总是那么持重自然，人们的目光又是那么专一而无所顾盼。正是在这个年代里，山野里没有路径和隧道，水面上没有船只和桥梁，各种物类共同生活，人类的居所相通相连而没有什么乡、县差别，禽兽成群结队，草木遂心地生长。因此禽兽可以用绳子牵引着游玩，鸟鹊的巢窠可以攀登上去探望。在那人类天性保留最完善的年代，人类跟禽兽同样居住，跟各种物类相互聚合并存，哪里知道什么君子、小人呢！人人都蠢笨而无智慧，人类的本能和天性也就不会丧失；人人都愚昧而无私欲，这就叫作"素"和"朴"。能够像生绢和原木那样保持其自然的本色，人类的本能和天性就会完整地留传下来。

等到世上出了圣人，勉为其难地去倡导所谓仁，竭心尽力地去追求所谓义，于是天下开始出现迷惑与猜疑。放纵无度地追求逸乐的曲章，繁杂琐碎地制定礼仪和法度，于是天下开始分离了。所以说，原本没被分割，谁还能用它雕刻为酒器？一块白玉没被破裂，谁还能用它雕刻出玉器？人类原始的自然本性不被废弃，哪里用得着仁义？人类固有的天性和真情不被背离，哪里用得着礼乐？五色不被错乱，谁能够调出文彩？五声不被搭配，谁能够应和六律？分解原木做成各种器皿，这是木工的罪过，毁弃人的自然本性以推行所谓仁义，这就是圣人的罪过！

本节亦可放"相忘于江湖"一节中。

【本节链接】

【本经原文】谆芒将东之大壑，适遇苑风于东海之滨。苑风曰："子将奚之？"曰："将之大壑。"曰："奚为焉？"曰："夫大壑之为物也，注焉而不满，酌焉而不竭。吾将游焉！"

苑风曰："夫子无意于横目之民乎？愿闻圣治。"谆芒曰："圣治乎？官施而不失其宜，拔举而不失其能，毕见其情事而行其所为，行言自为而天下化。手挠顾指，四方之民莫不俱至，此之谓圣治。""愿闻德人。"曰："德人者，居无思，行无虑，不藏是非美恶。四海之内，共利之之谓悦，共给之之谓安。怊乎若婴儿之失其母也，傥乎若行而失其道也。财用有余而不知其所自来，饮食取足而不知其所从，此谓德人之容。""愿闻神人。"曰："上神乘光，与形灭亡，是谓照旷。致命尽情，天地乐而万事销亡，万物复情，此之谓混冥。"（《天地》）

【大意】谆芒向东到大海去，正巧在东海之滨遇到苑风。苑风问道："你打算去哪儿呢？"谆芒说："打算去大海。"苑风又问："去做什么呢？"谆芒说："大海作为一种物象，江河注入它不会满溢，不停地舀取它不会枯竭；因而我将到大海游乐。"

苑风说："那么，先生无意关心庶民百姓吗？希望能听到圣人之治。"谆芒说："圣人之治吗？设置官吏施布政令但处处合宜得体；举贤任才而不遗忘一个能人，让每个人都能看清事情的真情实况去做自己应该做的事，行为和谈吐人人都能自觉自动而自然顺化，挥挥手示示意，四方的百姓没有谁不汇聚而来，这就叫圣人之治。"苑风说："希望再听到关于顺应外物凝神自得的人。"谆芒说："顺应外物凝神自得的人，居处时没有思索，行动时没有谋虑，心里不留存是非美丑。四海之内人人共得其利就是喜悦，人人共享财货便是安定；那悲伤的样子像婴儿失去了母亲，那怅然若失的样子又像行路时迷失了方向。财货使用有余却不知道自哪里来，饮食取用充足却不知道从哪儿出。这就是顺应外物凝神自得的人的仪态举止。"苑风说："希望再听到什么是神人。"谆芒说："精神超脱物外的神人驾驭着光，跟所有事物的形迹一道消失，这就叫普照万物。穷尽天命和变化的真情，与天地同乐因而万事都自然消亡，万物也就自然回复真情，这就叫混同玄合没有差异。"

圣人之治乃人为之治；神人之治则自然无为；德人之治介乎两者之间。

【本节链接】
【本经原文】曰："何谓天？何谓人？"北海若曰："牛马四足，是谓天；落马首，穿牛鼻，是谓人。故曰：无以人灭天，无以故灭命，无以得殉名。谨守而勿失，是谓反其真。"（《秋水》）
【大意】什么是自然？什么是人为？海神说：牛马生来就是四个蹄子，这就是自然。我们给马套住头，给牛穿上鼻绳，这就是人为。所以说不要用人为而灭了天性，不要故意去破坏自然，不要为了欲望而丢了自己。能够抱神守之，就是返回先天，就是返璞归真啊。
《淮南鸿烈·原道训》是这样说的：
  所谓天者，纯粹朴素，质直皓白，未始有与杂糅者也；所谓人者，偶（目差）智故，曲巧伪诈，所以俛仰于世人，而与俗交者也。

【本节链接】
【本经原文】穷有八极，达有三必，形有六府。美、髯、长、大、壮、丽、勇、敢，八者俱过人也，因以是穷。缘循、偃佒、困畏不若人，三者俱通达。知慧外通，勇动多怨，仁义多责。达生之情者傀，达于知者肖，达大命者随，达小命者遭。（《列御寇》）
【大意】困厄窘迫源于以下八个方面的自恃与矜持，顺利通达是基于以下三种情况的必然发展，就像身形必具六个脏腑一样。貌美、须长、高大、魁梧、健壮、艳丽、勇武、果敢，八项长处远远胜过他人，于是依恃傲人必然导致困厄窘迫。因循顺应、俯仰随人、困厄怯弱而又态度谦下，三种情况都能遇事通达。自恃聪明炫耀于外，勇猛躁动必多怨恨，倡导仁义必多责难。通晓生命实情的人心胸开阔，通晓真知的人内心虚空豁达，通晓长寿之道的人随顺自然，通晓寿命短暂之理的人也能随遇而安。

【本节链接】

【本经原文】宋元君将画图，众史皆至，受揖而立；舐笔和墨，在外者半。有一史后至者，儃儃然不趋，受揖不立，因之舍。公使人视之，则解衣般礴臝。君曰："可矣，是真画者也。"（《田子方》）

【大意】宋元公打算画几幅画，众多的画师都赶来了，接受了旨意便在一旁拱手恭立，舔笔，磨墨，而门外还有半数画师。有一位画师最后来到，神态自然一点也不慌急，接受了旨意也不恭候站立，随即回到馆舍里去。宋元公派人去观察，这个画师已经解开了衣襟、裸露身子、叉腿而坐。宋元公说："好呀，这才是真正的画师。"

为什么宋元君看好这个画师呢？画画要的是自然无痕，你紧张，你恐惧，你生怕画不好而受到国君的惩罚，试问，你怎么能画好？

【本节链接】

【本经原文】庄子将死，弟子欲厚葬之。庄子曰："吾以天地为棺椁，以日月为连璧，星辰为珠玑，万物为赍送。吾葬具岂不备邪？何以加此？"弟子曰："吾恐乌鸢之食夫子也。"庄子曰："在上为乌鸢食，在下为蝼蚁食，夺彼与此，何其偏也！"

以不平平，其平也不平；以不征征，其征也不征。明者唯为之使，神者征之。夫明之不胜神也久矣。而愚者恃其所见入于人，其功外也，不亦悲乎！（《列御寇》）

【大意】庄子快要死了，弟子们打算用很多东西作为陪葬。庄子说："我把天地当作棺椁，把日月当作连璧，把星辰当作珠玑，万物都可以成为我的陪葬。我陪葬的东西难道还不完备吗？哪里用得着再加上这些东西！"弟子说："我们担忧乌鸦和老鹰啄食先生的遗体。"庄子说："弃尸地面将会被乌鸦和老鹰吃掉，深埋地下将会被蚂蚁吃掉，夺乌鸦老鹰的吃食给蚂蚁，怎么如此偏心！"

用偏见去追求均平，这样的均平绝对不是自然的均平；用人为的感应去应验外物，这样的应验绝不是自然的感应。自以为明智的人只会被外物所驱使，精神世界完全超脱于物外的人才会自然地感应。自以为明智的人早就比不上精神世界完全超脱的人，可是愚昧的人还总是自恃偏见而沉溺于世俗和人事，他们的功利只在于追求身外之物，这不很可悲吗！

什么是感应道交？不为外物羁绊的人才能感知大道，这就叫感应道交。

神巫相面

列子在老师那里学习了很长时间,却感到老师越来越平凡,没有什么真本事。一次,他遇见了一个很神奇的相面先生,算命如神。列子大为佩服,认为这才是真的本事。

结果呢?壶子把这个家伙戏弄了一番,列子这才知道,老师是个真正的悟者,自己什么都没有学到。

看到这里,笔者哑然失笑:古今没有什么不同啊。现代社会中,像季咸一样的骗子和像列子一样的信徒比比皆是。君不见我国曾经出现过太多的什么大师了吗?

且置是事,我们不是讨论这个的。

这个算卦相面一节是什么意思?庄子只是给我们讲个故事吗?显然不是,庄子每个寓言故事都有其意义在,这个也不例外。

这个故事起码有四个含义:第一,告诉我们真正的悟道者"泯然众人矣";第二,壶子示现的三种情形,是修道的三种状态,必须引起我们的注意;第三,提醒我们不要追求神通;第四,列子认认真真地回去修行,三年后才成为一个真正的行者:回归红尘。这才是真正的宗师,可以为人楷模,可以教化众生了。

重点解释第二和第四条。

真正的悟道者,神通大发,这叫游戏神通。但,修道切莫以追求神通为目标,如果追求神通,你必定会走火入魔。

壶子的三种示现都提醒我们什么?

第一种状态是死的状态,全然没有一点生机。这是什么状态啊?就是我们修道者进入了顽空的状态,什么都死了,我们的心都死了,不能起用了。

第二种是生的状态,我们的气机发动了,我们的意念活动了,而且有点太活跃了的状态。

这两种情形是我们必须加以避免的。如何避免?答案是要"止观双修"方可。

什么是止观双修?永明延寿大师说:

> 是知虽有佛性,久翳尘劳,须以止观熏修乃得明净。
>
> 又如何行于止观得契真修?但了能观之心,所观之境,各个性离,即妄心自息,此名为止;常作此观,不失其照,故名为观。斯则即止即观,即观即止,无能所观,是名止观。(《宗镜录·卷六》)

我们不是杂念纷飞吗?我们不是想静下来吗?这就是"止"的功夫,但止不可过,过了就是第一种状态:把心给"止"死了,进入顽空的状态,那就成了草木土石,就不可能悟道了。所以要注意,庄子要"心若死灰",而不是要"心是死灰"。

而第二种状态呢？就是"止"少了而"观"多了的缘故。心太活跃了，定不下来，这也会成为悟道的障碍。因此我们要的是止观双运，止多了，就提起意念来观照；观多了，就行止的功夫来使心安宁下来，不偏不倚，即要"息妄心，又要不失其照"，要"即止即观，即观即止"，这就叫止观双运。

第三种状态是自然而然的状态。壶子的心无动无静，自然而然。在这种状态下，因为没有一点儿特征留露出来，神算也就无从判断这个人的命运了。

注意，这个状态很牛啊！到这个状态是不是真正彻悟了呢？没有。即使到了这个境界，依然还有一个隐隐约约的"相"在，你必须彻底放弃此相才能彻悟本源。

第四条，列子回归。对于相面极准的人，"列子见之心醉"，以为这就是大道了。及至被老师教育了一下，列子豁然大悟：神奇并不是真正的大道！明白了这个，列子怎么做的呢？他"为其妻爨，食豕如食人。于事无与亲，雕琢复朴，块然独以其形立。纷而封哉，一以是终"。注意，列子此时完全回归了一个普通人。这就是大道吗？然！真正的大道就是生活，就是全然的生活而没有分别心！注意，列子"食豕如食人"、"于事无与亲"和"雕琢复朴，块然独以其形立"，这是说他已经没有分别、返朴归真了，一直保持这种状态，你是谁呀？大宗师矣。

笔者见到一本解庄的著作，他把"食豕如食人"解释成"吃猪肉和吃人肉一样"，即使作者想表达列子已经达到了"无分别心"的境界，这样翻译也是可笑的。由此可见，目前解庄之著作品类繁多，其正确性和水平也不一而足，读者还真需要有慧眼才行。

【本节连接】

【列子原文】子列子居郑圃，四十年人无识者。国君卿大夫视之，犹众庶也。（《列子·天瑞》）

【大意】列子在郑国居住，四十年没有人真正认识他，即使国君和士大夫看他，他也如老百姓一样。

【本节连接】

【本经原文】田子方侍坐于魏文侯，数称豀工。文侯曰："豀工，子之师耶？"子方曰："非也，无择之里人也；称道数当，故无择称之。"文侯曰："然则子无师邪？"子方曰："有。"曰："子之师谁邪？"子方曰："东郭顺子"。文侯曰："然则夫子何故未尝称之？"子方曰："其为人也真，人貌而天虚，缘而葆真，清而容物。物无道，正容以悟之，使人之意也消。无择何足以称之？"

子方出，文侯傥然终日不言，召前立臣而语之曰："远矣，全德之君子！始吾以圣知之言仁义之行为至矣，吾闻子方之师，吾形解而不欲动，口钳而不欲言。吾所学者直士梗耳，夫魏真为我累耳！"

【大意】田子方陪坐在魏文侯身旁，多次称赞谿工。文侯说："谿工，是你的老师吗？"田子方说："不是我的老师，他是我的邻里；他的言论谈吐总是十分中肯恰当，所以我称赞他。"文侯说："那你没有老师吗？"子方说："有。"文侯说："你的老师是谁呢？"田子方说："东郭顺子。"文侯说："我怎么从来没听先生你曾称赞过他呢？"田子方回答："他的为人十分真朴，相貌跟普通人一样而内心却合于自然，顺应外在事物而且能保持固有的真性，心境清虚宁寂而且能包容外物。外界事物不能符合'道'，便严肃指出使之醒悟，从而使人的邪恶之念自然消除。我做学生的哪有什么言辞去称赞老师呢？"

田子方走了以后，魏文侯若有所失地整天不说话，召来跟前侍立的近臣说："实在是深不可测呀，德行完备的君子！起初我总认为圣智的言论和仁义的品行算是最为高尚的了，如今我听了田子方老师的情况，我真是身形怠堕而不知道该做什么，嘴巴像被钳住一样而不能说些什么。我过去所学到的不过都是些泥塑偶像似的毫无真实价值的东西，至于魏国也只是我的拖累罢了！"

想要描述一个真正的觉者，你无从下口！

【本节链接】
【本经原文】阳子居南之沛，老聃西游于秦，邀于郊，至于梁而遇老子。老子中道仰天而叹曰："始以汝为可教，今不可也。"阳子居不答。至舍，进盥漱巾栉，脱屦户外，膝行而前曰："向者弟子欲请夫子，夫子行不闲，是以不敢。今闲矣，请问其过。"老子曰："而睢睢盱盱，而谁与居？大白若辱，盛德若不足。"阳子居蹴然变容曰："敬闻命矣！"其往也，舍者迎将，其家公执席，妻执巾栉，舍者避席，炀者避灶；其反也，舍者与之争席矣。（《寓言》）

【大意】阳子居往南到沛地去，正巧老聃到西边的秦地闲游，阳子居估计将在沛地的郊野遇上老聃，可是到了梁城方才见上面。老子在半路上仰天长叹说："当初我把你看作是可以教诲的人，如今看来你是不可受教的。"阳子居一句话也没说。到了旅店，阳子居进上各种盥洗用具，把鞋子脱在门外，双脚跪着上前说道："刚才弟子正想请教先生，正赶上先生旅途中没有空闲，所以不敢冒然启齿。如今先生闲下来，恳请先生指出我的过错。"老聃说："你仰头张目傲慢跋扈，还能够跟谁相处？过于洁白的好像总会觉得有什么污垢，德行最为高尚的好像总会觉得有什么不足之处。"阳子居听了脸色大变羞惭不安地说："弟子由衷地接受先生的教导。"阳子居刚来旅店的时候，店里的客人都得迎来送往，那个旅舍的男主人亲自为他安排坐席，女主人亲手拿着毛巾梳子侍候他盥洗，旅客们见了他都得让出座位，烤火的人见了也就远离火边。等到他离开旅店的时候，旅店的客人已经跟他无拘无束争席而坐了。

真正功夫到家的人是内里与众不同，外表看起来则泯然众人矣。

至心若镜

不单单是庄子，古来大德皆喜欢以镜为喻，如永明延寿禅师说：

  以铜为镜，可以正衣冠；以古为镜，可以知兴替；以人为镜，可以知得失。今以心为镜，可以照法界。(《宗镜录·卷十》)

但，明镜与心镜又存在很大不同：

  又明镜只照其形不照其心，只照生灭不照无生，但照世间不照出世，有形方照无形不照。且如心镜，洞该性地鉴彻心原，遍了无生广明真俗，有无俱察隐显咸通，优劣悬殊略齐斯喻。如华严普贤行愿品云：时婆罗门为善财童子赞甘露大王，颂云：我主胜端严，惩忿诫诸欲。心如净明镜，鉴物未尝私。明镜唯照形，不鉴于心想。我王心镜净，洞见了心原。(《宗镜录·卷十》)

我们的心原本是寂然不动的，怎么成了现在的样子？佛说：一念妄动，顿成无明。在原本湛然常寂的状态中，忽然就"一念妄动"了，这个怎么来的？真的不好回答，迄今为止，笔者还没见到最佳答案。我想，这有点类似于"第一推动"吧。怎么来的？不知道，反正世界就这么动起来了。

比较好一点的答案还是我们中国人给出的："静极生动，物极必反。"湛然常寂的状态久了，某一时刻就动了。可是问题接下来就大了：这一动不要紧，我们就落入滚滚红尘之中了。延寿大师说：

  伏以真源湛寂，觉海澄清，绝名相之端，无能所之迹。最初不觉，忽起动心，成业识之由，为觉明之咎。因明起照，见分俄兴，随照立尘，相分安布，如镜现像，顿起根身。(《宗镜录·序》)

就像镜子中出现各种影像一样，我们的妄念就开始纷飞不止了。修道修什么？就是返回去，使我们的心再回到一念妄动之前的那个状态。

禅宗也有镜子的公案。当年，仰山慧寂和尚住在东平的时候，他的师父沩山灵祐禅师派人给他送来一封信和一面镜子。仰山一见来者，拿过镜子，举起镜子出示给众僧，问道："你们说说看，这面镜子是沩山镜，还是东平镜？如果说是东平镜，它又是沩山送来的；如果说是沩山镜，又为何握在我东平手里？你们说得出，就留下镜子，说不出就打破！"

众僧们无话可说，仰山于是打碎镜子，走下禅座。

试问：沩山送仰山镜子干什么？仰山想听什么话或看徒众有什么样的举动？为什

么打碎镜子？

祖师用镜子来比喻我们的真心，但学人切莫把重点放错了，重点在哪？王阳明说：

圣人之心如明镜，只是一个明，则随感而应，无物不照。

只怕镜不明，不怕物来不能照……学者却须先有个明的功夫，学者唯患此心之未能明，不患事变之不能尽。（《王阳明全集·传习录上》）

意思是说，我们用功是要放在明上，而不是放在镜上。你若能明了，不用担心事物的发展变化不能掌握，届时会自然明了了。如何明？磨呀。下面这则公案告诉你该如何磨镜：

开元中，沙门道一（即马祖道一大师），在衡岳山常习坐禅。师（怀让）知是法器，往问曰："大德坐禅图甚麽？"

一曰："图作佛。"

师乃取一砖，于彼庵前石上磨。

一曰："磨作甚麽？"

师曰："磨作镜。"

一曰："磨砖岂得成镜耶？"

师曰："磨砖既不成镜，坐禅岂得作佛？"

一曰："如何即是？"

师曰："如牛驾车，车若不行，打车即是，打牛即是？"

一无对。（《五灯会元》）

还有一古镜公案，诸君一并看去：

有道禅师当初行脚时，路过一间卖茶的茶坊，因为口渴，就顺道进去想喝杯茶小憩一下，店主一看是位云水僧就热忱招呼，并且问道："禅师！辛苦了吧？喝茶吗？"

只见有道禅师用平淡眼光看了一下茶架，点一下头，其他一句话也不说。

店主似乎也是禅道高手，小心谨慎地说道："想必您是一位禅道高深的禅师！禅师！小的有一个问题想请教您，如果您告诉我，我就供养您！如何？"

有道禅师："你问吧！"

店主问道："古镜未磨时如何？"

有道禅师很快的答道："黑如漆。"

店主再问："既磨了以后如何？"

有道禅师道："照天照地。"

店主不以为然，说道："对不起！恕我不供养。"说着转身就入店内去了。

有道禅师愣了一下，心想："我数十年参禅，现在连个店主都不如，枉为多年的修行了。"于是决下苦心闭门深修，以求开悟。

三年后，有道禅师又出现在茶坊的门口。店主仍亲切的招呼道："呵！三年不见，仍想请教那句老话'古镜未磨时如何'？"

有道禅师顺口说道："此去汉阳不远。"

店主再问道："古镜既磨后如何？"

有道禅师再回答道："黄鹤楼前鹦鹉洲。"

店主听后，诚恳的说道："请禅师接受我的供养！"随即转身呼么道："伙计！泡茶，泡好茶！"（《五灯会元》）

说的是什么呢？参之！

不光是镜子，诸位大德还喜欢举水为例，来说明我们的佛性，老子不是说过"上善若水"的话吗？水，静下来的水面像不像镜子？在古代没有镜子的时候，人们可能就是以水为镜的。水，有很多地方像我们的佛性。延寿禅师说：

夫水喻真心者，以水有十义同真性故。一水体澄清，喻自性清净心；二得泥成浊，喻净心不染而染；三虽浊不失净性，喻净心染而不染；四若泥澄净现，喻真心惑尽性现；五遇冷成冰而有硬用，喻如来藏与无明合成本识用；六虽成硬用而不失濡性，喻即事恒真；七暖融成濡，喻本识还净；八随风波动不改静性，喻如来藏随无明风波浪起灭而不变自不生灭性；九随池高下排引流注而不动自性，喻真心随缘流注，而性常湛然；十随器方圆而不失自性，喻真性普遍诸有为法，而不失自性。（《宗镜录·卷七》）

【本节链接】

【本经原文】见《大宗师》"道可传可得"一节之"天道运而无所积……年寿长矣"。

浑沌之死

庄子的智慧真是博大啊，他讲的故事好离奇，他起的名字也好有深意。

我们的佛性是怎么"死"的？是谁"杀死"了我们的佛性？儵和忽都是谁？

其实，我们的佛性是不会死的，它只是被暂时掩盖了而已。杀死佛性的正是我们自己，儵和忽都是我们的不同侧面，它们"好心地"杀死了我们的佛性。

浑沌的状态即是一个不分别的状态，是一个与宇宙合一的状态，是一个整体。忽然有一天，我们的意识躁动不安，它开始分辨，开始判断，佛把这叫作"一念妄动"，意识一动，浑沌的状态立刻消失，这叫"顿成无明"，我们就从寂然不动的涅槃状态进入了红尘之中。刚开始，我们偶尔还能瞥见佛性，但随着我们的六根都动起来了，欲望就会不断增长和多样化,它变得越来多、越来越细微,佛性也就再也显现不出来了。

什么是六根呢?即眼耳鼻舌身意,这六根对应色声香味触法六尘,就产生了无数的欲望和杂念,天长日久,越积累越多,它就变成了一种习性。这种习性根深蒂固,无论我们遇到顺境还是逆境,"自然而然"地立刻就会有反应,这叫"翻种子",因此想回到浑沌的状态就越来越难了。

儵和忽的行为是"有为法",有为即与大道背道而驰。修道就是要回归浑沌状态,即要"无为"。怎么办?老子说:

> 闭其兑,塞其门;和其光,同其尘;抽其颖,解其纷。是谓玄同。(《道德经·第五十三章》)

老子要我们不看,不听,不说,不去思维,不去分辨,等等。难道老子是要我们变成一个傻子吗?那你怎么还能称为是一个人呢?不是的,老子不是让我们变成石头。老子的意思是让我们达到"无论外界如何变化,我们的心要保持不动",这就是"玄同"的状态,即是浑沌,这是修道之诀窍。

一个开悟的人,也能看到红尘中的各种俗事,也能听到人间的各种声音。但他与凡夫不同之处在于,我们是随着看到的事物、听到的声音而跑,不能自已,浮想联翩。而圣人则能保持自己的本性不动不摇,这就是凡圣之差别所在。

昔时,洞山良价禅师问潭州龙山和尚:"和尚见个什么道理,便住此山?"龙山说:"我见两个泥牛斗入海,直至如今无消息。"龙山和尚又说:"三间茅屋从来住,一道神光万境闲。莫作是非来辩我,浮生穿凿不相关。"很多人不明所以,什么是两个泥牛啊?入海无消息是什么意思啊?两个泥牛,就是对立,就是二元分裂。入海无消息就是和尚已经消除了分裂的状态,不论美丑、善恶、好坏、是非、高低、毁誉等等,通通都消除了。龙山和尚说自己已经不再对立了(莫作是非来辩我),而且也已经与宇宙合为一体了(一道神光万境闲);而且和尚还说明自己不会再反复了,不会再退步了(至今再无消息);也明白了以前都是活在妄想里,自己的佛性根本就在那里一动也未动(浮生穿凿不相关)。你想一个泥牛入了大海还能回来吗?都消融了也。所以洞山和尚夸赞道:"且喜有住山本钱了!"

想要自己的佛性现前,本来很简单。六祖说,只要你不思善不思恶就可以了。瞧,多简单啊!

但可惜的是,这么简单的事,我们都不会做了!

怎么办?祖师慈悲,他们给我们找到了很多方法,诸如"念佛"、"持咒"、"观明点"、"安那般那"等等,无非是给我们一个"拐杖",教我们依仗着这根拐杖的帮助走上回归的大道。这些拐杖是引导我们的助手,是一个方便,切不可死死抓住不放。当你修道进阶到了一定程度时,必须舍弃它才能再向前进步,这就是佛在《金刚经》中

说的"筏":

　　汝等比丘，知我说法，如筏喻者，法尚应舍，何况非法！（《金刚经·正信稀有分》）

【本节链接】
【本经原文】光曜问乎无有曰："夫子有乎？其无有乎？"光曜不得问，而孰视其状貌，窅然空然，终日视之而不见，听之而不闻，搏之而不得也。

光曜曰："至矣，其孰能至此乎！予能有无矣，而未能无无也；及为无有矣，何从至此哉！"（《知北游》）

【大意】光曜问无有一个问题，且慢，光曜是何意？无有又是何意？这是庄子虚拟的两个人的名字，却有含义在内。光曜问什么问题呢？他问：无有啊，你到底是有还是没有啊？这奇怪了吧？本来就叫"无有"，光曜这不是明知故问吗？无有啊，能回答吗？回答就是有了啊。所以光曜根本得不到答案。光曜就睁大了眼睛看无有的外貌。哎呀，没法形容啊，窅然空然，就是模模糊糊、恍恍惚惚的意思，说没有吧，还有东西在；说有吧，你又抓不到他。这是什么状态呢？就是"浑沌"啊！也就老子所说的"恍兮忽兮，忽兮恍兮"、"视之不见、听之不闻、搏之不得"的状态。

于是光曜感叹道：唉，这才真是悟道了啊，还有谁能做到啊！连我也只能做到"无"，而不能做到"无无"，无有是怎么做到的呢！

做到了无，也就是空，好象不难啊（其实也不容易的）。难的是要做到连空也要放下，这就是"无无"啊。六祖说："不存一见存无见，大似浮云遮日面。"指的就是这个。

【本节链接】
【本经原文】见《养生主》"善恶不思"一节之"且夫属其性乎仁义者……而下不敢为淫僻之行也"。（《骈拇》）

【大意】本段要我们认识自己，不要逐物。道德与邪恶一样，都是伤害我们自性的东西，应当摒弃，无善无恶才是本性，这就是庄子所说的浑沌。

【本节链接】
【原文】闻在宥天下，不闻治天下也。在之也者，恐天下之淫其性也；宥之也者，恐天下之迁其德也。天下不淫其性，不迁其德，有治天下者哉！

昔尧之治天下也，使天下欣欣焉人乐其性，是不恬也；桀之治天下也，使天下瘁瘁焉人苦其性，是不愉也。夫不恬不愉，非德也。非德也而可长久者，天下无之。

人大喜邪，毗于阳；大怒邪，毗于阴。阴阳并毗，四时不至，寒暑之和不成，其反伤人之形乎！使人喜怒失位，居处无常，思虑不自得，中道不成章，于是乎天下始乔诘卓鸷，而后有盗跖、曾史之行。故举天下以赏其善者不足，举天下以罚其恶者不给。故天下之大，不足以赏罚。自三代以下者，匈匈焉终以赏罚为事，彼何暇安其性命之情哉？

而且说明邪，是淫于色也；说聪邪，是淫于声也；说仁邪，是乱于德也；说义邪，是悖于理也；说礼邪，是相于技也；说乐邪，是相于淫也；说圣邪，是相于艺也；说知邪，是相于疵也。天下将安其性命之情，之八者，存可也，亡可也。天下将不安其性命之情，之八者，乃始脔卷伧囊而乱天下也。而天下乃始尊之惜之，甚矣，天下之惑也！岂直过也而去之邪，乃齐戒以言之，跪坐以进之，鼓歌以舞之，吾若是何哉？

故君子不得已而临莅天下，莫若无为。无为也而后安其性命之情。故贵以身于为天下，则可以讬天下；爱以身于为天下，则可以寄天下。故君子苟能无解其五藏，无擢其聪明，尸居而龙见，渊默而雷声，神动而天随，从容无为而万物炊累焉。吾又何暇治天下哉！

崔瞿问于老聃曰："不治天下，安藏人心？"老聃曰："汝慎无撄人心。人心排下而进上，上下囚杀，淖约柔乎刚强，廉刿雕琢，其热焦火，其寒凝冰，其疾俯仰之间，而再抚四海之外，其居也，渊而静，其动也，县而天，偾骄而不可系者，其唯人心乎！昔者黄帝始以仁义撄人之心，尧舜于是乎股无胈，胫无毛，以养天下之形，愁其五藏以为仁义，矜其血气以规法度，然犹有不胜也。尧于是放讙兜于崇山，投三苗于三峗，流共工于幽都，此不胜天下也。夫施及三王，而天下大骇矣。下有桀跖，上有曾史，而儒墨毕起。于是乎喜怒相疑，愚知相欺，善否相非，诞信相讥，而天下衰矣。大德不同，而性命烂漫矣；天下好知，而百姓求竭矣。于是乎釿锯制焉，绳墨杀焉，椎凿决焉，天下脊脊大乱，罪在撄人心。故贤者伏处大山嵁岩之下，而万乘之君忧栗乎庙堂之上。今世殊死者相枕也，桁杨者相推也，刑戮者相望也，而儒墨乃始离跂攘臂乎桎梏之间，意，甚矣哉！其无愧而不知耻也甚矣。吾未知圣知之不为桁杨接槢也，仁义之不为桎梏凿枘也，焉知曾史之不为桀跖嚆矢也？故曰：绝圣弃知而天下大治。"

（《在宥》）

【大意】只听说过要任天下自然而然地发展，没听说过要人为地治理天下。让其自然地发展，就担心老百姓超越了本性；宽容地对待百姓，就担心他们丧失德行。其实，让老百姓不超越本性，不丧失德行，天下就已经治理了（哪里还需要治理天下呢）。

从前唐尧治理天下，人民都拍手称快，个个都快乐，这就使人的本性不得安宁了；夏桀治理天下，人民痛苦不堪，个个都郁闷，这就使人的本性不愉快了。这两种行为都不是正确的做法，不正确的做法而能使天下长治久安，历史上从来就没有这回事。

人过分高兴就损伤阳气；人过分愤怒就损伤阴气。阴与阳不合，四时就不顺，寒暑也不正常，这就会使人受到侵害。人喜怒失去常态，居处没有规矩，思考问题混乱无章，半途而废，于是天下就开始出现种种不平，这就是盗跖、曾参、史鰌产生的原因啊。所以把全天下都奖赏给善行也还是不够，集天下全部力量惩罚恶行也还是不足，因此天下再大也不够奖惩的。自夏商周三代以来，历代君王都是把赏罚作为要务，哪里还有心思去安宁人们的本性呢？

而且，喜好目明者就会沉溺于颜色；喜好耳聪者就会沉溺于声乐；喜好仁爱者就会扰乱人们的本性；喜好讲义者就会违反事物的规律；喜好礼仪者就会增加繁琐的技艺；喜好音乐者就会耽于享乐；喜好圣智者就会沉溺于机巧；喜好聪明者就会陷于无休止的争辩。天下人如果保存了自然的本性，这八种行为保留也可以，丢弃也可以；天下人如果没有了自然的本性，这八种行为则会扰乱本性而使天下大乱了。没想到天下之人还非常尊崇和爱惜这些做法，唉，天下人竟然迷惑到如此地步，不但一代代地传承下来，而且还要尊敬它、供奉它，我能有什么办法呢！

一个君子如果不得已处在统治天下的位置，最高明的办法莫过无为了。无为而后能使百姓安住其本性。所以呀，看自身重于天下者，可以让他治理天下；爱自身过于天下者，可以让他管理天下。故君子如能藏其智慧，不显露其聪明，看似木头而实则深入实相，默默无声却犹如万钧雷霆，意识活动自然而然，哪里还有功夫去治理天下呢？

崔瞿子向老聃请教："不治理天下，怎么才能使人心向善？"老聃回答说："你要谨慎啊，不要随意扰乱人心。人们的心情总是失意时便压抑、消沉、颓丧，而得志便趾高气扬。但这两种情绪都与拘禁和伤害没有什么不同。唯有柔弱顺应能软化刚强。端方而棱角外露容易受到挫折和伤害，情绪激烈时像熊熊大火，情绪低落时像凛凛寒冰。内心变化格外迅速，转眼间再次巡游四海之外，静处时深幽宁寂，活动时腾跃高天。骄矜不禁而无所拘系的，这就是人的内心活动啊！

"当年，黄帝开始用仁义来扰乱人心，尧和舜于是疲于奔波，导致腿上无肉、胫上无毛，用以养育天下众多的形体，满心焦虑地推行仁义，并耗费心血来制定法度。然而他们还是未能治理好天下。此后尧将欢兜放逐到南方的崇山，将三苗放逐到西北的三峗，将共工放逐到北方的幽都，这些就是没能治理好天下的明证。延续到夏、商、周三代更是多方面地惊扰了天下的人民，下有夏桀、盗跖之辈，上有曾参、史鰌之流，而儒家和墨家的争辩又全面展开。这样一来或喜或怒相互猜疑，或愚或智相互欺诈，或善或恶相互责难，或妄或信相互讥刺，因而天下也就逐渐衰败了；天德不足，百姓的自然本性就散乱了；天下都追求智巧，百姓中便纷争迭起。于是用斧锯之类的刑具来制裁他们，用绳墨之类的法度来规范他们，用椎凿之类的肉刑来惩处他们。天下相互践踏而大乱，罪在扰乱了人心。因此贤能的人隐居于高山深谷之下，而帝王诸侯忧心如焚战栗在朝堂之上。当今之世，被杀害的人尸体一个压着一个，带着脚镣手铐而坐大牢的人一个挨着一个，受到刑具伤害的人更是举目皆是。都已经这个样子了，而儒家墨家仍然在枷锁和羁绊中挥手舞臂地奋力争辩。唉，真是太过分了！他们不知心愧、不知羞耻竟然达到这等地步！我不知道那所谓的圣智是不是脚镣手铐上的插木，我也不明白那所谓的仁义是不是枷锁上的木拴，又怎么知道曾参和史鰌之流不是夏桀和盗跖的先导！所以说，'抛弃圣智，天下就会得到治理而太平无事'。"

本段强调无为而治，若有为则会像儵和忽杀了浑沌一样，会把百姓的天然本性扼杀了，天下也就不太平了。

【本节链接】

【列子原文】目将眇者，先睹秋毫；耳将聋者，先闻蚋飞；口将爽者，先辨淄渑；鼻将窒者，先觉焦朽；体将僵者，先亟奔佚；心将迷者，先识是非：故物不至者则不反。（《列子·仲尼》）

【大意】眼睛要瞎的人，先能看见很细小的东西；耳朵将要聋的人，先能听见蚊子叫；口要坏的人，先能辨别不同水源的水的味道……心神即将迷乱的人，先能明辨是非。事物不发展到极端，就不会走向反面。

你是不是看糊涂了？能明察秋毫了，这是眼睛功能强大的体现呀，怎么列子说这反而是要瞎了的前奏呢？好像于理不和呀，是不是？且慢！你仔细琢磨一下"物极才反"这句话，明白了吗？把这句话倒过来说你就明白了：你总能明察秋毫，用眼必然过度，那离瞎了也就不远了。

跋

  随着社会经济的发展，拜金主义、实用主义、功利主义和个人主义得到了前所未有的强化。导致金钱至上，唯利是图，自私自利，道德沦丧，不尊重生命，不尊重他人，更不会爱他人，甚至充满了暴戾、杀人越货、落井下石等等罪恶行径屡见不鲜。人们普遍急躁、功利、自私和浮躁，在此情形之下，"快餐"应运而生。所谓快餐，不单只中西快餐饮食，而是指生活的各个方面：工作上，我们不会脚踏实地一步一个脚印地去实干；生活上，我们希望一夜暴富摆脱贫穷；学习上，我们希望不用辛苦就能学富五车、博学多识成为大家等等。正是因为有这样的需求，各种"快餐"才应运而生，大行其道。

  我们追求快，什么都等不及。上了大学、研究生就想马上成为大师；办了公司就想立马成为世界五百强；出门就想坐高铁，坐飞机，从来不想这一路上你会遇到什么风景；买了东西就立刻要人家送到家里来；闪婚闪离……在追求快的过程中，我们丧失了自我，丧失了对周遭美好事物的欣赏。

  在获得知识方面也是如此。现代的人们很难静下心来去读真正的严肃的著作了，只想通过简单的什么"一图看懂XXX"的方式去获得知识，或看一些什么"心灵鸡汤"之类的励志书，或看那些"给大忙人看的XXX"，而不想付出太多的辛苦。只是，我们这样做的结果究竟是什么？获得的究竟是什么？

  中华优秀的传统文化绝不是用快餐式的方式就能消化吸收得了的。它要求我们必须沉下心来，仔细阅读、用心思考才行。否则，你得到的可能连皮毛都算不上，更何谈用来改造你的心灵世界、提升你的文化素养并指导生活实践了。

  这样的局面如何扭转？笔者认为唯有恢复优秀传统文化才能对治，传统文化不但不能丢，而且要大力弘扬。整个民族的精神面貌、整体素质必须重新塑造。传统文化的断裂十分危险，这是一个大问题，是涉及一个民族的生存、发展、繁荣昌盛与否的大问题。这就是现在我们为什么要读经典的理由。

  在这样的大背景下，笔者算是另类了：笔者每年都读大量的书，而且是那种严肃的经典，甚少读什么娱乐小刊和快餐式书籍。几十年的积累，笔者拥有约4000本书（卷），囊括儒释道医易等领域，每年至少要读六七十本书，平均每周一本书。每晚散步结束，坐下来读书是我的习惯。曾经有人问我哪来那么多的时间来读书？是的，我也要工作和生活，我的时间也与别人的一样是24小时，也有很多事情要做，哪来的时间呢？记得一个作家好像是鲁迅吧，他说过：时间就像海绵里的水，只要挤，总是有的。我就是利用其他人不学习的时间来读书的，比如，我从不去参加宴会，各种宴会都不参加，别人几个小时的时间都在觥筹交错中度过了，而我却用在了读书上，虽然一次差别并不大，但累积起来这个时间就不可小觑了。我不但认真地读经典，而且还要记笔记和心得，这些都成为了我写作的资源。

我这么做的确很辛苦，不这么做也一样能生活，因此在某些人看来，就有点不理解。我非常感谢他们的善意，但我却停不下来，冥冥之中，我有强烈的使命感，我清晰地感到我的肩上有一个使命，我必须去完成。所以这条路我必须走下去，义无反顾而且乐在其中。希望我的书能为弘扬祖国优秀传统文化做一点点贡献，能做到这一点，在下就很知足了。这是第一个原因。

走这条路的第二个原因，是我已经年过五十了，夫子说"五十而知天命"，这是一个探求生命真谛的年龄，是一个探索生命奥秘的年龄，正如《列子·天瑞》所说的：

> 人自生至终，大化有四：婴孩也，少壮也，老耄也，死亡也。其在婴孩，气志专一，和之至也，物不伤焉，德莫加焉；其在少壮，则血气漂溢，欲虑充起，物所攻焉，德故衰焉；其在老耄，则欲虑柔焉，体将休焉，物莫先焉。虽未及婴孩之全，方于少壮，间矣；其在死亡也，则之于息焉，反其极矣。

也就是说，到了我这个年龄的人，由于各种欲望减少，思虑减轻，精气神虽然比不上婴孩时期那么充盈，但明显比少壮时期要好多了。内无欲望和思虑，外也就没有各种诱惑，心就安静了许多，才有可能深入思考一下人生这个问题了。

第三个原因是只有到了这个年龄，才能拥有比较丰富的社会阅历，一个人的思维方式才会成熟起来，而且也只有到了这时才有时间和精力去思考人生问题。

这条路注定是一条寂寞的路，但享受寂寞也是一种慢生活。

或曰：你得到了什么？

曰：我什么也没得到！我只是一介凡夫，实实在在的一介凡夫，不聪明，没天分，无慧根，此生绝不会开悟而成佛，也不会成为断尽烦恼的阿罗汉（尽管从佛理上来说，我肯定有佛性，也一定能够成佛，但这肯定是不知道多少大劫以后的事情了）。鄙人能够活得快乐比烦恼多一点也就非常满足了。这个目标就已经极其美好了，但要想达成也不是那么容易的事。然而，"虽不能至，心向往之"，仅仅享受这个过程的美妙就足矣，岂有他哉？

末学弘音谨识于泰山坐忘斋（乙未年夏）
2015年8月8日

参考文献

1. 本书编委会：《马王堆汉墓帛书老子》，文物出版社，1976 年版。
2. 朱熹：《四书章句集注》，中华书局 1983 年版。
3. 许慎：《说文解字》，段玉裁注本，上海古籍出版社 1998 年版。
4. 黄寿祺：《周易译注》，上海古籍出版社 2001 年版。
5. 周振甫：《周易译注》，中华书局 1991 年版。
6. 李学勤：《十三经注疏·周易正义》，北京大学出版社 1999 年版。
7. 陈鼓应：《庄子今译今注》，中华书局 1983 年版。
8. 曹础基：《庄子浅注》，中华书局 2000 年版。
9. 张松如、陈鼓应：《老庄论集》，齐鲁书社 1987 年版。
10. 郭庆藩：《庄子集释》，中华书局 1961 年版。
11. 王夫之：《庄子解》，中华书局 1964 年版。
12. 郭象注，成玄英疏：《南华真经注释》，中华书局 1998 年版。
13. 钟明译注：《金刚经·坛经》，山西古籍出版社 1999 年版。
14. 郭鹏：《坛经校释》，中华书局 1983 年版。
15. 普济：《五灯会元》，中华书局 1984 年版。
16. 何宁：《淮南子集释》，中华书局 1998 年版。
17. 朱棣集注，一苇点校：《金刚经集注》，齐鲁书社 2011 年版。、
18. 江泓、夏志前点校：《坛经四古本》，羊城晚报出版社 2011 年版。
19. 谢华编著：《黄帝内经》，内蒙古文化出版社 2005 年版。
20. 纪华传编：《禅修入门》，江苏文艺出版社 2009 年版。
21. 任继愈总主编：《佛教小词典》，上海辞书出版社 2006 年修订版。
22. 僧肇等注：《注维摩诘所说经》，上海古籍出版社 1990 年版。
23. 般剌密帝译，惟则会解：《大佛顶首楞严经会解》，上海古籍出版社 2011 年版。
24. 方广锠编纂：《般若心经译注集成》，上海古籍出版社 2011 年版。
25. 徐梵澄译：《五十奥义书》，中国社会科学出版社 1984 年版。
26. 净慧法师编：《禅宗七经》，河北省佛教协会虚云印经功德藏 2003 年版。

27.《妙法莲华经》，上海佛学书局印行 2007 年版。
28. 惟升著：《虚云老和尚的足迹》，宗教文化出版社 2003 年版。
29. 郭璞注：《尔雅注疏》，上海古籍出版社 2010 年版。
30. 陈奇猷：《韩非子新校注》，上海古籍出版社 2000 年版。
31. 冯逸、乔华点校：《淮南鸿烈集解》，中华书局 1989 年版。
32.《大般涅槃经今译》，中国社会科学出版社 2003 年版。
33. 虚云著：《虚云老和尚说法开示》，陕西师范大学出版社 2007 年版。
34. 慕容真点校：《道教三经合璧：老子道德经，庄子南华经，列子冲虚经》，浙江古籍出版社 1991 年版。
35. 宋先伟主编：《金刚经》，大众文艺出版社 2004 年版。
36. 卢志丹编著：《听老和尚解心经》，武汉出版社 2009 年版。
37. 智者大师著：《摩诃止观》，浙江天台山国清寺印行。1990 年版。
38.《禅宗四本合刊：禅海十珍，传心法要，顿悟入道要门论，真心直说》，浙江天台山国清寺印行，1990 年版。
39. 释普济辑：《五灯会元》，西南师范大学出版社 2005 年版。
40. 憨山大师著，黄曙辉点校：《道德经解》，华东师范大学出版社 2009 年版。
41. 智旭著，施维、周健雄整理：《周易四书禅解》，巴蜀书社 2004 年版。
42. 赜藏编：《古尊宿语录》，上海古籍出版社 1991 年版。
43. 道世编：《法苑珠林》，上海古籍出版社 1991 年版。
44. 刘文典撰：《庄子补正》，安徽大学出版社 1999 年版。
45. 张宝胜译：《薄伽梵歌》，中国社会科学出版社 1989 年版。
46. 廖养正编著：《中国历代名僧诗选》，中国书籍出版社 2010 年版。
47. 方勇译注：《庄子》，中华书局 2010 年版。
48. 纯闻主编：《云水禅心：虚云老和尚诗偈选赏》，现代出版社 2012 年版。
49. 弘音著：《禅解道德经》，中央编译出版社 2014 年版。
50. 龙树菩萨造：《中论》，金陵刻经处刊印。
51. 马鸣菩萨造：《大乘起信论》，上海佛教居士林刊印。
52. 张勇著：《傅大士研究》，巴蜀书社 2000 年版。
53. 龙树菩萨造：《大智度论》，金陵刻经处刊印。
54.《虚云老和尚法汇》，福建莆田广化寺印行。
55. 谛闲法师讲：《圆觉经讲义》，上海古籍出版社 2014 年版。
56.《王阳明全集》，中央编译出版社 2014 年版。
57. 林希逸著：《庄子鬳斋口义》，中华书局 1997 年版。

59. 伊藤隆寿、林鸣宇著：《肇论集解令模钞校释》，上海古籍出版社2008年版。
60. 明德译注：《四书五经全解》，中国华侨出版社2013年版。
61. 陈建民著：《佛教禅定》，宗教文化出版社1997年版。
62. 宗文点校：《华严经》，宗教文化出版社2011年版。
63. 宗文点校：《涅槃经》，宗教文化出版社2011年版。
64. 宗文点校：《长阿含经》，宗教文化出版社2011年版。
65. 宗文点校：《中阿含经》，宗教文化出版社2011年版。
66. 宗文点校：《杂阿含经》，宗教文化出版社2011年版。
67. 宗文点校：《增一阿含经》，宗教文化出版社2011年版。
68. 雍正御制佛教大典：《御录宗镜录大纲》，中国社会科学出版社2004年版。
69. 景中译注：《列子》，中华书局2007年版。
70. 司马迁著：《史记》，中州古籍出版社1994年版。